出版博物馆·史料

唐大郎纪念集

黄永玉 篆题

张伟

祝淳翔 编

中华书局

图书在版编目（CIP）数据

唐大郎纪念集/张伟,祝淳翔编. —北京:中华书局,2019.10
ISBN 978-7-101-14112-2

Ⅰ.唐… Ⅱ.①张…②祝… Ⅲ.唐大郎-纪念文集
Ⅳ.K825.42-53

中国版本图书馆 CIP 数据核字(2019)第 213352 号

书　名　唐大郎纪念集
编　者　张　伟　祝淳翔
责任编辑　胡正娟
出版发行　中华书局
　　　　　（北京市丰台区太平桥西里 38 号　100073）
　　　　　http://www.zhbc.com.cn
　　　　　E-mail:zhbc@zhbc.com.cn
印　刷　北京瑞古冠中印刷厂
版　次　2019 年 10 月北京第 1 版
　　　　　2019 年 10 月北京第 1 次印刷
规　格　开本/880×1230 毫米　1/32
　　　　　印张 16¾　插页 14　字数 400 千字
印　数　1-3000 册
国际书号　ISBN 978-7-101-14112-2
定　价　68.00 元

出版博物馆文库

唐大郎在上海郊外（20 世纪 30 年代）

周信芳（中，饰宋徽宗）在卡尔登大戏院首演《徽钦二帝》前二日，和唐大郎（右）、陈灵犀（左）合影（1938 年 9 月）

唐大郎在卡尔登大戏院（20 世纪 40 年代）

唐大郎（后排左二）、周信芳（前排左三）在卡尔登大戏院演出《雷雨》后合影（1940 年 1 月 23 日）

唐大郎和文艺界人士合影（约 1947 年。第一排金山，第二排左二郑安娜、左三冯亦代、左四丁聪，第三排左一唐大郎、左二张瑞芳、左三龚之方，第四排左一魏绍昌、左二张俊祥）

唐大郎夫妇与子女（1957 年，摄于上海复兴公园。四个子女按年龄大小分别是唐密、唐勿、唐都和唐历）

唐大郎夫妇上海豫园合影（20世纪60年代）

唐大郎夫妇在上海展览馆（1972 年）

唐大郎夫妇在苏州（1973 年）

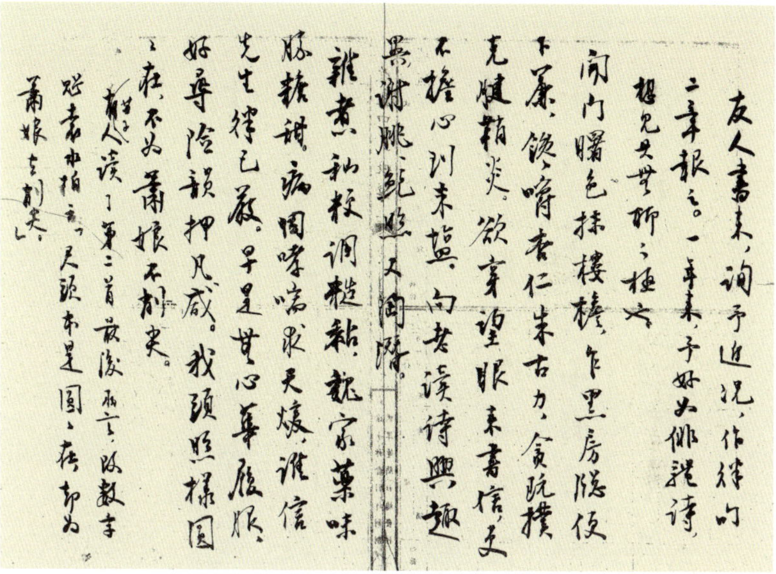

唐大郎《律句二章》手稿

唐大郎主持《新民晚报》副刊时写给读者的回信（20 世纪 60 年代初）

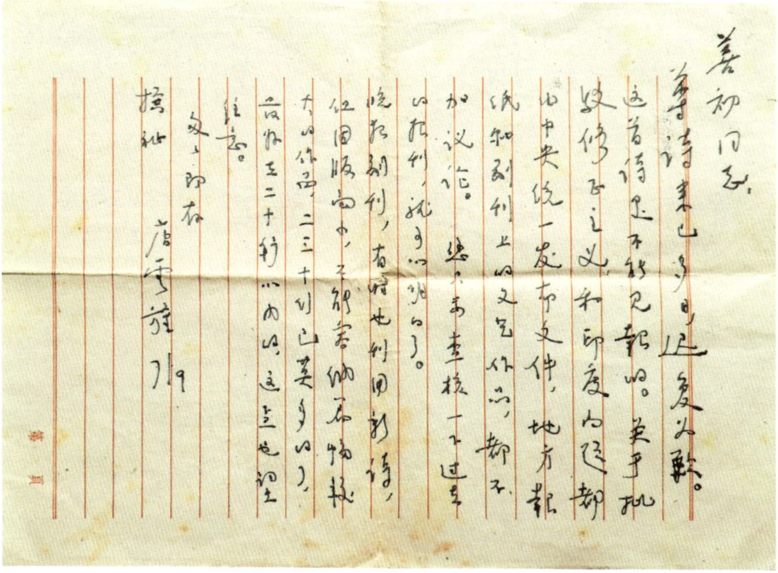

唐大郎致姚吉光函（1979 年 9 月 19 日，陈子善收藏）

唐大郎致姚吉光函信封（1979 年 9 月 19 日，陈子善收藏）

報晶大　星期日　民國十八年三月三號

東方社放空氣的稿子

（蕊東）

東方社為日人所創辦之電稿、北平日報刊而檢舉之、信社、其所發電稿等、類多、上海市黨部即加以注意、與、上海輿論界、相戒對於、為日帝國主義張目者、上本報第八十二期、曾載此、次曾發一製造空氣之遷都、事、此次膠東變亂、張宗昌、方果發一電、稱張逆方、二詞耳。

利用時機、欲圖死灰復燃、外間已盛傳有日人在內參、至今猶未見登、僅新聞報、於通信稿中、略為隱約一、面已擬就名單、預備成書、後實行、舉段祺瑞為總統、外次詰或潘復為總揆、此、至各報、各恨即主綬發、故使我對於袁子才、不但頭都磕得下、簡直要滿地打滾、那文字裏、聯頭就說【子才云春暮到死絲方盡、蠟炬成灰淚始乾】、我情願先行道歉、我愛大郎、我愛那篇稿子、我十分愛他、我恨我在他、的幾位朋友

理想中之一張小報

（大郎　投稿）

我理想中有一張小報、這張報要去請唐陀寫報眉、要去請張丹斧做第一篇、要去請馬某馳畫插畫、要去請黃梅生張超愈芳做劇評、（以坤角的消息和照片為尤要）又要去請劉他玩兒他寫子裏娘兒們的豔頭、最好借用幾句古人的七言時來做陪襯、使得這篇文字、越見其風流雋妙、喂、你們瞧能、一張報上若

末了這幾位名家的大作、不且深古雅、而且滿紙溫馨、每期少不得、要銷他十二萬份、而造福於生靈者、又豈可限量呢？讀者們、你們也贊成我這張理想中的小報嗎、假使有一種口、那末快些跟我來唱一種口、號？希望大郎理想中之小報實現！我特要向讀者介紹、並且聲明、我一向覦視我在他的文字裏、須加上一二句古人的詩句呢、袁子才的詩、我一向親之漠然的、自從去年…日期是記不得了、申報目由談上、登過一段劉恨我做的香豔文字、被他提出了袁子才兩句

湖上美人詞

（郎大）

登黃丹翁、必盡三個圈圈）浪春不記路過湖上將軍樂未消。豔說宋家三姊妹。妹夫堷及時賑。登齊步上山行。世路何如山路平。顧粉料應笑未休。將軍身重姜身輕。莫負湖光片刻去。勝於臨鏡照梳頭。漫將江山先自繪。于飛長此樂綿綿。【夢雲莊】

趙東昇瞧不起巳

（小）

居、此為傭婦而為太太者、自是不悅日與老板少鬧、老板不能耐、與寡媳

得過分、但是說他好、實在有些不願

徐碧雲的頭頭兒、說他不好、似乎覺

唐大郎《理想中之一张小报》报影（1929年3月3日《大晶报》，署名：大郎）

大晶報

民國十八年十月十八號 星期五 五期

抵制外貨與三德藥品

（桐梧）

在提倡國貨聲浪非常高漲的時候、也是一種補塞漏卮的辦法、所以同一購買滑頭藥、也應買中藥之害、不過助長淫風而已、但此為國貨、不要買外國貨、免得把中國人功能「滋陰・種子・暖宮・安胎・止痛」這在在表示此是一種春藥、在……三德洋行所製、三德洋行是慣以毒……

唐詩

（郎大）

唐詩者、大郎詩也、大郎氏唐、其詩乃曰唐詩、張丹斧君、管號其詩為屁詩、者然、其詩而精、竊非屁精、故大郎不敢遽效張君之喻為屁者、以不甚雅馴也、它日少閒、擬集新舊所作、刊行問世、即以唐詩題其書蓋、意者、嗜痂之子、或將視此冊如徐卓呆之不知所云集、並為解頤之具、未可知也、茲顧而成、我且問序于夢雲、而丐爲宣傳、今之所錄、殆即書中之一頁、而亦孕有影戲院之試片性質者、輒並識之、

喜梅蘭芳君赴美
梅畹華君翠世傾。新歌數闋學初成。舊金山畔狂歡影。纓玉軒前惜別聲。非爲孟婆偏作姤。卻緣舊婦尙餘情。囘頭莫顧花如錦。冷落後庭怕送迎。

影片中聞宋美齡女士英語演說、題爲婦女之責任、
想得畫眉樂未休。美人從不記春秋。瘢痕一抹宜留俏。鬢影重迴欲撿嘉。初嗜偏多胡國調。新梳總是舊時頭。雷兌「Lady」譯音須奉儂爲法。隨侍將軍作浪游。

寄夢雲
「哈特」「玲瓏」說「夢雲」。「揚顰」「綠葉」墜紛紛。少歛腰肢成「馮大」、「窈窕」今無「垂淚」痕。

唐大郎《唐诗》报影（1929年10月18日《大晶报》，署名：大郎）

公墓

唐·人·短·札

劉郎

道於即者惜此十之，自身公入海里張斐若，已體蓋葬上紅冶窺老公人致，海者人皆，疾身無公墓特苦其中當，不眼四二稿尊，爲永非永殆，八兼以一男前，一安有安無共奕仙與舞銀蓄宜特爲十多人，家攻用選諡夫之之萬之試於國子墓，女私僑適之當千呼當中，女。

唐大郎《唐人短札·公墓》（1945年4月14日《光化日報》第1號，署名：劉郎）

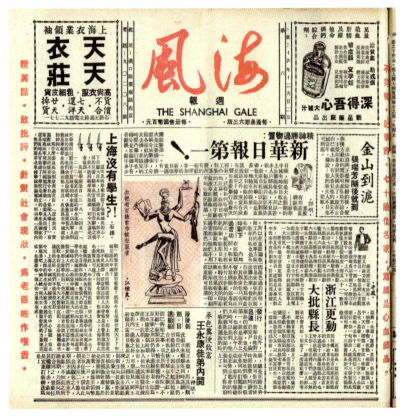

龔之方、唐大郎主辦《海風》報影（1945年12月22日第6期）

唐大郎主编《大家》杂志（1947 年 4 月创刊）

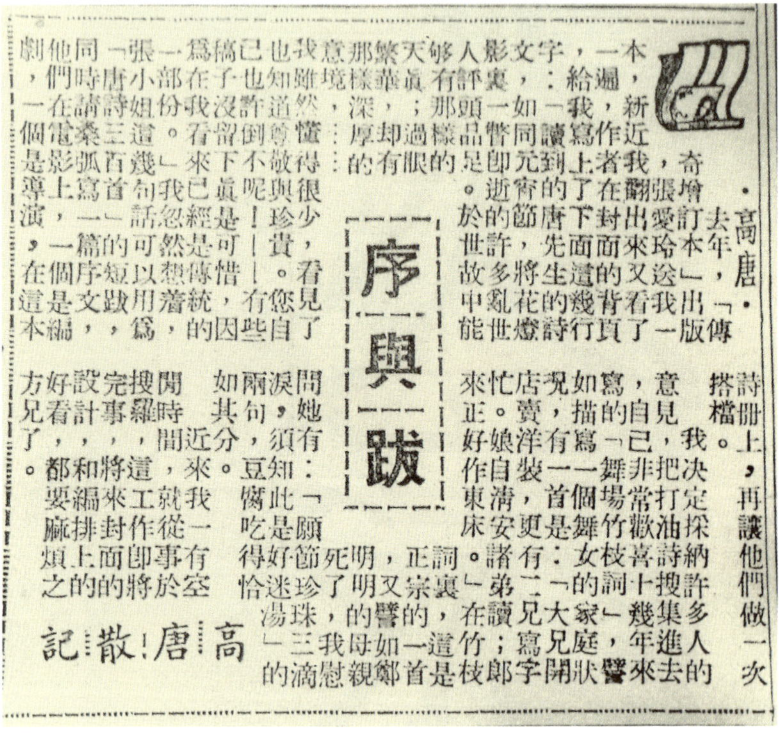
高唐散記
序與跋
·高唐·

唐大郎《高唐散记·序与跋》报影（1947 年 12 月 2 日《铁报》，署名：高唐）

唐大郎《闲居集》书影（香港广宇出版社 1983 年 10 月初版，
署名：刘郎）

姚吉光绘唐大郎像（1933 年 4 月 18 日《东方日报》）

董天野绘《江南才子唐大郎》（1946 年《吉普》第 28 期）

丁聪绘唐大郎像（扮演黄天霸造型　1947 年 4 月 24 日《沪报》）

黄永玉绘《戊戌中秋读大郎忆樊川诗文》（2018年）

张偉，你好，为了你的文章和愛心，這封信早該
寫了。只是在等一个落實，减少未来去去的折騰。眼
看定下了格局，嘆、口微笑的长气。

你文章裡還提到魏紹昌。上海之外，這逸

型號的人你见過几个？還有你。靠眼睛、赤脚
力、靠良心，左苦覓、撿拾被疏忽的文化情感。

上海土地哺養大你们，你们珍貴上海。

或其實真是个檻外人，出生也晚，

黄永玉致本书编者张伟函（局部　2018 年 12 月 18 日）

给张伟的一封信(代序)

张伟：

你好，为了你的文章和爱心，这封信早该写了，只是在等一个落实，减少来来去去的折腾。眼看定下了格局，叹一口微笑的长气。

你文章里还提到魏绍昌。上海之外，这种型号的人你见过几个？还有你。靠眼睛、靠脚力、靠良心，在苦觅、捡拾被疏忽的文化情感。上海土地哺养大你们，你们珍贵上海。

我其实算是个槛外人，出生也晚，严格的说，跟唐大郎做朋友还只算个爷叔关系，虽然眼前也近百了，他的为人，他的修养，我只是不舍得忘记而已。

听说上海有个张伟在忙这件事，自然产生了尊敬和企望，又有幸遇见北京伸手帮忙的好人，解决了困难的关结，雀跃之间，忍不住写信给你，告诉你我的快乐。撒开手，乘这东风，让这部书无憾、无缺地出来。

卜算子

王　观

水是眼波横，

山是眉峰聚。

欲问行人去哪边？

眉眼盈盈处。

才始送春归，
又送君归去。
若到江南赶上春，
千万和春住。

预祝
年好

黄永玉
一八年十二月十八日于北京

目　录

纪念文选

唐大郎印象记

梯　维

　　大郎先生，秉笔《东方》，文名震海内。愚虽与数通尺素，顾以未识黄叔度为憾。国庆前一日，方簿书丛脞，大郎忽翩然过我，欢然倒屣，握手倾谭。虽为初遇，顾我两人掬肺腑平章当代文友，绝无虚饰。愚夙服膺金陵张慧剑，大郎之意则与愚同，不觉抃掌称快。"何当共剪西窗烛，却话巴山夜雨时。"乃信论交之洽，固有如是也。

　　大郎为文，不事矜饰。愚见大郎，怒发种种，御白线之袜，不修边幅，恰如其文。与吾友陆洁为同乡，操沪语乡音未尽蜕也。面部轮廓，有肖姚民哀处，但较白皙耳。相谭未逾三十分钟，观其宴卧胡床，脱口为率直之语，似亦颇以此晤为乐也。国庆后一日梯记。

原载《金钢钻》，1934 年 10 月 25 日

怀大郎

桑　弧

　　好久没有遇见大郎了，我很想念他。最近，从他的文字里，得知他的千金的颧骨生得很高，大郎说将来不见得能靠着女儿的美貌吃饭，当时我就想起了美国的女影星克劳黛·考尔白，她的颧骨生得再高也没有了，然而由于演技的活色生香，她的颧骨仍无损于她的成为一代红星，我想用这一番意思写一封信安慰大郎。但结果并没有这样做。我怀疑大郎的文章的措辞虽然"若有憾焉"，按之实际，他也许正在暗自欣喜，因为他平日是习惯于拿朋友们的女儿的美丽作为调侃的资料的。

　　春天过去了一半了，寒威却仍旧笼罩着人间，加以近来多雨，中宵无寐，听着那凄清的雨声，不由地忆起了许多朋友；大郎便是我所常常怀念的一个。在朋友中间，他的性格最最绚烂夺目，要是一个人的性格可以用线条的勾勒来表示，那么勾勒大郎的性格所需要的线条总比别人的来得简单；可惜我不是这样的高手。我很喜欢同大郎谈话，他的话调里蕴藏着丰富的活力。有时我用欣赏一件艺术品的态度来听他的说话以及审视他说话时的神貌，就常常引起一种舒适之感。不错，大郎的话语是不大讲究"雅驯"的，他同熟朋友攀谈时，往往"触那"之声不绝，一个洋场的侠少所习用的语汇，常和大郎的吐属相吻合，因此陌生人见到他，很容易发生反感。但是和他相处稍久，便会发觉他的粗犷的言谈并不是代表一个鄙陋的灵魂。大郎从不讳言自己是一个"海派文人"，他的一举一动，也从不估计是否与传统的"文人"的气度相称，可是，正因为他从不矫揉造作之故，他的粗犷便形成了一种妩媚。一个真正懂得美丑的人，大概能够发现大郎的仪表、谈吐包涵着许多美的特性，即以他的"西风脸"而论，虽然被朋友们当作嘲谑的对象，但他的脸和其他的动作配合起来，却构成一种匀称的美。我不大喜欢张潮的《幽梦影》，可是很欣赏里面的两句话，大致是说人的容貌有生得丑而可观的，也有虽不丑而不足观的。我以为大郎的举止风度，从一个不相识者看来，或者很难看，其实却是很"耐看"的。王静安先生拈出"境界"两字作为论词的准绳，我却愿意标举"气质"两字作为论人的通则，大郎的所以可爱，就在于他的具备美的气质。我曾把姚笠诗先生譬作清丽的散文，而将大郎喻为狂放的诗。笠诗说起话来，理智透彻，好像一缸晶莹的净水，天光云影，历历在目，大郎说话往往夹笑夹骂，不分理智情感，却容易把听的人也拖进他所笑骂的境界里去。

这世界上，由于人们教养的不同所发生的偏见与误解，委实很可慨。大郎呼吸于狭隘的圈子，他的生活观念在某一意义上自然不十分进步，但至少对于义利或忠佞的辨别，大郎是俯仰无愧的，我希望某些企图以"小报记者"或"无聊文人"的名词作为轻蔑他的工具的人们，切实地认清他们真正应该憎恨的是哪一种人和事物。

原载《社会日报》，1941 年 3 月 19 日

听鹂轩新语·我与大郎

一 方

近来所写的稿件，似乎愈来愈糟。这理由，一部分是缺乏兴趣，另一部分，他项俗务的侵袭，使人对写作不得安心，脑筋中充满了塞责二字。因之，写出来的东西，就觉比前减色多了。

写稿的性质，和弈棋相同，凭你是高手，但有时也会败于低手。譬之两人弈棋，本来是功力悉敌的，但一个是凝神一志，一个却一心以为鸿鹄将至，他的结果，后列一个，必然失败。因为弈棋的关键，在乎一心，心不二用，始能致胜。如果，心不专注，对所做之事，貌合神离，那是决不会有好结果的。

我近来的写作，不及大郎来得多，也不及大郎能写得出。大郎固然有大郎的清才，但试论我们近来两人间的情形，大郎生活似乎比我安定，精神上也似乎比我愉快，他所以凝神一志，对写作绝对专心，同时惊人的妙绪，也能自然地在无形中流露出来了。

反顾我，一切情状，都似感觉不安，虽然在物质方面，我不会比大郎缺少，但在精神上的收获，他比较我是胜利的。我的情状仍然包围在纷乱与苦闷之中，精神的寄托，既不能稳定，一颗心时常像辘轳一样为了生活环境而操劳。对于写作，比起大郎来，我真只有自叹勿如了。

原载《海报》，1942 年 7 月 22 日

再宽大一点

柯 灵

　　这是我早想为《海报》执笔的题目。因为忙，几次想写都没有写成。

　　引起我写这短文的动机的是刘郎。他曾经因为批评李少春，被李君写信大骂了一通，但他只拿那封信公开了，再也不多说什么，事情似乎就可以这么结束，也应该结束的了。却又有同文不平，于是报纸上飞飞扬扬来了一大片攻李声。当时我就有了一点小小的感想。

　　刘郎是熟人，我自信多少还能了解他。他的好处是通体透明，没有一点渣滓。高贵也罢，鄙陋也罢，他从不文饰自己，这才是真正的"水晶肚皮"。才气使他狂放，而坦白使他廓大，如果有缺点，那是有时不免感情用事，趋于褊急。他的襟度一向极好，对李少春的侮谩，态度尤其漂亮。可是我不大同意他对李君批评的严刻。因为他是拿一种最严格的尺度去衡量一切，而忘记代一般伶人的生活环境设想了。——不幸后来还有几位先生嘲笑李少春的文事不通。

　　小型报的一个特色是常常谈身边琐事。琐不要紧，怕的是把人生和世界都缩小了，小得教人透不过气。（刘郎的好处也是豁得开。）例如看人论事，我就希望大家再宽大一点，凡是一切被损害与被支配者，从某一角度看，都值得同情；而人无尊卑，谁都有尊重他人的地位的义务。

　　刊在十九日本报的文哥的《自讼》，听说一位朋友认为不满，因为作者未免太软弱。但我是为它感动了。他中了一箭,却说得那么委婉而又平实!我并不主张一个人应该宽大到无边无岸,连是非爱憎的界线都没有,假如人人都能够严我责己,世事岂非更可以证明一点吗?

最近我遇到一件极难受的事,是秋翁和他笔下的"某女作家"之间的误会。一个人感情上有了差池,就不免意气,能够彼此退一步想,就可以释然了。我应当负责声明的一点:就是那"一千元",原是我请她留着,没有要收回,因为不久以前,我还在请她为《万象》写一点短文。这不怪"某女作家",也不怪秋翁,疏忽的是我。——我这疏忽是无意的,不想会有这样的结果。

几年来的忧患,使我怕见剑拔弩张的场面,虽然有时我自己还非常火气,但过后总不免反反覆覆左右忖度,心里说:也替人想想,宽大一点吧。头抬得高,眼睛看得远,一切从大处落墨。这使我减少锐气,但自以比较平和了。至于这到底是进步还是倒退,一时也许难说,走着瞧吧。

原载《海报》,1944 年 8 月 24 日

我不能忘记的一个演员

吴祖光

　　这两天见《新民晚报》的《夜光杯》正在征文,题目是《我不能忘记的一个人物》,这是一个好题目,想到我老早应当为《大家》写一篇文章,今天我该写什么文章好呢? 如今有了题目了,我写《我不能忘记的一个演员》。

　　我不能忘记的一个演员是文采风流的"江南第一枝笔"的唐大郎先生。

　　前年冬天我刚到上海,小丁便说有两个朋友不可不见,一个是绰号"梅兰芳"的龚之方先生,一个就是才子唐大郎。

　　这两位好朋友,尤其是之方先生,为我们(小丁和我)筹了一大笔钱办了《清明》这个美奂美轮的月刊,但是出了四期把钱赔光了,使我们至今难过。但是豪华的《清明》编辑部中的一年热闹光景,将是我们及一切朋友永远不能忘记的回忆,这是题外的话,按下不表。

　　大郎同之方是形影不离的一对好搭档,说我的北京话,就是"眼镜儿",言其两个连在一起不会分开也;正巧他俩都是戴眼镜的,他们会接受我这个封号的。

　　说到大郎之不可不见的理由,因为他乃是海派文人之翘楚,也可以说是正宗。一般人说"海派"常是与"京派"对立的,于是也就含有"不足为训"之意;但是我对"海派"的印象,则是与豪爽、义气不可分的,大郎正是如此。

　　他一面孔"游戏人间"的浪漫样子,说话"带把儿"——这又是一句北京话,"把儿"就是"柄"的意思,就是总拖着个尾巴之意——张口闭口不干不净,与他整洁无瑕的衣衫极不调和;但特点也就在又极为调和,浑然造成矛盾的统一。去年夏天有一位才十七岁的年轻小姐同我一起到他们的写字间去;大郎在小姐面前略一矜持以后,马上文言带草的滔滔起来,半晌之后,却又不忘记对小姐说:"不要见笑我是个粗人。"

其实大郎何尝粗,他的纤纤之手伸出来才是又白又嫩,用这只手写出的海派文章,也实在独得妩媚潇脱之妙,至少我就学不来也。

上海的许多小报上大半都有他的短文,写他的生活秘辛以至时事杂感,奇怪的是我曾经有一段时期天天同他见面,总见他在同人家吃豆腐,扯闲天,没见过他写一点东西。在报上读到他的文章时,也说到自己终年游耍,一年只在家吃过一顿饭,不知道他的文章是在哪里写的。

夏衍先生是我们的老前辈,是出名的博学者,剧本、杂文、政治、经济、军事的文章样样精通,大郎有一次对他说:"夏公,你比如是一家药铺,买什么药,有什么药。我也是一家药铺,但只卖一种药,就是春药。"

说"只卖春药"是他的自谦,他有许多讽时小品仍是言谈微中,清新可爱。

能者无所不能,我现在发现唐大郎是个对观众而言吸引力最大的演员,相信即与梅大王同台,那十分春色也将由他独占。

其实哪里是"我现在发现",他自己,以及许多朋友早就发现了,大郎的黄天霸久闻为一大绝戏,这回才被我看见。

那一晚我深夜冒寒到西藏路去看大郎唱戏,他的戏当然是最末一出,上戏之前就见他在戏场门外悠然自得踱来踱去,据说几天以来主事者屡次催他排戏都被他拒绝,说:"排不排还不都一样。"

这句话多有魄力，我就喜欢这种"横竖横"的精神；看见他蹀来蹀去生死置之度外的样子，就知道他的戏大有看头。

满坑满谷的观众大多是为唐大郎来的。他快出台之前，大家特别显得不耐烦，吹哨子，鼓掌，笑，喊，几乎要把场子闹翻；这时候他忽然出现，大家欢呼大叫有如疯狂。我没有叫，我被他征服了。

大郎眼镜脱掉，目光有一种无可奈何的神气，皮肤雪白粉嫩，微显桃红色；眉心一抹胭脂最为俏皮；额角低，下巴短，面横阔，很像魏碑里的"圆"字。最精彩的是没有带衬领，所以脖子全部亮出，显得头大颈细，好在皮肤净白，与全身新行头配合，极收相映生辉之效。

我忽然觉得他像一个另外的熟识的人，问小丁，也说面熟，但都想不起是谁来。

从他一出来台下哄堂开始，就一直没有静下来，一举一动、一说一唱不消说，似乎连他的呼吸也都换来喝彩。他报名："黄天霸"，大家就笑；笑到他说："众位英雄请了。"重新再笑起，满台其余的演员都被他的声光笼罩，观众不注意他以外的任何东西。在他唱头一段的四句时，第三句便忘了词，观众笑得要死，他不在乎，偏着头用力想，想起便接着唱，这又是惊人的"稳"；唱京戏唱一个不慌不忙，这一点上大郎又是超群出众的。

照以上说来他应当是潜心戏内，心无旁骛的，但有两次他忍耐不住观众起哄同"台上台下打成一片"。一次是他出台不久观众吵得不可开交，他忽然显出一面孔不耐烦的样子，用力挤了一下眼睛。第二次是他走近下场门时，一个站在台上看戏的小开拦着他捣乱，他举足踢了过去。

这样的事情，我只在一次某小学幼稚园的儿童表演会上见过类似的一次。

这时在一片大闹声中，我听见一个女人的声音，上气不接下气地说:"哎呀……要死哉……不能再笑了……"

这当然是一个最精彩的演出,我必须在这里面找一节他最得意的表演出来,我想该是在彭公召见他们,讲述九千岁被盗马责成黄天霸寻马时,他本来同众家英雄一齐跪着的,此时忽然"咳"一声怨气,面向观众急转,两手平摊的一个表情,观众本来只有这一个机会休息休息,这一来又笑翻了场。

小丁说:大郎不放松任何一个做戏的机会,该有的,他全有。就是全不对劲。

就是这样,所以精彩,这不是学得来的,所以大家要笑。我有一段时候不看戏,回头看大家笑,男人笑得面红耳赤,女人笑得花枝乱颤。

台上有人送一条中堂给他,写的是:"吃瘪高盛麟,活像程笑亭",颇有道理。原因在高盛麟是功夫,程笑亭是滑稽,而唐大郎是天籁,功夫与滑稽学得来,而天籁者只是天籁也。

我平生看戏,爱喜剧而不爱悲剧,在这个国度里,生活里的悲剧太多了,能使人在苦难中得到破颜一笑是多么可爱的事呀!我喜欢这样的演员,大郎也许没有同我作一样想,但是在我的心目中,我是这样推许大郎的。

名"霸"之后难为继,那天的李少春做了一桩傻事,他续演大郎之后的拜山的黄天霸,然而风头被大郎出足了,名武生吃瘪是必然之事;我如果是李少春我就不来。

燕市少年,走马观剧垂二十年矣。"天日重光",春来歇浦;菊花虽老,幸未阑珊。梅杨争艳,程谭竞响;而上林春色独占鳌头者乃"江南第一枝笔"唐大郎也,大郎岂非人杰哉。

写唐大郎,不得不学学他的笔法,但也是学不像的。直到今天,那一晚他出场时的"像一个熟朋友"的印象,至今不释。执笔至此,灵机偶动,想起来了,原来是夏公的大头儿子小咪是也。质之小丁,以为然否?

唐大郎之为演员,不能以平常的眼光来衡量他的好坏。但我可以说他是对观众吸引力最大的演员,是我不能忘记的一个演员。

唐大郎如果唱戏,高盛麟便没有饭吃了,何以见得,有诗为证:

> 此是江南唐大郎,投笔从歌到戏场。
> 看他赢尽全堂采,岂独黄泉气煞杨?

杨者杨小楼也。

一九四七年三月上海

原载《大家》,1947 年第 1 期

怀病中刘郎

潘际坰

　　诗人刘郎病了，《闲居集》作者病了。而且相当严重——癌。

　　先是他的夫人一封代笔信，使我有不祥之预感。说大郎病倒了，一个月内恐不能执笔写作，要我转告编者。

　　刘郎就是唐大郎，原名唐云旌，30—40年代在上海办小报负盛名，当时有"江南第一枝笔"之美誉。我和他相识是四十年代末期，社会面貌焕然一新的时候。

　　也可以说，他那时已从绚烂归于平淡了罢。但平淡之中依然看出早年"遗风余韵"，那也是的确的事实。因此，常想到袁中郎《小修诗叙》中的几句话："性喜豪华，不安贫困①，爱念光景，不受寂寞"；"而沉湎嬉戏，不知樽节，故尝病"。我喜欢这位年长的朋友，他的语言冷隽，他的风貌也是冷隽的。他一点也不伪道学，他敢于讲出少年荒唐事。

　　刘郎的可贵处在于：他重视性灵，复于新环境有真心的投入。我想，我们的老读者大概会记得，他在五十年代初期为《大公园》写了多少《唱江南》的诗篇？他的吟咏，是出于对祖国一份真挚的爱。

　　日前，我又接到黄裳兄自京返沪后来书，他说："有一件不幸的事，大郎病危。……回沪后即往探，据说是癌，已转移至肝肺（原为胃），且届晚期。曾谈了几句话，他第一句话即'彻底垮台'。他不知是此症，我即慰之，告《大公报》连发新作，他说：'耐，没有了！'闻

_____

　　① 编者注：困，当作窘。

之酸鼻。他并要我将病状告兄,并说诗不能续写了。我稍坐即出,心情恶劣。本拟回来就写信给你,但不想写……"

回想我们和大郎的最后一次欢聚,也不过一年半前的事。我和妻自京飞沪,当天傍晚与大郎、辛笛、黄裳诸老友踯躅街头,正月初五刚过,找饭馆儿不可得,终于在弄堂的馄饨摊旁停脚。条凳都为食客所占,等了好久,才有一张腾出来。他用上海话说,走了半天路,又饿又累,吃不消,对不起了。说着就绷着冷隽的面孔,坐下去。他年最长,体力也最差,我们劝请还来不及,怎会介意呢?我和妻当时颇感不安,后悔让他这么一位干瘪老头子跟着受累。但我也深知他的性格,十余年阔别(其间且有十年浩劫),如果劝他留在家里,他非把我骂得狗血喷头不可。大郎就是大郎,大郎就是这样对待朋友的。

第二天或第三天,他在十六铺著名的"德兴馆",请我们吃了一顿很丰盛的宴席,豪情不减往昔。他挤眉弄眼,时作怪状,欢喜得像个三岁孩子……

然而,我怎能相信,癌魔竟会以这样一位可爱的老人为猎获物,正在吞噬他!

祝愿诗人逢凶化吉。他理应在江南享受颐养天年之乐;他也期望着看一看现代化的江南,并以他那一枝笔再唱江南吧。

原载香港《大公报》,1980 年 7 月 20 日

悼大郎

唐　琼

拙作《怀病中大郎》发表后不久，即从沪上传来噩耗，黄裳电告"大郎于二十日晚十时半病逝……"。想写些什么，悼念这位诗人亡友，但心烦意乱，这才领略掷笔三叹的滋味。

我的心再一次像铅块般沉重，是在接读治丧委员会从上海寄出的讣告时：

> 原上海《新民晚报》编辑委员唐云旌（大郎）同志因病于一九八〇年七月二十日逝世，终年七十三岁。兹定于八月二日上午十时在龙华火葬场大厅举行追悼会，届时请往参加。
>
> 唐云旌同志治丧委员会　一九八〇年七月二十四日

讣告的黑框之外，又写着："有关单位、各界亲友如有吊唁函或赠送挽联花圈，请于七月三十一日前与治丧委员会联系。治丧委员会地址：上海陕西北路四五七号上海辞书出版社 电话：（略）。"

治丧委员会委员有夏衍、费彝民、赵超构、于伶、柯灵、陈虞孙、桑弧、吴祖光等十八位知名人士。

一代的老报人、小报名家、诗人，与我们永诀了。香港和国外有他生前许多知交和朋友，我想他们的哀恸是同样沉重的。

如能抚棺痛哭，我将对身旁的追悼者哽咽着说："大郎是不凡的才子。他过去浸透在十里洋场里，却还是个清白正直的人，不过有时放浪形骸，后来也变了，确实变了。他从不讳言自己身上的小污点。他爱国,而且爱我们这个社会。他写过许多首怒斥江青们的诗篇,痛快淋漓,可惜还未发表。对这样一位老人,我是尊敬的,而且不能不爱他,并表示加倍的悼念。"

也许可以告慰亡灵的是,我听说你的世交费彝民(香港《大公报》社长),最近已慨允设法出版《唱江南》和《闲居集》两本诗集。过去我们屡次敦促过你,但总是遭到婉言拒绝。你有许多才子或非才子难得有的谦逊。

我深知,你以报纸专栏作家身份,对《大公报》有厚爱,甚至是偏爱。我也知道,你生前为涉及这家报纸声誉的一点小事,不惜在上海寓所与好友争得面红耳赤,甚至拍案而起。

大郎,永别了。你带着一个净化、善良而美好的灵魂,离开你的家属和我们,离开你的祖国,离开这个世界。

我正在想,我们这些朋友今后做些什么,才能使你那冷隽的面庞上,仿佛又添加几丝笑容。

原载香港《大公报》,1980 年 7 月 31 日

唐大郎逝世周年祭

魏绍昌

　　今年 6 月,夏衍同志在杭州颁发了电影金鸡奖和百花奖之后,到上海小住,去年他也是在这个时候从北京来上海治白内障眼疾。光阴似箭,转眼将近一年,我去看望他时便谈起唐大郎去世也快一年了。夏衍告诉我:黄裳已将唐大郎的诗集编好,交付香港大公报社出版,他正在考虑写一篇序。我听了很高兴,于是我们的谈话中涉及了不少关于唐大郎的事。

　　唐大郎,原名云旌,上海市郊嘉定县人,1908 年生。早年在上海中国银行工作,他点钞票有独到的功夫,好比卓别林扮演的凡尔杜先生点钞票,手指轻轻拨动,一叠叠的钞票,就会像电风扇似的飞舞起来,他曾在一次全行清点钞票的比赛中得过第一名。那个时候,他已经常常给冯梦云编的《大晶报》写稿,行长知道了,认为他不务正业,很有意见,大郎对上司从来不肯奴颜屈躬,更听不惯那些讽言讥语,便一怒而离开中国银行,索性进《东方日报》,到小报界专业写稿去了。

　　这是 1932 年的事,大郎在《东方日报》写诗文之外,兼编第二版,从此他开始走上专业报人的道路,以写作事业终其一生,笔直地走了四十八年,再也没有回头。《东方日报》第四版是电影专栏"开麦拉",编者就是有"龚满堂"之称的龚之方,因为他为戏院写的海报广告,号召力特强,可以稳卖满座,故有此称。大郎与之方在此报共事之后,再也没有分手,无论在合作的事业上或各种交际场合,他们两人始终形影不离。吴祖光用北京话说他俩是一副眼镜儿,意思是两个连在一起不能分开;我们上海话说他俩是纽子纽襻,意思是两者紧密地扣住在一起;其实我觉得用杨家将中的焦赞与孟良更加形象化,他们两人好比"焦不离孟,孟不离焦",性格不尽相同,但合在一起却是刚柔并济,相辅相成。

解放前,大郎每天要为五六张小报撰写诗文,按日规定时间由各报馆派人向他取稿。他文思敏捷,出手极快,立等可取,从不爽约。他在各报所用的篇名,都很风趣。写随笔取名《西风人语》,乃是夫子自况,因为大郎面呈四方型,就像麻将牌中的"西风"模样。这是他的好友胡梯维第一个叫出来的,朋友们听了一致称妙,他自己不但完全同意,而且符合他自己的审美观点。凡是他所钟情的女子也都是"西风"面孔,过去与他同居多年的苏滩名旦张素兰以及他的续弦夫人刘惠明,就都是这一号面孔。他与刘惠明成亲后,又取篇名《定依阁随笔》,署名"刘郎",这是用了东汉王粲依附刘表的典故,借此表示对他的夫人忠贞不二,而"刘郎"这一署名后来确实一直用到他七十三岁临终搁笔为止。

40年代他为《海报》写诗,篇名取《唐诗三百首》,署名"高唐",他自注"高唐"两字作"高出于唐人"之解,打浑中也显示他对自己诗作的抱负之大。他写诗自幼得到舅父钱老先生(嘉定钱谦益后人)的教诲,基本功夫扎实,虽然他时以俚句入诗,但严遵格律,一丝不苟。由于他见多识广,目光尖锐,加以性格豪爽,不说假话,所以写的诗内容和风格别具一体,特别令人感到亲切可喜。他在香港《大公报》发表的《唱江南》和《闲居集》两大组诗篇,深受海内外读者的爱好,决非偶然。周总理生前曾前后两次对夏衍提起过唐大郎,并且认为《唱江南》是有良心、有才华的爱国主义诗篇。

大郎写的随笔一般都是五六百字的短文,他最反对言之无物而又臭又长如王大娘裹脚布式的东西,我从来没有见他写过二千字以上的文章,这一点上他也是说到做到的。他有一篇短文《失钻记》，写他当时在舞场的见闻，说有一个年轻的舞客忽然大叫，因为手上的一只钻戒丢失了，接着一阵忙乱，还是没有找到。这个年轻的舞客脸色惨白，更加发急了，一再嚷着这只钻戒非找到不可，别人问他什么缘故？他只得说出这是刚刚借来戴用，约好明天一定要去归还。大郎心想你自己明明没有钻戒，借来一用只是为了充阔和欺骗舞女，那么丢失倒是给他最好的教训，大郎便暗中祝愿这只钻戒永远不必找到了。这篇短文很能表现大郎的个性，他的爱憎和是非观十分明确，当时小报上也只有他写得出这样颇具特色的文章，难怪大家要称他是"江南第一枝笔"了。

当时大家又称他为"小报状元"，这倒不是只指他的文笔超群，而且还说明他的交友广阔，结识各界的头面人物较多。比如，他玩票演京戏《连环套》，与李少春饰先后黄天霸，周信芳特别反串朱光祖；《狸猫换太子》中他演范仲华，名旦角章遏云演庞娘娘，名票友赵培鑫演宋仁宗。又与周信芳、桑弧、胡梯维、金素雯等合演话剧《雷雨》。在桑弧编剧、朱石麟导演的《灵与肉》中，他还客串一位嫖客，与女主角英茵有一场戏。举此一隅，就足见他在影剧界方面有与众不同的关系了。他还有几位工商界爱国人士的好友，对方是倾心于他的文采风流，他则以平等、真诚相待，从来不在经济上占他们的便宜。他在这方面的硬气，过去的吴性栽、胡桂庚，近来的徐椿林、荣广明，都有深切的体会。

但最能说明他为人高明的，还是他和进步文艺界发生的关系。抗战以前的各种小报中，陈灵犀的《社会日报》曾经刊登过夏衍、郑伯奇、阿英、曹聚仁等新文艺作家的作品，大郎就在那个时候认识了夏衍。抗战胜利以后，夏衍从大后方回到上海，大郎和之方正在编一种方型刊物《海风》，夏衍化名写过几篇反对内战的文章，不久此事被人告发，说是地下党打进小报界来了，于是《海风》被勒令停刊。《海风》是风行一时的方型周刊（最多时达八十一种）中最先创办的,当时赚了一笔钱。后来都花在吴祖光、丁聪编的《清明》(出了四期)和桑弧编的《大家》(出了三期)两种进步文艺刊物上了。据此可见,在内战烽火遍地之际,何去何从,大郎的感情和态度不是表现得十分清楚吗?

1949年5月上海解放之初,夏衍便取道香港来沪主持文管会工作。夏衍在旧上海搞过长期的地下党工作,与文学、电影、戏剧、新闻出版等各界人士都有广泛深入的联系,结识了许多党外朋友,当时他很注重外围工作,特别善于团结每个朋友,发挥他们各自的特长来为党为人民做有益的事情。夏衍在这方面有着极其丰富的经验,所以解放以来,他的统战工作也做得十分出色。其时解放前夕出版的十多种小报已经全部停刊,夏衍考虑到要团结、利用和改造这许多从业人员,而且要照顾他们的生计问题,决定批准出版《大报》和《亦报》两种小报。《大报》由冯亦代、李之华、陈蝶衣主办,《亦报》由唐大郎、龚之方主办,在当年7月两报便相继创刊了。到第三年(1951)因为受到"三反""五反"运动的影响,销路大跌,1952年1月《大报》停刊,一部分人员并入《亦报》,可是也只能维持到11月,《亦报》亦不得不宣告停刊,部分人员并入《新民晚报》,大郎进《晚报》担任编委,主编副刊《繁花》,直至十年动乱而止。本来《新民晚报》劫后新生,大郎准备复刊时上马再干一番的,可惜他的愿望再也无法实现了。

在1952年间,大郎还闹过一次亏空,他花钱向来大方惯了的,过去积欠的一些债务由于周转失灵,此时不得不暴露出来,这时候多亏之方为他多方奔走联系,才得以逐步清理解决。至于大郎本人,夏衍为了帮助他冷静反省,解脱困境,便介绍他去北京"革大"学习,而在他学习期间,也正是《亦报》的艰难时刻,这副担子只能由之方来独力承担了。

去年大郎病危住在华山医院,之方从北京闻讯赶来,7月20日大郎去世时,适逢夏衍住在华东医院,他听了之方的汇报,决定亲自参加治丧委员会,并对起草悼词提出了宝贵的意见,肯定大郎"是为祖国尽了力量的","他的一生,是一个勤奋劳动的、正直爱国的知识分子的一生"。大郎的骨灰今年秋天将葬于苏州的灵岩山麓,墓碑请大郎的好友、名画家唐云书写,题"诗人唐大郎(云旌)之墓"九个大字。

去年 6 月底,我去华山医院探望大郎,那时他说话已经很费力气,但听我说起夏衍到了上海,他便兴奋起来,要我代他向夏公致意问好。可是我后来因事外出,没有把这个口信及时带到,因此我对双方都深感抱歉。拖了一年以后,这次我才告诉了夏衍,并且向他说:"如果您明年再来,我陪您去苏州一游,看看大郎的新坟好吗?"夏公莞尔一笑道:"如果明年再来,体力许可的话,我要去看看的。"

作于 1981 年 7 月

选自魏绍昌:《浦江漫笔》,江苏人民出版社,1982 年版

爸爸给我的催妆诗

唐 都

父亲唐云旌(大郎)逝世两周年了。但他的声音笑貌,仍然不时地在我的眼前、耳畔回荡。我每次回家,一脚跨上楼,总以为父亲还坐在那张沙发上与来访的朋友闲谈,或者一个人坐在桌子面前用扑克牌打五关解闷,或者要喊我做些什么……可是,父亲呢?他在哪里?他不在了。两年前的一个炎热的下午,他睡在医院的病床上,突然地不言不语,就此离开我们了。

幻觉只是幻觉,现实终是现实。父亲的死,使我深恨自己过去没有尽到做女儿的责任。他生前不大向我们摆做父亲的架子,我们对他便也漫不经心。不说照应和奉养了,就是他究竟有哪些具体的言行,现在也记不清了。

但我的父亲是个有着独特个性,除了深知的好友,世俗却很难理解,甚至感到惊诧的人。他有着许多缺点,又坦白得使人难为情,而在另一些地方又狡猾得非常可爱;他除了呕心沥血地做诗,并能做出一些大胆的探索外,对别的知识面又几乎是完全不懂的。我以为,这个父亲比起那些伪君子、假道学要好得多;比起那些枉空读了许多书,但学问上毫无独到见解的人好得多。我热爱这样一个真实的父亲,我怀念这样一个坦率的父亲。

父亲生前写了许许多多他自己都数不清的诗。

我们做儿女的更是无法窥其神貌了。他的诗,也不是做给我们看的,但是,在我结婚的前夕,他却给我做了一首《催妆诗》:

如波秋月挂楼檐,喜气清光一夜兼。

早是持家知节俭,还须律己用高严。

虽无锦绣充箱箧,定有金书实镜奁。

老去而翁诗笔减,催妆急就尚休嫌。

　　朋友们都知道,父亲年轻时一掷千金无吝色,手头是撒漫惯了的;但是,随着时代的变易,他却能逐步克服自己的缺点,并对我们儿女提出了崇尚节俭、严于律己的要求。只听说他的作风是如何如何狂放不羁,玩世不恭的人,又怎能了解他在家里的生活态度,人真是复杂的啊!

　　父亲在"文化大革命"前为办《晚报》的副刊倾注了不少心力。前年,《晚报》有了确实的复刊的消息,他听了非常兴奋,病倒在床上,还同报社的老同事研究办好副刊的新设想。他的健康状况一直不大好,病时发时愈,因此他平常也不怎么介意,却不料这一次竟然一病不起了。他没有能等到《晚报》复刊,这是他未尽其志的遗恨。但《新民晚报》终于正式复刊,他地下有知,想必也会为之欣然了吧!

原载《新民晚报》,1982 年 8 月 5 日

诗人

——读《闲居集》

黄　裳

　　刘郎的《闲居集》已在半年前出版,作者逝世也快四年了。长时期来总想写点什么介绍一下这位诗人和他的作品,因为我一直认为他的人与诗都有着一种非比寻常的特色,使人难以忘记。我和他相识,大约是 1946 年前后的事,但更早以前就是他的读者了,三十年来,交往并不密切,只是到了十年动乱的后期,才常常通信和在一起谈天。我们本来都在一个干校里劳动。他后来退休了,回到上海;我那时正背着可怕的"政治包袱",几乎交亲断绝。就是在这种情形下,彼此忽然变成了亲密的朋友。1976 年冬以后,他又开始写诗,陆续在香港《大公报》发表,这就是《闲居集》的主要内容。他写出了天日重光以后一个普通的、正直的中国知识分子的大欢悦,记下了拨乱反正中间出现的新气象、新事物,对林彪、江青反革命集团的大小丑类进行了无情的斥责与声讨,有许多内容都曾是当日闲谈的话题。他还记下了文艺界许多朋友的故事。他是个交游广阔的人,在戏剧、电影等各界有不少老朋友。这就又显示了《闲居集》的另一种特色。他是用诗和诗注的形式来作新闻报导的,因为他又是一位报人。

　　刘郎写的是旧诗,而旧诗正如旧戏,据说是早已陷入了"危机",但直到今天依旧不曾死亡,有时还颇露出了某种"生机"的事物。照我的外行看法,这中间除了起着重要作用的民族感情、民族习惯以外,关键的所在只能从思想与内容中寻求,死死抓住形式是找不到正确答案的。刘郎诗的重要特色就在于在旧体诗的内容与形式上都做了创新的努力，而且确实获得了某种成功。他对旧诗有相当深厚的修养，对前人的业绩，甚至那一套严酷的声律都表示尊重，严格遵守。但他又蔑视一切僵死、腐朽的教条，有很大的勇气来加以突破。世间一切事物，失去了改革的动力，不再突破，不再前进，那就必然要死亡。并不只是旧诗与旧戏才如此。

可以举一首《改行》来看一下：

> 一条腿会裹馄饨⊖，看守《金铃塔》大门⊜。
> 纤断刚峰擀面杖⊜，弦抛凤喜采芝村⊗。
> 妻为木匠敲钉板，夫作炉工傍铁墩⊕。
> 糟蹋人材如此样，热他娘格大头昏⊗。

原注：侯宝林有一只相声叫《改行》，说的是当年时世不宁，戏院卖座冷落，逼得演员们纷纷改行。于是龚云甫以卖蔬菜为生，金少山以卖西瓜度日。侯宝林形容他们的吆喝声，引得听众笑口常开。

这里说的"改行"，也是这个情形。不久前我在《戚调重弹》这一篇里说过，十多年前"四人帮"一个勒令，把上海所有的区、县一级的剧团统统解散。于是那位玉貌如花的毕春芳被派到豆腐作场里去工作。现在这首诗，又另外举了几个例子。

⊖ 名武生王少楼因腿上有功夫，人称"一条腿"，曾被派到食品店包馄饨。

⊜ 以唱《金铃塔》闻名的滑稽演员袁一灵，放在一个单位看守大门。

⊜ "文革"前曾演《海瑞背纤》的麒派老生孙鹏志在一家食品店里擀面条。

⊗ 评弹演员蒋云仙，以说《啼笑因缘》著称。她被送进糖果店里包糖果。

　　㈤沪剧名演员杨飞飞与赵春芳一对夫妻,杨在板箱厂里敲钉子,赵则为打铁工人。

　　㈥上海有一句骂人的话:"热伊拉娘格大头昏。"

　　刘郎的诗与注是不能分割开来的。他的注有时比诗写得还好。这些随手写下的诗注有时就是很好的杂文,自然也有时不准确,如这里转述侯宝林的相声内容就有些参差。此外,还应该补充说明的是,刚峰是海瑞的字;沈凤喜是张恨水小说里的女主角;采芝村是上海有名的糖果店。

　　这首诗实在写得放手、泼辣,真正做到了摆事实、讲道理。情感炽烈,义正辞严,但又说得那么婉而多讽,直到今天,请那些依旧对知识分子另眼相看、另样相待的人读了也不能不为之打动而扪心自问吧。

　　就是这么一首"粗犷"的诗里,也依旧出现了"弦抛凤喜⋯⋯"那样清婉的句子,透露了作者诗风的另一侧面,写得那么摇曳多姿。

　　近来也出现了不少引人注目的崭新旧体诗人,其成功之处无一不是大胆突破,勇于创新。他们好像都是上接了黄遵宪、马君武的步武,但更大胆,步子也跨得更大了。刘郎的这种尝试则早在30年代即已开始,但在晚年,却达到了自己的高峰。

　　《闲居集》里还有不少论诗的意见,都是很精彩的。他反对袁枚的论点,律诗偶语上下句中不能用"如""似"作对,举出苏轼"人似秋鸿来有信,事如春梦了无痕"等许多名句为证,说明用什么字面无关大局,"用得好不好,要看做诗人的本事"。刘郎从小喜读《随园诗话》,但晚年却发现了袁枚言行中许多恶劣之处并加以抨击。他表示了自己对诗创作的理解:好诗就是好诗,用不到担心一切诗话家的闲言碎语;诗人的功力在能写出好诗来,而不在于遵循了什么神圣不可侵犯的诗律……在这些地方都表现了思想的解放。

他是非常佩服龚自珍的，但看了龚的"《长恨歌》'回眸一笑百媚生'，乃形容勾栏妓女之词，岂贵妃风度耶？白居易真千古恶诗之祖"，一段话，非常吃惊，立即起来为白居易叫冤，认为那句白诗形容得完全正确。这说明他头脑里实在没有什么偶像、框框。

关于龚定庵，刘郎还有一首《黄河》诗，写得极有意思，也是可以看作他的诗风的代表的。

> 汇报每周写，奔腾触我恩。
> 未谙交响乐，爱读定盦诗。
> 邪许滂沱夜㊀，卷帘梳洗时㊁。
> 才人嫖妓院，"造反派"无知。

原注：在靠边的日子里，所谓造反派叫我们每周写一次"思想汇报"。这也是一件苦事，为了写这个东西，我是被他们触过几次霉头的。有一天提起笔，正在搜索枯肠写些什么来汇报呢？忽然外面扩音器里在播送《黄河大合唱》的音乐，我便以此为题材，写了起来。大意说，我不懂音乐，对音乐里的黄河不感兴趣，我认为自来写黄河只有以清人龚自珍的三首绝句为最好……

写好以后，我交"牛魔王"收执。后来一想不好，这一次又要挨批了。因为龚诗有两首提到黄河是在逛窑子和姑娘们发嗲的时候写出来的，只一首才是同情劳动人民的。但后来居然风平浪静，造反派一句话也没有。我仔细想想，一定是"清人龚自珍"五个字起了挡箭牌的作用，因为毛主席在《介绍一个合作社》里提到过，便认为龚是进步诗人，没有问题。

㊀ 龚诗："夜闻邪许泪滂沱。"
㊁ 龚诗："卷帘梳洗望黄河。"

诗篇中如涉及、记下一些思想、故事，无论大小，只要不是虚假的，都有其存在的价值。不一定只有杜少陵之作才能称为"诗史"，我以为。

1984、6、15

原载《瞭望周刊》，1984 年第 37 期

诗人的遗简

黄　裳

　　诗人唐大郎(云旌)逝世瞬已十年。日前偶然在书丛中找到他的十几封来信,重读一过,不禁感慨系之。我认识大郎在 40 年代末期,在他创办《清明》杂志的时候,其实读他的诗文则远在此前。那时候大报上是一片乌烟瘴气,小报文字则不离市井生活,米盐琐屑,倒是贴近人民生活的。我是爱读小报的,也不否认有小市民趣味。虽然小报界的朋友一个都不认识——在结识大郎之前。

　　认识是认识了,但彼此之间来往并不密切,也只不过是投稿关系而已。他和之方办《亦报》的时候,办公室设在南京路旧慈淑大楼内。有几次路过,顺便去拜访。那时他约周作人写随笔在报上连载,这是要有一些胆识的。周的原稿用毛笔写在中国纸上,雅致非常,大郎都重新找人抄了付排,原稿留在抽屉里有一大堆,我向他要了不少,后来装成一册,可惜在"文革"中失去。可喜的是周的集外文(《〈亦报〉随笔》)已由陈子善辑出,在岳麓书社出版了。

　　"文革"中下干校,我们虽属同一系统,但不在一个连里。他被分派去烧大炉,每天清晨三四点钟就得做好准备,升火煮开水。我有一段日子被派给大炉挑水,得以每日相见,但彼此都装得素不相识,一句话都没有说过。大郎对这火头军的营生,倒是满有兴趣的。冬天,他披了老棉袄向着炉门,手里捧着一个大茶缸的悠然神态如在目前。后来我被大会批斗,关进隔离室。当天夜间睡在小房间里听广播,那是我的专题;有不少朋友都被牵连在内,被点名批判的,记得陈向平兄是重点之一,大郎也是被捎带进去的一个。

过了两年，大郎退休回沪，我也因病家居，从这时起才开始了频繁的交往。当时我还是"待罪之身"，没有一个朋友，大郎却不避嫌疑，热情相待。这种不比寻常的友情，是只有身受者才能深切感到的。过了两三年，"四人帮"被粉碎，潘际坰兄到香港编报，我们都为《大公报》的《大公园》写稿。大郎所作的是《闲居集》，每天一首或几首诗，后附诗注。笔还是那一枝笔，风调也依旧是《唐诗三百首》《定依阁随笔》的旧样，但内容则是全新的了。斥责奸佞，歌颂承平，真是笔端带着情感，是他晚年创作的又一个旺盛期。

大郎的诗注跟他的诗一样好，是极好的散文。他写信也是用的这种笔路，从不用文言。那段日子我们虽时常相见，但通信却并不少，其中有一信是谈诗的，因为我曾写给他旧日熟读的他的旧句，所以他也把记得的断句写给我看：

一九七七年元旦，家中无人来，也不出去。屋子拢了火，颇似微暄天气。饭罢，伊伊唔唔了一阵之后，提起笔来，一口气写了六首诗，然后休息。这样的诗，准备写他几十篇，用一个陈套的总题目，叫做《七十述怀》吧。进入七七年，鄙人是"古稀老人"了。

写好的六首，先让法眼看看，再听听你的高论也好，谬论也好。比如你认为用这样的体制写这样的诗好不好？还有什么更合适的方法？重复的要不要删？例如附纸的一二两首。我是喜欢作律句的，这里掺入一些七律，是否登样？你认为有要不得的，请指出，我就删掉。

我是一个不用功、不读书、近于无知的人，又颇有自知之明。搞这个劳什子，从来也不想它成为名山绝业，也不可能成为名山绝业。而目的，当初是骗钞票，如今则如蛮夷大长老夫说的，"聊以自娱"而已。这个心情，足下是会理解的。

旧作散佚已尽,有些自己赏爱的句子,还藏在肚子里,不知过去曾抄给你看过没有?如七律中的偶语,都是为欢场中人写的。

"人薄醉犹花薄怒,笑初敛接梦初成";"世难俄惊升米贵,秋高快试片腰轻";"露浣衣裳知夜静,恩深兄弟话家贫";"十载未开平视眼,一贫易作负恩人";"推心腹始知心叙,掌一家犹领一军。"

还有,又记不起了。即此搁笔。匆匆即存黄裳兄嫂双佳。弟云。二日清晨。

这是一通重要的自叙。他谦虚而又自信。对自己的工作有很深的向往,但也有自知之明。他是一个诗人而不是学人。支撑着他的作品的是真情的诗骨和生活的实感,在一个诗人说来,这就尽够了。

他寄来的《七十述怀》,选录四首于下:

虽然无事常常有,此事真成喜欲狂。
我寿求同彭祖大,神州初捆"四人帮"。

愧翁诗论多精至,近有容黄语可师。
此外更谁知我者? 只能让某自家吹。

既抛月夕与花晨,仍接清秋过好春。
一事平生聊自慰,老来越觉像诗人。

稍涉俳谐或近真,雕肝镂肾费精神。
一生皆自谦恭过,偶以能诗不让人。

诗后自注说："容黄,前者是阁下,后者是苗子,改'二黄'亦可。"另外还有一首《七十自寿》:

> 任经浪浪复波波,天趣横才两不磨。
> 时向性灵搜好句,偶于沉醉放狂歌。(一作"唱情歌")
> 风华欲净声华堕,俊士所贤迂士呵。
> 七十还淘童子气,自言来日正多多。

这些都离不开谈诗,同时也洋溢着一种欢快之情,这是与当时的政治气候分不开的。他愿意再多活十年,他说"眼下风光今更美","更无惆怅老江南",都表示了对新时代的向往。可惜他竟自只多活了两三年。

大郎有一个时期迷上了画册,凡有新出的名家画集,都设法搜求。1978年10月一信说:

> 傅抱石画已托人去买。我要问你,傅以外,有无潘天寿的?有,好不好?都望示知。我于傅、潘之间,对潘尤所喜爱。总之,这两位画家,上海绝无敌手。此是私话,不敢让吾友听见也。

他还极爱林风眠的画,曾向我说起一次参观林的画展,在一幅《秋塘鸥鹭》面前徘徊不忍去,定价太贵,想托熟人去商量而终不可得,只能废然而返的故事。

此外,大郎最喜爱的消遣是听书,1981年4月来信说:

> 弟近来听书入迷。每天下午必去消磨两个小时,已连续半个月,还有半个月方能罢休。邢晏芝才艺双绝,我们已和他

们聚宴多次，互相熟得如家人父女矣。"眼前此外皆闲事"，所以我这个月里只发了两篇稿子。对于俞翁的四台戏，也都无动于衷。狂热至此，吾兄得勿谓唐某童心未灭，乃长寿之征耶？

1980年5月，又有一信，还提到听评弹事，但已发病，也许是寄我的最后一信了：

> 裳兄：函收悉，久不见，深为悬念。本月十日下午三时，曾造府奉候，不料府上举家外出，只得怅怅归来。此后即感身体不爽，极度疲劳，终日惟偃卧坐息而已。这两天好一些，明天想去看病，过些日子，如腰脚轻健，再当叩存起居。
>
> 《晚报》将复刊，老束昨天来找我，看来想完全摆脱不大可能。但最多做个顾问罢了。
>
> 为了迷评弹，外汇也无心捞取（指《大公园》投稿事）。这个月补课，绝无佳作，请你不要再吃豆腐。这件事跟你谈不对胃口（我听不懂评弹的说唱，实属门外——黄注），我则"眼前除此皆闲事，昼梦初回听晏芝"，上个月就是这个情况。把晤匪遥，即存全家安吉，弟云顿首。廿六日午。

不久大郎病重入院。最后一次相见，他已病革，无力谈话，只向我笑了笑，说"这次是彻底垮台了"。还是保留着诙谐的风趣。难道他竟像金圣叹似地，临命之际还说玩笑话么？我在这里抄下了他的几通简札，这是他的自叙，多少还保留着他的言谈笑貌，作为故友的纪念。这样的诗人朋友，也实在是不可再得了。

原载《上海滩》，1991年第4期

肯吐真言即好诗

——读刘郎《闲居集》

陈榕甫

　　诗人刘郎的《闲居集》由香港广宇出版社印行，友人寄来一册，我在一个晚上就把它从头到底读完了。

　　刘郎的诗我读过不少，但过去是一首一首地读的，现在把三百五十首诗集中在一起读，对刘郎其人其诗又有了更深一层的认识。

　　诗集中有《为诗二首》，其一首云："饰貌矜情要不得，更休调粉弄胭脂。为诗亦似为文样，肯吐真言即好诗。"刘郎的诗，不论怀人或是悼友，即事还是忆往，写的都是真情实感，不作违心之论，不发溢美之言，唯陈词之务去，唯假话之尽除，味欲其鲜，意求其切，所以读来特别感到清新可喜，诚挚可亲。刘郎一生见多识广，对京沪文化界尤其是戏曲界非常熟悉，《闲居集》是他晚年所作，其题材之广泛，内容之繁富，显见作者诗思敏捷，功力不凡。这些诗背景广阔，所涉及的人物逾百，从另一个角度记录了文化戏曲界人士的活动。每首诗后都有注释或者说明，他自己戏称之为诗屁股，有的诗屁股还写得很长，现在不是有人提倡以诗证史吗，我看从这些诗屁股里面是可以发掘出一些有用的史料来的。

　　"刘郎不敢题糕字，辜负诗家一代豪。"是宋朝宋子京讥讽唐朝刘梦得的诗句。古之刘郎认为糕字太俗，竟然不敢写进自己的诗中，未免过于拘谨。今之刘郎则不然，他的诗几乎无句不俗，无篇不俗，而且以俗为高，以俗为佳。在他的笔下，市招如五芳斋，家常菜如咸菜豆瓣汤，电器如录音机，称呼如奶奶，俗语如抬杠、揩油，方言如交关、野豁，詈词如王八、叭儿，以及在"文革"期间广为流行的牛棚、靠边，诸如此类，都可以入诗。更叫人不可思议的是，诗中还出现了"老铅""皮蛋""哀"（扑克牌中的 K、Q、A），还把 Tango 的译音"探戈"两字拆了开来，写出了"老夫欲犯当年瘾，真想投池探一戈"的诗句，真叫人忍俊不禁。有人把刘郎的诗归入打油诗一类，如果只是因为他爱用俗语入诗的话，那么我倒认为这正是形成他个人幽默风趣的独特诗风的原因。

也有人说刘郎写的是歪诗，歪者不正也，意思是说他的诗不大合乎正规，我说这又是一种误解。据我所知，刘郎从小读诗作诗，基本功夫非常扎实，他特别喜爱宋诗，苏东坡、黄山谷、陈后山、陆放翁这几位名家的诗集都读得很熟，也爱好清朝龚定庵的诗，《己亥杂诗》三百多首几乎都能背下来。他擅长写近体诗，写得最多的是七绝，但不论是五言还是七言，律诗还是绝句，都严格按照格律办事，一点不搞自由主义。他的诗严格依照韵书押韵，偶有浑押的或者移韵的，他必给读者打招呼；至于平仄的协调，对仗的工稳，更是不在话下。前人论诗有云："看似寻常最奇崛，成如容易却艰辛。"许多有成就的诗人都走过一段勤学苦练的道路，刘郎的诗又何尝是信手拈来的呢！

刘郎就是唐大郎，原名唐云旌，解放初期主办《亦报》，后任《新民晚报》编委，已于 1980 年病逝。他的一生与诗结下了不解之缘，在创作力最旺盛的年代，几乎无日无诗。他在解放以后所写的诗，大部分发表于香港《大公报》副刊，主要有两组。一组就是《闲居集》，写于"四人帮"垮台之后。另一组《唱江南》，署名高唐，为"文革"以前所写，主要描绘解放以后神州大地的人事风貌，因为时间长，篇幅当更多，如能予以结集出版，定然受到更多人的欢迎，但不知有此打算否？

原载《新民晚报》，1984 年 5 月 12 日

话说上海"小报文人"

——哀唐大郎、陈灵犀

舒 谭

　　如今四十岁以下的朋友们,恐怕很少知道旧日的上海"小报"的。这种对开的小型报,以社会新闻为主,很少品核国家大事;上焉者写写文史掌故、时人轶事;中流者记身边琐事、道路传闻;其下乘者就复杂了,捧角儿,敲竹杠,歌场,舞榭,妓院,什么乌七八糟的玩意都有。报业公会是不接纳这种"小报"为会员的。当时上海租界的洋人,称之为"蚊子报"(Mosquito Paper),以其嗡嗡叫如蚊鸣,惹人讨厌,而报纸版面也小也。因而,"小报记者"往往被人瞧不起,对那些以捧角、捧舞女吃饭的和惯写黄色低级趣味混稿费的,名之曰"文丐"。一只老鼠臭了一锅粥,世事每每如此。在往昔的十里洋场,五方杂处,良莠不齐,三教九流的人都有,未可一概而论。

　　在"小报文人"中有位交游颇广的知名人士唐云旌(大郎)。他也是旧社会特定条件下产生的"洋场才子"之一。从大郎的私生活和文墨看来,可能会被认为与那些同行"类聚",他同样地也终日混迹声色犬马、酒食征逐之间,写写文章和打油诗捧捧角儿,爱同朋友开开小玩笑逗乐,在人们的印象中是个放荡不羁的"好白相"的人。他写的东西几乎难以数计,信手拈来,一挥而就,可能连自己也没哀集刊行问世。他生平无皇皇巨著,算一个"不入流"的作家吧?可是,巴金在《随想录》中,却提及这位排日以诗并缀以短文发表在香港《大公报》副刊的大郎的《闲居集》。大郎虽名气不小,却从未以作家自居,因而也从不摆作家架子,不像有的人,编辑偶尔改了他的一篇短文，竟然火冒三丈，将本人的珠玑之作原稿与改稿并刊示众，以示编辑的"有眼不识泰山"。解放后，上海小报早列入精神污染之列而"一刀切"了，大郎转到《新民晚报》，主编副刊。这个副刊成为很吸引读者的园地。十年浩劫，连《新民晚报》也被"一刀切"了，大郎便转移阵地向香港投稿，直至去世为止。《大公报·大公园》里众口传诵的《闲居集》已成绝响，有如园中崇楼峻阁下回廊的一角忽然崩塌，埋塞了涣涣的陂塘曲隔水不扬波，虽然大好园林如故，毕竟未免令人时兴萧寂之感吧？

我和大郎已经三十年不见面。回忆当我们白袷年少初次会晤时，正值上海沦为"孤岛"之际，我闲来无事便以浏览几家小报消遣。大郎在陈听潮（灵犀）主编的《社会日报》上日有诗文发表，大都记的是身边琐事，很有生活气息，不雕凿，不卖弄，浑朴天真。但有时又滑稽突梯、无所避讳。那时，他的文友中有的"落水"为新贵的，这或者是他为了洁身自好，以声色自娱而示"无意用世"的逃名一法吧？那时，周信芳的"移风社"正在"卡尔登"（现在的长江剧场）演出《文素臣》。《社会日报》的同文和剧院的前后台都是熟人，晚来常在经理室聚会，或聊天，或吊嗓，灵犀、大郎和周剑云都是"常委"，半个主人的身分。信芳的一些朋友也不时去串门。我既是《社会日报》的读者，又是信芳的至交朱联馥创办的票房"雅歌集"的"特约顾问"，也是"麒迷"，因此不断有碰头机会。灵犀给我的印象是笃实寡言、敦厚内涵的人，猛一看有点儿学究气，据说他的先世是移家上海的潮州帮，可是从他仪表、言谈中，丝毫嗅觉不到商人气息，更不用提是办小报的人了。大郎的性格恰恰同灵犀相反，落拓不拘小节，才华横溢，与人一见如故，同谁都能找出共同语言。大郎予陌生人的印象，可能是上海俗话所指的"滑头码子"，典型的小报文人。他玩世不恭的作风，的确容易使人产生错觉，正如他的写作嬉笑怒骂皆成文章，好像言不及义。我每与人言大郎是个游戏人间的热心朋友,但也有突出的缺点,不是个好丈夫(他有时玩得通宵不回家),当他的妻子是痛苦的。我指的"游戏",并无贬词之意,应如释家之所谓:游戏三昧,自在无碍而常不失定。鸠摩罗什曾说:"神通变化是为游,引物于我,非真故名戏也。"大郎能够玩物适情、自在如意,做到大节无亏,而不当伪君子。他的缺陷,在当时的社会也不算什么了不得的遗行。大郎性情豪爽,不媚俗,不畏强项,讲义气而不像如今有些人的"哥儿们义气",拉帮结派,将关系学和交换学引入文坛,还扮作一副伪道学面孔唬弄人。他交游广阔,又好管闲事,一旦发现可以造就的人材,必为之奔走揄扬。当今知名的京剧女演员张文涓,还落泊在福州路茶馆里唱髦毛戏时,他已看出这个小妞日后必成大器,就找一批朋友写文章鼓励她。张文涓后来北上正式投拜余叔岩门下,成为继孟小冬之后的余派传人之一,这与大郎的奖掖提携是分不开的,毋怪大郎之丧,文涓有长联挽吊,痛悼顿失良师知音。对当时还是十四五岁的女孩,岂能从弗洛依德心理学妄加揣测?大郎这种侠义之风,受人之托,事无巨细,必竭尽一己之力以报命,明辨是非,千金重诺,为朋友两肋插刀的事情,他的知交比我了解得深。

史无前例的什么"大革命"之后,大郎得以幸存,本非意料中事。香港友人寄来一段剪报——以"刘郎"署名的一首题为《读舒諲近诗,因怀故人》的七律,有云:"才自清灵意自华,虽称公子不花花。……佳句能经三遍读,吾诗气更一团邪。"(这是他对我的俚句的过奖和对己作的自谦。)诗中虽对旧友也有调侃,却是他一贯寓庄于谐的风格。这种随手写来的妙句,非性情中人如大郎者莫办。我乘兴依原韵以打油诗报打油诗云:

神京海堧亦天涯,"老九"恩封"牛鬼蛇"。
少日风情成杳鹤,暮年心事寄涂鸦。

群儿扰攘争蜗角，聋瞍无聪讼鼠牙。

"刀下留人"王相国，椿庭幸有宝钏娃。①

  ① 上海沦为"孤岛"时期，大郎曾与周信芳、金素雯、高百岁等在一次义务戏中合演《红鬃烈马》，他客串宰相王允一角，素雯扮演他的千金王宝钏。大郎广交游、人缘好，朋友们也都爱吃他的"豆腐"，他也不以为忤。他对皮黄本非行家，连几句摇板也唱得荒腔走调，听众狂笑不已，他却一板正经、泰然自若。在王允被绑上殿问斩时，宝钏在一声"刀下留人"中出场，有大段的唱词，他傻坐在一旁无戏，这时不知是谁人恶作剧，从舞台天桥上对准他撒下什么脏屑屑，使这位双手受缚的相国，浑身痒得难熬，搞得他急了，才忍不住发火，仰着脖子骂出上海话："格赤佬！侬哪能格啦？人家要杀头快，手也缚牢子哉。还寻啥开心！"顿时，台下台上闹翻了天，连信芳、素雯也笑不可仰，把一出正正经经的戏几乎没法唱下去。这件事传为笑谈，一个爱打趣别人的，竟被人抄了他的后路。事隔四十多年，每忆及此，大郎的音容、当场的尴尬相，依然历历在目。

80 年夏季，我在黄山，接到沪友来信，谈起大郎病危，经确诊系癌症。这个突如其来的消息，使我为之震惊。我满怀忧虑，期望尽速和他最后一面。等我抵达上海，传来噩耗，大郎已经去世了。那天龙华的悼念仪式完毕，我在哀乐声中缓步走向灵帏瞻视逝者的遗容。那张瘦削枯槁的脸庞，难道就是平日谈笑风生、诙谐善辩的唐大郎？乐天派的人是不会死亡的，说不定他效法庄生蝴蝶之梦，故意捉弄人们，隐藏在哪个僻远的角落，有一天会突然出现，让朋友吃一惊吧？如今，每当我偶然翻阅《闲居集》的片语只字，就好像找着了这位永远是欢乐微笑的人，又在娓娓清谈，劝说人们要珍惜这无限美好的人间。

写到这里，不能不提及在那天追悼会上，我料定必然能遇上自解放以来即未谋面的灵犀。我先在签名簿上查阅，又遍询执事人员，确悉灵犀在场，但在黑压压的人群中怎生一一"相面"？后来，还是在友人的协助下，总算将灵犀寻着了：三十年阔别，白云苍狗不知话从何说起，握手相对，默然许久。他告诉我，解放之初就知道我从石家庄抵达平津，他曾在报上谈起我，希望在北京同我有往还的朋友传话致意并代为约稿。我记忆不清，那时《社会日报》是否依然出版？我对这份报纸还是怀有感情的。"孤岛"时期，由于我被列日伪的搜捕黑名单上而悄然被迫离沪。我到粤北曲江以及徙转重庆以后，灵犀一直寄报给我，使我虽身处大后方而对迢迢千里外的敌后上海，仍如近在咫尺，情况并不十分隔膜。灵犀那次留了一个地址，约期再晤，便匆匆告别。我因手腕折骨，急于北归治疗，总以为来日方长，后会有期，谁知便成永诀。人生飘忽难料，倘若预知诀别即在俄顷，必将珍惜分秒，把肺腑之言倾囊吐出。我不久前，偶尔涉猎一些评弹书目，才知道灵犀自解放以来专心致力于整理传统苏州弹词的工作，许多本子都出于他的手笔。评弹是江南地区民间说唱艺术，这三十多年来，他勤勤恳恳地埋首于这项未必广为举国所知的案头劳动，声名不出海壖。灵犀和大郎当他们昔日的朋友，有的早已走出亭子间而跃登要津、位尊名显的岁月里，默默地干自己力所能及的工作，而不屑干谒大人先生们，以求闻达。悄悄地来到人间，没留下什么垂之史册、轰轰烈烈的业绩，又悄悄地离开了人间。（我知道灵犀的死讯，还是在他亡故后许久，偶尔从一张外地报纸副刊上一则短讯中得到的。）有些虽"名"（明）而未必皆"高"之士，对此又将如何感想？

1984 年清明改作

选自舒湮：《扫叶集》，生活·读书·新知三联书店，1987 年版

情有独钟唐大郎

秦绿枝

  在《海派文学》丛刊第一集中，被秦瘦鸥先生称为海派诗人的唐大郎（云旌）逝世已有八年了。我总有点不大相信，总觉得他的死还是不久以前的事，也许还没有死。因为有时我与大郎的几位生前好友，如报界前辈龚之方先生、毛子佩先生等晤面时，谈到过去的一些事时，一提就要提到"大郎如何如何"。大郎的声容笑貌，依然对我们几个朋友的小圈子生活有着难以摆脱的影响。

  近日，大郎夫人刘惠明女士来访，才确凿无疑地证实了八年这段漫长的日子，然而过起来却是弹指一挥。前些时又接连在《人物》杂志、《新民晚报》上读到怀念大郎的文章，作者都以生前好友的身份各自谈了对大郎的看法。大郎这个人，看看很平易，很有趣，很爽朗，很容易接近，一混就熟；但他玩世不恭，别有怀抱，又是不大容易捉摸的。有时候你以为他会爽快答应你的事，却不料竟然会遭到他一口拒绝，而且斩钉截铁，一点挽回的余地也没有，弄得你讪讪的，很尴尬。这是因为你还没有摸透他的脾气，吃准他的口味。须知他混迹于十里洋场数十年，见多识广，所谓红眉毛、绿眼睛都一一领教过，养成了一种满不在乎的心态，你要当他是"十三点"，那你自己就是个不折不扣的"十三点"。

  然而真是不可思议，许多朋友明知道大郎这人有着从不掩饰的、也不想改变的缺点，明知道他这人有时会不真不假地、带着开玩笑的口气在大庭广众之间点破你的内心秘密，甚至触你的霉头，但当事者竟一点也不会忌恨他，相反还会产生一种知己之感，觉得同他在一起太有趣了。解放前有一年,有位曾在银行做事、着实赚了一票的阔老生活上有些不检点,大郎写文章讽刺了他,阔老一见,大为震怒,买通好一些人,准备弄点颜色给大郎看看。这一晚,探知大郎在某戏院看戏,便布下埋伏,就要动手。戏院经理孙某同大郎是好朋友,与那位阔老也认识,挺身出来打圆场。散戏后拉了大郎到后台与阔老见面,双方一握手,谈了几句,想不到误会立即冰消瓦解,从此便经常来往,颇为投契。

大郎交游广阔,朋友是很多的,遍于九流三教,各行各业。但政界的大佬,却很少搭讪。他最喜欢那些有奇行绝艺的人,往往为之倾倒备至,写诗作文,称誉不已。这就难怪他的要好朋友中,为什么又独多文艺界的名流,其代表人物如周信芳先生。作为一代宗师,尽管有难以计数的皇皇巨论论述过周先生的舞台艺术,但我却认为大郎写周先生演《刘唐下书》的绝句,最能道出其魅人的神韵。那诗云:

> 行路登楼颇耐看,小锣紧打客心寒。
> 郓城托出刘唐美,只在襟边与扇端。

周先生的戏好,唐大郎的诗好,他们两人交情也好。

我知道唐大郎这个名字,当然是从读他在小报上写的诗文开始的。我至今还记得他写的一篇文章,就是 1946 年发表在《铁报》(毛子佩主办)上的。那时有个从重庆来的治印家,常在报上登广告吹嘘自己,这倒也罢了,可他动不动就要讥刺在沦陷区的同行,好像他们的为人不大干净似的,并标榜自己的"印格"。大郎是最痛恨这种以正人君子自居惺惺作态的作风的,忍无可忍,就写了一篇《讨厌的×××》。话讲得非常"煞辣",骂得非常痛快,最后一句尤其醒目:"你是世界上第一个讨厌的人!"文章以这样言语来结尾,干脆、利落,宛如舞台上一个神采四射的亮相,我看也当得起"奇文"两字了。

解放以后,党和政府为适应上海一部分市民的需要,特准出版两家小报,一家是冯亦代、陈蝶衣主办的《大报》,一家就是龚之方、唐大郎主办的《亦报》。我在《大报》当记者。冯亦代去北京定居,上海的事就由陈蝶衣负责,承他的看重,有些大事也找我商量。如1951年下半年,两报互派代表,谈判合并,我也参加。于是,我与这位刚刚由华北革命大学学习归来的、有"江南第一枝笔"之称的唐先生,有了进一步接触的机会。他似乎对我一下子就产生了兴趣,觉得气味相近,说得坦率一点,就是臭味相投吧。比如,我们都厌烦开会,谈判一时无进展,坐在那里说空话,实在乏味。有一次在《亦报》楼下的会议室内谈着谈着,忽然大郎塞了一张小条子给我,上写:"楼上阿胡(指编《亦报》二三版的胡澄清兄)缺稿,实在没有心思谈下去了。"(大意)我笑了笑,别无反应。后来才想,他可能还有这样的意思:我能不能写篇稿子给他。但我当时竟是个"木头人"(大郎常用语),没有会过意来。

后来,《大报》终于并入了《亦报》,1952年《亦报》停刊,以大郎为首的一部分人员又进入了《新民晚报》,我也在其中,直到1970年初我被遣送去南京梅山劳动,和大郎有二十多年共事的缘分。从职位上讲,他是我的领导;从新闻事业上讲,他和龚之方先生是我的前辈,也是我的两个引路人。但从私交上讲,他把我当作一个可以谈谈心里话的忘年交。有些对别人不谈的事——对女人的看法,早年与女人的纠葛,他都透露了一些给我听。1957年我突然落难,打入另册,仅在最紧张的阶段,为避免不必要的误会,他不大同我招呼。等我把"帽子"一摘,他又同过去一样地经常约我出去游宴了。他知道我穷,连听评弹也由他掏钱买票。只要有题目可以假托,总让我在他主编的副刊《繁花》上化名写点稿子,开点稿费给我，当时这样做是要担当一定的风险的。

　　事情要是一件一件都罗列出来，那就太浪费篇幅了。我只想说1970年我到南京梅山以后，有两三年我是同上海《新民晚报》的人绝不搭讪的，自然也包括大郎在内。1973年春节后我回上海度假，一天早上忽然接到了大郎寄来一张便条，一开头就是这两句令人感喟、使我不能忘记的话："听说你回上海休假了，为什么不来看看我？我想来想去，在《新民晚报》，我同你没有什么'跷开'（上海话有嫌隙的意思）。来吧……"

　　这是我多么巴不得的召唤啊，当天下午我就去他家了。"啊，你来啦！"他那口气好像一直为我的生死而担忧，现在终于放心了。我们的交往比过去更亲密了，虽然我在上海逗留的日子有限，大部分时间在南京梅山，但我们的通信是那么频繁。那时梅山的工厂是按部队模式建制的，我分在一个车间的第二连，每个连部设一名生活干事，所有的来信要先集中到生活干事那里，再分发给大家。我们二连的生活干事也是《晚报》的人，为避免引起不必要的误解，大郎每次来信，信封是他女儿写的，下署"上海徐寄"，稍弄玄虚。信内却是我们吐露心曲的"自由天地"，还好，没有一封因受到怀疑而被扣留，要是有一封露了马脚，带来的麻烦就大了。

　　经过前几年所谓"红色恐怖"的压力而积郁于大郎胸中的诗情词兴，在稍稍获得松弛之后，又逐渐复苏了。因此大郎给我的信中，除了安慰我孤身作客、形影相吊的处境外，就是谈他近来以怀人、忆往、寄哀等为题，作了些什么诗或词。比如有位年轻的女弹词家在"文革"前可称惊才绝艳，然而她太任性，又太容易被人愚弄，在"文革"中自然要受些委屈。换了别人，可以完全不当一回事，她却不能忍受，一时想不通，就在上海到闵行的一个草树幽深的地方投河了。大郎听到消息，为之惋惜不已。有天他前往奉贤干校，乘公共汽车路过那个地方，见满树桃花开得正盛，触景生情，口中不禁默默念叨不已，后来就写了一首五古。这些"心头之秘"和这首诗，当时是"不足为外人道也"的，他却写信告诉了我，抄给我看了这首诗。

那几年，我也因心境不好，借古遣怀，偷偷地读了些唐宋人的诗词集，略有所悟，又在大郎的影响下，我想试试自己有没有这方面的才能了。1975年的一个休息日，我去南京城内有事，顺便到秦淮河夫子庙去兜了一圈，见昔日繁华旧地，竟变得如此的凄清萧瑟。再想到我个人的遭遇，不如意事常八九，浪费了许多光阴。忽然来兴，搜索枯肠，居然也凑成了一首《金缕曲》，寄请大郎斧正。现抄录于下：

> 痴梦当醒悟。数平生，行年四九，用情多误。捣碎愁肠千百转，只索催人老去。空怅惘，王孙迟暮。但有珍珠量一斛，又何须，倚马夸词赋。书卷气，逆时务。　　秦淮两岸罢歌舞。况萧萧寒烟衰草，那堪久驻？妄念而今收拾起，纵使良宵如故，欺白发，总成虚度。暗自销魂无一语，倚危栏，望断天涯路。思鲍叔，欲倾诉。

不多日，接到大郎来信，居然许以"孺子可教"，至少词的格律，能稍稍掌握了。后来他又来一信，写了一首七律给我，题为《寄陈思白下》。"陈思"是我曾经用过的笔名，诗如下：

> 莫从文字说飞扬，且看钟山草树苍。
> 似子犹多迟暮感，嗟余伴作少年狂。
> 剩来几辈谙诗味，念到无家乱客肠。
> 颇想近年完一愿，濡毫替谱《贺新郎》。①

---

① 此诗后发表在香港《大公报》副刊，题目改为"寄陈思与岑范"。收入《闲居集》时，诗题仍为《寄陈思白下》，个别文字有异："莫"作"漫"，"余"作"予"，"谙"作"知"，"想"作"欲"，"近年"作"眼前"，"愿"作"事"，"濡"作"抽"。

因我那时犹未结婚,故有末句的构思。在信上,大郎征求我对这首诗的意见,问道:"老朋友,满意不满意?"

"四人帮"倒台后,大郎恢复为香港《大公报》写诗,辟专栏名"闲居集"。他把这首诗的题目换了一下,把我与电影导演岑范先生扯在一起,在报上发表了这首诗。

综观大郎一生,可谓人有热肠,行有奇趣,情有独钟,诗有别才。有些事别人是学不像,也做不到的。1980年春初,他又对弹词家邢晏春、邢晏芝兄妹的艺术激赏不已,成了他们的忠实听众。这时他的病灶已见,人时有不适。但每天中午一过,他就坐不住了,连午觉也不睡,撑着病躯,前往"静园书场"听书。一连听了四十多天,终于病倒在床,长眠不起。

大郎之前没有大郎,大郎之后没有大郎,呜呼!

1988年7月

选自秦绿枝:《保持真实的我》,上海远东出版社,2007年版

如唐大郎再多活几年

吴承惠

　　已经年过九十，我是个很老很老的人了。有些生前还来得及做的事，已做了几件，也算不容易。还有一两件没有做，也不急，就暂时放着，让生活留出一点空白，表示自己也是"识相"的。到了相当的年纪，就要认真地掂一掂自己的份量：什么事是你还可以做，什么事由你做出来还是比较符合实际的。这样盘算来盘算去，觉得把几个已故的老朋友再拿出来琢磨琢磨，稍稍打破些顾忌，既写他的正面，又写他的负面，不为贤者讳，也不为自己讳，而总结到一点，就是这位朋友在我心目中，究竟是个怎样的人。人家说他这好那好，但我却认为说得有点过头，你可以向别人吹嘘，我却决不来附和。

　　你对某人有成见，缺点说得多了些，我也不来为他申辩，因为事情影响不大，将来有机会再补正吧。不补正也没关系，反正写他的人和被写的人都已亡故，而且有了年份，属于放在历史的档案中已经积了很多灰尘的那种，对现实不起什么作用了。

　　我也是闲得无聊，总感到每天不用笔在纸上画两道字体符号啊什么的，好像一天就还没有过去似的。于是想起就再把几个已故的朋友写一写，这一次打开框框，就我知道的，接触过的，有什么感想的，都写下来，有什么写什么，尽可能地不拔高，也不压低，还原他和我的关系。

　　现在已经写了三四位，每天顶多只写千把字，少的两三百字，想得顺利的时候多写些，不顺的时候少写些，有时候索性就不写，反正又不是要完成什么任务，说到底还是消磨余生，打发所剩无几的光阴罢了。

现在一时就想不起写什么人最好。考虑来考虑去，终于把唐大郎拎到眼前来了。

这也是有来由的。今年（2017）春节前，上海图书馆的张伟先生和祝淳翔先生突然来访，说是要为唐大郎出一部诗文集，特地找我来商量。大约在五六年前，上海作协也准备出一本唐大郎的书，收录他遗留的一些诗文，不过十五六万字的光景。因为作协派人找到大郎家里去，大郎的遗孀刘惠明女士思想做不通，也难怪，大郎生前写了些什么，她并不完全了解。作协便来找我，要我去打个招呼。我便打电话给大郎的小儿子唐勿，几句话一说就解决了问题。但这本书出了没有，至今没有下文，那也不关我的事了。

现在上图的张伟先生也来做这件事情了。而且工程浩大，估计要三百万字，可能囊括了大郎一生大部分的笔墨，很多是早年的作品。私心不禁佩服张先生的手笔之大。出版社听说联系到了福建的一家，不管是谁，反正我觉得张伟先生挺有魄力，也挺有办法的。

张先生等之所以来找我，一是问我大郎是否还有什么遗作存在我处？以及他亲笔写的什么东西没有？还在手头否？二是问了我大郎家里的事情。三是要我写一个"唐大郎诗文集"的书签。我想想真好笑。像这种题书写字的玩意儿，怎么轮得到我，我哪有这个资格？如果放在以前，至少是画家唐云，书家、金石家邓散木义不容辞的事情。不过现在谈到唐大郎的朋友如果还有谁在世的话，数来数去，只怕为数已经很少，我算是其中的一个。

再就是问我还存着多少唐大郎的亲笔书信。我一听，又来了，曾经有别的人多少次问到我这个问题，我都含糊应过。说是有一些，日子一久，已经不知放在哪儿了。其实是我对这些人有些看法,并吃准了他办事不一定可靠。你把东西交给了他,他一转身很可能就翻脸不认人。他的那些信有可能就不是你的了。

但我还是找出了两封,是1979年我办《艺术世界》时,大郎寄诗来为我的版面壮色而叮嘱的一些话。我把这两封信贴在纸上,好看得清楚一些,他们拍了照,没有拿走。

说到大郎和我通信,大概始于1973年一次我从南京回沪休假,这天早上一开后门就收到一只信封,拆开来不过是一张条子,短短几句话,使我大受感动。大意是:"听到你有时回沪休假,为什么不来看我。《晚报》内大概我和你之间没有'跷开',来吧,来看看我吧……""跷开"是老上海白相人的"切口",意思是有"芥蒂",有"纠结",有"恩怨"……

别的人看了也许不了解,这些话只有跟我说,是心灵相通的。

大郎那里,我也不是不想去。但情况不了解,他还在奉贤干校里吗,还是已经回来了?至于我,在那时被遣送到梅山,无非是把你赶出上海,同时赶出新闻界。《晚报》固然被停刊,要是没有停,也不会让你留在里面。既然如此,我和《晚报》的人也就没有了来往。倒不一定是他们嫌弃我,而是我主动地避嫌疑,怕我的"右派"身份连累了他们。

大郎也许是个例外。记得我1961年被摘了帽子以后,在私交上,大郎反而比以前更加接近我了。有些事,我想在后面再说。现在且说我这次回家竟意外地收到了大郎这张短笺,自是高兴非常。记得当天下午就去新闸路看望了他。

他已经退休,此刻坐在二楼卧室内一张单人沙发上,一面抽烟,一面不知想些什么。见我去了,看看我的外表并不是那种非常落拓的样子,也很高兴。我没有什么好谈的,他倒跟我谈了《晚报》的事情。这次"文革"也有好处,就是把一些我们一向对之有怀疑的人的嘴脸暴露出来了。并不是说他们都是"坏人",而是表面"正经"，背后"齷齪"的那一套，都或多或少地想遮盖也遮盖不住地掉落下了假面具。这些人和这些事，多半是我已离开《晚报》，大部队已到奉贤干校陆续上演的。大郎同我谈的，多半是这些话题。

我的假期有限，很快又要离开上海去南京，不能再和大郎见面了。但我们可以通信，大郎好像把我当作了可以说说心里话的对象，而我对大郎，素来把他奉为"偶像"。因为他说的都是心里话，他的看法多半也是我的看法，所以很乐意听。我们不能面谈了，怎么办？就通信。开头也是大郎先写给我的。那时我们梅山的各个工厂仿部队建制，车间以下设连和排，每个连除正、副连长外还设有宣传干事和生活干事。我所隶属的那个连的生活干事是我们《晚报》的人，他在运动中一点没有受到冲击。他的夫人也是《晚报》的，颇受工宣队的重视。他在南京呆了没有几年，就由夫人运用工宣队的关系调回上海了。他跟我的关系不算差，但在那时候人与人之间都要防一手。生活干事的工作之一是管连里的分发信件。每天的信件先要经过他的手再分发到个人。他和大郎也是熟悉的，曾在名义上是大郎领导的副刊组工作过。大郎的字迹他是熟悉的，万一发现我们的信件来往如此之多，忽然顿生他念，向连部的领导告发，检查信的内容，又发现我们说了些对报社造反派不敬的话，岂不又生祸端？所以我就向大郎建议：寄来的信封上不要露出你的笔迹，也不要注明是你写来的，打一个马虎眼蒙混过去就行。于是此后大郎的来信，下只角都写"上海徐寄"，是他女儿代写的。

大郎的来信，谈的都是他现在的情况。他已被审查完毕，可以做结论了。大郎这人在旧上海也算是个名人，朋友很多，却从不与国民党政府方面有过沾边的事情。查来查去，查不出他在反动派那里担任过什么职务，也查不出他为反动派做过什么事情。只查出他曾经与流氓帮派有过来往，拜过一个"老头子"，当时这也是避免不了的。他在报上写过很多文章，难免要得罪什么人，不寻求一点地方上的势力作保护是无法生活的。就凭这一点，他的审查结论给他安了一顶"流氓文人"的帽子。这算什么罪名？当时的组织条例上没有这一款。照理可以不接受。但大郎对我说："算了，我只求早点脱身。像我这样的人，他们（指造反派）不搞点'花头'放在我头上是不会放我过门的。我只求有了结论之后就可以退休，反正工资是不会少掉一文的。"

大郎开始和我通信的第一年，除了请病假回家，多数时间还要去奉贤干校。办了退休，就可以彻底离开干校了。在干校也不是一点没有乐趣。每天天刚发亮，他就起身，第一个到茶水炉子旁边等开水第一个泡茶，吸烟……他有一封信还说："……干校也有干校的好处，生活有规律，一连几天都没有发喘咳的毛病。"喘咳，开始是支气管发炎，弄不好就要"祸延"肺部，再发展下去或许影响心脏，或许就要变癌。这是我现在才知道的，要是那时候就有这样的认识，会劝大郎立刻戒烟了。

大郎是个"老枪"，烟瘾很大，尼古丁稍微轻一点的烟支到了他的嘴里往往不能"解馋"。记得20世纪60年代初灾荒时期，卷烟供应亦有限制，吸烟者每月发若干烟票，上等的、中等的、下等的各几包，高级知识分子受到照顾，好烟多一些，但仍旧不能满足。报社就将各人的烟票收集拢来，统一向指定供应的烟杂店采购。因为是报社，烟店总要多给些好烟，还给一些价钱贵不收烟票的特种烟，这件事交给总务科来做。1960年底，我从乡下调上来，右派帽子还没有摘，就分在总务科打杂，其中一项就是管烟票配香烟。大郎当然属于高级知识分子之列，好烟要多分一些，但他还是不够吃，就私底下找我想办法。我说，烟店分了我们好多细支雪茄，是出口给外国贵妇人吃的，你要不要？不过价钱要贵一些。大郎忙说，要，怎么不要，有多少你都给我好了。

当然不能都他，我还要应付别的人。这种细支雪茄大郎吸了说很好,过瘾,从此就看见他嘴上常常衔着这种烟。现在想起来真是一种饮鸩止渴的举措。

话扯远了,再来回忆大郎给我写信的事。我在南京时,大郎的信中常常夹一些他新做的诗,最让我感奋的是他特地为我做的诗。有一次接到信,拆开来,竟是一首七律。题曰:《寄陈思白下》。"陈思"是我在"文革"前常用的"笔名"。律诗如下:

> 莫从文字说飞扬,且看钟山草树苍。
> 似子犹多迟暮感,嗟余伴作少年狂。
> 剩来几辈谙诗味,念到无家乱客肠。
> 颇想近年完一愿,濡毫替谱《贺新郎》。

"贺新郎"是一个词牌名,又叫"贺新凉",又叫"金缕曲""百字令"。

我看了真是感念不已。想想大郎真是把我当成他的知己了。大郎的诗,有人觉得近于"粗俗",诗中常常把"切口""谚语""口头语"等运用进去,殊不知这正是他的高明之处。做诗做得非常娴熟了,便信口说来,皆成妙谛。

这首诗他后来在香港《大公报》副刊发表,题目改为"寄陈思与岑范"。岑范是位电影导演,香港人知道他,也是老大不成婚,直至老死,孤独终身。

我在 1977 年结婚了。夫人是位护士。1978 年养了一个女儿,她的出生给我带来了好运,我对她疼爱不已。

后来大郎仿清人王渔洋怀念友人的诗体也尝试着做了好多首,都是七绝,抄了好几首寄给我看,其中一首是写我的:"闻有新词欲附航,好将新艳替苍凉。怜渠棹遍秦淮水,难觅风流郑妥娘。"大郎说,在当日的"秦淮八艳"中,他最喜欢的还是郑妥娘,因她为人有丈夫气,不扭扭捏捏的,故作小儿女情状。

然而郑妥娘也好,别的什么人也好,眼前我一个中意的也没有。我也不想在南京成家,私心盼望着有一天回上海。因为大郎来信,总免不了要谈诗,燃起我在这方面想做一点探索的兴趣。我头一次离开上海到工地来报到,行李很简单,最要紧的是御寒的衣服被褥不能少,其他的能不带就不带,但我还是塞了两本书进去,一本是《水经注》,贪图注解的文章写得好,看一小段可以琢磨半天。另一本是《陆游年谱》。我爱读陆游的诗,还有他的词,这本书几乎将陆游所有的名作都收集进去。陆游后被证明是所谓"法家",肯定站在"革命阵营"这一边,所以放这本书在枕头旁边,人家是不会说什么的。在我看来,陆游一生虽然向往跃马疆场,上阵杀敌,其实官运并不亨通,经常处于寄人篱下做个不起眼的小官,或者投闲置散,在家读书耕种,从无聊和无奈中深得闲中之趣,把日常的生活琢磨得非常透彻,因而写出了好多关于闲适之乐的好诗。我就偏爱他这方面的作品,为之吟哦不已。大郎与我的见解相同,他也认为,把陆游只看成是个爱国诗人,未免片面了。不过,在"文革"那样的环境下,陆游的这些"法家""爱国诗人"的标签,可以掩护我对陆游人生在失意时的探索。

我本来不会作诗,更不要说是填词了。背是会背几首的,也总是偷偷的一个人背,不想被人讥笑我像《红楼梦》中的香菱,更不愿意人家说我是"薛蟠"。

我在梅山烧结厂的操作岗位是工厂的最高一层,外面是宽广的平台。从焦炭厂由皮带运送过来的料,到我这里通过两个矿斗泻到下面的"二次混合"(再搅拌一次),就可以到矿床去烧结了,然后再运往高炉。我们这种"皮带工人"的任务,只是时时睁着两只眼睛死盯着皮带运转,不要在运转中出故障。但故障还是时时要出的,倒不一定在我这里,而在别的地方。一出故障就要停机,往往几个小时都修不好。我们上班只好空坐在岗位上，书又看不进，同岗位的农民征地工就索性睡大觉，我睡不着，往往就七想八想，想到自己的身世，自己的命运，自己的未来，很自然地就有了想写点什么的念头。我想到清朝的诗人顾贞观，曾因好朋友吴汉槎远戍边疆，同情他的遭遇，写了一首《金缕曲》的词，头一句是"季子平安否？"后来顾贞观的好朋友贵公子纳兰性德看了词大受感动，运用关系将吴汉槎调回来了。我想吴汉槎姓吴，我也姓吴，如今也被流放。大郎虽然同情我，却不能帮我改变境遇，也只能写点诗词安慰安慰我。现在我何妨自己也作一首，试试我在这方面的涉猎是不是还有两记"花拳绣腿"的功夫？

历来对诗词的看法，都认为这是一种哀吟的声音，人只有处在穷困潦倒、孤苦凄凉等种种不顺心的逆境中，才会迸发出这样的心灵火花来。所谓"江山不幸诗人幸，话到沧桑句便工"。如此说来，我在南京梅山的那几年，算得是不折不扣的"逆境"了。整天萦绕心际的，无非是自己孤独、飘零、卑微、屈辱等不幸的遭遇。一些看过的还记得的诗词便涌上心来，找几句适合的经过改造变成自己的，顺便也消磨了当前的寂寞岁月。我就这样差不多花了个把礼拜的功夫，一阕《金缕曲》被我胡诌成功了：

　　痴梦当醒悟。数平生，行年四九，用情多误。捣碎愁肠千百转，只索催人老去。空怅惘，王孙迟暮。但有珍珠量一斛，又何须，倚马夸词赋。书卷气，逆时务。　　秦淮两岸罢歌舞。况萧萧寒烟衰草，哪堪久驻？妄念而今收拾起，纵使良宵如故，欺白发，总成虚度。暗自销魂无一语，倚危栏，望断天涯路。思鲍叔，欲倾诉。

"词"凑成后，犹豫了几天，斗胆寄给大郎，不想竟得到他的赞许,说我在格律上还是注意的。还说他近年常得到黄永玉、吴祖光他们寄来的诗,不讲究格律,预备写信向他们提意见。

因为在岗位上有时闲得无聊,作了这阕《金缕曲》后,自觉此兴甚浓,又陆续作了几阕,都是记述自己近年一些感受的,斟酌再三,又寄与大郎。不想却得到他不客气的批评,总的意见就是"牵强"二字,不自然,不成熟。不过他也肯定一点,就是我作的词是"抒情"的,这是词的正宗,而他是叙事的,属于次等,总之,我在这方面还要多多学习,多多琢磨,等等。当然这都是安慰我的客气话,我是懂的。在诗词这方面,我既无天赋,亦无功力,差得远。我能够胜任的,还是做一些意在言外的小文章,对诗词一道,只勉强有些鉴赏的能力,想通了,今后也不为此"枉费心机"了。

大郎如今也作词。干校的医务室有位女医生,已年近五十,长得不漂亮,但风度甚好,看上去朴实无华,大郎对她又有些痴迷起来了。大郎这人曾坦白地告诉我:"我这人样样事情有把握,唯独此事(女色)把握不住。"看来如今他的老毛病又犯了,但也只是单相思而已。经常以看病为由,到医务室找这位女医生闲扯几句,聊慰相思。有一天,这位女医生出诊回来,走在大堤上,竟与大郎劈面相遇,两人一路走,一路谈,令这位"登徒子"欣喜不已。后来他为此做了一阕《意难忘》词,且录半首如下:

> 故惜春泥,看迟迟放步,秀发初齐。东南风跌荡,吹汝过陇西。轻一笑,应声低,似方下云栖。须劝令,行云且住,云雀休啼。

这阕词后来是否发表在香港《大公报》他写的《闲居集》专栏里,不敢断定。至少他死后,香港为他出版的《闲居集》一书里,没有收录进去,却收了他另一首"七绝":"始信登徒成善徒,者回羞赧向来无。浑身俱是风流胆,不敢公然对汝粗。"

诗题曰"偶成"。别人不知道"汝"指的是谁,我是知道的,就是这位女医生。

大郎在"女色"方面的事情,至少在我与他成了同事,又蒙他的赏识以后,对我从不隐瞒。有时他还告诉我以前的一些荒唐的"念头"。比如他年轻时一次看京戏,台上出现了一位花旦(女的),娇媚无比,竟惹得台下的他顿生邪念,恨不能立刻跳上台去,将她搂住……

又有一次,他与一位女说书的同乘一部三轮车,那女说书的坐上去以后,总是把头歪着朝外,很别扭坐了很久,大郎火了,对她说:"某小姐,侬把头别过来好不好?侬放心,我不会香侬个面孔的。"那女说书的立时面孔涨得绯红,觉得自己太小家子气,恨不能马上跳下车去。

诸如此类,大郎私底下不知跟我讲过多少。他大概已经看出我这个人也喜欢在这方面涉猎的兴趣还是很大的,若社会条件允许,我说不定也会有大郎同样的遭遇。不过一点是肯定的,我没有他那样大胆豪迈,也没有那么多的朋友相帮了断。唐大郎这个人也是在一定历史时期一定特殊环境下的产物,唐大郎之前没有唐大郎,唐大郎之后也再没有唐大郎了。

大郎从干校时期起,就有支气管炎,动不动就要发哮喘的毛病,其实是癌变的前奏。要么是起先没有查出来,要么是人家已经发现了症兆,没有跟他说。大郎有诗说:"所苦一身缠一疾",即指此。大郎从干校退休后,觉得老是孵在家里也不是办法,便与家人在京沪线、沪杭线一带的码头上走走散散心,吃些好久没有吃到的土产。大概是1975年春末,他到南京来了,住大儿子唐艺的家里,写信到我工地,约好日期,在玄武湖碰头,那天下午我应约而去。大郎和夫人还有我,就同坐在一张茶桌上,就这样四面望望,再随便谈谈讲讲,觉得这样的日子也暌违已久,来之不易。国家大事,轮不到我们操心,谈的都是家常事,老朋友老同事的悲欢离合,而我们现在能悠闲地坐在这里,也算得是不幸中之大幸了。

玄武湖别后有好几天,又收到大郎寄到工地上的便条,说定于某日上午要到工地上来看看,午饭不要太费事,随便弄只菜就行。话是这样说,总不能太简陋,好在工地上有自由市场,我买了一只鸡(烧鸡汤),一斤河虾(有子的做油爆虾),两条河鲫鱼红烧,再加一碟炒青菜,勉强可以待客。他们夫妻来的时候我还在隔壁煤气灶间忙着,红烧鲫鱼还是唐夫人帮我起锅的。大郎只吃了一小碗饭,可能他胃口小,也可能是我这点时令菜蔬,对大郎来说太稀奇。

从梅山到金山

过了不久,我就得到消息,上海金山石化要到工地上调人了。我想,不管怎样,让我先踏进上海的土地再说。不错,金山石化离市区很远,但总在上海的地域内,我还是上海人,户口不用迁了。

我立刻报了名,竟得到批准,决定 1976 年春节前先回市区,节后再去上班。我想想,我这一招还是有远见的。你一定要等到上海某个单位看中你,不知要等到哪一天。我先行一步,站稳了,把家安置好了,再寻别的出路。就是寻不到,金山石化是个大企业,说不定也能找到安身立命之地,甚至可以在海滨分到一处新房子,说不定可以遇到"七仙女"……

初到金山石化一厂上班的时候,外面正在起劲地吹着"反击右倾翻案风"。我分配在石化一厂的绿化组,一时没有什么事情做,就专门派我去参加厂里召开的这样那样的批判会,那时是两星期休息一次，两天。我回到市区的家里，首先是将空房子打扫一下。随即上淮海中路逛逛，然后到茅万茂酒店吃半斤黄酒，啃啃鸡骨头、鸭骨头，再到对过光明邨吃一碗排骨面，回家。第二天上午多半是去大郎家，因早已约好。今天明天去拜访别的哪位老朋友，或者已与某个老朋友约好聚餐，比如王熙春家，又比如姚绍华家，等等。原来我跟他们不熟，但大郎只要一提我，他们就认为不是"外人"，还会说什么：他跟某某人谈过朋友的。"某某人"指的是某位女演员，也是传闻中的"瞎起劲"，其实还没到那个地步，也不够那个资格，我心里有数，人家要那么说，随便吧，反正我这个人又不值什么。

　　渐渐地情况就有些改变了，因为经朋友介绍，我已与一位比我小十多岁的护士谈对象了。人家是正经人，见我空身一人，上无老下无小，工作也还可以，很快就与我谈定。即使有"右派"的经历，也不计较。好像谈了不久，毛泽东便去世，"四人帮"即被打倒，欢忭之余，我与她在1977年1月1日就登记结婚。有了家，每次从金山回来，总得先忙家里的事情，陪陪妻子。大郎那里自然就去得少了，但抽得出时间总要去一次。大郎这时又找到了一个新的乐趣，就是听书，听邢晏芝、邢晏春的书。他们说《杨乃武》，书路兼有李伯康、严雪亭之长。邢晏芝年轻，家学渊源，加上人又聪明，把俞调和迷魂调混合起来唱，缠绵悱恻，特别迷人。邢晏芝生得并不怎么好看，但透着一股聪明相，嗓子又好，唱起来表情丰富，特别对着台下几个专为听她而来的老听客，频送流波，一时真把几个老家伙迷住了。其中我认识的就有唐大郎、龚之方、荣广明等。他们几乎天天入座。邢氏兄妹白天的演唱地点在静园书场，离唐大郎的家比较近。大郎这一阵子一到吃过中饭，家里就坐不住，要去书场。有两天觉得身体不大好，想不去，在家里歇歇睡睡觉，可是不行，反而更加难熬，坐也不是，躺也不是，索性还是去听书吧！

我说的是大郎，其实之方、广明还不都是这样。他们后来跟邢家兄妹搞熟了，称呼起他们兄妹都是"阿三头""阿五头"。其中邢晏春行三，邢晏芝行五，老先生叫起来总是"阿三头""阿五头"地叫得很亲热，甚至有点"肉麻"。大郎还好一些，荣广明最起劲，明显意不止于此。他到国外写信给邢晏芝，开头总是"芝……"大郎后来因为身体实在不行了，连床上也爬不起来，还想干别的吗？

忽一天，原报社文化组记者武璀来看我了。她参加过抗美援朝战争，原是部队文工团的，复员到上海，分在《新民晚报》文艺组，采访沪剧等地方戏曲，她为人很好。"文革"初期，她天然是革命群众，但从不胡来，更不用说是打人骂人了。《晚报》结束，她分在文艺出版社戏剧室。她爱人吴真本来就在文艺出版社，是位担任审读小说的老编辑。记得在报社时，武璀跟我相处得不好也不坏。说不好，是碍于我的"右派"身份，平时接触不能太给脸色；说不坏，我的工作表现摆在那里，业务水平也摆在那里，大家没有什么好指责的。现在到了出版社，她觉得很孤单，使不出什么劲儿来，就想找个帮手，好在戏剧室的编制还缺人。她跟报社原来的同事商量，就想到了我。就到我家来问我，先作为"借调"，把人弄上来再想法。我当然同意。她们到金山石化一厂一跑，碰到的正是耿克杰副书记，一点疙瘩也没有，于是我就又回到市区又回到文化圈子来了。

这事我首先要告诉大郎，他自然也为我欢喜，来信和我打趣，说我现在"左手拥美妇，右手抱娇女"，好不开心也。

过后我才知道，"文革"前，我作为"右派"也能恢复做记者，是情况与别人不同，一是名额不够，硬补上去的；二是我的工作能力，确实也不能否认。党内的人平常在一起交换意见，对我也没有什么好指责的，就是不能"重用"而已。

借调一个月过去了，又续借三个月，接着就是为"右派"的改正了。《人民日报》登出来的消息，报社几乎把所有的"右派"一风吹了，名单一大批，看看真惊人。石化一厂动作也快，我猜想又是老耿的意思，他已派人调阅了我的档案，又找《晚报》的人了解情况，找到唐大郎。他回说："他怎么会打成右派的，具体情况我不清楚，但说吴承惠这个人会反党，我不信。他这人很胆小，从来不问政治，你借给他一百个胆子，他也不会反党……"

我果然"改正"了，就是"平反"了。那时组织关系还在石化一厂，我特地赶下去参加平反大会，在会上发了言。会后，老耿找我谈话，说你安心地呆在上海好了，我们不会催你回来的……

因为文艺出版社先办的一本《文化生活》销路奇佳，戏剧室坐不住了，也想出一本。武璀就想了《艺术世界》这个点子，室主任江曾培表示赞成，说干就干，马上组成一个工作小组，指定我和武璀负责，稍稍拟了一个大纲，就由我和武璀前往北京组织稿件。这之前，我突然患胃出血，住院十多天，知道情况的的人都说我"命苦"，怎么刚刚翻身，就又患大出血。其实没有什么，是吃东西不小心，硬把胃部的小血管刮破了的缘故。1980年我又出过两次血，照了胃镜，也只查出球部畸形，小血管受伤，别无他患。

《艺术世界》第一期出版，销路十七八万份，内有大郎的诗。我曾把清样寄给他看，不想还是错了一个字，我懊恼不已。第二期还想请他写，但他时时发热，身体越来越差，我也抽不出身去看他。第二期《艺术世界》销路涨到近四十万份，口碑不错，也考验了我的能力。有一次，原来的《晚报》老人在"老饭店"聚餐，大郎把我也叫去，记得还是1979年的一个秋日下午。大郎忽于此时通知我去参加，也是另有深意的。我想，《艺术世界》至少证明我这个人是有潜力的，是可以派用场的。席间，赵超构先生好像在为我惋惜，怎么刚刚能做点工作，又生起病来了？而且是胃出血……他老人家不知道，我这"胃出血"也是老天爷最后对我的考验。而我深信，我是经得起考验的。死亡的威胁,目前对我是不存在的。

活了七十二岁

《艺术世界》第一期出版后,从销量和听到的反映来看,似可立足,于是筹备第二期。我还想请大郎再写几首诗,占一版,这次保证不错一个字。但他回信告诉我,他又发寒热,早上是几度,傍晚是几度,无法应命了。

他又告诉我,《晚报》复刊之议,已被提起,有关人士已经动起来了,他一定要向主事者"推荐你这个少不掉的宝货"。盛情可感,但我并不领情,不想回去,目前的工作已很满足。所编的刊物是我很感兴趣的,也不太忙,过若干日子出一期,可以"慢工出细活",而且我大小也是也是一个"头",刊物怎么编,用什么稿子,都由我作主,这也符合我历来的心意。想定了,我去向大郎表明"心迹",如他遇到筹备《晚报》的什么人,请他代为转达。大郎听了默然,他想不到我是这样一种态度,其故安在,他大概也能猜到一些。

其实我还有一个想法,如果你唐大郎还年轻,至少不像现在这样老,能回去当个什么负责人的话,我也会回去的。自我沦为"右派"以来,报社还没有一个人能像大郎这样对我从未有过什么"异样"的嘴脸。1960年冬天,我从乡下回报社,还未摘帽,我自忖身份有别,从未主动同他"搭讪"过,但他有时在走廊上看到我,虽不交谈,但他那眼神是很温馨的,看得出是"老朋友"的表情。等我摘了帽子,又恢复做记者了,他马上就来向我约稿。那时《晚报》副刊《繁花》想出了一个专栏名曰"工余拾趣"的点子,请一些名人谈谈自己业余有些什么爱好,干些什么。拟议中的名人有周信芳,他与大郎是要好的老朋友。大郎知道周信芳爱读书,但自己不能动笔,要请人代劳,此人又非我莫属。一天下午,大郎便带我到淮海公寓(即盖司康公寓)周先生的家里。他们俩在叙旧,我则在一旁细听,同时观察周先生书房里的藏书。顶多两小时吧,我们告辞了。回去以后我就用周先生本人的口气写了一篇千把字的稿子,题曰"书到用时方恨少"。发表时,标题用周先生自己写的字体,却变成"书到用时方嫌少"。大郎同我嘀咕:"明明是两句很熟的话,'书到用时方恨少,事非经过不知难',信芳怎么会记错了?"

那一年苏州评弹团在上海西藏书场演出,其中几档书都是大郎爱听的,如周玉泉、薛君亚的《玉蜻蜓》,徐云志、王鹰的《三笑》,曹汉昌的《岳传》。书场天天爆满,大郎也日日去听,票子是我代买的,因此我也有一张,每晚都与大郎夫妇坐在一排听书。大郎欣赏周玉泉老先生,说他真是炉火纯青。听久了,便与他们熟识起来,有了台下的来往。而周先生的下手薛君亚女士,其风度才华,也是大郎赏识的。大郎后来在香港《大公报》发表的《闲居集》,其中有首《寄与仓街薛氏收》,就是写给薛君亚的:"一封短札寄苏州,小巷仓街最尽头。闹府大娘矜辣艳,描容师太故凄柔。清官直道能持重,恶贼横行莫效尤。留取当初形象美,蜻蜓飞倦弄香球。"薛君亚住在苏州仓街,她请大郎与龚之方去吃过饭。忽然想起,我与之方也去过。

"文革"爆发,大郎进了牛棚,我幸免,但与他不能接触,有些什么话要与他说,只能在中午去食堂吃饭时,觑个空,装作擦肩而过的样子说一两句。有次听到他的老朋友胡治藩、金素雯夫妇自杀了,就用这种方法告诉他。他听了,眼睛望着别处似的问我:"是'悬梁'还是'饮药'?"我只轻轻地说了两个字:"悬梁!"他不响,马上走开。

1980年,大郎的咳喘病发作得越来越频繁、越来越严重了,其实是癌的真相已经显露。但他那时又迷上了邢晏春、邢晏芝兄妹,几乎排日往听。据说送医院的前一天还挣扎着想去,可惜自己不能做主。他住在华山医院,这天下午我去看望了他,过一会张文涓也来了,谈了一会,忽然刘夫人从外面进来说了什么,大郎哭了,这还是我头一次见他掉眼泪。文涓看情形觉得不对头,不便久坐,便打电话叫了出租车,约我一同走。在车上,文涓对我说:"我们尽了朋友的情份了。"

过了两天,便传来大郎的噩耗,但丧事办成什么样的规格,设在辞书出版社的几个原《晚报》负责人拿不准。这时夏衍正在上海,便由龚之方带领着去华山宾馆请教。夏衍只讲了一件事:有次周恩来总理找对外宣传的人开会说:"我很喜欢看《大公报》上一个署名'刘郎'写的诗,他写的诗很自然,没有宣传的腔调(大意)……"经夏衍这样一说,大郎的追悼会放在了大厅举行……

追悼会的那天,照理我是非去不可的,但夫人再三劝我不要去,她说人都死了,你却要去见另外一些人,何必呢? 她的话我同意。所谓"另外一些人",就是指老《晚报》那些一副"革命面孔"的人。这些人我平时避之不及,大郎的追悼会也许正是他们假惺惺地又会摆出也是"文革"受害者的样子的机会,我又去看他们"猫哭老鼠"的嘴脸干什么? 所以推托身体不好不去了。

后来却大受龚之方的埋怨:"我本来指望帮我招呼一些老朋友的,不料你却'放生',可把我累苦了……"

大郎死时才七十二岁,放在现在不算高寿。但像大郎这样的人,从前生活颓放,用他自己的话说:"要不是共产党在管住了我,我可能活不到六十岁。"他是有自知之明的,但临到病危,他也禁不住哀感起来,不想死,此时却由不得自己了。

大郎如果再活十年,不,至少再活五年,等《晚报》复刊,做我的后盾,指导我编好副刊,再留下一些诗,多好!

初稿完成于 2017 年 6 月 5 日

《闲居集》与我

董鼎山

　　不久以前，张文涓女士来个电话。她的柔和动听的上海口音使我大起思乡之念。张文涓是上海著名的余（叔岩）派须生，这次她来纽约探亲，途过旧金山，从陆小洛处取得我的电话号码。她没有时间来见我，可是二年前我在上海东方餐馆中与她和龚之方共席之景历历在目。我们所谈的是多年前的上海旧事与老友。我们所最不能忘怀的是有"江南第一枝笔"之称的报界前辈唐大郎。

　　陆小洛、龚之方都是报界前辈。我之提出这些名字，因为他们（连张文涓在内）都是香港三联书店近出的《闲居集》中的题材。《闲居集》收集了唐大郎以刘郎为笔名所作的忆怀上海旧人旧事的诗文，历年曾在香港《大公报》的《大公园》副刊登载。前晚我在一个宴会席上逢到《闲居集》的责任编辑林之用，这类巧遇是最可令人惊喜的。他说他在编集刘郎的旧作时，就曾看到我兄弟二人的名字。

　　青年的读者也许对《闲居集》中的内容与题材感到生疏。这309首附有注解的诗词简直述出了上海文化、影剧、新闻界的历史。刘郎诗才横溢，笔调诙谐。他的神笔所触的人士很多都是我当年相识的，因此我读来特别神往，我想较为成年的读者一定与我有同感。

　　随手拣来，我可列出这些曾作他的诗文题材的名字：郁风、李万春、李玉茹、童芷苓、张乐平、顾兰君、李丽华、胡考、黄裳、石挥、吴祖光、张文涓、赵丹、龚之方、李萍倩、桑弧、陆小洛、俞振飞、程十发、董乐山……

至于我自己怎么会成为他的"题材"呢？说来话长。四十年前我尚在中学时，已听到他的大名。抗战胜利后，我初入上海新闻界，考入《申报》当记者，又在《辛报》当副刊编辑。有一天，《辛报》总编辑陆小洛带了我兄弟二人去拜访唐大郎。这样就开始了我们之间短短（因为我不久就离国赴美）的友谊。

可是他始终没有忘记我。1978 年，我初次携眷返国，回美后在美国报刊所载的印象记由国内的《参考消息》译载。他见到后，立即通过余弟，与我恢复联络。

1979 年，他在《大公园》的《闲居集》专栏载了一首题名《寄董鼎山纽约》的诗。虽然曾在他处转载，我也不惜将此诗移植于此，以飨读者：

> 年年相望亦相闻，每抱深情读至文。
> 讶我老儿还在世，怜渠健笔尚凌云。
> 归来旧燕何曾认，记得歪诗定要焚。
> 何日江干重聚晤，莫教终世叹离群。

此诗发表一年后，大郎就患病逝世，我根本没有机会与他重聚。我的怅然心情又因自己的渐趋老年而加重。幸得他的作品能成集出版。我曾向香港友人致贺《闲居集》的出世。却不想它的责任编辑竟也在纽约与我巧遇。天下真小！

1984 年 8 月 30 日

选自董鼎山：《西窗漫记》，生活·读书·新知三联书店，1988 年版

记江南第一枝笔唐大郎

董乐山

在三四十年代上海各小报上写文章的,多半是为骗取稿费的无聊文人,他们写些舞女或明星的隐私绯闻取媚于庸俗读者,有些人甚至敲诈勒索,为人所不齿。但其中也不乏出污泥而不染者,素有江南第一枝笔之誉的唐大郎就是其中之佼佼者。他以犀利笔锋,写诗作文,对上海十里洋场的五花八门现象,极尽其讽刺的能事,因此拥有趣味比较高雅的固定读者群。他富贵不能淫,威武不能屈,贫贱不能移,谁来说好求情,一概置之不理,任你是威胁利诱的奸商巨贾,还是以色相取悦的风月女子(他自己就说过"凭我这张西风脸,有谁会同你真心相好"),他要骂照骂,要挖苦就挖苦,毫不留情,也决不拿了什么好处就息事宁人。因此他一生过的是文人的清贫生活,惟一奢侈不过是每天晚上在舞厅或夜总会泡一杯清茶,摆测字摊(意为只坐在那里喝茶聊天,不下场跳舞)而已。

我是在 40 年代认识他的。他当时已是报界名人,而我不过是个初出茅庐的大学生,怎么会有缘识荆呢? 原来他那时同另一小报报人龚之方一起在国际饭店和大光明电影院之间的白克路卡尔登大戏院(后改名为黄河路黄河大戏院,如今已拆掉了)①后台有一间宽敞的办公室,还雇有一名工友为他们打扫收拾。当时卡尔登

---

① 编者注:卡尔登大戏院位于派克路(今黄河路),而非白克路(今凤阳路)。后改名为长江剧场,而非黄河大戏院。

大戏院正在上演费穆导演的《唐明皇》(刘琼和狄梵主演),轰动一时,我在高中时代的同学白文在戏中演一个跑龙套的驿卒。这样我就有机会到后台去看白戏,到了《秋海棠》演出时,白文戏份儿增加了,他把我介绍给剧社管宣传的王季琛,让我为他们在报上写些宣传文字,这样我就放弃了文艺写作(因为孤岛期间进步报刊不是遭到封闭,就是自动停刊,刊登文艺作品的园地越来越少了),开始了写剧评的生涯。这时我到后台去,胆子也大了,有时还到唐大郎的办公室坐坐,他也引我为同行,但毕竟年龄、背景不同,还谈不上忘年交的程度。后来上海艺术剧团分出了苦干剧团,搬到霞飞路(后改名为淮海路)巴黎大戏院去演出,我也转到苦干剧团去泡后台,这才不怎么到卡尔登后台去了。

在日寇投降前后,唐大郎和龚之方一起独立办了一张小报,报名《光化日报》,形式上仍是八开一张的小报,但内容都作了革新,第一版是社会文教消息,第二、三版仍是小报形式的软性副刊,第四版影剧消息。报纸创办之初还在各大报上刊登广告,开列特约撰稿人名单,我们兄弟两人都名列其中,为第一版主编老友沈毓刚写稿撑场面。

但是这时我面临大学毕业,急于寻求一个正当职业,对自由撰稿人的不稳定生活感到厌倦,因此慢慢疏于文笔,同一些报界旧友来往日稀。《光化日报》像其他许多小报一样维持寿命不长,但唐大郎即使自己不办报,仅为各报每天写一篇豆腐干长的短文或一首七绝,其收入也足够维持一般水平的生活了,因此他从来没有辍过笔。

唐大郎的打油诗与众不同的是,他以玩世不恭的态度,对当时社会风尚、尤其是暴发户奸商或洋场恶少的种种看不惯的现象,进行冷嘲热讽,极尽其嬉笑怒骂之能事。表面看来他似乎有些文痞作风,但骨子里他却是中国旧式伦理所熏陶出来的文人。有时似乎诲盗诲淫,实则是在卫道,只是不扮正人君子角色而已,也许其效果更加切中要害。

要列举他的那些打油佳作,如今已不可能了,因为他写得太多太滥,写完就丢,没有保存下来,这是十分可惜的,因为这里面不仅有他过人才华,还有他笔下的旧上海社会众生相,极有社会学和民俗学甚至史料价值。90年代初龚之方来京小住,我们几个上海旧友请他到他女儿住处附近一家川菜馆小叙(因他当时已不良于行),谈起大郎诗稿。据之方说,大郎去世之后,曾有一位老先生从启东(还是苏北什么地方)来信,告知之方,他是大郎的忠实读者,历年来凡能从报上读到的,他都剪下粘贴成册。之方闻之大喜,马上去信要求借用复印,将来原璧归赵。但此信发出后,如石沉大海,杳无音讯,不知是那位老先生已不在人世,还是人已迁走,或者地址记错。结果空喜欢了一场,真是可惜。

大郎诗集后来还是出版了一本的,那是在改革开放之后,他为香港《大公报》副刊《大公园》每期写一首诗,栏名《闲居集》,写的虽是上海生活,大都是怀旧之作,已无昔日锋芒了。据他自己在信中告我,这只不过是"弄眼(些)港币白相相而已"。

我素无国学根底,儿时背诵的耳熟能详的唐诗宋词,在进了大学接受西方文化教育以后,早已忘得差不多了。但读到好诗好词,还是有欣赏力的,只是过眼即忘,能记得一句半句已属不错。读大郎的诗也是如此,少年时代读了这么多,留在记忆中只有两句,而且在某些正人君子心目中恐怕还是不堪入目的,那就是:

> 美人送我宝塔巾,
> 我赠美人勒吐精。

宝塔巾为当时上海新出的高级手帕的商标名,广告做得很大,勒吐精则是美国著名奶粉的商标名。凡是读到此诗的友人莫不会心微笑，或者拍案叫好，叹为绝作。

至于后来香港出版的诗集《闲居集》已无这样的忘情佳作了，多半是怀念旧友的感伤之作，比如赠我的一首：

> 知君翻译已成家，常为清才念麦芽（我当时用的笔名麦耶）。愧我终非梁羽老，误他空梦笔生花。皇亭子畔勤埋首（我当时蜗居北京皇亭子），八面槽头驻前车（50年代曾在八面槽三轮车上匆匆一见）。安得约齐沈与李（沈、李均为旧友），蜗居煮酒复煎茶。

这里需略加说明的是，"文化大革命"结束后，我无事可作，穷极无聊，忽发奇想，要请大郎信笔所至，把上海当时风月场中的轶闻趣事记它一二，由我译成英文，设法弄到国外去出版。因为我曾经读过美国作家台蒙·伦扬的作品，他也是每天晚上泡在酒吧里，把耳闻目睹的风尘中人物如黑帮头子、流氓拆白、地头蛇、赌棍、拉皮条吃软饭的，还有歌女、舞女、妓女、老鸨等各色各样人物进行诈骗、敲诈勒索的活动写成故事，成为光怪陆离的纽约生活的一面。不过台蒙·伦扬的高明之处，不但是语言生动逼真，粗话与切口连篇，如闻其声，如见其人，而最独具匠心的，还是每篇都有一个O.亨利式的结局：人性未泯，个个有颗黄金般善良之心。现在对旧上海社会生活阴暗面知者已不多了，所知者也无非是些公式化和概念化的东西。大郎若能重操旧业，对上海社会民俗史当有所贡献。但是也许我在信中没有把话说清楚，使他误以为我要他学流行作家的笔法，写一部上海大亨发迹史之类，与我当初的用意大相径庭，自然不屑为之，遂来信婉言拒绝。反而向我借阅傅译巴尔扎克小说《贝姨》，令我觉得惊异。可惜待我有机会回上海一次，他已过世。到上海那天下午,我到《新民晚报》去会老友,才闻此噩耗,当天下午就在龙华殡仪馆开追悼会,我还赶得上去送了一只花圈和瞻仰遗容,却无法与他一起"煮酒复煎茶"了。

戊寅初雪卧床拥被作此,时年七十有五

原载《万象》,1999 年第 3 期

俊士所贤迁士呵

——闲说唐大郎

李君维

我是抗战胜利后认识唐大郎的。那时他和龚之方办一份小报《光化日报》，大郎约我为之写稿。该报编辑部设在卡尔登大戏院（现为长江剧场）内一侧的一间不大的房间里，是董乐山偕我前往找大郎的。那时我才二十出头，刚走出校门，初涉足社会；大郎也不过三十多岁，却已在上海滩上享有盛名了。他在我心目中是位前辈，不料这位前辈不摆架子，不尚虚礼，开门见山，直话直说，作风豁达。豁达作风的人令人感到一见如故。

现在有的人写大郎，或称之为江南第一枝笔、江南才子，或称之为诗人、报人。不知有意还是无意，略而不提当年另一称谓：小报文人。小报文人，名声不好听。其实小报文人之中，有子曰诗云的老夫子，有风流偶傥的名士，有韬光养晦的寓公，有卖文糊口的寒士，等等，当然也有文痞文氓之流混杂其中，就像别的行当中人一样，不一而足，不可一概而论。那时我的一位同窗好友，耳闻我与大郎交往，惊讶地问我："你认识唐大郎?!"

接着对我婉言规劝，生怕我交友不慎，误入歧途。由此可见社会上对小报文人的看法了。唐大郎的作品中重复出现半联诗句"俊士所贤迁士呵"，也许就是他面对周围的青眼白眼，作一点自剖、自嘲、自叹无奈。

唐大郎写的旧体诗，虽系打油诗之属，但严格遵守旧体诗词格律，平仄、对仗、押韵循矩蹈规，一丝不苟。他自幼从舅父——清代诗人钱谦益的后人学诗,家学渊源,打下结实功底。不然是写不好这类诗的。他的诗,形式上纯属传统,内容上又绝对现代。20世纪三四十年代上海滩上花花绿绿的都市生活,舞厅、酒楼、书场、戏院里的红尘世界,霓红灯下钗光鬓影,红氍毹上悲喜人生,以及亲朋好友、文人艺人的身边琐事,都是他信手拈来的写诗材料。旧瓶装新酒,艳词俚语穿插其间,浑然一体,读来别有风味。约1948年某日,他去宁波同乡会参观粪翁(邓散木)的书法展览后,写了首诗,其中有"昨天跑到宁波同,乡会里边看粪翁"①一联。把宁波同乡会这一个词首尾拆散在上下句,虽然有点越规,照样合辙押韵,像是板起面孔,开个小小的玩笑。

我当时就听说大郎要出诗集,书名是现成的:《唐诗三百首》。他在《铁报》上的专栏就叫《唐诗三百首》。后来不知怎地不见此书刊行。再后来时代大变,事过境迁,许多事情都一刀两断了。到了上世纪80年代,我就此事询问龚之方。他说当时上海有位热心读者从《东方日报》《铁报》《海报》等各报剪存的数百首大郎的诗作,来信表示愿意提供他结集出版,待进一步与之联系时,这位先生却神秘消失了。《唐诗三百首》的出版从此夭折,仅留下一段憾事。

十年动乱之后,大郎应约在香港《大公报》副刊《大公园》上,开辟《闲居集》和《唱江南》两个专栏,发表了不少诗作。大郎1980年去世后三年,《闲居集》得以在香港出版。硕果仅存,我有幸获得赠书一册,不时取出披阅,宛如故人相对,弥觉珍贵。此集收七八十年代所作诗三百零九首,与三四十年代旧作相较,风格依然,内容有异,思想感情各有各的时代烙印,自不待言。

唐大郎三四十年代写的诗,在张爱玲的散文中到录存一首。

---

① 编者注:据1946年8月31日《诚报》《三百首集外诗·题粪翁个展》,诗中"跑"当作"去","边"当作"厢"。

张爱玲的《到底是上海人》中写道："去年的小报上有一首打油诗，作者是谁我已经忘了，可是那首诗我永远忘不了。两个女伶请作者吃了饭，于是他就做诗了：'樽前相对两头牌，张女云姑一样佳。塞饱肚皮连赞道：难觅任使踏穿鞋！'多么可爱，曲折的自我讽嘲！"关于此诗的考证，我已写过文章（见本书《张爱玲笺注三则》），这里不炒冷饭了。

另在《闲居集》的附录中尚可读到此类旧作几十首。如抗战前夕所作《蜀腴席上与素琴作》，是写赠名伶金素琴的。后来70年代，大郎回忆说："金素琴是三十年代—四十年代上海京剧一只鼎。一条嗓子，一副扮相，一时无两。四十年代后期，她离开上海。我们分别已有三十多年，从未通过音问。前天忽然收到她从美国发来的一封信，告诉她的一些近况。原来她现在跟女儿在旧金山定居，女儿是在美国读的书，已经工作了，女孩儿很乖，待娘很好，她的晚景堪娱。""记得我们初相识时，一同吃过一次夜饭，座上有欧阳予倩先生等人。这天回去，我为素琴写了四首绝句。现在只记得一首是：'当初弦管入黄昏，今夜灯痕杂酒痕。归去料应裙角重，此中曾断大郎魂。'少时轻薄，老尚依然，看来要等眼睛闭了，才能改咧。"

可惜所附这些旧作没有注释，本事不明，雾里看花，不免隔膜。大郎写诗，后面总附以数十字、数百字不等的自注。有人读了他的诗后，对他说："还是诗屁股好看。"此话听来颇似买椟还珠，但总归还是称赞了大郎的文章。大郎即以《诗屁股》为题，兴冲冲地写下一首诗："昨天有客吾家过，忽然道出诗屁股。名字听来第一回，为之眉色皆飞舞。……"其实大郎的诗屁股，不同于通常的注释，与诗同读是诗的有机组合，与诗拆开，能成一篇绝妙的小品文。

例如，他做了首七律《百合》之后，写道：

　　　　每年买百合一二十斤，由夏天吃到秋末。下午煮食，剥洗工作由我躬为之,因我起得早,剥得早,可以在清水里养它几小时也。我从小到老吃百合几乎没有间断过。它有时带点苦涩,我觉得味道更好。陆放翁说:"一盂山药胜琼糜。"我却想不出山药会有什么好的滋味。

十五年以前,读过茹志鹃《百合花》的文章,那文章写得感人肺腑。也从此使我知道了百合花是什么样的。原来我小时候家里的土布被面和褥单,以及葛布的蚊帐,我祖母统称之为蓝地白花或者白地蓝花的那些花纹,都是百合花。因此对茹志鹃的文章更加怀念。后来看到报刊上有她的文章,总买来恭读。在这里想说些题外的话,上海的大作家,我认识的不多,柯灵算是最早的了,四十多年;三十年前与黄裳订交;到今年(一九八〇),才幸会了巴金先生。遗憾的是二十多年来,我衷心赏爱的两位作家,至今还素昧平生。一位是王若望先生,一位便是茹志鹃先生。

另一首七绝《听书之忆——夏荷生》的诗屁股写道:

君维在《大公园》(香港《大公报》副刊)谈他小时候听书,提到了上海的东方书场,提到了评弹家夏荷生(见本书《听书半世纪》),因而引起了我一段回忆。

正是在君维听书、夏荷生在东方书场卖座不衰的日子里,有一天晚上,强台风侵袭上海,风狂雨暴,路上积水成河。平时满坑满谷的东方书场,这一天听客只来了二十来个男的,四五个女的。我那时经常以旅馆为家,正好住在这家饭店里(书场附设于东方饭店底层),所以这晚上也去楼下听书。

到了夏荷生上台,他一看场子里零零落落的样子,心情有点激动。他对听众们说,今天在座的各位,才是我真正的知音,我今天的书(《描金凤》)说得不但不会马虎,而且要特别道地。若是散场以后,有的听客实在不能回去,就请到楼上权宿一宵,房间费用,归我开支。他的话说得是诚恳的,座上人听了都很欣赏。这时候却有一个人指着那几位花枝招展的女听客,向弹词家问道:那么她们怎么样呢?夏荷生没有被发问的人难到,他接口说,她们么,一辆包车,摆个渡就好回去了。说得大家都笑了,那几位女客也笑了。原来这几位女客,都是群玉坊长三堂子(旧上海的高级妓院)里的倌人。群玉坊这条弄堂,正好紧挨着东方书场,她们的家,离书场不过一二百步。弹词家认得她们,知道她们都有自备包车,会来把她载回去的。

这类小品文字,内容充实,或叙事,或抒情,时拉近,时推远,亦庄亦谐,半雅半俗。率性挥洒,不拘一格。文字自具个性,明眼人一眼就能看出。

唐大郎对自己的诗是颇看重的。我这样赞美他的诗屁股,大郎兄在天之灵会不会耻笑我买椟还珠呢?我想不会。话还得回到二十多年前,在大郎晚年的时候,我曾去信求写一扇面,提出要写"唐诗"(唐大郎的诗)。他看了很高兴,复信说:"君维毕竟解人,要我写扇面,指定要写'唐诗'。门路何其找得对耶!我的书法极其搭浆(沪语:蹩脚),惟诗则往往差可人意耳。悖妄至此,老友待勿见笑。"

扇面我不好意思催他写,谁料不久他即去世,再也写不成了。

最后,我想借此记述大郎佚事一件,以资谈助并结束此文。

上世纪 40 年代初(上海沦陷时期),中共情报工作者袁殊,时以汪伪"江苏省教育厅长",并主持报刊《新中国报》《杂志》等身份,公开活动,人目之为"汉奸"。深秋某日,他突然邀请小报界唐大郎、龚之方、陈灵犀三人到王宝和酒店吃大闸蟹。

新贵设宴,所为何来,令人煞费猜测。是否赴宴,进退踌躇。陈灵犀一介文弱书生,吓得手足冰凉,颤抖不已。龚之方戴着熠熠的金丝边眼镜,仪表堂堂,似乎社会经验丰富,善于应对不测风云,这时却瞅着大郎,默不作声。大郎摸了摸脑袋说:"去!"人家请客,来而不往,非礼也,这叫敬酒不吃吃罚酒。

王宝和酒店,地处四马路(福州路),专营自酿花雕、加饭等各式绍兴黄酒。一到深秋时节,该店供应运自阳澄湖的清水大蟹。大闸蟹一铁笼一铁笼阵列在门口,口吐白沫,肆意横行,诱人食欲。在酒席上,主人袁殊谈笑自如,频频劝酒。三位客人食而不知其味,也只能故作镇静,谨慎对应。

酒宴归来,三人始终不明袁殊的设宴意图,从他言谈中也听不出什么名堂,以后也无下文。这个疑团,至今已无人能解了。

选自李君维:《人书俱老》,岳麓书社,2005年版

诗人唐大郎

其 佩

黄裳兄：

近读夏（衍）公的文艺对话，忽见篇末提到大郎，且给他一个头衔，曰："江南才子"。我想夏公是读过大郎的诗的，可能很喜爱。一般而言，大郎是报人，实际上他是一个诗人，他是才华横溢的诗人，且有强烈的诗人气质。尽管表面上人们对他的印象似是"海派"类型的人物。

他早年就业于中国银行，在当时那也是"铁饭碗"，或是"金饭碗"。当他与当局闹翻，一怒而去的时候，辞职信是写在草纸上的。只有具有诗人气质的人，才会表现出这般对权贵的蔑视；这是诗人的愤慨！

听说你也颇欣赏大郎的诗，且为《闲居集》的出版尽了不少力。大郎生前几次跟我说起你，不仅欣赏你的文章，更高兴的是你也喜欢他的诗。听说你写过一篇关于大郎诗的文章，可惜未曾拜读。

大郎写诗似是随手拾来，却又功力极深。他对自己的诗有充足的评价，决不是自傲。我想他的自我鉴定是公正的。你说是不？对别人的诗，他要求至少得合乎规范；不是七个字一行，凑四行、八行就叫诗了。他常笑我不懂诗。我对他说："我最喜欢你的诗尾巴，就是诗后面的注，常常妙趣横生。"后来他把我的"诗尾巴"，改成"诗屁股"，竟也写了一首，调侃一番，当然只是玩笑性质。

《闲居集》中多首和我们的往来有关。还是"四人帮"时代，他告老还家,突然向我借翻译小说,我借了几本傅雷译的巴尔扎克小说给他,我想那译文他会喜欢的。不料他竟对巴尔扎克着了迷,每次都要大谈一番,有时我竟无词以对。我已经胡里胡涂了。后来,他写了《读〈贝姨〉》,大加赞赏。

他说少时很喜欢《随园诗话》,问我是否有?我找给了他。重读以后,他对子才已颇有反感。在"诗屁股"中奚落一番。

我很少读当代人写的旧诗,但对大郎的诗,我则看到必读。我也说不上什么,只觉得有一种亲切的乐趣。我从没有过写旧诗的念头,不过有时也跟他闲谈几句。还是"文革"以前,我曾问过他对名人名诗的意见,他说气势很大,诗不一定怎样。在朋友间,他从不说假话,也不趋时,更不逢迎。

解放初,他曾去华北革大学习。归来以后,一句理论也不肯说,给朋友逼急了,他说女同学说他这个人"应该枪毙"。大家都笑了,回想起来,这也有几分诗人的天真。

此后,他写的诗都是歌唱新社会的,还在香港《大公报》写过《唱江南》。后来他的诗表现了对"四人帮"的强烈憎恨。他用的笔名为"刘郎",夫人刘姓也。老夫老妻十分恩爱。打入"牛棚"后,夫人更多体贴。某次甚至带了"私房钱"去救大郎,因大郎缴不出一文存款。到单位后,却给"牛魔王"训斥一顿,且吃了一记耳光。夫人掉头而去,硬性女子也。

他住处离我旧居仅四五站路,有两年我几乎每周都去看他;夫人则煮香味扑鼻的咖啡招待,有几回他说要请夫人烧次西菜招待我,但我终是后辈朋友,始终没有去打扰。

有时我们一起闲逛,他总说腿脚比我轻捷,突然之间加快步伐,跑到我前头老远。后来忽然之间病倒,而且很快地就离开了他的亲人和朋友。识者莫不哀痛。惜哉,诗人唐大郎!

当时夏公在沪,我尾随前辈老友之方兄,去宾馆报丧。夏公说:"大郎是一个从旧社会过来的知识分子,解放后毕恭毕敬地努力为人民服务,不辞劳瘁,成绩显著。"

其佩

88.7

附记:大郎解放初任《亦报》总编辑,后入《新民晚报》,任编委,主编副刊《繁花》,多采似锦,夏公曾书短札赞之。恶浪袭来,勒令交出"黑信","勾结"之"罪证"也。书信招祸,由来已久,悖谬若斯,盖属"史无前例"。黄裳喜读"唐"诗,大郎闻之,每每与余道之。偶忆往事,修书裳兄,共怀亡友,兼告世人。

原载《新民晚报》,1988 年 8 月 13 日

诗人的诗

其　佩

天兄：

　　大约一年多前，我写了封信：《诗人唐大郎》。遇到一位老朋友，他笑我竟没引用一首大郎的诗，这位朋友工于诗词，却忘了我是门外汉。

　　最近看了一本《骆驼丛书》，黄裳写的《负暄录》，则使我惶恐之至。我那封信是写给黄裳的，因为大郎生前多次跟我说起裳兄。这集子里有一篇《诗人——读〈闲居集〉》，对大郎诗谈得很深刻，我的信则是浮光掠影。我深惭自己读书不多，孤陋寡闻，也深感黄裳的宽宏，没有揭穿我的信不过是拾他四年前文章的余沫。

　　我又翻了一下这位亡友的诗集。黄裳文中说大郎的"诗与注是不能分割开来的。他的注有时比诗写得还好。这些随手写下的诗注有时就是很好的杂文"。

　　大郎的散文也写得好，文笔亲切，妙语横生，没有一句假话。当然他主要以诗名。我特别喜欢他的诗注，在一次通信中，那时我们虽常见面，也常通信。我说我特别喜欢他的"诗尾巴"，我不用诗注，而以"尾巴"代之，自以为合乎他的风格了。他大约还嫌不够味，干脆称之为"屁股"，乃有诗一首："昨天有客吾家过，忽然道出诗屁股。名字听来第一回，为之眉色皆飞舞。一些字句读不通，看了屁股方清楚。吾诗尚嫌不通俗，古人之诗如何读？老妪都解白香山，何曾句句皆相熟？有些诗章用典多，更加教人眉头蹙。屁股最好自家写，假手后人惟恐假。'锦瑟无端五十弦'，论争费却许多话。要知是实还是虚,起之玉溪于地下。"

在这首诗的"尾巴"上,也写了几句,这里只引一句:"它一不像山歌,二不像顺口溜,三也不像七古,但尽管三不像,它终更不像从前上海滩上瘪三唱的小热昏罢。"

我想诗中阐述了他的见解;注中有所讥讽,但我也不便妄自猜测。这也使我想到黄裳文中引的《改行》一诗中,最后一句:"糟踏人才如此样,热他娘格大头昏。"什么俚语、粗话,大郎都能写进诗中,而且浑成自然,读来令人赞绝。

大郎行文惯于直写,初写"交代"也是如此,遭到臭骂,后写《吹"牛"毛》记其事:"为'牛'身上任吹毛,不想'横行'反而糟。从我满头喷狗血,罪名新列一条条。"真是充满机智与嘲弄。

最后再抄《种牵牛花》一首,结束本信:"牵牛往事触心头,曾被叼儿当我'牛'。牵到东来西也去,叼儿至竟未封侯。"注曰:"往时曾经当过'牛'的朋友,读之应深同此感。"

原载《新民晚报》,1989 年 11 月 4 日

江南第一枝笔：记诗人唐大郎

方晓蓝

上

朋友借给我一本《老上海名人名事名物大观》，说是翻翻吧，并说没有收唐大郎。我翻到"名物"栏，收有不少小报的名字。两相对照，难免有点欠平衡的缺憾。所谓"江南第一枝笔"，就是小报界给唐大郎的美誉，跟文坛无关。前些年，偶然看到新编《嘉定县志》，内收唐大郎。唐是嘉定人。

30年代初，他在中国银行工作，业余也为小报写稿，受到行长的嘲讽。他一怒而去，此后专为小报写稿，成为专业作者。

上海解放，夏衍打电话给唐，告诉他已经到沪，唐回说："你来了，我就失业了。"夏说："我来了，你就不会失业了。"因为已经决定，解放后上海还要办小报。1949年7月，上海出版了两份小报，一份就是唐大郎和他的老搭档龚之方合办的。当然这时期的小报是过渡性的报纸。

稍后，唐大郎担任《新民晚报》副刊《繁花》的主编，直到《晚报》被砸烂。1966年8月某日，他和几位朋友第一批关进"牛棚"，再后"牛棚"不断增员，直到"牛满为患"，最后全报社人员都去了干校。他在"干校"退休。

大郎写的文章都很短，记身边琐事，尤多诗作，极有韵味。诗中常有俚语，却都合格律。《繁花》上也偶登他的作品，主要作品则登在香港《大公报》副刊上，栏名《唱江南》，歌颂新社会的好风光。据魏绍昌《唐大郎逝世一年祭》所记："周总理生前曾前后两次对夏衍提起过唐大郎，并且认为《唱江南》是有良心、有才华的爱国主义诗篇。"

"四人帮"垮台后，大郎已退休，诗的栏名改为《闲居集》。他病逝后，香港友人等为《闲居集》出版了单行本，内地很少流传。爱好诗词的友人陈榕甫兄曾为文介绍，题为《肯吐真言即好诗》。这题目就是大郎的诗句。"吐真言"是大郎的特点，平时他也不说假话。学习时，他连套话也说不上几句，会后往往自嘲为"硬滑稽"。"真"是大郎的最大特点，非说假话不可，他多半沉默。

我意想不到的是诗人邵燕祥对《闲居集》也颇为欣赏。邵是诗人，当然具有慧眼。唐在京中有不少友人，但跟邵是不会认识的。邵燕祥还摘编了一段《刘郎语录》。《闲居集》是用笔名刘郎发表的，夫人刘姓也。语录大约是摘自诗后的注释，唐戏称这种注释为"诗屁股"，文多妙语佳句。这段语录是谈文风的，我未查到。唐的诗几乎都有注释。在一首题为《诗屁股》的诗中说"屁股最好自家写，假手后人惟恐假"。他有一首为诗之道的诗："为诗千万莫流酸，读到酸诗齿亦寒。俗尚能医酸不治，若工泼野或堪看。"他的所谓酸，是指空话、套话之类。

大郎对自己的诗颇为自负。解放前他在一张报上写过一个专栏名为《唐诗三百首》，署名"高唐"，自注"高唐"两字作"高出于唐人"解。解放后，闲谈时，他很少谈诗论诗。1957年后，杂文家林放曾与他切磋写诗的问题，这是我仅见的盛事。

下

解放后，来自旧社会的知识分子，感觉到有改造的必要。可是又不懂怎样改造。有的朋友建议大郎去华北革大学习,那是革命的大熔炉嘛。他居然去了。好像时间不长,我已记不清,大约是三个月,或是半年,他就结业归来了。大家要他谈谈学习的心得体会,他无论如何不肯说。

有一天周围只二三极熟的人,他苦笑着说,革大的女同学说,他这个人应该枪毙。原来学习改造的人,都要自报过去的经历,少不得还要臭骂自己几句。这是关键吧。我们这位率真的诗人,大概把往日的花花绿绿生活渲染一番。他没有什么政治辫子可抓。但那些革命的红颜听了,怎能不怒发冲冠。(当时男女都戴一式的帽子。)幸好学校并不算这种生活上的老账,他便平安归来。此后,他对夫人忠贞不二,还写诗献之。自云"老而作哆,亦是一乐"。不过"革大"学习的事,再也没人提起了。

大郎主编《繁花》副刊是很认真的,重视读者来稿。他的方针是版面分"上半身下半身",泾渭分明。他有一首题为《副刊与火腿》的诗说明这个意思:"上方大块爝精肥,食到腰峰味略稀。耐咀嚼还供下酒,火筒脚爪最相宜。"注释说:"上身思想性,中间知识性,下身趣味性。"这种三性结合,现已是编报的常识了。当年事事要配合形势,时时要配合形势;这种编法多少有点偷梁换柱的味道。幸得他身边有几个好帮手。

大郎退休回家,我已在市内混事。当时两家住处较近,我常去他家闲聊。每到,他必请夫人烧两杯咖啡,临别必送我几包香港友人赠他的香烟。盛情可感。那时"味道好极了"的速溶咖啡还未上市,也没有到处可见的外烟摊。

闲聊总是东拉西扯,他很少谈及"牛棚"和"干校"的事。《闲居集》中,这一类的诗也不多。他是长者,比我整整大十二岁,都属猴。我不便挑逗他不愿谈及的往事。但总感到他有些话憋在心里,这跟他爽朗的个性是不符的。

大郎特别喜爱宋诗,熟读苏东坡、黄山谷等的诗集。有次问我有没有《随园诗话》,我借给了他。他说少时很喜欢这书。在《闲居集》中,他写了篇《重读〈随园诗话〉》,却大为反感。因为内有对苏黄"不逊之言",斥袁枚"狂妄与无知"。后又向我借巴尔扎克的小说,《闲居集》中也记此事——《读〈贝姨〉》,大为赞赏,更欣赏傅雷的译笔,尊为"圣手"。

　　他喜欢各种戏曲,对沪剧、越剧、黄梅剧、评弹等他都唱了不少赞歌,他一再写诗悼念严凤英的惨死。他更爱京戏,不少著名演员都是他的朋友。他自己曾登台演过全本《连环套》,饰黄天霸。这是 30 年代的事,我没看过。画家丁聪,为他画过一像,那张友人戏称为"西风脸"的面孔惟妙惟肖。

　　1980 年,《新民晚报》已进行复刊准备。《晚报》的原班人马,早已七零八落。有关的朋友去看他时,他已不适,却说复刊以后给他放张台子,足见他对《晚报》感情之深。就在这一年,他仙逝而去。《晚报》则在两年后才算复刊。

　　大郎逝世后,未复刊的《晚报》为他举行了个追悼会,由赵超构致悼词。

　　诗人跨鹤西去,他的诗会流传吗? 会不会再有人写他这种别具风格的诗呢?

原载《新民晚报》,1998 年 11 月 5 日、11 月 6 日

小报状元

张林岚

　　20 世纪的 20 至 40 年代,上海的海派小报盛极一时。包括新闻性的方型刊物在内,最多的时候不下三四十家。临近 1949 年解放前夕也还有二十家左右。这种小报是小市民阶层的恩物,文化娱乐生活的补充。一纸在手,一杯茶,一支烟,能消遣半日时间。因此,"引车卖浆者流"爱读,家庭妇女、上写字间的人也爱读。小报的零售点、流动报童也多。公共场所如车站船埠、旅馆酒家、舞厅妓院、浴室理发店,小报如水银泻地,无孔不入。小报的发行量多的一二万份,少的几千份,就其总数而论,可能超过任何一家大报。至于深入闾巷,普及家庭的程度,又为一般大报所不及。

　　说起小报,多少都带点黄色。小报界的洁身自好之士,为了竭力区别于黄色小报,喜欢称自己的报纸为"小型报"。意思无非是说体型虽小,但内容还是大气的:新闻短,文章短,编排活泼,小中见大,以少胜多。小报云乎哉。总之,小报不一定都黄色。就是黄色,也有程度不同,雅俗之别。小报代表着一部分上海文化——或则名之曰"海派文化",无疑是中国新闻史上纸质媒体的一种特殊的发展形态。本文并不想研究上海小报的历史,只是想向大家介绍一位小报人物:他就是人称"小报状元"的唐大郎。

　　唐大郎这个名字,小报界的人都知道,上海大报界也知道。在文化界和艺术界,都有点名气。他 1930 年前后开始写小报文章,继而投身小报界,从事新闻工作半个世纪,写作诗文不计其数——他是随写随丢从不收集的,所以也无法统计篇数和字数。他写作的高产时期是 1939 年后的五六年,每天为五六家小报各写诗文一篇,立等可取,天天见报。

他的诗,风格在清人龚自珍、近人郁达夫之间;但常常杂以俚语,又像竹枝词,自称"唐诗"。他为文爱憎分明,以不说假话自豪,嬉笑怒骂,泼辣尖刻,痛快淋漓。就这样,他以骂人骂出了名——实际上也是一种社会批评,称雄于上海小报界,被推为"江南第一枝笔"。

夏衍 30 年代爱看小报,很注意唐大郎诗文。他曾说:"大郎写文章骂人,不是为骂而骂,他有他的主见。阮玲玉事件成了小报热门话题,大郎就没有随声附和,没有骂阮玲玉。"

五六十年代和"文革"后的 70 年代末期,这一枝笔伸向海外,他先启用《唱江南》和《闲居集》的篇名,在香港《大公报》以个人专栏形式发表有新闻内容的旧体诗。每首诗附有注解或小跋,戏称为"诗屁股",实际上是诗话。这两组诗歌颂了新中国建设中的新人新事和新社会的人民生活。粉碎"四人帮"后,他还写过不少"文革纪事诗",嘲骂"四人帮"及其帮凶。凭着他与上海文艺界的历史渊源和许多知名人士的私交,他诗文中也反映他们的动态,深受海外读者欢迎。周恩来看了他写的东西,曾对夏衍提及,认为《唱江南》写得不错,是有良心、有才华的爱国诗。

唐大郎名云旄,江苏嘉定(今属上海市)人。1908 年 8 月 23 日①出生在县城内的张马弄十号一户衰落的书香之家。他的父亲锦帆号经曼,也是个落拓不羁的读书人,晚年曾在上海天厨味精厂充任秘书。常常放浪形骸,在外高乐不归。他的母亲钱氏夫人为此生气,常回母家居住。大郎外家姓钱,早年从常熟迁来,他自称是钱谦益的后人。他的舅父梯丹先生,继承绛云楼的文脉,喜欢搜

---

① 编者注:8 月 23 日实为阴历八月二十三日,若换成阳历当为 9 月 18 日。具见本书第 181 页相关考证。

求图书,诗也作得好;曾经在上海中法储蓄会任经理。因为大郎自小随母亲走娘家,得以接触舅父的藏书,并时时得到长辈的熏陶,所以青年时就会作诗。他常常说,舅舅胜似父亲。他从舅父那里得到的教益,比哪里都多。直到他舅去世三四十年之后,他去舅母处存省时,还流露出这种孺慕之情。

大郎没有受过多少正规学校教育,"学历"简单:童年上学在嘉定汇龙潭,自然是清末的私塾;后来私塾改办"新法"学校,他又在孔庙最后一进的尊经阁上县立小学。15岁那年,因为军阀混战,他们一家人为逃避兵乱,迁居上海。新闸路树德里的住宅,是抗战时期上海沦为"孤岛"之前朋友让给他住的。

他后来自报家门时,学历部分总是这样调侃自己的:童年在汇龙潭读小学,青年读过短期中学,壮年进过十个月的革大,老年上五七干校三年。他回忆幼年的读书生活,写过不少诗文。他还记得那时他穿的是高领头的竹布长衫,平头、布鞋。他生就一张"西风脸",这个特征当时就已显示出来,但还没有固定的绰号。孔庙外面有许多柏树,都是四百多年前明朝的遗物。放学时大郎与小朋友们常常躲在树洞里捉迷藏玩耍。嘉定老家庭园中有许多花木,紫薇、梅杏、兰桂都有。他常常对人说:"花里面我最爱木香,有点偏爱。家里的木香棚不是很大,花开时香气浓郁,招蜂引蝶;园里清静中又有热闹。我们小孩子都安安静静坐在花棚下,饱闻香味;蜜蜂常常飞到面孔上来,又爬又舔,我们也不害怕。"这样富有诗意的回忆,是永不褪色的。大郎去世前一年,好不容易访求到一株盆栽的木香,特地请了个相识的老花匠来侍候它,养活了。他做梦也想在屋顶阳台上搭个花架,让记忆中的那株木香重现。不料大年初二夜间一场腊雪,第二天一看,那花已成枯枝,活活冻死了。

大郎早年丧父,后来舅父、母亲也先后谢世,舅母成了他最后一位长辈。他跟舅母的亲情,更加深了一层。三十多年里,他每周都去探望一次。去之前老太太总要教帮佣的阿姨买好大郎爱吃的东西等他,如果去晚了,她会一个人唠叨不已。阿姨对大郎说:"唐先生,下个礼拜请你早点来,不然要烦死了!"老舅母逝世之日,大郎十分悲痛,作了一首诗:"遂无人再念孤儿,亲见孤儿头白时。若报九京舅氏问,阿常健饭尚能诗!"

笔者为什么不避烦琐,讲这些事呢?我是想勾勒一下唐大郎这个人的本质一面。因为从表象来看,大郎是个嬉皮笑脸、游戏人间的人。在十里洋场的小报界混了几十年,"出污泥而不染"的毕竟不多;以他那样一个旧知识分子出身的人,做出一些荒唐的事也不足为奇。

大郎是捧过"金饭碗"的:虽然也不过是个办事员。他那金饭碗成色与众不同,是中国银行。他第一个职业的获得,有两种传说:比较正宗的说法是经他的舅父钱梯丹介绍,进去当练习生,时间是1925年10月。到1930年因故离职时,他已晋升为办事员。另一说是"野史",大郎生前在朋友中谈天说地吹自己"创业史"时也说过,张嘉璈任中国银行行长时,大郎掌握了他某一营私舞弊的内幕,准备在他写稿的《大晶报》揭发。张嘉璈慌了,托人说项,要求私了。大郎声明:"我不接受金钱。"张嘉璈立刻表示"爱才",希望大郎在中国银行担任一个职位,上班否听便。大郎从此在中国银行领了一份办事员的干薪,不久辞去。

至于他丢金饭碗的经过,据说仍是因为行方不满意他写小报文章。旧上海上流社会的人尽管自己也干下流事,但小报是看不起的,写小报文章,更属"下流"。行长认为唐大郎身在国家金融机关,不务正业,把他叫了去,查问之余,颇有冷言冷语。大郎对上司是从来不肯卑躬屈膝的,没有听完训话就拂袖而去。从此率性改行,写诗文糊口。这一写,竟写了一辈子。他在中国银行蹲了六年,学到一门手艺:点钞票。老朋友们夸奖,大郎点钞票不亚于写文章,确有独到功夫。亲眼见他现场"操作"的人形容:"好比卓别林扮演的凡尔杜先生点钞票,只见他手指轻轻拨动,一叠叠的钞票会像电风扇似的飞舞起来。"他曾在一次全行清点钞票比赛中得了第一。不过,笔者与他共事三十年,从来没有见他"点钞像电风扇似的飞舞"过。也许是绝技不肯轻易示人;另一方面是手里有大叠钞票的日子也没有。

唐大郎在《东方日报》的时间比吃银行饭的时间长,前后共有九年(1930—1939 年)。在这以前做过一年专业的小报作家,但因为名气不响,阅历有限,靠给一家报纸写稿是难以维持生活和应付浩繁的开支的。这是他进《东方日报》的主要原因。《东方》是他第二个职业,同时也不妨说是他的"小报大学"。他不但在这里提高写作技巧,而且以一个小报报人的眼睛观察周围世界,体验社会生活。每天编报之余,读书、写稿、赴宴、看戏、跳舞、打牌、会女朋友……三十岁后,还票戏、客串话剧、电影。这就是生活,一个小报文人的生活。

写小报文章,确实是一门学问,并不是读书识字之人都会写的。有的人一肚皮学问,无论是评论、新诗旧诗、小说都会写,就是不会写小报文章。这种文章大都以短小见称。论体裁,主要是散文随笔;论题材,国计民生的大题目是不去碰的。一般多为气味相投的文友、关系密切的女友,或某一小圈子的韵事、逸事、趣事。文章写短已经不容易了,还要讲究文笔,纸短情长,即使是身边琐事,也要写得有点情味。道学语、冬烘语、酸气、俗气,都为小报所不取。所以,说得夸张些的话,小报文章写得好的,也可以上追明代公安派"三袁"与清代一袁,与那位随园老人并驾。写得差的就不好说了,流品甚杂,文格甚卑。一般的进步文化人,对小报不屑一顾,不过也有革命作家偶一为之,在小报上"玩玩票",施加一点积极影响的。夏衍就是一个。

总之，我以为上海小报所代表的文体文风，是继承明清两代抒情小品文传统又受到"鸳鸯蝴蝶派"影响，在十里洋场发展起来的一种海派文化现象。是"五四"新文化运动主流之外的一个支流。它没有成为历史，而是至今余绪流传。只要看看上海的某些报刊所载，说明它仍有一定的生命力。

唐大郎作为"小报状元"，他还算清醒，对小报有这样的自我批评："在旧上海，我是搞小报的。小报有小报腔①，这大概是指多方面而讲的，当然也包括内容与文风。比如说，出言吐语，油腔滑调，一也。自作多情，嗲勿清爽，二也。把身边琐事，絮絮叨叨，诉向读者，三也。等等。本人大概是小报腔很严重的一个。不说别的，即以今天这小小的一篇，就是标准的小报腔，而在诗里却用了'拖腔'二字，说成是带一点小报腔，岂非有文饰之嫌！"这话是大郎晚年寄赠旅居美国的老朋友陆小洛一首诗的注释。原诗是这样的："出窠兄弟行双双，说说玩玩不结'帮'②。到老故人还动笔，可怜小报尚拖腔。"陆小洛是大郎将近五十年的老友，当年他们有四个人经常聚在一起：陆小洛、唐瑜、龚之方和大郎，用上海俚语来说，是"出窠兄弟"。

大郎脱离《东方日报》第二次做小报专业作者，是"八一三"抗战后的第二年，这时候他文思泉涌，才华毕露，好几家小报都来邀他写稿，大有应接不暇之势，已到非得做凌驾诸报之上的专业撰稿人、同时为几家报纸服务不可的地步。他按日供稿的小报有《罗宾汉》《铁报》《飞报》《诚报》《品报》《辛报》和《东方日报》等七家。每家一篇，几百字，一天写好几千字。顺便提一下，旧上海的小报副刊，很多都实行"主编承包制"，即由编辑根据版面大小，承包费多寡自己去组织撰稿的班底，亦即专栏作者队伍，按月计酬，按质论

---

① 编者注：据《闲居集》，此句为"有人说，那时小报有小说腔"，此处脱"有人说，那时"五字。

② 编者注：据《闲居集》，"帮"当作"邦"。

价,把稿费分配给这些人:主编在报社固定工资之外,自己也有一份,因为他也是作者。另外有些是长篇连载小说的自由投稿者,写好一篇连载,可以到"文章市场"(南京路的新雅茶室就是市场之一)去求售——在茶座上露出个题目,买卖双方觉得合适,就当场议价,拍板成交,一些名家的叫座作品,往往发生像拍卖行那样几家抬价争购的现象。

大郎在各报写的专栏,名目别致,例如他为《海报》写的诗,篇名就是《唐诗三百首》,署名高唐,意谓高出唐人之上。他为《东方日报》写的叫《西风人语》,是因好友胡梯维(京剧名旦金素雯的丈夫,"文革"中夫妇同日受迫害而死)说他面孔像麻将牌的"西风"而自拟的栏目。1941年他与出身舞厅的刘惠明女士结婚后,好友陈灵犀反用"王粲登楼"何必依刘(表)这个典故,代他拟了个"定依阁"的室名。他在《罗宾汉》写的篇名就叫《定依阁随笔》,署名刘郎,表示对夫人的忠贞不贰。其风趣幽默,往往如此。他与一般小报文人不同的地方,是有正义感,遇事爱憎分明,绝不马虎。另一方面是生活趣味广博,什么事都想"轧一脚",体验一下,然后判别优劣是非,一一褒贬。30年代"九一八"沈阳事变,东三省沦陷敌手,"一·二八"淞沪抗战,激起了他的忧国之心,开始接近戏剧电影界一些倾向进步的朋友。其中关系最深、交往最久的一个,就是周信芳(麒麟童)。他是麒派艺术的推崇者,凡是"麒老牌"登台演出,他都去捧场,而且在报上热烈鼓吹。他还是个麒派京剧票友,《追韩信》《打严嵩》都唱得不错,三四十年代登台表演一二十次,与周信芳、李少春、金素雯、张淑娴、王熙春等人,都配过戏。

1937年卢沟桥事变后不久,周信芳公演朱石麟编剧的《徽钦二帝》于卡尔登戏院(今长江剧场)。大郎住后台翼楼,工作也在这里,经常参与演出宣传。《徽》剧演出后,大大激发了观众的爱国热情,许多人看得涕泪滂沱;大郎情不自禁,尤为激动。有一天,周信芳下台未及卸妆，与大郎、陈灵犀两人在翼楼摄影留念。事情过去了四十多年，照片还由刘惠明珍藏着。前几年陈灵犀见了这张老照片，感慨不已，在照片背面题词："风云变幻黯神州，一曲悲歌出翼楼。伐竹敲金留正气，刘郎奇笔信芳喉。"附识数行有云："麦秀之歌，四座泪倾，大郎尤为激动，曾备笔写诗文刊诸报章，以资号召。非由偏爱麒艺，实为黄帝招魂也。"

大郎从周信芳那里学到的，当然不止麒派戏。因与周结交，参加周领导的"移风社"，凡是与麒老牌合作演出的名角，麒派门人和许多热爱麒艺的人，都成了大郎的朋友。京剧武生盖叫天、高盛麟，也很早就是大郎的朋友。大郎"捧角"的热情是无以复加的，由于他在小报界的名气，一经品题，无不身价十倍，何况那些在艺术上确有天才和造诣的演员呢！大郎习武生，他的全本《连环套》就是盖、高二位亲授，40年代初期曾多次公演，每次都有些轰动。不过他这个人有点上海话说的"脱头落祥"，上台总得出点纰漏，逗台下哄笑。有一次在宁波同乡会义演，他扮的黄天霸出台亮相时，裤脚没有扎好塞进靴内，一抬足统统落在外面，像条西装裤，台下观众为之哄堂大笑。他倒还镇定自若，锣鼓声中下台重新结束打扮，上去争回了那个"碰头彩"。有时是故意制造笑料，滑稽一下。他对人说："他们当我十三点，我才真当他十三点呢！"

有一次，大郎对漫画家丁聪说："我的京戏其实还是在你家里唱起来的，头一个给我操琴的是你。"原来小丁的父亲丁悚既是一位老报人，也是老画家。30年代之初常常邀一些报界和绘画的朋友到他家去欢度周末，吃吃老酒，唱唱京戏，大郎每星期都去。丁聪那时候二十岁还不到，现在小丁已老，七十多了。

大郎爱余派老生戏，听过余叔岩、孟小冬的戏，四十多年前又结识张文涓。那时，她才十五六岁，已经出名，"唐诗"里有不少吹嘘张文涓之作。他在四十年前与张合拍的照片上题诗说："师生兄妹皆非也,我姓刘来她姓张。昔日未为干阿伯,今朝权作秘书郎。似君才艺多高逸,唯我形容只老苍。但愿友情无叛替,世间终少××狼。"①自注云:"文涓太忙,我太空闲,近来有关文书的事,她常常托我处理,无形中我成了她的秘书。朋友们都知道这一情况,他们有话跟文涓讲的,都写信到我这里,要我转达,柯灵、吴祖光、黄裳、龚之方等人都这样来麻烦过我。"请大郎做"秘书郎"的人当然不止一个,但张文涓之于他,堪称是"红粉知己",而且友谊也是纯真的。

文华影业公司的创办人吴性栽是他可通有无的阔朋友,由此又结识了话剧界的黄佐临、石挥、金山等。抗日战争的胜利,国统区民主运动的高涨和解放区战场的转入全面反攻,革命形势,不能不影响像他这样的知识分子重新思考前途问题。另一方面,他的才华,他的交游,也得到共产党派在文化界工作的夏衍赏识。大郎的好友龚之方,在共舞台前楼有个相当精致的写字间,大郎常到那儿去玩。40 年代后期,这里成了共产党人和进步文艺工作者的一个联络点。这里地处上海闹市中心,交通便利,楼上楼下有"旁门小道"通向左近的点心店和后门,是一个易于隐蔽,有事时又容易走脱的地形结构,唐、龚二人也成了迷惑敌人,掩护上述活动的理想人选。

大郎这个时期除了与龚之方合作,先后办《光化日报》《光复日报》任总编辑外,接着又办了一张《小声报》。吴祖光、丁聪主编的文学刊物《清明》,也由大郎、之方出面任发行人。此外,这一时期他们还主持过叫《大家》《海风》《七日谈》的方型刊物,都是"同人报"。不过,这时已经是大陆上旧政权土崩瓦解的前夕,当局容不得一点不同的声音,见不得一张好看的报纸,新出的刊物多半要被扼杀。大郎他们的刊物出一个封一个,不到一年,都已被国民党扫荡得一个不剩。

1949 年 5 月,上海解放。大郎跟许多知识分子的心情差不多,

---

① 编者注:据《闲居集》,诗中"唯"当作"惟",××当为"越南"。

欢迎共产党来当家,支持人民政府的许多做法;但心里忐忑不安。像他这样的知识分子、小报文人,还能不能为新社会服务?听说要"洗脑筋",心里也怕。上海一解放,所有的小报统统停办,大郎真不知道今后还能干什么? 当时夏衍担任军管会和市委要职,他提议:刚刚解放的上海还应该再出两张小报,是特为那些一时还不习惯或看不懂《人民日报》《解放日报》等党报的小市民办的。这种小报当然不同于解放前旧上海的黄色小报,除了通俗地宣传政府的方针政策,可以登些居民喜欢看的东西。从前小报好的编排、好的内容,还可以保持。这两张小报就是 1949 年 7 月出的《大报》和稍迟十数日出的《亦报》。唐大郎担任了后者的总编辑,龚之方任社长。(《大报》总编辑为陈蝶衣,后陈迁居香港,即交响乐团指挥陈燮阳的尊翁。)大郎在夏衍的鼓励下,于 1951 年年初去了北京,进华北革大学习;这时上海正在开展"三反""五反"运动。这次学习,对大郎来说是"破题儿第一遭",是自我改造的第一步。平心而论,他是认真的,至诚的,当然也是痛苦的。那情景,跟当时演出的话剧《思想问题》相似。他在十个月里读了好几本"干部必读"的著作,粗粗懂得了革命理论,更难得的是当众作了深刻的思想检查,即当时所谓的"脱裤子、割尾巴"。他以悔恨的心情回顾旧社会的所作所为,坦白自己的风流韵事,包括借小房子、拜老头子,等等,并表示要与过去彻底决裂。他作检查报告的时候,非常坦率,以至引起在座女同学的愤慨,一致高呼口号:"枪毙唐云旌!"⋯⋯由于他政治觉悟有所提高,又让他回到了新闻界。《大报》《亦报》于1952 年底停刊,两报编辑人员参加知识分子思想改造学习运动后,有二十余人加入《新民晚报》工作。《新民晚报》解放前得到共产党的支持,属进步报纸,以唐大郎为代表的小报人才,作为生力军加入,为这张报纸后来面向社会,深入群众,深入家庭,提供了条件。大郎以编委身份主编副刊《繁花》,几乎是照搬《亦报》的做法,保持了原有的小报特色。他在新闻工作中不是理论家而是实干家。对自己编的副刊殚精竭虑,耗费了不少心力。一方面团结新老作者"咸与维新",与之共同提高;一方面也注意推陈出新,力求增加符合时代要求的内容。60年代他常常随同青年记者到工厂农村参观访问。写过许多歌颂大跃进运动的诗歌散文。在香港《大公报》副刊发表的《唱江南》,就是这个时期的诗作。他还配合国际形势,写一些抨击帝国主义的讽刺诗(旧体诗),篇名题作《嘘烂篇》。写一些褒贬社会现象的,叫《打油诗》。两块题花,都要我题字。他笑着说:"不是你的字好,只因为歪来倒去有点油气,正适合我这种诗。"他总结解放后的办报经验,曾以火腿比喻副刊:"上方大块爤精肥,食到腰峰味略稀。耐咀嚼还供下酒,火筒脚爪最相宜。"意思是上身重在有思想性,中间有知识性,下身趣味性的东西不妨多些。他还自豪地说:"环顾所有报纸副刊,有几张逃得出这个框框!"语属浅近,却不失实事求是。

　　十年浩劫,我们几个"资产阶级老报人"首先靠边。1966年8月17日,连同所谓"走资派",十三名"牛鬼蛇神"同一天关进"牛棚"。那个"牛棚"大小不到三平方米,挤在里面动弹不得。大郎安之若素,还不时学评弹艺人放放"阴噱",苦中作乐。其后三四年中,笔者与大郎曾一同接受"监督劳动":扫厕所、扫马路、扫弄堂,从城里扫到乡下;烧锅炉、洗碗洗菜、掏粪施肥,又一同被抄家,挨批、挨斗、挨揍,直到正式进五七干校劳动。

　　早年的唐大郎虽然称不上挥金如土,也是个挥霍成性的人。在女人跟前花钱毫无吝色是不必说了,日常开支,也毫无计划,左手来,右手去;挣八百,用一千;过了今天,不顾明日。别人说他是"倒拎钱袋",他自嘲为"脱底棺材"。"文革"第三年,我们都在"牛棚"里关着,抄家后,管我们的"牛魔王"徐某,勒令"牛鬼蛇神"一律"倒拎钱袋",把家中所有的现款、存折上缴"造反司令部"。牛棚中人多多少少都缴了一点，独有大郎一元也交不出。他说："我三十年前就背了一身的债，有名的脱底棺材，哪里有余钱存银行？"造反派几个人围攻，掴他耳光，实在榨不出一滴油水，只得罢手。事后他作诗自嘲："穷追猛榨亦徒然，乱债如麻数十年。脱底棺材名气响，倒拎钱袋历来传。但愁死后人难索，不道生前鬼已缠。寒俭若同今日样，老夫大腹早便便。"

他"乱债如麻"是事实，而且还是永远还不清的。好在债主都是有钱的朋友，绝大多数并不指望他偿还，因为他们也需要有唐大郎这样一个朋友，说不定什么时候派他的一记大用场呢。有一个故事，也是大郎自己讲的。解放前，上海某巨室丑闻外泄，几家小报都准备登报。当事人只求笔下留情，不惜任何代价，要求遮盖一二。他们转弯抹角托人找大郎，希望能利用"小报状元"的面子，为之缓颊。当时对方就拿出二十四根大条子来，作为场面上花销。大郎用的是"杯酒释兵权"之计，大约只花了两根大条子就"摆平"此事，多下的二十二根条子被他一夜之间在打"沙蟹"的赌台上输个精光，朋友对他这样的豪赌曾有冷静的分析，认为是一种变态心理作怪，是穷光蛋的逆反心理，他自己有诗说："穷极还应奢亦极，与人挥手斗黄金。"也是这个意思。

唐大郎是只爱交朋友不关心政治，对"政治第一"之类毫无兴趣的人。抗战胜利，吴祖光等人从重庆到上海，论文谈戏一见如故，顿成莫逆。祖光在"文革"中被封为"二流堂"堂主；大郎连带地当了分号伙计，"二流"诸人，都成同伙。谁也说不清大郎在文艺界到底交了多少朋友，大多是因"票戏"的缘分结交的。有一次他读到艺术鉴赏家张伯驹写的《红毹纪梦诗注》一书的原稿，发现里面写的绝大多数是"乾角"（男演员），谈坤角的绝少。他忽发宏愿："女的让我来写！"他对朋友们说："老一辈的像易实甫他们写的金少梅、刘喜奎，我是赶不上了，但我还是赶上了恩晓峰、筱兰英、姚玉兰、碧云霞、孟小冬、秦凤云、刘昭容（女十三旦），还有上海的张文艳、王克琴，一直到后来的许多人。只是我不像伯驹先生内行，写起来就不一定都谈他们的艺事，也会谈到和她们的交往。如果甄甋的范围，不限于京剧一界，其他剧种也可以涉及，那么我有可能写一百人，或者两百人。"1983年10月潘际坰在香港为大郎出遗作《闲居集》，收录了三百多首诗，其中占相当比例的是写女艺人的，估计有几十个人，但计划中想写的另外一百多人，就再也不会登上他的"红甋纪梦诗"了。

他对"四人帮"及其党羽在上海所作所为，一向嗤之以鼻，以轻蔑的态度对待。开完批判会放回家去，还好整以暇，以扑克牌"打七关"，造反派勒令"牛"们每天都得上缴一份"交代材料"、每周写一份"思想汇报"，大郎深以为苦。有一次，正在搜索枯肠找汇报材料，忽然听到外面扩音器里播"样板曲"《黄河大合唱》交响乐。他不假思索，信笔写道："我不懂音乐，对音乐里的黄河不感兴趣。我认为，自来写黄河的诗以清人龚自珍的三首绝句为最好……""汇报"写好，一交上去就觉得不妙："这一次又要挨斗了！"因为龚诗提到黄河的两首，一首是"夜闻邪许泪滂沱"，一首是"卷帘梳洗望黄河"，都是逛窑子与姑娘发嗲时写的。幸亏那几年大家高唱"我劝天公重抖擞，不拘一格降人才"，以为龚自珍的诗首首都好，到处引用，连写大字报也离不开龚自珍；龚成了"革命诗人"。大郎胡说八道一通，居然没有人发觉。

粉碎"四人帮"后，大郎写了几十首骂"四人帮"的诗，"牛魔王"和以当巴儿狗为荣的一些风云人物，也有好几个被写进他的诗——因为某些"诗中人"至今还是常常见面，而且早已改换门庭，弃旧图新。我这里姑且以金圣叹说的"横云断山法"隐去，存恕道也。

1973年，唐大郎被诬蔑为"流氓文人"，定了这么一个不甚正规的"政治结论"之后，结束了对他的多年审查。随后就迫令他退休回家。退休前他曾大病一场,病势凶猛,他自己以为这一回必死无疑。不料就医服药后,渐渐好转。在病榻上,他曾想到死,想到身后之事,有《金缕曲》一词,记述当时心境。现在看来,简直是"诗谶",或者说,是他预立的遗嘱了:

> 安用千秋寿?数平生,饱经尘事,存年须够,纵使回春真有术,枉费魏佗妙手。最难遣雪衫红袖。许与东坡同岁死,似者般痴福修应厚。妻儿女,休难受。　九京道路无还有?细思量,比同神话,何消深究。十丈软红原可住,多恐端端迟久。依然是流连文酒。但听淮南魂魄唤,起身来含笑匆匆走。他乡好,多故旧。

这首诗,表明了他的"人死观"。调门虽然不高,是真情流露。这里说的"东坡同岁死",是指苏轼是六十六岁死的:大郎病危几死也是六十六岁这年。"淮南魂魄",是唱黄梅戏的严凤英。严生前与大郎交谊甚笃,"文革"中严死于非命,状甚惨酷。大郎深感痛心,至死都在想念她。

1974、1975两年间,大郎又大病一场。医生确诊为肠胃病、哮喘性老慢支。前一种,是他自己欠下的口腹之债,自在意料之中,后面这种病,是祖传的顽症。他的祖父母、父母都有,到他这一代发作得更厉害。每一发病,他怕得要死。所以,冬天没到就吃平喘止咳的偏方、土方、"特效药"。他曾托我找药材行的熟人到广西去弄蛤蚧干,泡了酒服下,连服一年,一点用也没有。立秋前吃生西瓜,也是偏方,吃了十只仍不见效。为了那个莫测高深的肠胃病,1977年到1979年他吃了一百多瓶猴菇菌片。1978年夏天,发寒热不止,烧了一个星期,又自己好了。8月里老友桑弧导演的喜剧片《他俩和她俩》试映,送了票子来,请他去看,他只能让家里的人代他去,再也不敢进电影院。因为他有种神经过敏的毛病,夏天怕冷气开放;冬天更怪,只要进电影院就头晕目眩,冷汗直淋,有时甚至呕吐。

这年9月,大郎明显地消瘦下来。见到的人都为之吃惊,说他:"瘦了! 瘦了!"去称了一次体重,只有四十三公斤! 最后,不得不再上医院检查身体。主治医生、肠胃医生、做心电图的医生,都说他"太瘦",但都没有发现什么大毛病。他放了心,还安慰自己说:"千金难买老来瘦。不正是因为瘦,七十多岁的人还身轻如燕,绝无龙钟之态吗? 何况睡得好,吃得下,不用担心的。"但奇怪的症状还是不断发生,早餐泡饭,哽噎;午餐米饭,也哽噎;吃面条,又哽噎。他开始疑心是癌症。在《斯何疾也?》那首充满狐疑又充满希冀的诗里说:"真成嘴大喉咙小,多恐病深食道癌。"医院用食道镜检查,还是说:"食管无异状。"更奇怪的是家里吃不下饭,一上馆子,即使狼吞虎咽也丝毫不见食道阻塞。所以他又说:"今日最宜常赴宴,此时莫戒老来馋。"当时我们报社里的几个老朋友有个叫"十老会"的聚餐,当年都是"牛棚"的棚友,有了几个钱,每月自费上小馆子。大郎成了积极分子,我们"放一枪换一个地方"的吃遍了全上海有点名气小馆子。

1980年,停刊了十五六年的《新民晚报》筹备复刊。大郎受命组织副刊班子。三五老友春天还到他家去吃了一次茶,玩了半天。《晚报》复刊工作一天天紧张,大郎却住进了医院。经过仔细检查、化验,终于不幸而言中:确诊是晚期食道癌。大郎逝世前一个星期,我陪同赵超构兄去看他,实际是去告别。他躺在那里,很安静,似乎万念皆消。握别时微微一笑,心照不宣。7月20日终于撒手而去,终年七十又三。

写于1990年7月20日唐大郎十年忌日。

选自张林岚:《一张文集·卷四》,生活·读书·新知三联书店,2013年版

《笔·剑·书》

梁羽生

刘郎百看夏梦

李萍倩的文学根底很深,《三看御妹刘金定》插曲《彩舞曲》的歌词就是他自己写的,我还记得开头两句是:"盼河之青青兮伊人已杳,宁箜篌之寂寂兮戈止兵消。"颇有楚辞味道。

上海以擅写打油诗知名的唐大郎(在香港报纸的作品则署名刘郎)是他的老朋友,这次他和夏梦北上参加文代会,刘郎曾有诗道:

> 萍翁风度方当壮,金定仪容自出群。
>
> 我对夏娘经百看,时装未必胜红裙。

刘郎是夏梦的忠实影迷,据他自称:"我于夏梦不止三看,私下和银幕上起码看过一百次了。"他是极为欣赏夏梦的古装戏的。李萍倩今年七十多岁了,依然未显老态,"老当益壮"四字他是可以当之无愧的。

香港参加文代会的代表,还有两位也是风头甚劲的人物,一是摄影名家陈复礼,一是诗人何达。

陈复礼曾在大陆开过摄影展览,大陆报刊经常刊他的作品,知名度很高。文代会期间,北京拍友,排队向他请教。

何达在四十年前,读西南联大的时候,已经开始写诗。说来有趣,他的成名作却是一首讽刺新诗人的诗,当然他讽刺的只是某些无病呻吟的新诗人。诗道:

> 诗人们啊,你们的灵魂发酸了!
> 你玩弄着自己的情感,
> 别人玩弄你的语言。
> 闲着的两只手,什么也不做,
> 滚你的吧,诗人们哟!

此诗曾获闻一多、朱自清称赞,一经品题,身价百倍。1976 年他曾应爱荷华"国际写作计划中心"邀请,赴美参加文学活动,其后又畅游欧洲,回来后写了一本《国际作家风貌》。

他有个习惯,爱穿短裤,大冷天时,也是如此。此次参加文代会,别人见他穿短裤出席,初时惊奇,后来也习以为常了。只有一天他是穿长裤的,是中央领导同志接见香港代表那天。

唐大郎的"绝唱"

以擅写打油诗著名的唐大郎已经死了,7 月 20 日(1980 年)在他的上海寓所寿终正寝,死于癌症。

大约一个月前,在报上看到他的一首诗,题为《偶成》,诗云:

> 吹淡烟云毋再提,前尘总似履沾泥。
> 闲居真想身边仆,老去多怜灶下妻。
> 谁意加餐偏得病,偶逢绝色易成迷。

一朝撒手归乌有,安用眼红奥纳西。①

　　在读这首诗的时候,我已隐隐感到有点"不祥之兆",但还以为他是因"老人食滞"而得的肠胃病(他也是以馋嘴著名的,曾有"纵情不戒老来馋"之句),没想到他真的会"撒手西归",竟成"诗谶"。在这首诗之后,报上就没见到他的作品了。我不知道他是否尚有未发表的遗作,但这首诗是可以当做他的"绝唱"的。

　　他的诗有两个特点,一是滑稽突梯,真说得上是"嬉笑怒骂,皆成文章"。二是题材广泛,古今中外的事物,信手拈来,皆可成诗,而且挥洒自如,妙趣横生,从这首诗也可见到一斑。

　　上海人有句俗话叫"鞋头上的泥,一拭即净",以喻凡事之无足萦怀也。诗中的"前尘总似履尖泥"一句,"典"出于此。我不知道他写此诗是否已知身患癌症,但他的"绝唱"也可说是唱得"潇洒"了。至于"奥纳西"则是已故希腊船王"奥纳西斯"的缩写。奥纳西斯除了以"有钱"出名之外,且是以善于"猎艳"出名的。唐大郎不讳言自己好色,但也不眼红奥纳西斯,这也是道出了他的真性情的。不过"偶逢绝色易成迷"是指对"美"的欣赏而言,和一般低级"色迷"是不同的。

　　他有"江南第一枝笔"之称,要说明一下,"第一枝笔"是指"小报文章"的"第一枝笔",与"正统文艺"无关。唐大郎他也是从不以"文艺作家"自居的。不过他写的小报文章确有才气,我是欣赏有才气的文章的,不管它是"正统文艺"或非正统文艺。据我所知,夏衍也很欣赏唐大郎的打油诗,在闻知他去世之后,曾对一位出版界的朋友提议出他的诗集(编者附记:唐大郎的打油诗已结集出版,名《闲居集》)。

---

　　①　编者注:据《闲居集》,诗中"沾"当作"尖","归"当作"皆"。

有人戏称香港某些"才女"所写的东西为"肚脐眼文章",意即指她们以自我为中心,写的都是身边琐事,"言不及义"的。我倒觉得"肚脐眼文章"也没有什么不好,写文章不一定都要"讲耶稣"的。不过讲起"肚脐眼文章",唐大郎当年写的"小报文章",亦早已开其先河了。唐的"小报文章",包括范围更广,吃喝玩乐,声色犬马,身边琐事,社会新闻,都是题材。其实香港目前的"大报文章",许多也是属于这一类的,论文字,论格调,恐怕还未必及得上唐大郎当年所写的"小报文章"。

唐大郎原名唐云旌,本来是在银行界工作的,因爱好文墨,竟然舍弃当时被目为"金饭碗"的银行职位,宁愿去写"小报文章",后来还先后办过两张小型报纸——《光化日报》和《亦报》。不过假如他不放弃"金饭碗",恐怕他是只能默默而终,知名度绝不会有今天这么大的。所以人生的得失,有时也实在难说。行行出状元,写"小报文章"而能成为"江南第一枝笔",唐大郎亦可死而无憾了。

一春尘梦温犹在

刘郎(唐大郎)的打油诗固然堪称"江南第一枝笔",他的"正经诗"也写得很好的,举题为《送别》的一首为例:

> 东风和雨甚于潮,涕泪潜垂过绿桥。
> 掠眼花光方薄暮,隔窗曙色已明朝。
> 一春尘梦温犹在,两瓣脂痕湿未消。
> 云雀乱啼催客去,北枝正筑向南巢。

不过,"正经"中也有"不正经",他自注云:"题为《送别》,其实亦'春梦词'之一。今年写了几首'春梦'律句,有的写当前的梦境,有的则是往年梦影。一生作诗,好为绮语。若是外国小说家笔下那些宗教信徒们的话是真的,那么我这个人的灵魂,肯定将坠入炼狱中去而不得拯救。"

他自称"一生作诗,好为绮语"。他的老朋友辛笛在六首悼念他的诗中,第一首也就是这样写的:

> 嬉笑文章旖旎诗,风流端赖砚传知。
>
> 老来饕餮尝尤浅,艳说当年搔首姿。

如此评价他的文章和诗,堪称知己。

最后的一首写道:

> 一生何似在花间,不乏榴裙忆旧颜。
>
> 撒手真成西去客,伤心无语泪潸潸。

也是写他的"风流事迹"的。

刘郎在去世前三个月,也曾写过一首挽诗,是挽他的文友陆澹盦的。诗道:

> 当年笔阵列森森,点将台登《快活林》。
>
> 已唱挽歌三两遍,而今又哭一星沉。①

想不到才过三个月,又轮到别人挽他了。

陆澹盦也是旧日上海一位著名的"小报文人",年纪比刘郎大,

---

① 编者注:据《闲居集》,"两三"当作"三两","一声沉"当作"一星沉"。

终年八十七岁。

当年上海的《新闻报》上有个副刊叫《快活林》,编者严独鹤。他想出了一个"点将小说"的新鲜玩意,约基本作者大约十多个人写短篇小说,每篇小说登多少天没严格规定,执笔的作者也无一定的次序。所谓"点将"即在每个短篇小说将结束时,在文字中点出下一作者的名字。举例说,如点到"王西神",小说结尾写的那句就可以写成"什么东西神气活现"。这个名叫"王西神"的作者,明天就要续写了。

刘郎知道的旧日报坛掌故最多,只是零碎见于笔墨,没有写成一本书。现在要收集他的这些文章,恐怕也难了。

王辛笛诗悼刘郎

嬉笑文章旖旎诗

新诗人擅写旧体诗的,王辛笛也是一位。近作有《悼念刘郎》七言绝句六首。刘郎(唐大郎)以"诗酒风流"闻名于世,辛笛这几首诗也是写得风流蕴藉,能够恰如其分地表达出刘郎的为人的。前面已经举了一首,再录二首如下:

(一)

无冕墈为诗兴掩,清癯耿介更情痴。
槛花笼鹤狂如许,玉想琼思总不知。

(二)

眼中尽管说西施,张敞家风胜画眉。
身后刘郎休细论,从头待理是残诗。

刘郎也是善于品味的食家,曾有自嘲诗云:"纵情不戒老来馋。"

王辛笛是"九叶诗人"之一。其他八位是:穆旦、杜运燮、陈敬容、郑敏、杭约赫、袁可嘉、唐湜、唐祈。他们是活跃在 40 年代诗坛的新诗人,比较重视艺术的感染力,颇多借鉴现代欧美诗歌的手法,被称为"新现代派"。他们的合集称《九叶集》。现介绍辛笛的一首小诗《网》,以见其风格。

> 网撒在河上,
>
> 网住了月光嘛?
>
> 网住了河水嘛?
>
> 还是网住了风?
>
> 啊,什么都网不住,
>
> 但网着的是一江春水的柔情。
>
> 网住了鱼虾,
>
> 网住了梦,
>
> 网住了夜来迎接黎明!

一身孤注掷温柔

王辛笛和刘郎是世交,但他们的结为知己,却还有一段以诗论交的佳话。刘郎最欣赏的文人是袁寒云。袁寒云即"洪宪二皇子"袁克文,曾以"绝怜高处多风雨,莫上琼楼最上层"两句诗谏阻父亲称帝闻名当世。"袁皇帝""驾崩"后,他在上海卖文为生,也是一位写"小报文章"的能手,可说是刘郎的"前辈同行"。袁寒云有集龚定盦诗两句:"二十高名动都市,一身孤注掷温柔。"刘郎十分喜欢这两句诗。王辛笛因而为他集龚定盦句凑成一首七绝。他的集句是:"平生未信江南好,但折梨花照暮愁。"刘郎为之激赏不已。此事见辛笛所写的《悼念刘郎诗》的"小记"。他的小记述及刘郎得病至逝世的经过,也是一篇上佳的小品文字。刘郎海外读者甚多,因节录此"小记"代作"报道"。

(刘郎)吟咏脍炙人口,声气播海内外,平居辄喜二三知己时相过从,小饮纵谈,善于品味家常烹饪,而年来胃纳往往不佳,风貌清癯,体质差健,孰料病根即伏于此。今年五月初突感体内上下阻隔,迭经诊治,竟已判为胃癌,渐扩至肝,中西合参,群医束手。卧病之余,知将不起,一度执唐嫂(按:刘郎本名唐云旌)手而泣,临岐温慰,脉脉情深,不比寻常言语,然至易箦前神志清明,终无遗言,诚恐转增家人之忧戚,延至七月二十日晚十时半溘然长逝,终年七十三岁。伤矣。叨在故旧,兼有诗谊……(省去此段,即他叙述为刘郎集龚诗,补足袁寒云集句一事。集句全诗为:"二十高名动都市,一身孤注掷温柔。平生未信江南好,但折梨花照暮愁。")及今思之,故人先我而去,盖于此已寓有谶音者,临风怀想,鸿踪安在,不知涕泪之何从也!

刘郎谢世后,上海新闻界曾为他组织治丧委员会,在龙华火葬场举行火葬仪式。

选自梁羽生:《笔·剑·书》,湖南文艺出版社,1988年版

一餐难忘

何　为

　　人生有许多细小凡俗的琐事,大抵都似过眼云烟,不复忆及,但生活中也有些小事往往历数十年犹难忘却。譬如我的餐桌上若有一盆炒鳝丝,便情不自禁总要想起一位故友,几乎每见此菜总要怀旧一番。

　　上海解放后一个深秋的日子,我途经南京东路慈淑大楼,顺便去探望在《亦报》编辑部的唐大郎。我和大郎相识多年,但并无深交,只知道此公的旧体诗功力很深,解放前驰名报界,有"江南第一枝笔"之称。为人豪放洒脱,急公好义,广结人缘,文学艺术界和新闻出版界,圈内圈外,各方人士,都有交往。

　　那天在报社编辑部坐了一会,快近晌午,大郎留我同到大楼近处,在一家著名的本帮餐馆用膳。当年,朋友间同上馆子吃顿便饭原是很平常的。

　　那次点的菜有一盆生爆鳝背,是我生平吃过的最有特色的上海菜之一。很大的一只腰形盘子,满满一盆油光闪亮的活杀炒黄鳝,缀以红白相间的火腿丝如嫩鸡丝,淋浇小磨麻油,洒上胡椒粉,香味扑鼻,令人食指大动。

　　大郎说:"小心烫嘴。"

　　原来此菜端上桌面时,并无丝毫热气,恰如闽菜中的名点猪油芋泥一样,看上去形似冷盘,其实烫得足以嘴唇起泡。大郎细心,先关照一下。

　　可惜那天我因旧疾复发未愈,病恹恹的,胃纳不佳,未能大快朵颐,只是勉强动几筷而已。但是那色香味俱佳的生爆鳝背,至今犹历历在目。一餐难忘,难忘的是故人那份情谊。

我也记得丁聪给大郎画的那幅人物速写:一个楞方的方框内,五条短短的横线勾出五官,寥寥数笔,便将戴深度眼镜的大郎,一张方方瘦瘦的清癯脸形,描绘得跃然纸上,神态逼肖,令人叹为观止。

大郎音容宛在,斯人早已谢世。

现在似乎很难吃到如此地道的生爆鳝背了,再也吃不到那么美味的佳肴了。

原载《新民晚报》,1990 年 9 月 14 日

也是"张迷"的唐大郎

蔡登山

　　记得唐大郎的名字,也和张爱玲有关。1946年11月张爱玲的《传奇》出了增订本,张爱玲特别写了《有几句话同读者说》为自己做了辩白,她说:

> 　　我自己从来没想到需要辩白,但最近一年来常常被人议论到,似乎被列为文化汉奸之一,自己也弄得莫名其妙。我所写的文章从来没有涉及政治,也没有拿过任何津贴。想想看我惟一的嫌疑要么就是所谓"大东亚文学者大会"第三届曾经叫我参加,报上登出的名单内有我;虽然我写了辞函去,(那封信我还记得,因为很短,仅只是:"承聘为第三届大东亚文学者大会代表,谨辞。张爱玲谨上。")报上仍旧没有把名字去掉。
> 　　至于还有许多无稽的谩骂,甚而涉及我的私生活,可以辩驳之点本来非常多。而且即使有这种事实,也还牵涉不到我是否有汉奸嫌疑的问题;何况私人的事本来用不着向大众剖白,除了对自己家的家长之外,仿佛我没有解释的义务。所以一直缄默着。

　　这《传奇(增订本)》是由龚之方与唐大郎合作创办的山河图书公司出版的,据沈鹏年《行云流水记往》书中说,唐大郎不但请上海著名的书法家邓散木为此书题写封面;还怂恿张爱玲写了《有几句话同读者说》刊于卷首,公开辟谣。

据学者陈子善在《一九四五至四九年间的张爱玲——文坛盛名招致"女汉奸"恶名》一文中，就指出："……可以想见，给张爱玲按上'女汉奸'的罪名，泰半是因了胡兰成的缘故。《女汉奸丑史》和《女汉奸脸谱》中关于张爱玲的章节，连标题都如出一辙，前者为《无耻之尤张爱玲愿为汉奸妾》，后者为《'传奇'人物张爱玲愿为'胡逆'第三妾》。两文均言词尖刻轻佻，属于人身攻击，无稽谩骂。"除了这种未署名的小册子的恶意攻讦外，那时上海的大刊小报，类似的"揭发批判"更是不少。陈子善先生在同文又指出，1946年3月30日上海《海派》周刊就发表一篇署名"爱读"的《张爱玲做吉普女郎》的耸动报导："……前些时日，有人看见张爱玲浓妆艳抹，坐在吉普车上。也有人看见她挽住一个美国军官，在大光明看电影。不知真相的人，一定以为她也做吉普女郎了。其实，像她那么英文流利的人有一二个美国军官做朋友有什么希奇呢？"

另外还有一本署名"司马文侦"的《文化汉奸罪恶史》，是1945年11月，上海曙光出版社出版的。在作者的《几句闲话》后，先有《三年来上海文化界怪现状》《"和平文化"的"大本营"》《沐猴而冠的大东亚文学者大会》等综述，接着就是对于"文化汉奸们"的"个别的叙述"，张爱玲在书中被两次"点名"，一是在揭发《伪政论家胡兰成》时被提到，另一次则是被单列一章——《"红帮裁缝"张爱玲："贵族血液"也加检验》。司马文侦在书中指责"文化界的汉奸，正是文坛妖怪。这些妖怪把文坛闹得乌烟瘴气，有着三头六臂的魔王，有着扮装妖艳的女鬼"。他主张对这些所谓"文奸"（包括张爱玲在内）采取"有所处置"的行动。

沈鹏年在《行云流水记往》中，更爆出了内幕，说："抗战刚胜利的一九四五年十月，有人唆使他的学生化名'司马文侦'，自费用'曙光出版社'名义出版小册子《文化汉奸罪恶史》，交给卜五洲办的'五洲书报社'代发各街头报摊出售。……唐大郎劝卜五洲'不要受人利用'。唐大郎说:'这本小册子的后台是"敝本家",他要弟子在小册子中公开捧他"不声不响不写文章",坚贞不屈"渡过一个时期",好让他能和柯灵一样,捞一枚"胜利勋章"。为了突出他一人,把国共两党"打进去"做地下工作的文人统统诬为"文化汉奸"……'卜五洲听了唐大郎的忠告,就把这本 53 页的小册子停发了,存书退还给'司马文侦'。这是卜五洲亲口告诉我的。"

而据唐大郎在 1946、1947 年间,他为上海小报《铁报》写专栏《高唐散记》,在《序与跋》文中:"去年,《传奇(增订本)》出版,张爱玲送我一本,新近我翻出来又看了一遍,作者在封面的背页,给我写上了下面这几行字:'读到的唐先生的诗文,如同元宵节,将花灯影里一瞥即逝的许多乱世人评头品足。于世故中能够有那样的天真;过眼繁华,却有那样深厚的意境……我虽然懂得很少,看见了也知道尊敬与珍贵。您自己也许倒不呢!——有些稿子没留下真是可惜,因为在我看来已经是传统的一部分。'我忽然想着,张小姐这几句话可以用作《唐诗三百首》(案:唐诗,唐大郎之诗)的短跋,同时请桑弧写一篇序文。他们在电影上,一个是编剧,一个是导演,在这本诗册上,再让他们做一次搭档。"

说到唐大郎是唐云旌(1908—1980)的笔名,他还用过高唐、刘郎等笔名。人以文名,原来的本名,就少人知道了。他是江苏嘉定(今属上海市)人,原在中国银行工作,也因此他点钞票有独到功夫,曾获比赛冠军。但他业余爱好写作,20 年代后期开始给小报投稿,所作诗词取材灵活,随手拈来,涉笔成趣,颇受读者欢迎。他最爱钱牧斋诗,尝自称其外家为常熟绛云楼后裔,舅父钱梯丹擅诗词,有名于时。大郎少时得舅氏亲炙,亦喜吟咏。40 年代有"男版张爱玲"之称的东方蝃蝀(李君维)也说:"唐大郎写的旧体诗,虽系打油诗之属,但严格遵守旧体诗词格律,平仄、对仗、押韵循规蹈矩,一丝不苟。他自幼从舅父——清代诗人钱谦益的后人学诗,家学渊源,打下结实功底。"他对于旧体诗,是有其自信的,四十年代为沪上《海报》写的诗词专栏,题名作《唐诗三百首》,署名"高唐",意谓"高出于唐人"也。

1932年,唐大郎因雅爱写作,遂脱离银行,任小型报《东方日报》编辑,也因此认识了也在《东方日报》编电影版"开麦拉"的龚之方。后来他俩一直合作,形影不离,成为老搭档了。吴祖光用北京话说他俩是一副眼镜儿,意思是两个连在一起不能分开。七年后唐大郎辞职,专为几家小报写稿。1945年4月,龚之方和唐大郎创办《光化日报》,为该报提供资金的,是当时奉命打入敌伪从事地下工作的李时雨。龚、唐合力经营的《光化日报》,虽沿袭小报的一向传统,偏重趣味和娱乐,但品格、情调不失正派,故在污浊的沦陷上海报坛,不失为一枝玉立青莲。前不久发现的张爱玲佚文《天地人》,便是发表在1945年4月15日的《光化日报》第二号上,全文由六则互不相干的杂感组成,共六百余字。学者陈子善认为此文的亮相,只是张爱玲与龚、唐两人八年愉快合作的序幕。后来张爱玲在《大家》发表《多少恨》和《华丽缘》,在《亦报》发表《十八春》和《小艾》等,也都是龚、唐两人慧眼识宝,一手促成的。在张爱玲的文学生涯中,龚、唐两人所扮演的角色实在是太重要太重要了。

对于《光化日报》,李君维也说:"我是抗战胜利后认识唐大郎的。那时他和龚之方办一份小报《光化日报》,大郎约我为之写稿。该报编辑部设在卡尔登大戏院(现为长江剧场)内一侧的一间不大的房间里,是董乐山偕我前往找大郎的。那时我才二十出头,刚走出校门,初涉足社会;大郎也不过三十多岁,却已在上海滩上享有盛名了。他在我心目中是位前辈,不料这位前辈不摆架子,不尚虚礼,开门见山,直话直说,作风豁达。豁达作风的人令人感到一见如故。"

《光化日报》出版时间极短,从1945年4月14日创刊到同年9

月 18 日停刊,仅五个月又四天。其后,龚、唐两人决定利用《光化日报》余存的资金、纸张,改出期刊。于是龚、唐主编的《海风》周刊于 1945 年 11 月问世(逢周六出版)。据说,龚之方在一次为所出期刊构思开本时,将一张白纸折来叠去,无意中正好折成十二页,裁剪后可用骑马钉订成一册,而这样一本小册子容纳的文字、图画,又与一份对开报纸差不多,于是便决定以这样的十二开本(长三十七公分,宽二十五公分,长方形)作为新办期刊的版式。而这种所谓"方型周报"(或称"方型周刊")一出,引领着整个风潮,在上海泛滥一时,据不完全的统计,当时就有九十二种之多。《海风》后来于 1946 年 8 月停刊。原因是刊登夏衍用化名写的几篇反内战的文章,被人密告当局,说是"地下党打进小报界",致使刊物被勒令停刊。

而在 1946 年春天之后,龚、唐两人还出版过《清明》和《大家》两种杂志。《清明》创刊号于 1946 年 5 月 1 日问世,由吴祖光与丁聪主编,只出版了四期便停刊了。而唐大郎则自己主编的《大家》文学杂志,他率先在上发表张爱玲的《华丽缘》和《多少恨》,这也是需要一点勇气的。

1949 年 7 月 25 日龚、唐以夏衍的关系主办的《亦报》创刊,1950 年 3 月 25 日张爱玲化名梁京,发表长篇小说《十八春》,连载至次年 2 月 11 日刊毕。在《十八春》刊出前三天,《亦报》就登出预告,强调《十八春》是"名家小说"。连载前一天,又发表桑弧署名"叔红"的《推荐梁京的小说》。而在《十八春》登完的八个月之后,1951 年 10 月 31 日,《亦报》又以显著地位刊出"梁京继《十八春》后新作中篇小说《小艾》日内起刊"的预告,四天后,《小艾》正式连载,至 1952 年 1 月 24 日刊毕。同年夏天张爱玲告别了她在"上海十年"的写作生活,远走香港了。

1952 年 11 月 20 日《亦报》并入《新民晚报》,唐大郎入《新民晚报》任编辑委员兼管副刊《繁花》,仍在报上以《高唐散记》小专栏形式,发表作品。"文革"开始,《新民晚报》停刊。唐大郎靠边六年,于 1972 年宣告"解放",次年 6 月,批准退休,当时六十五岁了。退休对唐大郎而言,是不得已的,他放不下心爱的笔,乃在香港《大公报》副刊《大公园》上以《唱江南》和《闲居集》为名发表诗作,深受海外读者喜好。"四人帮"粉碎后,唐大郎浮一大白,热忱向往《新民晚报》复刊。夏衍亦致意唐大郎东山再起。1978 年 10 月 7 日唐大郎赋《自寿》诗云:"任经浪浪复波波,天趣横才两不磨。时向性灵搜好语,偶于沉醉放狂歌。风华欲净声华堕,俊士所贤迂士呵。七十还淘童子气,自言来日正多多。"可惜天不假年,唐大郎等不到《新民晚报》复刊,竟于 1980 年 7 月 20 日在他的上海寓所溘然长逝了。

　　作家安迪在《小报文人》文中说:"我对此位报业前辈一直很有兴趣,读过董乐山、李君维等先生的回忆文章,大概是出于对长辈的尊敬,这些回忆文章并没有反映出唐大郎的真实面貌。金雄白在《记者生涯五十年》中提到唐大郎,我觉得那才是真正的小报文人风貌。"金雄白 40 年代在上海办了一张小报《海报》,称唐大郎是"《海报》骂人三枝笔"之一,金雄白说:"唐大郎骂人是另一种形式,他会直指姓名;可以写出'我×你的祖宗'那样的粗言秽语,但我欢喜与他做朋友,因为他正是写小报的第一能手,且自称为'江南第一枝笔',一段很平凡的细节经他一写,就变得趣味盎然。他无疑是个玩世不恭的'真小人',譬如说,他没有唱戏的喉咙,也没有演戏的训练,而居然常常上台票戏,情不自禁时会搂着合演的女伶不放,穷形怪相,引得全场大笑,他站到台口,用上海话向观众大声说:'×伊拉,有啥好笑,你上来试试',更使满座哄堂。尤其他的打油诗真是一绝,捧女人更为擅长,他会借了钱去舞场捧舞女,第二天做出'穷极书生奢亦极,与人挥手斗黄金'的诗句来。"

　　金雄白说,唐大郎长了一张方阔脸,整天贼忒嘻嘻,嘴里不干不净,所以别人叫他"春宫面孔"。唐大郎爱开别人的玩笑,也开自己的玩笑。后来娶了一个舞女,参加宴会时,别人不认识他的夫人,问是谁,他拍拍夫人的肩膀说:"她是我睡到天明不要钱的人。"又这夫人姓刘名惠明,所以他用了"刘郎"的笔名,以示忠贞不二,而这笔名后来确实一直用到他七十三岁临终搁笔为止。金雄白又说:"他写打油诗,每以秽语出之,如咏女人云:'卿为壳子我为芯,放在其中测浅深'之类,而读之但觉其妙造自然,了无秽亵之感。上海下流社会,称女人为壳子而曰男人为芯子,而他竟以之入句。"

唐大郎文字天真风趣一如其人,时人玖君的《报人外史》说:"大郎诗文佳妙,人更风趣,轧朋友,一见如故,胸无城府。此公尊容酷肖'孩儿面',滴溜滚圆,稚气未脱。出语天真,写人不敢写,语人勿敢语。座有大郎,谈笑风生,皆大欢喜,否则索然无味。周旋白相社会,学得'小大亨'气概。书生根子,英雄本色,趣人趣谈,快人快话,兼而有之。"

唐大郎故去之后,1980年10月香港《大成》杂志曾征得唐大郎旧作打油诗十二首,诗作难得,弥足珍贵。今摘其两首及其注如下,前者可见其戏谑与诙谐,而后者正可见其喜登台票戏者。

闻郑霞唱歌

某实年来赓此婆,今宵忽尔又闻歌。如卿工哆谁还哆?似我思驼不好驼。悔到将身委赤老(近年郑与一客同居,不获全终始),憨时脱口骂猪猡。(郑极娇痴,恒喜骂人为猪猡。)凭君麦格风前看,依旧臀波与乳波。

一夕,郑霞止于舞场中,乐队奏《三轮车上》之曲,座客皆鼓掌,促郑上去客串一只也。郑着黑呢旗袍,圆姿替月,艳光犹撷人目。前岁,郑将别歌坛时,余尝宴之于美华酒家,座上更有兰苓、秦燕诸女。郑当病后,不能进食,未几别去,而此别忽忽三年

矣。近闻郑有重理旧业之讯,余亦奇幸,此夕,乃得先闻其"嗲声嗲气"也。为赋一诗,以壮郑霞重来之势。(1948年2月)

登 台 前

那一行都不对工,往年曾唱小生穷。身居票友内行外,人在虚凰假凤中。似我终教面孔勤,何人不想骨头松? 浑身绝艺凭君看,两把拳同三把弓。

余不亲粉墨,已逾年矣。天厂(吴性栽)为其子(仲升)授室,集友好彩唱,戏提调为周翼华先生,怂恿余与石挥、李丽华合唱《铁弓缘》,登台前三日,始烦赵志秋先生说戏,盖余为小生也。戏必不好,然而与石、李同演,倘亦一时盛会,于是打定主意曰:干他一趟,管他台上是一场大乱哉?(1948年4月21日)

唐大郎在报刊发表的诗不下数千首,但他从不敝帚自珍,没有剪贴保存,也没有结集出版。据李君维回忆文章说:"我当时就听说大郎要出诗集,书名是现成的:《唐诗三百首》。他在《铁报》上的专栏就叫《唐诗三百首》。后来不知怎地不见此书刊行。再后来时代大变,事过境迁,许多事情都一刀两断了。到了上世纪八十年代,我就此事询问龚之方。他说当时上海有位热心读者从《东方日报》《铁报》《海报》等各报剪存的数百首大郎的诗作,来信表示愿意提供他结集出版,待进一步与之联系时,这位先生却神秘消失了。《唐诗三百首》的出版从此夭折,仅留下一段憾事。"而在他逝世的三年后香港广宇出版社出版他的《闲居集》,收录诗作三百五十九首之多,但多为七八十年代的作品。

选自蔡登山:《洋场才子与小报文人》,金城出版社,2012年版

唐大郎的评弹诗

江更生

　　唐大郎,原名唐云旌,上海嘉定人,生于1908年,卒于1980年,为著名老报人和诗人,生前曾有"江南第一枝笔"与"小报状元"等誉称。我有一本署名刘郎的港版诗集《闲居集》,是唐先生在香港《大公报》上发表的一大组诗篇的结集。为何用刘郎署名,著名评弹作家陈灵犀曾有披露,在上世纪40年代,唐云旌与刘惠明结婚后,为文作诗则用"刘郎"之名,并用东汉王粲依附刘表的典故,遂戏取"定依阁"为斋号。

　　诗人自幼从舅父学诗,打下扎实基础,后阅历丰富,见多识广,加上为人幽默,喜以俚句入诗,但仍严守格律,其诗才横溢,直抒胸臆,笔调诙谐,饶有情趣,深受海内外读者欢迎。唐云旌爱好评弹,与书坛人士颇为熟稔,这本写退休后生活的《闲居集》,共有三百余首,其中咏及评弹的将近二十首,可见诗人对评弹喜爱的程度了。

　　这些诗,虽说是写于上世纪70年代末,但由于所吟到的评弹艺人,多为书坛大"响档",其中多为流派创始人,对于身为"书迷"的笔者来说,一点也不陌生。因为这些演员的艺佳,值得讴歌,加上作者的诗佳,尤其令人欣赏的是诗的注文(其友人谑称"诗屁股")更佳,内中透露了不少书坛轶闻与艺苑交游,自是让人爱读。例如一首《忆徐云志》,诗云:"琵琶弦拨动梁尘,篇子方终一座春。虽说本工唐伯虎,自成绝调寇宫人。腔如汤果沾牙糯,味胜花雕出瓮醇。红粉家家竞度曲,饶她初效也能颦。"这诗写于徐调创始人徐云志逝世后一年(1979),诗人深情地在注文中回忆:"当我还不满二十岁时,已在上海汇泉楼听他的书。一九六二年我五十五岁,徐老来上海演唱,这时我才同他相识,成了朋友。"徐云志早年演唱"俞(秀山)调"和"小阳调",后从民间小调和小贩叫卖声中汲取音乐素材,发挥自身的嗓音条件,终于创出自成一家,"腔如汤果沾牙糯,味胜花雕出瓮醇"清越柔糯的"徐调"。《三笑》和《寇宫人》为徐氏擅唱书目与开篇。末句是说当年连歌女都在学唱。还有两首《送杨振雄先生赴港》,也是写于 1979 年。当时上海评弹团组识十五位演员赴港演出,杨振雄、杨振言的双档被推为"第一块响牌"参与,诗人在友人为杨氏昆仲饯行后写下这样诗句:"会有海岛动歌尘,一拨弦生万姓春。谁信十年瘟疫后,先生不减俊风神。""偶与樽前话旧游,长材难得使人愁。名花更有伤凋落,倚遍江波哭丽秋。"上一首称赞"杨调"创始人杨振雄风采依旧。"杨调"糅昆(曲)于评(弹),激越高昂,挺拔刚劲,走豪放一路。下一首是写诗人与杨氏回忆上海评弹团 1962 年演出阵容,对比出演者,对上次参演的"丽(徐丽仙)调"最优秀的传人、青年演员程丽秋在"文革"中不幸早夭的伤感与怀念。程丽秋,为程振秋之妹,拜师徐丽仙,形象俏丽,说唱俱佳,曾赴港出演中篇评弹《三约牡丹亭》,《评弹文化词典》卷前曾刊有其演出照片,可恨"四凶"肆虐,程受不了侮辱竟于沪郊北桥沉水而亡,年仅二十几岁。诗人在《听程丽秋遗响》里更是惋惜地写道:"谁信斯人终短命,论交与我是忘年。……数过北桥魂断处,直流双泪到江边。"悲恸之情,溢于言表。

原载《新民晚报》,2015 年 5 月 7 日

张爱玲题赠唐大郎《传奇(增订本)》

陈子善

翻阅沈鹏年先生新著《行云流水记住》(沈鹏年:《行云流水记往》(上、下),上海:上海三联书店,2009 年 3 月初版),其中有一篇《张爱玲论唐大郎的诗文——〈大郎小品〉中的张爱玲佚文》,介绍了张爱玲 1940 年代后期为唐大郎写的一则题词,完全可当作张爱玲的集外文残篇来读。

唐大郎者,唐云旌(1908—1980)是也。他是上海嘉定人,笔名还有刘郎、高唐等。早年在上海中国银行工作,1930 年代起投身上海小报界。作为小报报人,唐大郎擅长打油诗,专栏文字也十分了得,当时人称"江南第一枝笔""小报状元"。(关于唐大郎生平,参见魏绍昌:《唐大郎逝世周年祭》,《逝者如斯》,济南:山东画报出版社,1998 年 8 月初版;李君维:《俊士所贤迁士呵——闲说唐大郎》,《人书俱老》,长沙:岳麓书社,2005 年 3 月初版)唐大郎是不折不扣的"张迷",笔者以前在《新发掘的张爱玲一九四〇年代史料》一文中已经提及,张爱玲《传奇(增订本)》能够出版就是唐大郎与龚之方两位一手促成的。唐大郎还发表七律《读张爱玲著〈传奇(增订本)〉之后》以为推荐:

期尔重来万首翘,不来宁止一心焦? 传奇本是重增订,金凤君当着意描。(张有《描金凤》小说,至今尚未杀青。)对白倾城有绝恋,流言往复倘能销! 文章已让他人好,且捧夫人俺的娇。(唐大郎:《读张爱玲著〈传奇(增订本)〉之后》,上海:《文

汇报·浮世绘》,1946年12月3日)

1940年代初开始,唐大郎在上海小报《社会日报》《铁报》《东方日报》《海报》等连载打油诗诗作,脍炙人口。后来他的朋友李君维对之有很好的概括和评价:

> 唐大郎写的旧体诗,虽系打油诗之属,但严格遵守旧体诗词格律,平仄、对仗、押韵循规蹈矩,一丝不苟。他自幼从舅父——清代诗人钱谦益的后人学诗,家学渊源,打下结实功底。不然是写不好这类诗的。他的诗,形式上纯属传统,内容上又绝对现代。二十世纪三四十年代上海滩上花花绿绿的都市生活,舞厅、酒楼、书场、戏院里的红尘世界,霓虹灯下钗光鬓影,红氍毹上悲喜人生,以及亲朋好友、文人艺人的身边琐事,都是他信手拈来的写诗材料。(李君维:《俊士所贤迂士呵——闲说唐大郎》,《人书俱老》,第44页)

到了1947年间,唐大郎以"高唐"笔名为《铁报》撰写专栏《高唐散记》,在《序与跋》一篇中,他说:

> 去年,《传奇(增订本)》出版,张爱玲送我一本,新近我翻出来又看了一遍,作者在封面的背页,给我写上了下面这几行字:"读到的唐先生的诗文,如同元宵节,将花灯影里一瞥即逝的许多乱世人评头品足。于世故中能够有那样的天真;过眼繁华,却有那样深厚的意境……我虽然懂得少,看见了也知道尊敬与珍贵。您自己也许倒不呢! ——有些稿子没留下真可惜,因为在我看来已经是传统的一部分。"我忽然想着,张小姐这几句话用作《唐诗三百首》的短跋,同时请桑弧写一篇序文。

他们在电影上,一个是编剧,一个是导演,在这本诗册上,再让他们做一次搭档。

　　文中引录的这则题词确实是地地道道的张爱玲风格。《传奇(增订本)》是 1946 年 11 月由上海山河图书公司出版的,但是,由于沈先生文中只刊出《序与跋》剪报影印件(沈鹏年:《张爱玲论唐大郎的诗文——〈大郎小品〉中的张爱玲佚文》,《行云流水记往》下册,第 452 页),并未注明具体出处,唐大郎此文到底发表于"去年"之后的"今年"也即 1947 年什么时候呢? 经过查找,《序与跋》原载 1947 年 12 月 2 日《铁报》(编号复刊第 656 号,有误,应为复刊第 735 号),离《传奇(增订本)》问世已经整整一年了。

　　应该指出的是,唐大郎披露的这则张爱玲题词是否完整,还不敢断定,很可能是摘引,题词中的省略也不知是张爱玲原文所有还是唐大郎引用时所删。然而,唐大郎此文包括张爱玲的真实性已无可怀疑。张爱玲这则题词的具体写作时间虽难以确定,但发表时间定格在 1947 年 12 月 2 日。

　　而且,唐大郎当时拟把他的《唐诗三百首》结集出版,张爱玲还提供过具体意见。《序与跋》发表之前,唐大郎在 1947 年 11 月 21 日《铁报》复刊第 724 号发表的另一篇《高唐散记·纪念生平》中说:

　　　　我想印的那本诗册,有人反对我用《定依阁近体诗选》的名称。因此想就叫它《唐诗三百首》吧。上月里,碰着张爱玲小姐,她也以为《唐诗三百首》这名字来得浑成。她告诉我选诗的工作,不能由我自己,应该委之别人。所以冯亦代先生叫我把全部的稿子,先让他看一遍。张小姐的意思是从客观可以寻出许多真正的性灵文字,而为写的人所来不及觉察的。我本来想把打油诗的一部分放弃了,而许多朋友力劝我把它列入。譬如张小姐说我四十生日所作的八首打油诗,有几首真是赚人眼泪之作,当我写下来的时候,一定想不到会这样感动人的。

可见张爱玲当时一直注意唐大郎的诗文尤其是打油诗,在《传奇(增订本)》出版之后赠书唐大郎并题词表示感谢,也就在情理之中了。她认为唐大郎的诗文是"真正的性灵文字","有几首真是赚人眼泪之作",并对之表示"尊敬与珍贵",评价是很高的。

可惜唐大郎的《唐诗三百首》最终未能付梓,他把张爱玲这则题词作为跋文的打算也落了空。不知张爱玲题词的这册珍贵的《传奇(增订本)》还存在人世否? 更可惜的是,唐大郎去世太早,1980年代初张爱玲这个名字还不能说,以至他晚年所作的打油诗,在他逝世后出版的《闲居集》(刘郎(唐大郎):《闲居集》,香港:广宇出版社,1983年10月初版)中收录三百五十九首之多,吟哦多位文坛艺苑旧游,竟无一诗写到张爱玲,而远在洛杉矶的张爱玲也再无机会读到。

原载广州《时代周报》专栏版,2009 年 8 月 10 日

唐大郎三题

陈子善

唐大郎一百十岁了

　　唐大郎何许人也？他是土生土长的上海嘉定人，原名唐云旌，笔名高唐、刘郎等，1930 至 40 年代活跃于海上小报界。他当时在海上文坛的影响有多大？且看 1946 年 8 月上海浩气出版公司出版的《海派作家人物志》中的介绍：

> 　　唐大郎名云旌，过去是中国银行的职员，欢喜弄弄笔头，旋由业余而变职业，加入小型报的阵容。在小型报发展的历史上，这一枝生力军的影响是巨大的，凭着他的才气与幽默，他的身边随笔与诗为读者深深倾倒，因此有"江南第一枝笔"之目。

　　唐大郎"江南第一枝笔"的美誉最早起于何时？最近有人专门考证，洋洋洒洒，结论是早在 1935 年 10 月，唐大郎因北方评剧演员白玉霜来沪献演而赋诗作文，10 月 12 日陈灵犀在《先生阁七勿搭八集》中援引尤半狂对唐此举赞扬的话："大郎天下第一枝笔也。"这是目前所知"江南第一枝笔"的最早出处。后经唐大郎文友四处传播，乃不胫而走。（详见刘景云：《唐大郎"江南第一枝笔"称号是怎么来的》，2018 年 9 月 18 日《澎湃新闻·上海书评》）

作为海派文学的代表人物之一,唐大郎完全实至名归。2018年9月18日是唐大郎110岁诞辰。为纪念这位江南才子,上海巴金故居印行了张伟、祝淳翔整理的《唐大郎诗文选》。虽然只是薄薄一帙,只占唐大郎篇幅浩大的三百余万字著述中极小的一部分,但尝鼎一脔,应可领略唐大郎亦庄亦谐的精彩文字。

当年海上小报,五花八门,多得不胜其数。小报又大都反映市民阶层的日常生活和所思所感,因此与激进或不那么激进的新文学隔膜得很。自1935年9月谢六逸主编《立报·言林》起,小报文人一统小报副刊的局面就开始改观了,新文学家也陆续在小报副刊上亮相,一些小报文人与新文学家也陆续互通声息,唐大郎就是其中之一。他视野宽,交游广,在他的《定依阁随笔》《高唐散记》《唐诗三百首》等当年小报的名牌专栏中,就有不少与新文艺界人士交往的记载,以及对新文学作品的品评。唐大郎晚年谦称"上海的大作家,我认识的不多,柯灵等是最早的了,四十多年,三十年前与黄裳订交;到今年,才幸会了巴金先生"(《百合》),就可知一斑。他还推重知堂,《诗文选》中所收的《苦茶趣语》《谒十山翁》是明证。他主持1950年代初的上海《亦报》时,发表了大量知堂的随笔小品,不但为知堂解决了燃眉之急,也使知堂写作史上的这一特殊时期不致空白,意义是深远的。

转录唐大郎在1942年7月30日《海报》上发表的《巴金之〈家〉》中的一段,或可见其独到的见解:

> 《家》以叙儿女私情,家庭变故,其事迹易为世俗所向往,无论演话剧,摄电影,或排之于红氍毹上,无不轰传时下;鲁迅以《阿Q正传》为杰构,以田汉之改编,佐临之导演,为舞台剧,而观众远不如《家》之盛,何故? 正以其故事之不为世俗向往,亦观众之不够水准耳。

还有必要补充一句，唐大郎与香港也有因缘。他 1950 年代和 1980 年代初在香港《大公报·大公园》发表过许多诗文。他生前没有出过一本书，身后出版的唯一的著作，就是香港广宇出版社 1983 年 10 月出版的旧体诗集《闲居集》。

唐大郎笔下的张爱玲

在 1940 年代至 1950 年代初的上海小报文人中，唐大郎是写张爱玲最勤的一位。仅《唐大郎诗文选》所收，长长短短，就有《见一见张爱玲》等 11 篇之多，还不包括尚未编入的《浮世新咏·读张爱玲著〈传奇（增订本）〉后》（七律）等，这是很值得注意的。

唐大郎与张爱玲的文字因缘，我以前已作过一些梳理，显然还不完整。《唐大郎诗文选》提供了新史料，可以再作讨论了。

写于 1944 年 12 月的《见一见张爱玲》是目前所知唐大郎写张爱玲的第一篇文字。其时，张爱玲已红遍上海滩，以至唐大郎也不吝赞词：

苏青与张爱玲两位的作品，一向没有注意过，直到《浣锦集》和《传奇》出版之后，在太太的枕头旁边，我也翻来看几篇，的确值得人家景仰。现在上海出风头的许多男作家，他们这辈子就休想赶得上她们。

此文开首写苏青只是陪衬，主要写张爱玲。唐大郎既对张爱玲评价如此之高，有机会见一见张爱玲的想法也就油然而生。但他拟请张爱玲吃饭而未果，觉得张爱玲有"过分的'矜饰'"。后来"碰到一位李先生"，说张是"表妹"，自告奋勇安排见面，不料得到回答"姑母病了，""伺候病人，分不开身"，仍未果。经过这两次碰壁，唐大郎只能自嘲："她不愿意见人，人何必一定来见她？我就不想再见一见这位著作等身的女作家了！"

唐大郎和张爱玲后来还是见了面，不仅见了面，张爱玲对这位海上才子的印象一定也不错。否则她不会认为唐大郎"四十生日所作的八首打油诗，有几首真是赚人眼泪之作"，《唐诗三百首》应该出版，还建议"选诗的工作""应该委之别人"（《纪念生平》）。她也不会在《传奇（增订本）》出版后题赠唐大郎一册，还在书上写下大段题词，对唐大郎赞赏有加（《序与跋》）。如果这册题赠本还存世，这是一篇多么精彩的张爱玲集外文啊。

唐大郎对张爱玲的作品确实独具慧眼。他在《彩色的鸭子》中坦承把《流言》和《传奇（增订本）》都"翻覆看了几遍"，这样品评张爱玲的小说：

> 《传奇（增订本）》里的十几篇小说，只有一两篇比较松懈一点，而十九都是精心结撰的。我尤其喜欢她头一篇《留情》，有许多小地方都是所谓信手拈来，都成妙谛的。例如她写一张挂着的结婚证书的上角，有一对彩色的鸭子，我第一次读，就知道她是故意这样写错了的，并没有诧异她怎么会把鸳鸯误作鸭子。

唐大郎这些写张文字也提供了不少有价值的研究线索。在《〈不了情〉的写作者》中，唐大郎透露："有人读过《不了情》本事的，说：故事的轮廓，有若干地方，与西片《再生缘》相似，而供给这故事的轮廓者是桑弧，题名者也是桑弧，其他则全是出于张小姐一人写下来的了。"这是张爱玲研究者以前所不知道的。

难得的是，唐大郎对张爱玲也有委婉的批评。他观看了张爱玲自己改编的话剧《倾城之恋》后，撰《〈倾城之恋〉杂话》，指出："剧中对白，文艺气息太浓，如'这一炸，炸去了多少故事的尾巴'。在小说中，此为名句，用为舞台台词，则显然为晦涩得使人费解。"这大概也是张爱玲后来未把话剧《倾城之恋》剧本付梓的原因之一吧？

唐大郎笔下的苏青

苏青 1940 年代在上海与张爱玲齐名，以唐大郎对新文学的浓厚兴趣，他的小报专栏文字不可能不写到苏青。《唐大郎诗文选》中就有两篇与苏青有关。第一篇即《见一见张爱玲》中提到苏青。

第二篇专写苏青，题为《我说苏青》，而且就发表在香港，时在 1954 年 3 月 29 日，刊于《大公报》，署名高唐。当时张爱玲已在香港，苏青仍留在上海，这就有向海外读者介绍苏青近况的意味在了。

唐大郎在文中透露，三年前（即 1951 年）为他所主编的《亦报》副刊向苏青约稿，苏青谢绝，因她正在学习俄文，拟学好俄文从事翻译。她告诉唐大郎："我的《结婚十年》《浣锦集》这些作品，都曾一纸风行过的，到了现在，我也不妄自菲薄，因为这些东西，终究是自己的心血。在那时候我只能出产这样的货色，以后当然不能再错下去了。"在当时内地大形势下，这可视为一种表态，唐大郎认为她这席话"倒也说得爽脆"。

苏青的俄文应该没有学好，也未见她翻译了什么俄苏作品。但是生活仍要继续，她参加了上海市文化局主办的戏曲编导学习班，开始改行从事地方戏曲越剧剧本的编写工作，毕竟她是宁波人，宁波与越剧的起源地嵊县很近，自可驾轻就熟。唐大郎此文写到了此事：

　　　　过了一年，在一个关于越剧的座谈会上遇到她，她那时已不叫苏青，也不叫冯和仪，她改名字叫冯允庄，正在尹桂芳领导的那个芳华剧团里担任编剧。去年卖座卖的很长久的《卖油郎》那个剧本，就是她的手笔。

很巧，手头正好有一份《卖油郎》说明书，可以以"书"为证。说明书正文共16页，封二、封三和封底是尹桂芳等三位主角的剧照。扉页印："五幕八景十场民间故事剧"，"改编：冯允庄 导演：司徒阳"，"芳华越剧团一九五三年九月十八日夜场起 演出于上海贵州路二三九号丽都大戏院"，接下来就是此剧《剧情》和《唱词选刊》。

《卖油郎》是苏青第一部独立改编的越剧，在《卖油郎》之前，她已与另一位青年编剧陈曼合作改编了《秋江》。《卖油郎》改编自话本小说名著《今古奇观》中的《卖油郎独占花魁》这一篇，分为《劝妆》《被逐》《卖油》《酒楼》《访美》《受吐》《雪塘》《遇救》《订盟》《赎身》十场。剧本写北宋靖康年间，金兵陷汴梁，民女莘瑶琴逃难至临安，受骗沦落风尘；而她途中相识的秦钟到临安后也被坏人陷害，挑担卖油度日。一个偶然机会，两人重逢，从相识到相知，秦爱上了莘。他俩历经艰难曲折，有情人终成眷属。苏青的改编删除原作的繁枝冗节，进一步突出善良的底层青年男女追求美好生活的主线，再加唱词朗朗上口，颇有文采，上演后受到上海市民阶层观众的欢迎。

正如唐大郎所说的，"到了目下，她（即苏青）对这个工作，已经乐此不疲地成了她的专业了"。《卖油郎》之后，苏青又接连创作了《屈原》《宝玉与黛玉》《李娃传》等越剧，均据古典或现代名著改编，也均受到好评。改编自郭沫若原作的越剧《屈原》还在1954年华东区戏曲观摩演出大会获奖。苏青成为芳华越剧团的名编剧。若要研究苏青的文学创作历程，这一段是不可遗漏的。

原载香港《明报·世纪》，2018年9月23日、9月30日、10月7日

报人唐大郎

张　伟

　　唐大郎是一位报人,准确地说是一位小报报人,在其生前,即享有"小报状元"和"江南第一枝笔"的盛誉。

　　上海是中国"小报"的发源地,自1897年6月第一张小报《游戏报》创刊,到1952年11月《亦报》的停办,前后存续达五十余年。小报一问世,就秉承"记大报所不记,言大报所不言"的宗旨,尽可能远离政治,将视角下移,大量刊登社会新闻,专述市井小事,从衣食住行到吃喝玩乐,将市民百姓的开门七件事一网打尽。小报"自由""消闲"的特性,反而让它的销售量远高于一般"板起面孔做文章"的大报,在上海市民的文化生活中占有重要地位;同时,在利润的驱动下,也造成小报从业者良莠不齐、办报格调高低不均的状态。小报的老板和主笔,既有洋场名士、文学作家、编辑记者,也有喜欢舞文弄墨的医生、律师、商人,等等。有些小报,注重社会责任,洁身自好,作风正派;而有些则专挖名人隐私,打压同行,宣扬低俗,以拍马舔痔为能事。小报的庸俗浮夸,低级趣味,也成为屡次遭禁的一大原因。

　　抗战胜利后,上海社会局颁布公告,再次限禁小报。凡沦陷时期的各类报刊一律停刊,同时令沪上欲办刊的报社重作出版登记。

　　1945年11月17日,一种逢周六出版的小型周刊在上海报摊悄然出现。其十二开本的新颖版式,立刻引起一贯喜新厌旧的上海人的关注,而雅俗共赏的文字风格,一反以往小报的低俗格调,成为阅报者的"抢手货"。

主办这份名叫《海风》周刊的正是海派报人代表唐大郎和龚之方。《海风》的一炮打响，让仿效者蜂拥而起。有的已经发行的期刊，立即改版，仿其方型外观；有的连刊名也一并仿制，如《海涛》《海晶》《海星》《海光》《海声》，等等。人们很快将这一类形制的期刊称为"方型周刊"，又因其在上海发源并主要在沪出版，故又称"海派方型周刊"。

其实，《海风》的特色，受到过夏衍等人的影响。夏衍当时在《世界晨报》上开辟《蚯蚓眼》栏目，所发文章都针砭时弊，且短小精悍，妙语警句传诵一时。

唐大郎天天读《蚯蚓眼》，击节称赏了几个月，表示"这些文章，都是加重小型报本身分量，及提高小型报水准最好的材料，好在它是短小，所以合符小型报的风格"。《海风》走的正是"蚯蚓眼"式的道路，它标榜的"说真话，敢批评，针对社会现状，为老百姓作喉舌"的办刊特色，受到老百姓热捧，读者群迅速扩大到大江南北。但随着《海风》的畅销，跟风而起的"方型周刊"鱼龙混杂，很多甚至以色情庸俗作卖点，故很快遭到当局"一窝端"的查禁。这种"一扫帚打杀十八只蟑螂"的野蛮做法让《海风》无端受累，唐大郎悲愤控诉："我是方型周报的发行人之一，因为没有造过谣，也没有用色情来戕害过读者，向来无愧于心……遗憾是力争上游的结果，遭受到一网打尽的取缔，早知如此，我们也会色情，也会造谣，在当时乐得昧一昧良心，多销几本，纵然发不了财，至少不至于赔出肉里钱来。"

唐大郎原名云旌，高唐、云裳、刘郎等都是他的笔名，其中以"大郎"最为人所熟记。他十余岁时即给小报投稿，二十岁出头就成为职业报人。其为人潇洒，文风独特，落笔如珍珠撒地，尤其诗才独步，所作的打油诗、竹枝诗，取材灵活时鲜，用词泼辣诙谐，却严守旧体诗格律，诗尾注语尤其出色，其《高唐散记》《定依阁随笔》和《唐诗三百首》等都是当年的名牌专栏，很受读者欢喜，以致"看了大郎再睡觉"成为当时的一句流行语。他擅写短文,每篇文字几乎都在千字以内,但撰文勤奋,一生诗文至少在三百万字以上。

新中国成立初期,唐大郎被时任上海市委宣传部长的夏衍安排到《亦报》,负责编排这"过渡时期的海派小报",以后又加盟《新民晚报》,负责副刊,这也许是作为报人的唐大郎的一个最合适去处了。晚年大郎在香港《大公报》刊出诗词专栏,数量有几百首之多,深受海内外读者欢迎,周恩来生前曾两次对夏衍提起过:唐大郎在香港发表的组诗"是有良心、有才华的爱国主义诗篇"。大郎1980年病逝时,夏衍对他有这样的评语:"他的一生,是一个勤奋劳动的、正直爱国的知识分子的一生。"可谓盖棺论定。

期望日后能看到这样一位爱国知识分子诗文的整理出版。

原载《新民晚报》,2016 年 4 月 29 日

唐大郎和他的同时代人

——费穆

张　伟

　　长期以来，我一直有一个不成熟的想法：为报人唐大郎出一本较为完整的文集，将他有代表性的作品基本都罗致其中，从而由小见大，从这位小报奇才入手，来探寻文人和小报的关系，以及小报对社会的影响。唐大郎除了报人身份，没有第二份职业，他依赖一枝笔生活，靠撰写文章养活全家，故终其一生，发表的文章总数大约有五百万字之多；而经过这么多年的努力，唐大郎的这些文字我们已基本收集齐全，为进一步的工作提供了坚实的基础。在阅读唐大郎的文字时，我常常感叹于他交往的朋友是如此之多，而且这些朋友并非属于同一阵营，或者说是一个圈子里吃一碗饭的。他们来自各方，可以用三教九流来形容，不但政治态度各异，就是脾气秉性、个人爱好也几乎各不相同。这在同一时期的文人当中是比较少见的。俗话说，物以类聚，人以群分，一个人结交的朋友，其辐射的范围，人品的高低，很大层度上反映了他追求的层次，我们从唐大郎诗文中所反映出的人物交往名单，不能不感叹其精力之充沛，交游之广泛，并从中得以一窥他的日常生活和文化情趣。

　　基于此，我想从唐大郎交往的朋友当中挑选几位，将他们交往的过程，选取不同的视角着笔，敷衍成文，藉此以见那个年代文人之间不同的特殊关系，并得窥那个年代之一角，如能于人有所感悟则吾心足矣。

一、费穆

从脾气秉性来讲,唐大郎和费穆应该不是一路人,但这并不妨碍他们能成为朋友,虽然不是那种把酒言欢、无话不谈的朋友。对费穆,唐大郎是敬佩的。

唐大郎和费穆的交集始于何时,今天已很难考证了,但若说他们之间的接触交往主要集中于抗战八年的卡尔登时期,则大概不会错。

1923年2月9日开幕的卡尔登戏院,由邬达克设计,是当时上海最豪华的影院,以首轮放映美国派拉蒙影片公司出品影片为最大卖点;而其实它的另一特色才是独一无二,可资炫耀的真正卖点,即它并不只是一家单纯的影院,除剧场陈设富丽,有冷暖气装置外,它背靠集团,还附设有咖啡屋、弹子房及舞厅、饭店等最时尚的娱乐场所,是当时有钱阶层炫耀财富、消磨时间的绝好去处。卡尔登坐落的派克路(今黄河路)紧邻热闹的静安寺路(今南京西路)和虞洽卿路(今西藏路),对面更是租界第一销金窟——跑马厅,至二三十年代,卡尔登一带已成为上海最繁华、最时尚的商业区域,完全可以"寸土寸金"来形容。当时,上海的一座座标志性建筑在卡尔登四周陆续涌现:1924年,华安大楼(今金门大酒店)落成;1928年,西侨青年会(今体育大厦)建立;1932年,大光明大戏院开业;而1933年,上海第一高度——国际饭店的拔地而起,则标志着一个顶峰。静安寺路也由此后来居上,成为当时上流阶层又一流连忘返的繁华地段,无论是本地白领,或是观光路过的外地市民,这里都成为必然要拜访的圣地。这个区域是当时上海名副其实的商业、文化中心,这个时期也成为卡尔登声誉最隆的黄金盛期,很多社交文化活动都以能在卡尔登举行为荣。难怪唐大郎在二十年后回忆卡尔登时还感叹:"卡尔登旧为西人所经营,有舞宫,有影院,亦附立饮啖之场,二十年前,游宴而不至卡尔登,不能算上海之时髦人物也。"(云郎:《云庵琐语》,1942年12月21日《力报》)

但随着大光明、国泰、南京(今上海音乐厅)等一流影院在30年代初、中期相继建立,上海的影院排名势必重新洗牌,卡尔登的豪华优势不再,很快沦为二轮影院,并且逐渐向戏剧靠拢,由影而剧,影院变成了剧场,进行了一次商业转型。1937年,抗战风云骤起,卡尔登成为当时抗战文化宣传的大本营。10月6日,田汉、欧阳予倩、周信芳等二十余人在卡尔登举行座谈会,讨论抗日救亡运动问题。次日,在戏院举行上海戏剧界救亡协会成立大会,协会下辖十三个救亡演出队随即奔赴全国各地,进行抗日宣传活动,而卡尔登戏院则进一步成为整个"孤岛"和沦陷时期上海戏剧演出影响最大的重镇。周信芳组织移风剧社,在这里排演蕴含民族大义的《明末遗恨》《香妃恨》《徽钦二帝》和《文素臣》等多出戏剧,轰动一时。公演之夕,有"万人空巷来观"之说,演出连满数月,当时几乎无人不知,各家报纸也争相辟出版面进行讨论。以后他又在卡尔登演出名剧《文素臣》,由电影名编导朱石麟编排。此剧连排六本,连满四个多月,可称本戏中不凭机关布景和开打而卖座的成功之作。文史名家魏绍昌先生认为:周信芳在卡尔登"长期连续演出达四年之久,盛况始终不衰,创造了京剧史中一个演员独撑最长局面的奇迹"(《两位老友笔下的周信芳》,魏绍昌《戏文锣鼓》,大象出版社,1997年8月版)。指的就是1938—1941上海沦为"孤岛"期间,周信芳在卡尔登大放光彩的四年。

唐大郎和费穆都是周信芳麒派艺术的崇仰者,他们的相识、相熟,应该就是在这段期间。

先说费穆。费穆可以说是电影界中对京剧艺术最有研究的一位导演,也是身体力行尝试在银幕上展现京剧魅力的一位先行者。

1941 年,他亲自执导拍了一部戏曲集锦片《古中国之歌》,艺术形式十分新颖,主演都是后来以"正字辈"驰誉菊坛的艺人,如顾正秋、关正明、周正雯等。1948 年,他又与梅兰芳合作,拍摄了中国第一部彩色影片《生死恨》。此剧为梅兰芳代表作之一。1931 年九一八事变后,东三省沦陷。梅兰芳从北京移居上海,改编、演出了《生死恨》等剧。剧本描写北宋末年,金兵大举南犯,程鹏举和韩玉娘在战乱中悲欢离合的故事。费穆与梅兰芳配合默契,在戏曲舞台与电影场景的衔接、写意与写实风格的结合等方面,均作了有益的探索与大胆的创新,达到了新中国成立前戏曲片拍摄的最高水平。而在此之前,费穆首次尝试让电影和京剧两种不同艺术在银幕上结缘,就是和周信芳合作,时间是 1937 年,当时,费穆准备拍摄一套"麒麟乐府",第一部选择的是《斩经堂》。这部影片由周信芳主演,是"麟派艺术"的代表作之一,写王莽篡汉,光武帝举兵复国,潼关守将吴汉杀了自己的妻子(王莽的女儿王兰英),出关投奔刘秀的故事。剧情虽然宣传了封建正统观念,但在当时国情危急之时应该能够谅解,故公映当天就有影评写道:"至于《斩经堂》的主题,无疑是要大家'忘却一切私人的情感,为复兴民族而努力'。它的公映在目前这样的时代,是有着很大的意义的。"该片从 1937 年 6 月 11 日起在上海新光大戏院独家上映。"新光"以很大的阵势宣传此片,不但请了很多名人为影片题词,还坚持每场随票赠送剧本、剧照,它以煽情的语气在报上刊登广告:"连日每场客满,轧得性命交关,盛况堪称空前;到底片子弹硬,看得滋味十足,卖座敢说绝后。"堪称海派味道十足。影片连映一月,在上海造成很大轰动,当时,谈论《斩经堂》差不多成了沪上最时髦的话题。《斩经堂》本是"麒麟乐府"第一部,后因抗战爆发,"乐府"的计划遂告停止。《斩经堂》虽由新人周翼华执导,但编剧兼艺术指导都是费穆,可以说,影片的艺术走向都是由他来掌控的。

再说唐大郎。当时,唐大郎可以说是半个卡尔登人,他在卡尔登设有办公室,一边为几家报纸撰写专栏,一边也兼职为卡尔登做些文案之类的工作,甚至他还在戏中演过几个角色,大过戏瘾。唐大郎崇拜麒派艺术,他和桑弧、胡治藩、陈灵犀等几人可以说是周信芳的"超级粉丝",凡有周信芳的戏,只要有空,那是一定会在场的。当时,吴性栽出资与周翼华、胡梯维等人创办昌兴公司,接管卡尔登戏院,为方便管理并融洽人情,于戏院楼上专辟一室供诸友唱戏、聚会、打牌、聊天之用,由于出面担任戏院经理的是周翼华,故朋友们都戏称此室为翼楼。房间四周悬挂书画,室隅摆放沙发数张,陈设虽然简单,但却高朋满座,妙语隽论充盈其间。常来常往的有吴邦藩、周剑云、桑弧、唐大郎、陈灵犀、胡梯维、平襟亚、王熙春、金素琴等一批新闻界和影剧界名人,他们每人每月自觉缴纳十元钱,作为咖啡点心费用,很多好的点子,最初都源于这间翼楼。周信芳、金素琴他们吊嗓乃至排戏都在翼楼,楼临窗,故沿派克路走过,经常能欣赏到精彩的唱腔,不啻于免费听戏,这也成为当年卡尔登的一道著名风景,唐大郎对此有生动描绘:"翼楼下临派克路,室外有阳台,长二三丈,凭栏俯瞰,行人如织,天渐燠,翼楼之窗门齐开,楼上歌声,送之道路,路人皆驻足而听。"(高唐:《高唐散记》,1939 年 5 月 1 日《社会日报》)

　　费穆虽不像唐大郎、胡治藩他们常年逗留于卡尔登,但因周信芳、周翼华的关系也是翼楼的常客,他因此和唐大郎结识并相熟也就顺理成章了。1940 年,费穆在民华影业公司老板金信民的支持下,历时一年拍摄了《孔夫子》一片。他选择这个古老的题材是有感而发的,影片中孔子在乱世春秋对其弟子谆谆言道:"国家兴亡,匹夫有责,看,强国欺凌弱国,乱臣贼子到处横行,残杀平民,生灵涂炭,拯救天下之重任,全在尔等每个人身上!"这完全可说也代表了费穆的一番心声。费穆的创作态度也是严谨的,从研读文献、选择演员一直到实地拍摄,他整整花费了一年的心血,这和当时投机商们为了争夺观众,十余天拍一部片子的粗制滥造简直不可同日而语。但也正因此,在当时上海一片纸醉金迷、奢靡成风的社会背景下,《孔夫子》的卖座不佳也是可以预料的,文艺界甚至有一批人还乘机落井下石,大肆嘲笑费穆的迂腐和不识时务。就在这时,唐大郎伸出了援手,他对费穆的努力表示支持,不但自己掏钱去看片,并且在报上公开发文声援费穆:

《孔夫子》公映以后,有人统计其观众,女人只占百分之三,男人占百分之九十七,而百分之九十七中,学生却占了大半。有许多学校,写信与民华公司,问他们有没有优待团体的办法?看来孔子的观众,只有这一群群的莘莘学子了。

在金城里,也有不等终场,而抽签离座的,自然,那是流氓带了野鸡和向导员去,他们根本没有欣赏艺术的能力,何况,《孔夫子》的陈义,又如此崇高。可是抽签固然有,等到戏完了,一面鼓掌,一面发怔着忘记了离座的也有,这些或者可以说是费先生的知音,然而费先生的知音,能有几个?

有人说:《孔夫子》的生意一定好,公司却一定亏本。这是内行话。又有人说:《孔夫子》怕不会比王瑶琴、筱文滨之流所拍的影戏卖钱。这是痛心话。费先生岂有见不到的道理,这两种话,他是都会承认其必然的。(赢材:《定侬阁余墨》,1940年12月22日《小说日报》)

1941年12月太平洋战争爆发后,日军进入租界,上海成为沦陷区,抗战宣传也由此转入地下。费穆等一批影坛艺人不愿与日伪势力合作,退出影坛,组织上海艺术剧团,进入卡尔登,以此为演出基地,排演话剧。上海艺术剧团是以天风剧团班底为基础,加上

"新艺""银联"等部分成员组建,费穆是其中的灵魂人物,在他周围聚集了黄贻钧、刘琼、乔奇、丁芝等很多优秀艺人,先后演出了《大马戏团》《梅花梦》《红尘》等三十余部话剧,有借历史人物弘扬民族自强精神的历史剧,也有艺术品位上乘的家庭伦理剧。上海艺术剧团公演的第一部戏是《杨贵妃》,此时唐大郎也在卡尔登办事,当然第一时间就获悉,他马上在报上进行宣传:"费穆创上海艺术剧团,将于废历新春出演于卡尔登,第一个剧本为《长生殿》,贵妃与唐玄宗之演员,并用甲乙制,刘琼亦玄宗之一也。"(高唐:《高唐散记》,1942年2月11日《社会日报》)此后,凡是费穆导演的戏,他都去观看,并在报上刊文广为宣传。上艺剧团的演出,在电影技巧的借鉴运用、音乐元素的创新加入、抒情理念的强化凸显、演员表演的细腻含蓄等方面,都作了有益的尝试,形成了自己特有的艺术风格,因而受到观众发自内心的欢迎,往往新戏一经上演就欲罢不能,演出几十甚至上百场都是常有的事。其中尤以《秋海棠》和《浮生六记》两部剧作的演出影响最大。

《秋海棠》是一部以梨园艺人悲欢生涯为情节的长篇小说,由秦瘦鸥创作,为当时最受市民欢迎的一部作品。改编后由号称三大名导的费穆、佐临、顾仲彝联合导演,石挥、沈敏、英子等主演,从1942年12月24日起首演,至1943年5月9日始落幕,共演出200余场,观众达18万人次,创造了当时话剧演出的最高纪录。1943年1月,距《秋海棠》首演仅两周,唐大郎就在报上发表感想:"看《秋海棠》而不落泪者,其人之情感,必不丰富。梅花馆主尝言,生平能忍,看戏从不流泪,我看《秋海棠》,亦不自禁泪珠之簌簌堕焉。"(高唐:《高唐散记》,1943年1月7日《社会日报》)

《浮生六记》本为清代文人沈三白的一部自传性作品,篇幅虽然不长,但因描写细腻,感情真挚,成为文学史上的一部奇作;后经林语堂的撰文力捧,影响愈广,作品主人公芸娘更因此得到"中国最可爱女人"的誉称。《浮生六记》由费穆编导,1943 年 10 月 8 日首演,至 12 月 20 日结束第一轮演出,共上演了 118 场。经过短暂休憩后,1944 年 3 月 22 日再度上演,至 4 月 10 日演出了 29 场。费穆的改编融入了很多独特的感觉,他排戏没有完整定型的剧本,每次排演都有新的东西加入,故不少人看费穆编导的话剧往往会看很多次,享受的就是每次微妙新颖的差别感觉。对此,同为文人的唐大郎当然深有体会,他看了《浮生六记》后在报上写诗,不吝赞誉之辞,对费穆极尽钦佩之情:

> 隶辞属事原常技,不是欢娱即是愁。
> 始信前人皆稚拙,今因费穆得千秋。
>
> 看新艺之《浮生六记》,予将谓沈三白因费穆而得以千秋。予于治文,不喜平铺直叙,亦不喜行文之细腻熨贴,沈复此作,即坐是病耳。(云哥:《看〈浮生六记〉作》,1943 年 10 月 17 日《社会日报》)

抗战期间,话剧成为上海娱乐界的一支强大生力军,大报、小报及各种杂志中纷纷开辟话剧专栏,看话剧也一变而成为最时尚高档的娱乐。亲历此境的李君维先生对此有很中肯的评价:"四十年代初在上海阴霾的环境下,看话剧也是知识分子苦中作乐的一种寄托。"(李君维:《四十年代的卢碧云》,1991 年 3 月 29 日《新民晚报》)可以说,"孤岛"及沦陷时期的话剧演出,不但隐晦地起到了民族宣传的作用,也排解了沦陷区民众孤寂痛苦的心灵。

因为费穆的关系,唐大郎和他的家人及其周边的朋友也都熟稔起来,彼此成为可交心的朋友,唐大郎和刘琼,和佐临,和石挥,和韦伟等人都是这样认识的,并且几十年友谊如旧,终生成为好友。1942 年冬,费穆的三弟,建筑家费康不幸英年早逝,唐大郎参加了他的葬礼,并为之而深为痛惜:"送费康就殓,吊者皆酸鼻。……愚观此亦不觉心伤万状,死者已矣,生者何堪?费氏弟兄,笃于友爱,康死,费穆、费斌,咸哀毁不已。康存年才三十二,弟兄四人,康最有为,而死独早,是故令人不尽哀思也!"(高唐:《高唐散记》,1943年1月3日《社会日报》)

唐大郎为人风流倜傥,率真洒脱,费穆则敏于行而讷于言,不拘言笑,不善交际,两人的性格差异很大,是不同的两路人。但唐大郎对费穆是敬重的,虽然和其他朋友相比他们的交往并不多,但他心中一直有着这个朋友。1951年1月30日,费穆因脑血管病突发在香港辞世,时年仅四十五岁。我们不知道唐大郎在知道这个噩耗后想到的是什么,一年之后,他在报上撰文,写新春之际的热闹景象,回忆费穆几年前的一件往事,文末,他似是不经意地写到:"但费穆看不见这么好的气象,去年岁暮,听说他客死香港了。"(高唐:《看春联》,1952年2月13日《亦报》)淡淡的几句,尽得归有光《项脊轩志》结尾之神韵,所有的悲伤尽在此中。

费穆虽殁,但唐大郎和费家的友谊还在延续,代替费穆的是他的二弟费彝民。费彝民和唐大郎同为1908年生人,早在30年代就为天津《大公报》工作,1945年任上海《大公报》副经理。1948年,费彝民赴港参加香港《大公报》的复刊工作,出任经理,1952年任社长,直到1988年病逝,费彝民主持香港《大公报》社工作近四十年。唐大郎和他的交集来往主要就集中于费彝民主政香港《大公报》时期。

1949年后,唐大郎先还有《大报》《亦报》两个发稿阵地,很快两报停刊,就只余《新民报》晚刊一报可供刊文了。这时,向他伸出援手,振作他写作信心的正是费彝民的《大公报》。当时,这也是共产党面向进步知识分子的一项政策福利,在香港《大公报》或《文汇报》上发表文章,一方面可以会老友,另一方面,香港稿费高,对提高知识分子的生活水平也不无小补。

据我们查到的情况来看,唐大郎自 1952 年 2 月 17 日起在香港《大公报》上刊文,1953 年底开始固定《高唐散记》的栏目写作。1953 年 12 月 29 日《大公报》头版刊登《本报副刊充实内容》,其中介绍:"刘郎:唱江南。刘郎为沪上某作家的笔名,昔时常在报章发表诗作,极为读者欣赏。现化绮艳为清丽,写新人,咏新事,首首可读。"1954 年元旦起开始发表长篇组诗《唱江南》,有诗有记,正是唐大郎最擅长的一种文体。开篇第一首是《代序一首》:

唱江南·代序一首

知君久已别江南,积得乡思日就酣。

我唱江南君自记,江南近事我经谙。

本报这个新副刊要我写些打油诗之类的东西,我就想了一个"唱江南"的题目,用小诗的形式,来写江南的小事;"江南何事长相思",即使是江南的小事,也往往是耐人相思的。

因为动笔前没有什么计划,因此这个"唱江南",也不是有什么系统的记录,只是拉拉杂杂地唱出来。我是唱到哪里是哪里,读者诸君,你们就"听"到哪里是哪里吧!

一年以后,他又发表了一首《唱江南·贺新年》,更集中表达了他之所以写《唱江南》的宗旨,抒发了当时的他对新生活的喜悦之情:

唱江南·贺新年

飞腾有路逐时轮,迈往今逢换岁新。

愿隔风尘齐额手,欢呼祖国万年春。

修来盛世福绵绵,强国人人乐事全。

我在江南新得句,寄将海外贺新年。

《唱江南》与海外读者,相见一年矣。一年以来,祖国益臻于强盛无敌之境,祖国人民于安居乐业之余,常时以海外同胞的生活近状为念;遥知海外同胞,更无不心怀故国,其热情奔放,有不可言喻者。当兹岁首,制就小诗,愿与诸君子同为唱乐,一以欢呼祖国昌盛,至千秋万世而弗替,一以与诸君互勉,凡是中国同胞,时时贡其心力于祖国之建设事业而毋懈毋怠也。(刘郎:《唱江南·贺新年》,1955年1月5日香港《大公报》)

唐大郎的《唱江南》在香港风靡一时,被称为是化解乡愁的妙药。这组组诗的名声甚至传到了中南海,周恩来生前曾两次对夏衍提起过:唐大郎在香港发表的《唱江南》组诗"是有良心、有才华的爱国主义诗篇"(魏绍昌《唐大郎逝世周年祭》,《浦江漫笔》,江苏人民出版社,1982年5月版)。从香港到北京,这中间沟通的桥梁是否即费彝民呢?据说,在费彝民主政香港《大公报》期间,周恩来单独会见他就有五十余次。唐大郎的《唱江南》一写就是十余年,最后一篇发表于1966年5月3日,正是"文化大革命"爆发前夕,山雨欲来之时。这一停也是十余年,1978年10月,唐大郎复出,开始在香港《大公报》上发表另一组组诗《闲居集》,体裁和《唱江南》相仿佛,直到1980年他病逝。据我们统计,从1952年一直到1980年,唐大郎在香港《大公报》上发表的诗文大约有60万字。可以说,香港《大公报》为中、晚年的唐大郎提供了诗文发表的主要阵地,成就了后期唐大郎的光彩人生。

唐大郎于1980年7月20日病逝,8月2日在龙华火葬场大厅举行追悼会,治丧委员会由夏衍、赵超构、于伶、柯灵、陈虞孙、桑弧、吴祖光等十八人组成,其中赫然就有代表香港《大公报》的费彝民。唐大郎从20年代末就开始写作,五十余年来发表各类诗文稿有三百万字,被誉为是"江南第一枝笔"。但其生前却从未出过一本自己的著作,这在同辈文人中是非常罕见的。而这个遗憾的弥补者也是费彝民：1983 年 10 月,由香港《大公报》资助,香港广宇出版社出版了唐大郎的《闲居集》,这也是一代文人唐大郎正式出版的第一本书。

原载《菁云》,2017 年第 4 辑

江南才子　一代报人

——纪念唐大郎诞生 110 周年

张　伟

　　一代名士唐大郎：其为人处世，我喜欢他的风流倜傥，率真洒脱；其撰文赋诗，我欣赏他的感情浓烈，真挚清澈。有此两条而爱读他的作品，并愿意为他编一部文集就很自然了。

　　但是愿意是一回事，真要动手做就又是一回事了。喜欢唐大郎的诗文至少有二十余年了，平时也做了不少摘录，虽然心里早有准备，然一旦正式动手，其所撰诗文数量之丰富，分布之广泛，还是令人咋舌。魏绍昌先生曾经说："解放前，大郎每天要为五六张小报撰写诗文，按日规定时间由各报馆派人向他取稿，他文思敏捷，出手极快，立等可取，从不爽约。……大郎写的随笔一般都是五六百字的短文，他最反对言之无物而又臭又长如王大娘裹脚布式的东西，我从来没有见他写过二千字以上的文章，这一点上他也是说到做到的。"（魏绍昌：《唐大郎逝世周年祭》，《浦江漫笔》，江苏人民出版社，1982 年 5 月版）根据我们的调查，大郎一生所撰诗文至少在四百万字以上，而每篇诗文的字数大都在五百字左右，如此一平均，其发表诗文篇数之多是可以想象的；而且，大郎并不视自己文章为名山伟业，随写随刊随丢，生前竟然从未出过一个集子。

　　其实早在 40 年代，就有热心人张罗，想为他出书，张爱玲甚至直接建议书名就叫"唐诗三百首"，并且认为"这名字来得浑成"，她还表示唐大郎的一些打油诗是"赚人眼泪之作"，不能舍弃。但最终这事还是没有做成。这么多年来，不断有人呼吁为唐大郎出版文集,但始终是"只闻楼梯响,不见人下来"——除了潘际坰、黄裳等先生搜集大郎晚年在香港《大公报》上所刊诗作,1983 年在港岛为他出了一本薄薄的《闲居集》外,其他就一概付诸阙如了。我想,之所以出现这种情况,思想不够解放,自设禁区是一个原因外,工作量浩繁,搜集难度太大,肯定是最主要的缘故。唐大郎自己就说过:"我是向来没有存稿的。"(高唐:《定依阁近体诗选》,1947 年 10 月 27 日《铁报》)和唐大郎同在《亦报》和《新民晚报》工作过的吴承惠先生也曾说:"他生前写东西,从来看成是过眼烟云,不考虑积累,不要说是早年的,就是建国以后写的,收集起来恐怕也很困难了。"(秦绿枝:《好事》,2006 年 10 月 12 日《新民晚报·夜光杯》)于此亦可见此事难度之一斑。

为尽可能完整地搜集大郎诗文,我和淳翔长期浸淫在报海之中,翻查、阅读、拍照、录入,就这样一字一句,日积月累,报纸在一种种调换,字数在一点点增加,成果在一天天显现。截止到今年夏日,我们翻阅了数十种报刊,从上世纪 20 年代的《时报》《大晶报》和众多三日刊画报,再到 30 年代以《东方日报》《社会日报》《铁报》为代表的小报,再到 40 年代的方型周刊滥觞《海风》以及《沪报》《海报》《光化日报》,一直到新中国成立初的《大报》《亦报》和 60—70 年代的香港《大公报》,最后是上海本地的《新民晚报》,辑录过目的大郎诗文及其相关评论大约已有三百多万字了。这令我们欣慰。作为一代报人的唐大郎的形象,在我们的心目中渐渐丰满起来,不再只是坊间干瘪走样的一个传说;我们心里的喜悦也随着大自然春夏秋冬的轮换而日趋充盈——虽然我们付出了很多:我的眼睛细血管几次爆掉,视网膜甚至差一点脱落,至今仍留有严重的后遗症;淳翔虽然年轻,视力也受到很大损伤,开始逐渐退化。但望着电脑里渐趋丰满的一个个文件夹,我们的内心又是充实的。

按我们的本意是想为唐大郎出一本较为完整的文集,应该是五六卷本的规模,字数在八十万至一百万字左右,将他有代表性的作品基本都罗致其中。我们一直有一个不成熟的想法,想由小见大,从这位小报奇才入手,来探寻文人和小报的关系,以及小报对社会的影响。很多朋友听闻我们在从事这项艰巨的工作,都认为很有必要,纷纷对我们提供了各种帮助,并建议不妨先简后难,由小到大,先出一卷或两卷本,这样更可行一些。我们认为这可能是一个好主意,不妨先试行一下。唐大郎虽然早在30年代就是一代名士,有"小报状元""江南第一枝笔"等美誉,但时过境迁,今天知道他的人毕竟不多;即使在学术圈内,知晓他的名头,看过他作品的人也实在很少。有鉴于此,先出一个精选本,让作品说话,让大家看文识人,自己去判断,应该是对各方都有益的事。

　　唐大郎的文字众多,何况他还喜欢使用各式笔名,如高唐、云裳、云郎、云哥、郎虎、高情、新唐、香客、赢材、端云、宝琳、生平不四色斋主,等等,仅仅阅读、辨识和考证就是一大考验。然后就是拍摄扫描和过录的漫长过程。查阅过民国文献者都知道,那个年代的报纸本就是用富含酸性的新闻纸印刷,到今天早已过了50—70年的最长保护期,纸张破碎,字迹漫漶,稍稍搬动一下,纸屑就纷纷掉落,让人手足无措。这不但需要持久的毅力,更是一个考验人的体力活。年轻的淳翔承担了大部分辛劳。如果说辑录是难事,选录则更不易。喜欢写作的人,最初可能是怀着理想,可能是缘于激情,可能是真心喜爱,然一旦撰文成为职业,赖此成家立业,养家糊口,激情就容易消磨,内容将可能世俗,文字易变得暧昧。如果长期为小报撰文,年复一年,日复一日,鱼龙混杂自是难免,无病呻吟,敷衍成篇也是能够想象的。我们的做法:首先选文要能代表大郎风格,又尽可能不违当下习俗;其二是尽量做到各时期文章的平衡,避免出现畸多畸少的现象。另外,唐大郎他们这批报人所写的文字属于时文，很多是有特指的，是在特定时间在特定范围内写的，脱离了语境，不易看懂，也容易误会。因此缘故，这本小书中的所有文章，虽然短小，每篇不过寥寥数百字，我们也都在篇尾注明了发表时间以及所发报刊和刊发署名。虽然这增加了很多麻烦，但作为一本历史文选，我们认为这是有必要的，相信这会给很多人提供方便，其中用意，谅必能解。

大郎是勤奋的，几十年来他写得很多，喜欢他诗文的读者更多，他的《高唐散记》《定依阁随笔》《唐诗三百首》等都是当年小报的名牌专栏，很多人订报买报，就是为了看他的文章，以致"看了大郎再睡觉"成了坊间的一句流行语。大郎写诗，诗后总附以数十字至数百字不等的自注，摇曳多姿，挥洒自如，既是对诗篇的解释，更是一种延伸，大大拓展了诗篇的内涵。其实大郎的诗注，不同于通常的注释，与诗同读是诗的有机组合，与诗拆开，则是一篇绝妙的小品文。黄裳就明确指出："刘郎的诗与注是不能分割开来的。他的注有时比诗写得还好。这些随手写下的诗注有时就是很好的杂文。"（黄裳：《诗人——读〈闲居集〉》，《黄裳文集》卷三《珠还卷》，上海书店出版社，1998年4月版）这是同作为优秀散文家的黄裳对前辈的脱帽致敬。更值得引起我们注意的是，唐大郎首先是一位报社记者，他的很多诗文其实是在履行一个记者报道新闻的责任，但是出自他笔下的决不是千篇一律的通稿，更不是干巴巴毫无热情的"本报讯"，他通过自己的所见所闻、所思所想，运用自己擅长的诗文形式，及时地将文化艺术界的一些工作动态、聚会场景、人物心理等生动地呈现出来，让读者在了解新闻的同时还享受到了审美的愉悦。因此，这就形成了唐大郎诗文的另一种特色：即"他是用诗和诗注的形式来作新闻报导的"（黄裳语），因为他是一位报人，而不是一个纯粹的作家。联系到他爱用诗注的形式来弥补诗的不够写实准确，以及他基本上是每天至少一篇的发稿节奏，唐大郎诗文的新闻属性就更其明显了,将他几十年来发表的诗文按时间排序,就大致能了解社会基本动态,以及他那个文人圈子的生活工作状态。

俗话说,物以类聚,人以群分,一个人结交的朋友,其辐射的范围,人品的高低,很大程度上反映了他追求的层次,我们从唐大郎诗文中所反映出的人物交往名单,不能不感叹其精力之充沛,交游之广泛,并从中得以一窥他的日常生活和文化情趣。唐大郎为人处世磊落坦荡,赋诗撰文倾吐真情,不徇私舞弊,更鄙视虚伪作假。有朋友这样评价他的作品:"不论怀人或是悼友,即事还是忆往,写的都是真情实感,不作违心之论,不发溢美之言,唯陈词之务去,唯假话之尽除,味欲其鲜,意求其切,所以读来特别感到清新可喜,诚挚可亲。"(陈榕甫:《肯吐真言即好诗——读刘郎〈闲居集〉》,1984年5月12日《新民晚报》)诚可谓知人之言。唐大郎一生以其真情拥有广泛的社交圈,其中很多是他相交多年的挚友,且不乏各领域里的佼佼者,如戏曲界的周信芳、盖叫天、梅兰芳、程砚秋、俞振飞、言慧珠、金素琴、金素雯、张文涓,文学界的夏衍、阿英、田汉、曹禺、柯灵、张爱玲、苏青、吴祖光、黄裳,电影戏剧界的佐临、费穆、朱石麟、洪深、欧阳予倩、桑弧、石挥、金焰、刘琼,艺术界的邓散木、白蕉、汪亚尘、唐云、施叔范、丁慕琴、江小鹣、郎静山、周鍊霞、朱尔贞、黄苗子、黄永玉,实业界的吴性栽、黄雨斋、胡梯维、周翼华、孙兰亭。当然,更有大量新闻界的朋友,如陈灵犀、陈蝶衣、龚之方、王尘无、陆小洛、冯梦云、平襟亚、胡考、丁聪,等等。他自己坦陈:"除了达官显宦,无缘攀附以外,其余九流三教的人物,相识得实在不少。"(高唐:《人头忒熟当头勿赎》,1946年9月21日《铁报》)他曾在文章中透露过他结交到好朋友的愉悦心情:一次,他和佐临、曹禺、桑弧等几位"文华"的朋友吃饭,吃得开心,谈得更愉快,回来他写了一篇短文记叙自己的心情,开头就是"昨天是我愉快的一天"。他在文中所显露的正是文人所追求的"人生得一知己足矣，斯世当以同怀视之"的最高境界："我是因为崇拜他们，由崇拜而生敬爱之诚，每次和他们在一起的时候，我会有一种'虚荣心'，觉得我也是第一流的人物。我所喜欢的朋友，他们的气质，都是不坏的，一个人气质好了，心术必无问题。"（高唐：《我的虚荣心》，1948年2月2日《铁报》）

正因为唐大郎为人的坦荡真诚，毫无心机，他的朋友涵盖了三教九流，甚至有些芜杂，既包括各界大佬，也有共产党的高官，更有众多的文人雅士。1949年，在上海主管文化的夏衍批准开办《大报》《亦报》，并建议唐大郎到北京去参加学习，以跟上时代发展；而大郎也将此视为朋友对自己的善意关心，愉快赴京，并全身心地投入到学习中去。只要看看他1951年在北京华北革大参加思想改造活动，批判自己时的那种丝毫不留情面，没有一点保守的真情流露，就可以知晓他出以内心的那份认真，他的清澈见底，他的毫无城府，以致他的一些朋友们都有些担心："他们都说，倒真希望大郎早点搞通思想，但又不希望他搞通之后，却减少了他一份固有的豪情。"（高唐：《两张速写》，1950年2月13日《亦报》）应该说，那些朋友称得上是大郎的挚友，很大程度上，大郎是因为有那些朋友才活着的，可以说，唐大郎不是一个好丈夫、一个好父亲，但他绝对是一个值得你付出真心的好朋友。

我们的工作得到了唐大郎家属的大力支持，他们签署了同意唐大郎作品出版的授权书，我们谨在这里致以谢意；愧疚的是，就在我们的工作艰难进行之时，唐艺先生不幸于今年初在南京病逝了，最终没能等到父亲文集出版的那一天，这让我们愧对唐艺先生。但我们坚信，在提倡江南文化、海派文化的今天，作为融两种文化于一身的"江南才子"唐大郎，他的作品不应该继续湮没于历史之中。我们想做的就是：让唐大郎再现报史，让读者认识唐大郎。相信这也是大多数热爱中国文化的读者所乐意看到的。巴金故居的立民兄建议,在书正式出版之前,先在他们的刊物《点滴》上刊登一些唐大郎的作品,让大家领略一下大郎诗文的魅力。这是一个好建议,我们感谢周立民先生的热心。虽然由于篇幅关系,这次刊出的大郎诗文只有区区几万字,但却是大陆地区首次集中刊发唐大郎的作品,自然有其意义在;何况今年正逢唐大郎先生诞辰110周年,我们愿意以此作为对这位"江南才子"的一点小小纪念。

2018年8月9日晚改定于上海花园

原载《点滴》,2018年总第58期

一代名士唐大郎

张　伟

　　前几日，在上海大学做了一次《唐大郎与海上名流》的讲座。能向大学生们讲述近代史上一些值得纪念的人与事，我自己是感到欣慰的。事后，有朋友和我说，这是关于唐大郎的第一个讲座，又莫名有些伤感。这些年我们驰骋商海，追逐财富，遗忘的东西似乎太多了。

　　上海是中国新闻界的重镇，尤其在晚清民国时期，几乎撑起了新闻界的半壁江山，而这座"江山"，其实是由大报和小报共同打造而成的。上海是中国"小报"的发源地，自 1897 年 6 月第一张小报《游戏报》创刊，到 1952 年 11 月《亦报》的停办，前后存续达五十余年。小报一问世，就秉承"记大报所不记，言大报所不言"的宗旨，尽可能远离政治，将视角下移，大量刊登社会新闻，专述市井小事，从衣食住行到吃喝玩乐，将市民百姓的开门七件事一网打尽。小报"自由""消闲"的特性，反而让它的销售量远高于一般"板起面孔做文章"的大报，在上海市民的文化生活中占有重要地位。可以说，大报的庙堂气象、党派博弈与小报的江湖地气、民间纷争，两者合一才组成了完整的社会面貌。要洞察社会的大局，缺大报不可；欲了解民间的心声，少小报也不成。大报的"滔滔江水"和小报的"涓涓细流"，汇合起来才是完整的、有着丰富细节的"江天一景"。可以说，少了这一泓"涓涓流淌的鲜活泉水"，我们的新闻史就是残缺不全的。一些先行一步，重视小报，认真查阅的研究者，很多已经尝到甜头，写出了不少充满新意、富有特色的学术论文。小报里面有"富矿",这已经成为越来越多的专家学者的共识。我始终认为,如果小报得到充分重视,借阅能够更加开放,很多学科的研究面貌一定会有很大的改观。

当年小报界活跃着很多健将,如陈灵犀、胡梯维、龚之方、卢一方、陆小洛、陈蝶衣等,他们身处社会中层,交游广阔,热衷结识各色人物,熟知民间甜酸苦辣,且大都文化底蕴深厚,能写一手好文章。他们以小报报人的眼睛观察周围世界,体验社会生活,从中吸取素材养分,每天要为几家报纸写稿。这其中唐大郎堪称佼佼者,"小报状元""江南才子"和"江南第一枝笔"的称号绝非浪得虚名。

唐大郎原名唐云旌,1908年出生,上海市郊嘉定县人,常用笔名有高唐、刘郎、定依阁主等。他自幼从舅父(清代诗人钱谦益的后人)学诗,家学渊源,打下结实功底。20年代中后期他即为小报撰文,1930年前后正式入职《东方日报》,成为一名职业报人。他文思泉涌,才华毕露,出手极快,从不爽约,好几家小报都邀他写稿,大有应接不暇之势。巅峰时期,他同时为《铁报》《诚报》《飞报》《辛报》等六七家小报写稿,每家一篇,每篇几百字,一天要写三五千字。唐大郎从事新闻工作逾半个世纪,写作诗文不计其数,据笔者粗略估算,大郎一生所撰诗文至少在三百万字以上,而每篇诗文的字数一般都在五百字左右,如此一平均,其发表诗文篇数之多是可以想象的;而且,大郎并不视自己文章为名山伟业,随写随刊随丢,生前竟然从未出过一个集子。这么多年,不断有人呼吁为唐大郎出版文集,但除了潘际坰、黄裳先生搜集大郎晚年在香港《大公报》上所刊诗作,1983年在港岛为他出了一本薄薄的《闲居集》外,其他就一概付诸阙如了。

唐大郎自己虽然并不敝帚自珍,但喜欢他诗文的人却很多,其《高唐散记》《定依阁随笔》和《唐诗三百首》等都是当年的名牌专栏,很受读者欢喜,以致"看了大郎再睡觉"成为当时的一句流行语。早在 40 年代,就有读者自发搜集张罗,有意为他出版文集。张爱玲更是直接建议他将书命名为"唐诗三百首",并且认为"这名字来得浑成"。她还表示唐大郎的一些打油诗是"赚人眼泪之作",不能舍弃。大郎擅长写近体诗,写得最多的是七绝,但不论是五言还是七言,律诗还是绝句,都严格按照格律办事,平仄协调,对仗工稳,可说循矩蹈规,一丝不苟。他的诗完全依照韵书押韵,偶有浑押或移韵,也必预先说明。如大郎写周信芳演《刘唐下书》的绝句:"行路登楼颇耐看,小锣紧打客心寒。郓城托出刘唐美,只在襟边与扇端。"被人誉为"戏好,诗也好,最能道出其魅人的神韵"(吴承惠语)。大郎对自己的诗也颇为看重。当年他在报上写过一个专栏,名为《唐诗三百首》,署名"高唐",自注"高唐"两字作"高出于唐人"解。其自负可见一斑。

但如只是严守格律,那就不是唐大郎了,更可贵的是,他在旧体诗的内容与形式上都做了创新的努力,并且获得了相当成功。黄裳说:"他对旧诗有相当深厚的修养,对前人的业绩,甚至那一套严酷的声律都表示尊重,严格遵守。但他又蔑视一切僵死、腐朽的教条,有很大的勇气来加以突破。"可谓道出了大郎诗受人欢迎的真谛。他的诗,形式上纯属传统,内容上又绝对现代。20 世纪三四十年代的都市生活,戏院、书场、舞厅、酒楼里的红尘世界,霓虹灯下钗光鬓影,红氍毹上悲喜人生,以及亲朋好友、文人艺人的身边琐事,都是他信手拈来的写诗材料。旧瓶装新酒,信笔吐真言,俚语俗句,艳词乡曲,穿插其间,浑然一体,读来别有风味。他的朋友曾妙笔形容:"在他的笔下,市招如五芳斋,家常菜如咸菜豆瓣汤,电器如录音机,称呼如奶奶,俗语如抬杠、揩油,方言如交关、野豁,詈词如王八、叭儿,以及在'文革'期间广为流行的牛棚、靠边,诸如此类,都可以入诗。更叫人不可思议的是,诗中还出现了'老铅''皮蛋''哀'(扑克牌中的 K、Q、A),还把 Tango 的译音'探戈'两字拆了开来,写出了'老夫欲犯当年瘾,真想投池探一戈'的诗句,真叫人忍俊不禁。"(陈榕甫语)这里可举一例。唐大郎和书法篆刻家邓散木(粪翁)关系密切,一次,邓散木假宁波同乡会举办个展,唐大郎自然前去捧场,观后并为之赋诗一首,诗后并加注:

题粪翁个展

昨天去到宁波同,乡会里厢看粪翁。

个展恒如群展盛,风姿渐逊笔姿雄。

眼前谈"法"应无我,海内名家定数公。

但愿者回生意好,赚它一票过三冬。

　　此诗首二句实为一句:"昨天去到宁波同乡会里厢看粪翁",予则砍拆成二句者,打油诗未尝有此先例,粪翁先生见之,得勿叱为放屁。而读我报者,又得勿将我骂煞快耶?虽然,编者要我写,我则只有送票货色,他又不好意思不登哉?粪翁书法篆刻之高,在此无容赘言,其实要我多说一句,我亦说不出什么来也。惟上海所有书画家之展览会,论生涯之美,恒以粪翁居第一位,盖内行固欣赏,外行亦"吃"来邪气也。

　　此诗颔联、颈联一派唐诗风范,首联、尾联则全然口语,但两者结合却浑然天成,毫无隔阂之处。其诗注尤显"唐诗"风格,插科打诨,诙谐幽默,看似油滑,却把诗人与散木的亲密关系及其对他高超艺术的由衷推崇写得淋漓尽致。

　　大郎写诗,后面总附以数十字、数百字不等的自注。有人读了他的诗后,对他说:"还是诗注好看。"此话听来颇似买椟还珠,但大郎却引为知己,并兴冲冲地写下一首诗:"昨天有客吾家过,忽然道出诗屁股。名字听来第一回,为之眉色皆飞舞。……"诗名即题为《诗屁股》。其实大郎的诗注,不同于通常的注释,与诗同读,是诗的有机组合，与诗拆开，能成一篇绝妙的小品文。李君维对此有很精彩的评论：

> 例如，他做了首七律《百合》之后，写道："每年买百合一二十斤，由夏天吃到秋末。下午煮食，剥洗工作由我躬为之，因我起得早，剥得早，可以在清水里养它几小时也。我从小到老吃百合几乎没有间断过。它有时带点苦涩，我觉得味道更好。陆放翁说：'一盂山药胜琼糜。'我却想不出山药会有什么好的滋味。十五年以前，读过茹志鹃《百合花》的文章，那文章写得感人肺腑。也从此使我知道了百合花是什么样的。原来我小时候家里的土布被面和褥单，以及葛布的蚊帐，我祖母统称之为蓝地白花或者白地蓝花的那些花纹，都是百合花。因此对茹志鹃的文章更加怀念。后来看到报刊上有她的文章，总买来恭读。在这里想说些题外的话，上海的大作家，我认识的不多，柯灵算是最早的了，四十多年；三十年前与黄裳订交；到今年（一九八〇），才幸会了巴金先生。遗憾的是二十多年来，我衷心赏爱的两位作家，至今还素昧平生。一位是王若望先生，一位便是茹志鹃先生。"⋯⋯这类小品文字，内容充实，或叙事，或抒情，时拉近，时推远，亦庄亦谐，半雅半俗。率性挥洒，不拘一格。文字自具个性，明眼人一眼就能看出。

黄裳也这样认为："刘郎的诗与注是不能分割开来的。他的注有时比诗写得还好。这些随手写下的诗注有时就是很好的杂文。"

其实，诗歌这种体裁，决定了它言不尽意、贵有余韵的特点，而写纪事的诗，因历史赋予的丰富内涵，更难言明说清。故"纪事诗"这类作品，读者看重的往往是诗后的注，也即诗外附带的情节说明：本不知道的借此增长知识，原先知晓的体味故事背后的奥妙，有兴趣研究的则从中发掘宝藏；或言一般人欣赏的是其中的故事，而研究者则对其中的史料更感兴趣，视之为第一手文献。唐大郎的"打油诗"固然出色，但若无注，其魅力则不免要大打折扣。

唐大郎是个交游广阔的人，在戏剧、电影、文学、新闻等各界都有很多朋友。这就又显示了他的诗的另一种特色："他是用诗和诗注的形式来作新闻报导的，因为他又是一位报人。"这是黄裳的观点。熟悉电影史的朋友都知道，在抗战胜利后的中国影坛上，文华影业公司是最让人高看一眼的，唐大郎在 1948 年初写的一篇文章中恰巧谈到了这一问题，并对自己有"文华"这样的一批朋友而感到由衷的高兴：

> 文华公司的编导阵容，如钢似铁，这是公认的事实，用不着我来替他们夸张，如黄佐临、曹禺、桑弧，在戏剧上的造就，都是超然绝诣。中国的电影戏剧，目下已由幼稚时期到了健盛时期，他们都是功臣。他们以外，还有一个金山，最近我们看了《松花江上》的气象万千，我不能不钦服我的老朋友，十年来的努力，真有两下子。
>
> 昨天是我愉快的一天，我同他们在一起吃饭，他们都同我很好。桑弧平时和我们常在一起，与佐临认识亦已多年，惟有曹禺相交不过一载，但他们对我的了解却是一样的。我是因为崇拜他们，由崇拜而生敬爱之诚，每次和他们在一起的时候，我会有一种"虚荣心"，觉得我也是第一流的人物。（高唐：《我的虚荣心》，1948 年 2 月 2 日《铁报》）

唐大郎一生为人，风流倜傥，率真洒脱；其撰文写诗，则感情浓烈，真挚清澈。柯灵写道："刘郎是熟人，我自信多少还能了解他。他的好处是通体透明，没有一点渣滓。高贵也罢，鄙陋也罢，他从不文饰自己,这才是真正的'水晶肚皮'。才气使他狂放,而坦白使他廓大,如果有缺点,那是有时不免感情用事,趋于褊急。"这是知心朋友的评价。唐大郎对美和善的人与事物,似乎有一种天然的亲近感。符铁年弟子朱尔贞小姐聪慧多姿,能书善画,也是唐大郎经常来往的朋友。唐大郎有一篇文章写到他的微妙心态:

> 认识朱尔贞快三年了,近半年来,我们见面的时候比较多些,她一身怀着清才绝艺,又是风骨如仙,近她身时,就觉得秀气袭人,这样的小姐,是不会叫人起什么亵念的。有时在一起吃饭,她是傍着我坐,这时我常常有一种希望,希望跑来一个陌生朋友,经过一阵寒暄之后,忽然指着她,问我:"这一位是你的小姐?"当时我自然会加以辩白,但心里将是无限喜悦的;我以为能够范铸出这样一位小姐来,总是值得骄人的事。(高唐:《思女狂》,1946 年 9 月 3 日《铁报》)

唐大郎曾育有一女,但年幼即逝,其心中隐痛自然惟有自知,他曾有一篇文章写到这种怜女的心情:

> 我是没有女儿的人,近来之方常常跟我提,到了我们这种年岁,其实不应该再要什么女朋友,最好有一个长大一点的女儿,天生的漂亮,大方,没有事,就带着她满处乱闯,听相识的人见了她赞不绝口,这心境也是够愉快的。(高唐:《思女狂》,1946 年 9 月 3 日《铁报》)

读了此文,再去回味他对朱尔贞的欣赏,体悟会更深一层。同理,他写才女周錬霞,虽仅短短一句,但欣赏关切之情却溢于言表:"难得出一个周錬霞,但她的丈夫是重利轻别离的远走台湾,她却耽在上海。"

1949 年后,唐大郎先是在夏衍支持下主办《亦报》,过渡之后,进入《新民晚报》主管副刊,提出著名的三段论:上身思想性,中间知识性,下身趣味性。把晚报的副刊《繁花》等办得花团锦簇,大受读者欢迎。他在《晚报》上虽然时有诗文发表,但这一时期,他的作品集中刊登在香港《大公报》上,主要写了两个专栏,前有《唱江南》,后为《闲居集》,数量有六十万字之多,在海内外深受好评,也引起了周恩来的注意,生前曾两次对夏衍提起:唐大郎在香港发表的组诗"是有良心、有才华的爱国主义诗篇"。

唐大郎于 1980 年 7 月 20 日病逝,夏衍对他有这样的评语:"他的一生,是一个勤奋劳动的、正直爱国的知识分子的一生。"可谓盖棺论定。8 月 2 日,唐大郎追悼会在龙华火葬场大厅举行,治丧委员会由夏衍、赵超构、于伶、柯灵、陈虞孙、桑弧、吴祖光、费彝民等十八人组成。

唐大郎 1908 年 9 月 18 日出生在嘉定,今年正好是他诞生 110 年。

原载《文汇报·笔会》,2018 年 9 月 19 日

唐大郎和他的同时代人

——桑弧

张 伟

　　熟悉报界历史的人大都知道,上海小报界历来就有"三剑客"的说法,指的是龚之方、胡梯维和桑弧这三人。他们身上有一些共同之处:诸如介入小报界的时间较早,文章写得漂亮,人脉深厚,影响广泛,等等,故得到同人的尊称。

　　其实,这报坛"三剑客"也是与唐大郎关系最好的三个铁哥们。

　　龚之方是唐大郎的老搭档,从 30 年代初在《东方日报》各编一版副刊起,他们就是同行伙伴,以后一起接手《光化日报》,一起创办山河图书公司,一起编《大家》,一起推出《海风》,开创方型周刊新局面,一起主编小报界最后一块阵地《亦报》。他们始终同出同进,一个台前奔走,一个幕后运营,被同行们戏称为"孟不离焦,焦不离孟"的一对铁搭档。吴祖光曾用北京话说他们是"眼镜儿","言其两个连在一起不会分开也"(吴祖光:《我不能忘记的一个演员》,《大家》,1947 年第 1 期)。

　　胡梯维与桑弧也都是和唐大郎可以互相说真话的文坛之交,是可以掏心剖腹的铁杆朋友。胡梯维因是资方,在身份上可能多少还隔着一层;而桑弧和唐大郎,都是替老板打工的,身份相似,爱好相同,情趣相类,彼此交往因此而可以更进一层。唐大郎十分欣赏桑弧为人的纯真,认为"醉芳(桑弧)执事于阛阓间,而温雅不脱儒者本色"(高唐:《高唐散记》,1938 年 9 月 14 日《社会日报》),并赞赏"醉芳诚今之佳子弟,其人圣洁,朋友已绝少如醉芳之为人者"

（高唐：《高唐散记》,1938 年 5 月 20 日《社会日报》）；至于桑弧的文章,唐大郎更是高看一眼,认为"白话文,自是以桑弧为独步"（刘郎：《定依阁余墨》,1941 年 10 月 10 日《小说日报》）。

一

唐大郎和桑弧的认识交往大约始于 30 年代中期,其源头是因为对周信芳麒派艺术的共同喜爱。桑弧在 1947 年曾给唐大郎写过一封讨论悲剧艺术的公开信,起首就是这么几句："大郎兄：和你认识了十多年了。记得我们最初的相识,还是由于'捧麒'的一点因缘。"（桑弧：《从〈青风亭〉说起——与大郎论悲剧》,《大家》1947年第 2 期）当时,周信芳本着改革旧戏的愿望,在剧本、唱腔、身段、舞台等方面,对传统的京剧艺术进行了一系列的改革,号称旧戏革命。桑弧、唐大郎等人都是周信芳倡导的这场革命的最坚定的支持者。桑弧当时写过不少赞誉麒麟童的文章,一律署名"醉芳",以示醉心周信芳。而唐大郎开始还有些保留,认为周信芳的嗓音之"沙"不无小疵,但很快就被周信芳独特的嗓音魅力所征服,他在报上公开撰文,表示：如能与信芳同样喉咙,与信芳同样一腔,"别说吃几斤糠,吃几担糠,愚亦何辞哉!"（某甲：《某甲散记》,1936 年 10月 19 日《世界晨报》）至 1936 年,唐大郎和周信芳的关系已经非常密切,周信芳不但和他互通信件,赠送照片,还与之一诉心曲,倾吐胸中的烦恼。唐大郎上台演戏过戏瘾时,周信芳还把自己的行头借给他,甚至还和他一起上台演戏,这让唐大郎整整乐呵了好一阵,并视之为自己票戏生涯的最高荣耀。写周信芳的诗作很多,但唐大郎写的几首却被公认为杰作,尤其是大郎写周信芳演《刘唐下书》的绝句："行路登楼颇耐看,小锣紧打客心寒。郓城托出刘唐

美,只在襟边与扇端。"被誉为"戏好,诗也好,最能道出其魅人的神韵。"(唐大郎老友吴承惠语)

桑弧曾写过一篇文章,把信芳演技最精的戏排了七天,名之为"信芳周"。当时引起了很多麒派爱好者的兴趣,纷纷参与讨论。作为"捧麒"大将的唐大郎当然也不会缺席,他曾直率地对桑弧说:他不赞成"信芳周"中列入《董小宛》,如担心将因此缺少红生戏,则大可以《雪弟恨》取而代之。至于《九更天》之类与人性情理不合的旧戏,他更为反对。唐大郎为此特地在报上刊文发表自己的意见:"吾人固爱赏友信芳者,亦当以朋友之情,对此一代艺人,加以体恤,尝与信芳言:《明末遗恨》自为名作,然也不愿接数日演之。我之杞忧,以为信芳唱十日《明末遗恨》,纵不死,亦将大病,故不愿其多劳也。《群英会》亦演一出已足,第不带《华容道》则可,不带《打黄盖》则不可也。《打盖》一场,信芳表情之妙,实为全剧精彩焦点,讵可忽之?"(高唐:《高唐散记》,1936 年 9 月 3 日《社会日报》)分歧皆因"醉芳"起,而桑弧、唐大郎他们之所以如此"醉芳",除了迷恋周信芳的麒派艺术之外,在民族危难的当时,更多的恐怕是钦佩周信芳的民族大义,并借此倾吐他们自己心中的块垒。1937 年抗战爆发之后,唐大郎在报上撰文,其中有这么几句:"连夜听信芳播音,一夕,唱《明末遗恨》,此剧屡见之于舞台上,然当此听之,益觉悲梗不能饮食,道白中无一字不孕藏血泪,如对李国桢曰:'卿家,你为孤王杀贼去吧!'杀字拖长,第感觉满耳苍凉,心如煎沸,嗟夫!此血性汉子,震天铄地之音也!"(高唐:《高唐散记》,1937 年 10 月 3 日《社会日报》)1938 年,上海已沦为"孤岛",四周皆为日寇,只有租界勉强维持相对独立的状态,唐大郎再次在报上刊文谈到"麒派艺术",文曰:"予每观《明末遗恨》,必陨泪,忧时哀世之心,至今尤烈,而苦无以宣泄,乃借亡国君王之悲声壮语中,一纾其抑郁,为情亦可悯矣。"(某甲:《随笔》,1938 年 2 月 22 日《东方日报》)

1937 年,抗战风云骤起。10 月 6 日,田汉、欧阳予倩、周信芳等二十余人在卡尔登大戏院举行座谈会,讨论抗日救亡运动问题。次日,在戏院举行上海戏剧界救亡协会成立大会,协会下辖十三个救亡演出队,随即奔赴全国各地,进行抗日宣传活动,而卡尔登大戏院则进一步成为整个“孤岛”和沦陷时期上海戏剧演出影响最大的重镇。周信芳组织移风剧社,在这里排演蕴含民族大义的《明末遗恨》《香妃恨》《徽钦二帝》和《文素臣》等多出戏剧,轰动一时。公演之夕,有“万人空巷来观”之说,演出连满数月,当时几乎无人不知,各家报纸也争相辟出版面进行讨论。唐大郎和桑弧他们之所以能在周信芳四周形成“捧麒”阵营,正是源于这样基本的伦理情操。

周信芳是海派京剧的一代宗师,而他与话剧艺术也很有渊源。他早年曾参加过著名话剧团体南国社,和田汉是好朋友,日后,他和很多话剧界的编导及演员都有密切来往,他主演的剧作也有不少是话剧界的朋友编导的。周信芳在卡尔登的京剧演出固然成功,而他发起并主演的一次话剧演出,同样让后人津津热道。这出话剧就是曹禺的名剧《雷雨》,而唐大郎和桑弧,也因此有缘在这出话剧中有了一次难得的同台演出的机会。卡尔登每逢岁暮,都会筹备剧目以演出收入赈济难民,1940 年 1 月农历年末演出的是曹禺的名作《雷雨》。这场演出以“旧剧从业人员和文化人合演”为号召,由朱端钧导演,周信芳客串扮演周朴园,同台演员有金素雯(繁漪)、桑弧(周冲)、胡梯维(周萍)、马蕙兰(侍萍)、张慧聪(四凤)及高百岁、唐大郎、吴性栽等。由于演员阵容强大,且是各界名人反串演出,故引起强烈反响,至今仍是人们喜闻乐见的剧坛逸闻。当晚剧终后,全体演员簇拥导演朱端钧先生合影留念。这张珍贵的照片前几年始公开披露,成为见证这场特殊演出的珍贵遗物。后排左三是饰演仆人的唐大郎,而前排左一则是饰演周冲的桑弧。唐大郎在戏中虽然只是饰演一个不起眼的仆人角色,但在排练时,因周信芳剧务繁忙,故自告奋勇担任周朴园一角的替身,让桑弧、胡梯维、金素雯、张慧聪等一干演员都围着他低眉服小,大大享受了一把"老爷"和"父亲"的滋味。

二

　　桑弧早年曾服务于金融业,但酷爱影剧,发表过不少相关文章。至 40 年代初,进入影坛,师从朱石麟先生,成为电影界的一名新人。1941 年,他创作电影剧本处女作《灵与肉》,这时始起用艺名桑弧;次年又写有《洞房花烛夜》和《人约黄昏后》,均由朱石麟导演。1944 年,桑弧拍《教师万岁》,虽然是第一次执导,但此前他已写过不少电影剧本,加上他长期跟随朱石麟先生,故对导演这一行当并不陌生,举手投足之间充满了自信。很多人看好这位新进导演的前途,《教师万岁》特刊上有一张桑弧导演生涯的工作处女照,十分传神,编者写道:"桑弧以文质彬彬的书生姿态,喊着'开末拉'声号,应付裕如,谁都不相信他是第一次尝试导演工作。据当时在场看拍戏的人说,这位新导演的手法相当细腻,即每个镜头角度也非常美妙,所以大家都预测将来的成绩一定是很好的。"当时桑弧十分勤奋,拍完《教师万岁》后又开始执导《人海双珠》。老友柯灵写了《浮世的悲哀》一文表示对桑弧的关心和希望:"桑弧又到徐家汇去了,为了他的《幽兰谱》——或是《人海双珠》,听说正忙着,整晚都在摄影场上辛苦工作。希望他快乐! 创造与劳作应有的快乐。"作为桑弧老友的唐大郎,对他的导演处女作自然更为关切,又是电话慰问,又亲至拍摄现场,还几次作文刊于报端,时刻披露影片的进展和动态:

　　《教师万岁》已尽十之五六,更二十日者,当可竣事。吾友桑弧，迩日乃挥汗于摄影场中，不遑休憩。昨日室内热度高至九十八度，念吾友贤劳，因致一电话慰问。（云郎：《云庵琐语·客串镜头》，1944 年 7 月 28 日《力报》）

桑弧导演《教师万岁》，近来工作尤为紧张，恒亘一星期不获休息，天大热，戏常在夜间开拍，以夜间摄影棚之门，可以洞辟也。故桑弧恒凌晨始睡，其体质甚亏损，朋友以其劳苦为念。顾吾友乐此不疲，此正如某君所谓凭着一股子傻劲而干者也。全戏旬日以内，或可完成，惟剪接配音，尚需日期，大抵一月以后，可以上去。献映之日，至友将与桑弧尽一日之欢，所以祝其大功完成也。（高唐：《高唐散记·桑弧劳苦》，1944 年 8 月 9 日《社会日报》）

如果以 1949 年新中国成立划线，桑弧在旧中国导演的处女作是 1944 年夏拍摄的《教师万岁》，执导的最末一部影片则是 1949 年春公映的《哀乐中年》。两部影片虽然相隔了五个年头，但其风格却是大致一样的，即采用喜剧形式去拍摄正剧，但在笑声中又糅进了一点苦涩，着重人情世态的体会与表现，引人思索；影片追求雅俗共赏，力求做到能为普通观众所容易接受。

编导《哀乐中年》时桑弧已是影坛的名家了。他是"文华"最早定下的基本编导，他编剧的《假凤虚凰》，执导的《不了情》《太太万岁》等都引起过强烈反响，故他的创作心态也更平和。桑弧在《哀乐中年》中想表达的主题是：人到中年，仍要上进，如果只是以优游的态度去排遣岁月，那是生命的浪费。他仍然以喜剧的形式去拍正剧，但手法更加娴熟，已经越过了"制造喜剧"的阶段，而让影片本身来给予观众一种"喜剧的感觉"。故当时影评说："全剧的进展，平稳、冲淡，仿佛一首清丽的诗篇，然而每一个镜头，每一尺胶卷,都有深度的含蓄,使人起会心的微笑。"(李瑞云:《〈哀乐中年〉先睹记》,1949年4月19日《申报》)影片最后主人公陈昭常将儿子送给他的"陈氏墓园"改建为"陈氏小学",同时他与敏华的新生儿也正呱呱坠地。这是极有亮色的一笔,让人感到"生命无处不在",正如影片广告所宣传的那样:在《哀乐中年》里,你能感受到"秋天里的春天"。

桑弧先生曾回忆说:"《哀乐中年》在上海公映是1949年的4月底或5月初。"他的记忆很准确,《哀乐中年》首映于4月21日,7天后结束首轮映期。其时中国正处于翻天覆地的大变革时期,像《哀乐中年》这样蕴藉含蓄的作品未免不合时宜,所以很快它就黯然失色,并长期受到批评,这种境遇直到近年始有所改观。

《哀乐中年》在首映之时,敏感的唐大郎已经预感到了影片的"不合时宜",一贯坦率的他直接以《不要浪费了桑弧的心血》为题,在报上发表文章,替老友感到委屈,替影片的放映时机选择不当而深感惋惜:

> 桑弧兄的新作《哀乐中年》,我看过了。我来不及赞美这张片子,我也不想在文字上恭维老友,因为我同桑弧的关系,即使把这张片子,掬诚介绍与读者,有许多读者,一定还会疑心我是盛情作用。

> 截止我写这一篇稿子的时候,《哀乐中年》的预售情形,还没有晓得。在此电影院生意一概衰落的时候,《哀乐中年》是否能够可以轰动?实在没有把握,一张片子的好坏,不一定以观众多寡为荣辱的,但真正的好片子因为环境关系,而使它湮没了,剧作者心血的浪费,固然可惜,而电影观众因此错落了可贵的机缘,未尝不是损失。

> 我看见《哀乐中年》,在它开映的前一天,假如早十天,或

者半个月，我一定向文华公司建议，请他们藏一藏起来再说；不要把好片子牺牲在这一个混乱局面之下，这一个顾虑，实在太可能了。（高唐：《高唐散记·不要浪费了桑弧的心血》，1949年4月22日《铁报》）

同年7月，《哀乐中年》在首映三个月后复映，担忧影片成败的唐大郎再度撰文，呼吁观众走进影院去观看这部难得的好片：

我尤其替老友可惜几个月的呕心沥血，叫这时代浪费了。现在还好，到了清明世界，"文华"把《哀乐中年》在上次原来的几家戏院复映一次，读者诸君，你们假如对于艺术的看法，认为要有性灵，要有情感，又要有意义，而本身又是一种清新流畅的东西，那么你们千万不能不去看一看《哀乐中年》，它是只有上面的许多条件的。

《哀乐中年》在第一次开映时，我看过，我感动到现在，印象没有冲淡。我的掬诚推荐，决不因为桑弧是我的朋友，实在为了戏真不错。戏太错，而我胡乱吹牛，那是糟蹋朋友，我决不会做的，十多年来，我一直是爱护桑弧的人。（刘郎：《定依阁随笔·哀乐中年》，1949年7月11日《大报》）

"我一直是爱护桑弧的人"，这句话说得真好，芸芸众生中而有这样的朋友，可说此生无憾！

说来奇妙的是，在桑弧导演的影片中，我们居然能够看到唐大郎的尊容和身影，而且不止一部电影。有点尴尬的是，唐大郎并非英俊小生，方脸造型，其貌不扬，故无论是话剧舞台还是影坛银幕，他饰演的要么是仆人、路人甲之类，或者干脆就是嫖客赌徒之类的反面角色。好在唐大郎是一个豁达的人，并不在意这些，登舞台和上银幕,对他来说,首先是好玩,故愿意试试,开开眼,也过过瘾;其次就是帮朋友的忙,朋友有此需要,他自然义不容辞。桑弧编剧的《灵与肉》(上映时改名《肉》)拍摄时,唐大郎应邀在片中扮演一个嫖客。影片试映时,桑弧特地给他送来票子,开映前还打电话提醒别忘观影。等唐大郎急急匆匆赶到影院时,影片早已开映,而他的处女镜头也已经映过,但他还是看到了自己在影片中余下的表演,大呼过瘾。事后,他还写了一篇文章,题目就叫《在银幕上看见我自己》,描写自己"兴奋又复忧惧","转为之释然"的奇妙心理:

> 《肉》,在八日上午十时半,试映于新光。予十时始起,桑弧以电话来催,匆匆与家人梳洗毕,驱车往焉。至则已映十之二三,而予之第一个镜头,且不及见。及映至舒丽娟提起唐大人时,知予将登场,此时之心理,正如十年前初投稿于报纸上,一报既揭,亦不知予之文字,乃成何格局也?于是兴奋又复忧惧,及吾身已入画面中矣,转为之释然。在银幕上看我自己,奇瘦,两颊外拓,状至可怖,此时几为我尪瘠而忧,不暇辨戏中之动作矣。
>
> 桑弧之剧本,既精警非恒流所及,朱先生导演手法,则又出之以一贯轻灵,乃成双绝。英茵之好,无可伦拟,举域内银坛,殆无第二人称此才者。顾也鲁、屠光启,后共饭于会宾楼,席上人为桑弧与朱先生庆,亦为莫顾诸人,祝成功焉。(刘郎《定依阁余墨·在银幕上看见我自己》,1941 年 9 月 10 日《小说日报》)

等到 1944 年桑弧自己执导《教师万岁》时,又拉唐大郎上了一次银幕,而且,这次不是他一个人,连他夫人以及周遭铁杆朋友龚之方、胡梯维、金素雯、管敏莉等,一起来了一次团队表演。这次拍摄,他们是饰演一群赌客一起围桌推牌九。群众场面,人多燥热,灯光炫亮,又时值盛夏,正逢炎热,唐大郎他们在闷热的摄影棚里吃足苦头,并为之长了一身痱子。唐大郎特地著文记载此事:

> 参加《教师万岁》中一个镜头者,为凤三、梯维、之方、素雯、素英、敏莉及愚夫妇,时为七月十二日下午四时半至七时半。在摄影棚中,炙于灯光下,凡三小时,汗出如浆。之方、凤三、素英皆化妆,素英且着礼服,若披靠登场,真不知如何熬过来也?是日绍芬与勇石皆至,石麟、光启并来,而绍华与夫人亦双临参观,不辞路远,不惮冒溽暑,桑弧至此,乃深感朋友隆情,为不可及。(刘郎:《定依阁随笔·摄影棚中》,1944 年 7 月 15 日《海报》)

桑弧非常感谢这群铁杆朋友的仗义参演,对他们的表演更是十分满意。当时在摄影棚观看的老资格导演李萍倩对他们的演技也"奖饰有加",认为在临时演员中,"此皆上乘之选",他并当场表示,以后自己拍电影,也一定请他们帮忙。要不是当时有专门召集临时演员的机构"上海社",该社的负责人潘某又和唐大郎相熟,按唐大郎的朋友原则,所谓"光棍不断他人财路",则客串镜头之事,实可一而不可再也。否则,唐大郎他们完全有可能在银幕上留下更多的身影。

三

很多人写过他们心目中的唐大郎,但我以为,桑弧这篇写于1941 年的《怀大郎》,肯定是其中最精彩的篇章之一。当时,桑弧很久未见大郎了，他在寒春中怀念起大郎，只用寥寥数语，桑弧就简明扼要、生动传神地勾勒出了唐大郎给人留下的基本印象，即"粗犷的妩媚"，他写到："春天过去了一半了，寒威却仍旧笼罩着人间，加以近来多雨，中宵无寐，听着那凄清的雨声，不由地忆起了许多朋友；大郎便是我所常常怀念的一个。在朋友中间，他的性格最最绚烂夺目，要是一个人的性格可以用线条的勾勒来表示，那么勾勒大郎的性格所需要的线条总比别人的来得简单；可惜我不是这样的高手。我很喜欢同大郎谈话，他的话调里蕴藏着丰富的活力。有时我用欣赏一件艺术品的态度来听他的说话以及审视他说话时的神貌，就常常引起一种舒适之感。不错，大郎的话语是不大讲究'雅驯'的……可是，正因为他从不矫揉造作之故，他的粗犷便形成了一种妩媚。一个真正懂得美丑的人，大概能够发现大郎的仪表谈吐包涵着许多美的特性。"（桑弧：《怀大郎》，1941 年 3 月 19 日《社会日报》）如果只是从字面上去欣赏这些美丽的辞藻，那是没有看懂桑弧的一番苦心。1941 年的寒春，上海身陷"孤岛"的恶劣环境中已经进入到第四个年头了，人们在苦盼黎明，可他们哪里想到，即将到来的岁月却更加让人失望。1941 年 12 月，太平洋战争爆发，日本向美国宣战，同时，他们进占了上海的法租界和公共租界，上海直接成为了日本军队占领的沦陷区。就是在这最黑暗岁月的前夕，桑弧写下了这篇《怀大郎》，他在结尾意味深长地写道："大郎呼吸于狭隘的圈子，他的生活观念在某一意义上自然不十分进步，但至少对于义利或忠佞的辨别，大郎是俯仰无愧的。"（桑弧：《怀大郎》，1941 年 3 月 19 日《社会日报》）桑弧是懂得大郎的，他知道大郎平时随意散漫，说话毫不顾忌，仿佛对政治毫不关心，但其实他心里是有一杆秤的，即民族大义绝不可丢。正是这种心领神会的惺惺相惜，使他们成为了毕生不渝的好朋友。

桑弧从 40 年代起就投身影坛，精力全部放在了编导电影上面,和唐大郎见面来往的机会大大减少,但两人的友谊却并不因此而疏远。唐大郎 1948 年曾在报上发表有一首《简桑弧》,非常细腻传神地写到了两人之间见面虽然不易,但思念之情却更加深沉的感情:

> 元无方法抑灵根,细数如何淡此痕?
> 关到死生言便重,近来心绪酒难温。
> 片词遂酿轻腰祸,经岁方知镂肺恩。
> 孰意故人潦倒后,断魂不易况销魂!

> 一日,桑弧过存,余适外出,留字曰:"弟甚以兄为念",余读之恻然,因报以诗。(高唐:《简桑弧》,1948 年 3 月 16 日《铁报》)

在唐大郎的作品中,像这类以"简桑弧""呈桑弧""寄桑弧""送桑弧"等为题的诗作,有很多很多;而桑弧则无论是拍片出外景,还是出国有访问,都每每会从当地寄信写诗给大郎,慰其思念之情。1957 年 7 月,桑弧和白杨出国到捷克斯洛伐克参加国际电影节,唐大郎特地赋诗一首,以作送别,诗中就幽默地写到了他们的这种特殊友谊:

> 昔有异域行,近闻复出国。去岁往苏联,今年赴捷克。昔携祥林嫂,今带梁山伯。昔者同行黄,今乃偕去白。才图半载聚,忽又遥相隔。君自得遨游,怅怅我和石。(在上海,石挥、桑弧和我,晤面甚频。)一待汝归来,我欲搜行箧。不要皮鞋酒,但求糖一盒。(近年喜吃捷产糖果。)

> 去年八月,桑弧和黄佐临他们到莫斯科,那是因为《梁山伯与祝英台》在彼邦上映;今年七月初,他又和白杨到捷克斯

洛伐克去参加国际电影节，则是因为他的新作《祝福》，又在彼邦上映。不到一年，此君两度出国，真叫我眼红极矣。（刘郎：《唱江南·送桑弧赴捷》，1957 年 8 月 5 日香港《大公报》）

1949 年后，桑弧和唐大郎两人，一个已是影坛的著名导演，执导的《祝福》《梁山伯与祝英台》等影片大获成功，广受好评；一个则是《新民晚报》的副刊主任，将《晚报》副刊办得雅俗共赏，繁花似锦，还在香港《大公报》上发表组诗《唱江南》，被周恩来称赞为"爱国主义的诗篇"。但好景不长，"文革"中，毫无疑问，两人分别被作为反动的资产阶级知识分子代表打进了牛棚，经受了人生中最黑暗的时期。但即使在这样的恶劣环境下，两人的友谊也经受住了考验。前一阵，外间流传出一批桑弧在"文革"中写的交待材料在网上公布拍卖，在厚厚几十页的交待材料中，凡是写到唐大郎的地方，桑弧一律只是客观描述，从无恶意贬低、盲目乱批的现象，连当时普遍的批判语言也不加在大郎身上，不禁让人感慨万分。而同样在"文革"时期，唐大郎在经受批判之后，仍忘不了写几句"歪诗"倾吐肺腑。百无聊赖，闷得发慌之余，他决定仿《渔洋怀人三十二首》，也写一组怀念朋友的组诗，被写到的朋友有赵超构、黄永玉、陈凡、潘际坰、吴承惠等，都是他最交心的人，其中当然不会漏掉桑弧。这首怀念桑弧的诗是这样的："输诚护短当初惯，饮博歌呼是弄痴。任使旁人唤桑老，对君犹似李生时。"（《唐大郎致吴承惠》，选自刘衍文、艾以主编《现代作家书信集珍》，汉语大词典出版社，1999 年 6 月版）即使是在不正常的"文革"年代，诗中也丝毫不见低沉颓废的消极思想，而是回忆了当年两人豪饮逐歌、逸兴遄飞的青年生活，既充满了乐观的情绪，又深深抒发了对老友的思念。短短二十八言，就写出了这么一首好诗，大郎毕竟还是大郎！

寒冰消融，春风频吹，1976 年 10 月，黑暗的"文革"终于结束了,桑弧和唐大郎又获得了新生,走上了各自熟悉的岗位。桑弧重新开始编导电影,焕发出了人生第二春;唐大郎则向上积极写信,建议《新民晚报》重新复刊,期望重振旗鼓,再谱新曲。1979 年夏天,桑弧导演的喜剧片《他俩和她俩》试映,送了票子来,请唐大郎去看。而此时的唐大郎却再也不敢走进电影院了,神经过敏的毛病,已经让他无福消受冷气的开放。一年之后,就在《新民晚报》即将复刊之际,唐大郎终因罹患癌症,于 1980 年 7 月 20 日病逝。夏衍对他有这样的评语:"他的一生,是一个勤奋劳动的、正直爱国的知识分子的一生。"可谓盖棺论定。8 月 2 日,唐大郎追悼会在龙华火葬场大厅举行,治丧委员会由夏衍、赵超构、费彝民、于伶、柯灵、陈虞孙、吴祖光等十八人组成,桑弧的名字赫然在列。

原载《蠹云》,2018 年第 5 辑

大郎之后无大郎

祝淳翔

一、"粉丝"众多

套用两句古龙谈王度庐的话：现在的年轻朋友们大概已经很少人知道唐大郎是谁了。幸好我已不再年轻，所以我还知道唐大郎是谁。

若将时钟回拨至上世纪三四十年代，唐大郎的名气之大，拥有的粉丝之多，在旧上海爱读小报的读者眼里，算得上是家喻户晓。2010年，晚年董鼎山在回忆录里，就曾谈及："在那战后复兴期间，唐大郎之名在上海几乎无人不知。"（《赴美前的报界轻松生活》，《散文》2010年6期）

口说无凭，不妨从大郎旧日的亲笔记述中撷取数例。在《小时候我就看小型报》的第二段，文曰：

前两天，我认得两位小姐，一位是新闻记者蒋友玖，一位是画家朱惠贞，她们都是二十开外的人，却对我说："唐先生，我们都久仰您了。"我非常诧异地反问她们：久仰我？我写的东西，你们也会欣赏？她们说："打小时候就看起了。"我突然想起，有许多人曾经对我说：像你所写充满着"浪漫""颓放"的文字，真是误尽苍生！但这一天，我细细观察两位小姐的举止、性格，她们实在没有受着我的影响，我于是得到了一种莫

名的安慰。(高唐:《铁报》1946年8月31日)

细辨文意,似乎流露了一丝歉疚,但更多的则是得意之情。又,名演员蒋天流也是大郎的"粉丝"。据"她对桑弧说:目下她还看一张《铁报》,而单单看我一个人的稿子,《铁报》到了,她翻《高唐散记》,读完了我的稿子,把报纸搁置起来"(《我的读者》,《铁报》1948年5月21日)。还有,大郎的好友冯亦代的父亲,生前是《铁报》的忠实读者,尤其嗜读大郎的稿子,如遇报上偶有缺刊,总会把儿子找来询问;当读到大郎的得意之作,"他老人家便叫亦代再读一遍"(《吊文字知己》,《铁报》1949年1月10日)。有此老年知己,亦足以傲人。

类似的忠实读者自然多得是,就连张爱玲也因深受唐大郎诗文的感动,竟在一次朋友餐聚时不避冒昧,同大郎的太太开玩笑说:"我晓得唐太太曾经到过一趟北平,唐先生写过几首诗,寄给你的,非常动人。我想你可以多出几趟门,让唐先生好多写几首。"(《我同太太的做人态度》,《沪报》1946年8月16日)

凡此种种,均证明其文名真实不虚。倘若综合考察大多数论者的评价可知,小报状元唐大郎是一位诗文兼擅、才情卓异的洋场奇才。

二、一骂成名

小报文稿来源广泛,内容芜杂,到处可见嬉笑怒骂的游戏文字。而唐大郎性格泼辣,笔墨酣畅,不愧为个中的翘楚。成为职业报人后不多久,唐氏便被人唤作"江南第一枝笔",据说缘于他骂人骂出了名。所骂的对象上至一国权贵、巨憝,下到奸商、米蠹虫、二房东……真是应有尽有。大郎在报上骂人,可谓声势惊人,据《海报》社长金雄白回忆,该报"写稿人中间,有几位是笔下毫不留情的,如唐大郎,不知骂过我几多朋友,害得我一直向人打躬作揖到处陪罪"(《汪政权的开场与收场》)。大郎也曾自剖说:"我一向在文字上骂人,都一贯的酣畅淋漓,连蕴藉都不懂。"好在他并不尖刻,因为在他看来,"尖刻是一个人的天性,凡赋性阴鸷者,出之于笔下,必定尖刻,这种人镇日在处心积虑,谋如何利己,而陷害别人,阴损别人,气量是狭窄的,心地是毒辣的"。(刘郎:《我不"尖刻"》,《光化日报》1945 年 7 月 19 日)更难能可贵的是,他倒也不是那种一冲动便逢人都骂的类型,如夏衍所说,"大郎写文章骂人,不是为骂而骂,他有他的主见。阮玲玉事件成了小报热门话题,大郎就没有随声附和,没有骂阮玲玉"(转引自张林岚:《小报状元》)。

令人叹赏的还有,大郎往往骂过算数,并不记仇。例如文友卢溢芳忆及:

> 唐大郎初入报坛,为了建立声威起见,当然树敌很多,他时常做诗骂人,尝和一位《大都会报》的冯葭初,引起笔战,冯君是个好好先生,但说:大郎会做诗骂人,别人就不会做诗骂他吗?于是也做了好几首诗,拿他狠狠的骂一顿,有一首诗的开头两句云:"银行赶出到东方,辜负而翁卵里虫。"别人都认为这两句骂得很恶毒,但大郎见了非但不生气,对这两句反非常欣赏,后来经过朋友调停,大家休战,并在席上杯酒言欢,冯见了他觉得不好意思,但唐则说:"骂得好,骂得好,高明高明,佩服佩服。"接着唐又说道:冯先生毕竟是斯文的,若换了我,则"而翁"二字,必然要换上"穷爷"二字,那才够劲。这话使冯葭初听了,真是啼笑皆非。从此以后,一般人才了解唐大郎,不但一枝笔厉害,做人方面也是一位厉害脚色。(《上海滩忆

旧录》,世界书局,1980年1月版)

这则掌故亦充分反映出唐大郎与众不同的脾性:既快意恩仇,又心地肫挚。

三、不著长稿

大郎平时撰文有一习惯,即几乎不著长稿。与唐大郎有着多年交情的魏绍昌,在《唐大郎逝世周年祭》里概括说:"大郎写的随笔一般都是五六百字的短文,他最反对言之无物而又臭又长如王大娘裹脚布式的东西,我从来没有见他写过二千字以上的文章。"文长而无味道,固然不好,但究竟是他写不来长稿,还是有什么特别的原因呢?

想当初,大郎在文坛声名鹊起,此后也有文友请他为杂志供稿,他却往往推三阻四,显得很不习惯。一次,他解释自己读书既少,又无耐性,故不喜读长稿,因此不著长稿,带有文艺观的偏嗜:

> 作报人十年矣,未尝为大报书只字,亦未尝为杂志书只字也。愚读书太少,涉笔芜杂,故不能写洋洋洒洒之巨文,简而短者,有时尚能为读者所痂嗜耳。且生平不喜长篇文字,他人之文,过长者辄恶之。纵其文情美,亦不耐久读也。……朋友尝邀我为杂志作文,非不从命,懒而已。日报之文,亦天天写,不写有人来逼,则亦写之。杂志之文,可以延,可以挨者,终至一字无成……近顷,为日刊治文,一篇之成,未尝逾五百字者;有时得一二百字已止,自视太少,益之,乃语多蛇足,而全章之神韵亦失,至此悟职业文人之不可为。盖执笔之际,而迁就到

文章之长短,报纸之篇幅地位,试问宁有好文章邪?此吾辈之所终不足以成名山事业也。(刘郎:《名山事业》,《海报》1942年6月15日)

一年后,唐大郎旧事重提,则举出三项理由:

《万象》杂志出版之始,虽然蒙蝶衣兄邀我写过文稿,但我却一直躲懒,终于辜负了老友的雅望。我不欢喜在杂志上撰述,有几种原因:(一)自己晓得我平时落笔轻薄,写在小型报上,以为风月文章,还可以掩盖自己的丑陋;杂志的内容,比较严肃,终觉得我这一枝笔,不堪与高雅谐和。(二)我好像天生似的,不能写洋洋几千字的稿件;近来一稿之成,五百字已算最多的了。少至于两三百字,字字固然写不连牵,实在也没有精力来写。小型报的文稿,简短一点,原无妨碍;杂志的体裁,总以"大块文章"为合格。(三)我有一种脾气,是与胡梯维先生同样的。梯维为报纸撰述,他希望今天杀青,明天见报,迟了些日子,他便大不耐烦;我也是如此。为小型报写作,是有这样的痛快,写到杂志上去,便要使你引颈为劳。为了这三种原因,所以我自从为职业文人以来,差不多专门替小报动笔,大报的副刊,以及任何杂志上,我未曾有过只字。(刘郎:《肝胆之交》,《海报》1943年5月14日)

这次,他更将雅俗、精力和发表周期统统纳入考虑范围,无疑更为全面。

此外,上述两篇文字实际说的同一件事,即《万象》杂志拉大郎客串,而他拖了很久才满足友人的盛意。也可见大郎颇有自知之明,其选择完全符合实际。

四、生辰订误

张林岚在《小报状元》中述及："唐大郎名云旌，江苏嘉定（今属上海市）人。1908年8月23日出生在县城内的张马弄十号一户衰落的书香之家。"鉴于张先生与唐氏在《新民晚报》社共事多年，提供的数据精细入微，想必参考过相关履历材料。然而其实留有一处纰漏。

1949年10月16日，大郎在《亦报》发表《我与张飞同生日》，中谓："前天是阴历的八月二十三日，是我的生辰，忽然接着白补之先生送来一段短稿，他在考究张飞的生日，据说是阴历八月二十三日。我一面看，一面想着了老友天厂，在十多年前，捧我的文字，他说：大郎的作品，像京戏里张飞的脸谱，七分粗暴，三分妩媚。假定天厂的看法没有错，那末我与张老三相同的地方，却不止在生日一端了。"

解放前的小报上，大郎曾多次谈及自己过生日。略引数例：

> 昨日为愚三十六岁生日，效十三点诗人每逢生日必有感怀诗例，因亦作述怀诗两律句。（云郎：《三十六岁生日述怀》（有序），《力报》1943年9月24日）

> 执笔写这节文字的今日，是我三十七岁的生日。我的生日，家里人向来不替我留心，我自己更加糊涂，永远忘记了这一天，许多年不曾为我的生日，点过一次香烛，吃过一条面，今年突然会把这一天记得了，但时值非常，什么都不遑点缀，何况三十七岁根本是小生日。（云郎：《生日》，《力报》1944年10月10日）

前两天是我三十九岁的生日，自念凉德薄行，人不足法，而亲老家贫，更何敢言寿？但是有几位朋友一定要替我闹热闹热，讲明了小做做，秘密地通知了三位上海闻名的女人，从六点钟闹到十点钟……（高唐：《人头忒熟当头勿赎》，《铁报》1946 年 9 月 21 日）

前文已述，大郎爱替小报撰稿，原因之一是他写就的文字不消两三日便会见诸报端。将上面三篇随笔的发表日期转成农历，分别是：八月二十五日、八月二十四日和八月二十六日。结论是，大郎一向过农历生日的，如换算为公历，他的生日是 1908 年 9 月 18 日。

早在 1912 年，南京临时政府即发布《临时大总统改历改元通电》，宣布废除旧历改用阳历（即公历），用于民国纪年。但民间一直未能改变旧俗，由唐大郎从来不度公历生日一例，也能觑出传统观念对国人影响之巨。

五、首任妻子

唐大郎初登沪上文坛，常在小报《大晶报》上投稿，为主编冯梦云激赏，屡次予按语褒奖。1930 年，唐大郎在老家嘉定成婚。为表郑重其事，5 月 21 日的《大晶报》特将两人的结婚消息以及婚后十三日由友人施裔云所摄合影，以《唐大郎君俪影》为题，报知读者。此时，尚无从知晓唐夫人姓名。

1936 年 10 月 4 日，大郎在《社会日报》专栏《高唐散记》里，以凄清雅致的笔调，娓娓道其儿时听说的一则中秋月华传说，并与订婚事相联系：

幼时过中秋，辄不肯早眠，吾母语我：夜深时月光映五色，灿烂夺目，是在吾乡，名之月华。顾福薄之人，不可见。见之者，恒非富则贵，故天赐其人以福，于月华晌现之时，随手取一物向天空抛去，其下坠者，仍原物也。惟已易为金质，货之，乃得巨价。童年痴骏，信此说，则于空庭坐久不去，亦不如平日之倦疲欲睡，私念苟月华而为我睹者，我且以坐下之竹椅掷之，则将得一金椅，然数度中秋，卒未一靓此异彩。及长，始恍然此为神话，不可恃也。然少时爱钱之习，养成今日买奖券之侥幸心理。尝读前人笔记，亦有述月华故事者，往往与幼时吾母之诒其儿者，乃相吻合。年廿二，吾母为我议婚，新妇为愚所未识，第得自蹇修之口，谓新妇者，小字月华，愚以为月华之名大佳，或即我将来多钱之朕，因从母命。既归，至今且六易枫柳，而愚之偃促如故也。嗟夫！天上人间，我所认识之月华者，终非佳物耳。

此时方知唐夫人名讳为月华。

孰料次年 10 月 15 日，大郎竟报告夫人患痨病而死："吾妻病瘵经年矣，沪战前三月，自故乡来沪上，战后二十日，死于寓邸，遗二雏。"（《挽月华夫人》）案，第二次淞沪会战爆发于 1937 年 8 月 13 日，"战后二十日"，当为 9 月 2 日。（1939 年大郎又在《小说日报》的《刘郎杂写》专栏中称，"予妻又死于七月，则为二十九日"，则调整为公历 9 月 3 日）

三个多月后，大郎又撰悼文，沉痛忆述与妻子的结合、关系如何疏远以及亡妻病危诸事，文中饱含自责之意：

亡室之丧，将四月矣。妇来归吾家，凡七载有半，其始，能敦夫妻之爱。越一年，愚沉湎风华，弃吾妇。一·二八战事以后,举家迁沪上。时愚就役于中国银行,居妇于中行之宿舍中,愚则日处绮丛,不常晤妇,因此伤其心气。凡三年,不可相容。妇返乡去,茕茕相伴者,两子而已。一年内,见妇一二次,有时戏之曰:"吾身放纵,乃无一人预吾事者,亲如吾妇,亦置之不问。……"妇曰:"我岂不可预汝事,特无心气。"维时妇病蒂已生,故为是语,凄痛可知。二三年来,妇常病,乡间有医生,诊之,谓创于肺,因入城求治,医者曰:"病者多忧患,若求其疗,必宅心于不思不虑,渺渺之乡,非病者不可能,其殆必矣。"今春三月,始来沪,时妇以腹痛,亲烟霞,其人益消瘦,而病亦入垂死之境,至九月二日,遽暝!(高唐:《高唐散记》,《社会日报》1937 年 12 月 29 日)

以后大郎又说夫人姓沈,死后遗下唐艺、唐哲两位公子。

六、定依阁主

1939 年 4 月,唐大郎在舞场结识舞人刘美英,很快为其吸引,数数写诗赠之,其中有"望中玉貌如明月,碗底酡颜似夕曛""暂息浮生尔许劳,刘家有女似醇醪"等句,令人想见刘氏风仪之美,大郎对之倾倒之深。四个月后的 8 月 15 日,友人毛子佩创办《小说日报》,邀大郎长期供稿,创刊号上遂以笔名"云裳"写其专栏《刘郎杂写》,解释是为纪念女友惠民而设,称"初望其人,凛然不可犯,与之言,亦一婉媚佳人"。不难猜度,惠民即刘美英本名。此外,刘氏又有学名惠明(大郎昵称其明姑),小名林妹,大郎嫌后者不够风雅,改号林楣,亦作林媚、林儿。以后,因与刘氏的感情渐入佳境,便将陈灵犀"王粲天涯漂泊惯,丈夫何必定依刘"之诗句,反其意而用之,自称"定依阁主"。

1943 年 6 月 9 日,《海报》刊出《补婚记》,标志着大郎与惠明正式结合:

> 愚年二十三,娶沈氏妇,归七年而殁;遗两雏。殁后三年,乃遘惠明于沪上。惠明氏刘,已失怙恃,兄姊皆远游,茕茕而独,少愚者十年;不委身于沽屠,而甘为贫士妇,其志盖滋可悯也。刘氏事吾亲甚虔,渠育一女,未几而夭。去岁梢,又诞一雄,亦未尝以此而异视吾亡妻二子;愚甚德之。顾三年以来,愚常陷穷途,终未办婚姻上之合法手续,遂无以正名分。此在丈夫,初无置意;其为封建社会之女儿,则罔不竞此。故刘氏恒悒悒。愚谋所以慰之者,因举行一最简单之公开仪式,为补婚礼焉。六月六日,下午七时,邀至友八九人,为我证婚。愚自述数言,写于吾二人媒书之端。其言曰:
>
> 吾二人于民国二十九年春,相遇于沪上。既又互矢爱悦,惟未尝举办婚仪,迄今盖已逾三年矣。秉圣人名不可不正之训,爰于民国三十二年六月六日,在上海国际饭店之孔雀厅,出我二人之婚书,烦平时至友,如金雄白、金舜华、姚肇第、姚吉光、唐世昌、姚绍华、周翼华、陆小洛、龚之方诸先生,各赐题名,以为见证。复丐双方家长,予以署诺,然后共藏此纸,为我二人婚姻上之合法凭证,兼所以为百年永好之券也。
>
> 翌日之《新闻报》上,复刊一启事,其言亦等是。此例容无前见,今自我而创。肇第乃言,是与民法初无所背。笠诗为当世名法家,其言不背法者,吾二人皆得安心矣!

刘夫人与大郎依次生下唐律、唐密、唐勿、唐都和唐历,为两男三女。

七、长女夭折

1941 年 2 月 28 日晨八时零五分,刘惠明在中德医院产下一名女婴,后取名唐律。中午,大郎怀抱婴孩,仔细端详,发现她面部轮廓,两腮外扩,两耳奇小,与己酷肖。大郎兴奋不已,写下近二千五百字的长文《唐小孩出世记》连载于《社会日报》。可叹好景不长,长女唐律竟"以其母不肯喂以乳,而调代乳粉复不得其法,致吾女得消化不良之症",延医无效,于 4 月 6 日夭折,来去匆匆,在世仅三十八天。悲恸之余,大郎又著千五百字的《珠沉记》,向读者倾诉哀思,文末附以六首七言绝诗。其中一首:"呼儿有母泪如珠,父亦临尸泣一隅。讵汝怜予贫薄甚,不来重剥唐家厨。"以后反复叹咏,字句虽略有更改,心情则始终哀切。

4 月 10 日,《社会日报》第三版一角以《唐小孩悼歌》为总题,刊出多位文友的悼诗。几日后,诗人冒效鲁又有《闻大郎失女书二十字慰之》(1941 年 4 月 14 日):"掌上青红抹,空中恳挚词。江南一枝笔,不见挽须时。"首句化用元遗山葬女诗"掌上青红记点妆,今朝哀感重难忘"句,尤堪称佳作。

八、舅父胜父

大郎常说舅父胜似亲父。1923 年,他随舅旅居北京。当时尚未习诗,而心深喜之。舅每有所作,皆能背诵。其后,舅或已忘其自作之诗,而大郎犹记之。案,大郎舅父姓钱,本名梯丹,斋名山华阁,孤岛时期,自署曰待复庐主。钱氏为人重义轻财,又诗文兼擅,大郎评价其文,"类多以情致胜,偶作散文,又如淡素佳人,长眉轻鬓,不着铅华"(高唐:《高唐散记》,《社会日报》1940 年 3 月 6 日)。《社会日报》主编陈灵犀颇欣赏钱氏文章,自 1938 年 11 月起,陆续发表《破家赘录》《西征闻见录》及《双文小传》(此为小说,共十章)。

1940 年 2 月 25 日,梯丹先生突发心绞痛,拖至 3 月 1 日晚八时,逝于上海大公医院。大郎《云裳日记》称此日为"生命史上最伤感之一日"。此后,大郎一连多日,搜索枯肠,背诵舅诗。此处略引《赁庑》二首云:

> 赁庑不到伯通家,忆得仓街小巷斜。
> 矮屋三间楼一角,安排瓦盎种秋花。
>
> 油碧双车曲径分,尚回头去望斜曛。
> 悬知归向金昌[阊]路,应有相思寄莫云。

以后,大郎又从书箧中取其文稿《陇上语》,刊于自办的《文曲》杂志。

九、父子不睦

大郎之父本名锦帆,号经曼,是个落拓不羁的读书人,常放浪形骸,在外高乐,又久染阿芙蓉癖,父子关系并不和睦,大郎亦很少道及其父行止。至父亲老迈,彼此关系稍有缓和。

1943 年夏,父在沪鬻字,央大郎替其订润,大郎遂多次在报端张扬,称"父书以小楷弥美,行隶次之"。网上不难搜到唐经曼先生的多幅书法作品,其中有一副隶书对联:"道心静似山藏玉,书味清如水养鱼",上款为:"梦松先生法家雅正,落款:癸未孟夏,讯侬庐主唐经曼。"钤印:"嘉定唐氏""经曼"。癸未是 1943 年,对联即当年农历四月经曼先生所作,真品无疑。

1946 年 5 月 26 日,父亲病故。大郎撰《孤儿之语》(《海风》第 29 期,1946 年 6 月 1 日),将父子失和、晚年潦倒等事和盘托出:

> 先严于五月二十六日谢宾客。吾家世代书香,吾父犹青一衿,及不肖始斩,书香为物,在旧诚为门第之光,今则为穷苦之困,不肖非儒人,而命不通,不能致多金,此所以仰天长怅,泣血锥心者也。
>
> 不肖天性凉薄,幼年,即与吾父有责善之言。责善则离,圣人之语殊无欺,坐是三十年来,父子殆无温存相对之日。自父老至死,不肖更未尝饰貌矜情,博孝养之名,罪深戾重,虽百世不可赎。吾父身体本健,近岁始老态日增。十年前,父既谢浚浦事,所积不多,子又不能养,以与乡人吴蕴初有世谊,故入天厨味精厂。年老佣书,境况正复可怜。今年猝病,病时,禁毒之令严颁,吾父忧之,又天厨以吾父久假,将止其薪,其实天厨之薪,第足供吾父三五日之需,有等于无耳,而父亦萦心。既殁,家人颇怨天厨,不念旧谊,不肖独无怼,以吴蕴初为当世红人,红人便不足言情感。矧吾父有儿,儿且不孝,更乌可以道义人情,责闲人哉?

读者应悟出父子不和,错不在大郎。篇末则语气宛转地表达对同乡雇主吴蕴初苛待其父的不满。

十、拜老头子

"拜老头子",用今天的话说,即投靠有势力的流氓地痞头子,以寻求保护。大郎身处旧上海,他生性豪爽,常在报上得罪人,免不了经常遇险,有时还有性命之危。为此,他也曾经拜过老头子。此人姓樊名良伯,嘉定马陆人,据孙曜东说,樊"在青帮中的辈份很高,仅次于黄金荣,整条巨鹿路以及东部'陆家观音堂'一带,都是他的势力范围"(孙曜东口述,宋路霞整理:《十里洋场的民国旧事》,安徽文艺出版社,2014 年 4 月版)。孙还说,汪伪 76 号的著名杀手吴四宝,原是樊良伯的司机,后来成了徒弟。也可见樊氏的身份之举足轻重了。(按,另有一说,吴四宝是高鑫宝的司机和徒弟。)

这么说来,大郎干过什么伤天害理的事么?倒也没有。在大郎笔下,樊良伯的形象较为正面。一则是樊氏于 1939 年入股嘉定商业银行,身兼董事长及总经理,是继杜月笙之后,白相人变身为正经生意人的第二人。二则大郎不服家人管教,这位师父倒时常以大郎的身心健康为念,屡屡予以劝戒。

1940 年 7 月 25 日,有人电话通知大郎,说樊良伯因伤寒病住进医院已有七日,两人一齐赴院探望,临走时,樊见大郎因耽于舞丛,而精力不济、身心疲惫的样子,再次叮嘱他"宜节荒嬉,早眠早起"(云裳:《云裳日记》,《小说日报》1940 年 7 月 27 日),着实令大郎感动。同年 8 月 3 日,樊良伯病势转剧,死在院内。第二日,大郎驱车赴中国殡仪馆,睹其师遗容,"腹痛心伤不能宁已"(云裳:《云裳日记》,《小说日报》1940 年 8 月 6 日)。

十一、革命大学

大郎没有受过多少正规学校教育,如果勉强算起来,近九个月的革命大学经历,倒很值得一提。

新中国成立之初,新政权对旧知识分子施行思想改造的任务,多半是通过在革命大学以短期培训班形式来实现的。当时,大郎在《亦报》社任总编辑,在主管上海文教工作的老朋友、老领导夏衍的鼓动下,大郎决定赴京就读革命大学。1951年3月,大郎搭乘津浦路的火车,开始北上之旅。

唐大郎所读华北革大成立于1949年2月,位于京郊西苑,招生对象为党外民主人士及旧社会上层分子。据该校"招生简章",该校报名时间自2月15日起至3月5日止。大郎错过开学时间,迟了两个半月才得入校。起初,他的态度并不积极,曾坦言:"我又不是'寻生意'来的,我只要把生活改变,回到上海,还好孵到亦报社去。"好在经过学习,大郎很快弄通首先要改造思想,前提是要认真学习理论。

在"苦其心志"式的学习之余,革大更注重"劳其筋骨",即"由干部带头,全体学生一律参加劳动,种菜、掏井、挖水沟、打扫楼院及厕所,并参加帮厨、修桥等劳动"(《华北人民革命大学第一期教育情况及其主要的经验教训》)。大郎虽并不介意"轻劳小动",但也抱怨在革大的劳动强度过大:"吃重的自然是挑挑扛扛,一筐子砖头,两个人扛,走很长的一段路,遇到同扛的是一位健硕之夫,半路上我常叫救命。"(《西苑杂记之十八·扫地及其它》,《亦报》1952年2月9日)值得钦佩的是,原本身体欠佳的唐大郎,硬是跌跌撞撞地克服了劳动的艰辛。最后顺利毕业。

革大学员众多,十多人住一间房,两个人合睡一张床。同学们同吃同住,朝夕相处,相互间建立了深厚的友谊,足够令人挂念。其间,大郎还发掘了多位写作能手。其中有一位从美国回来不久的女同学,此人学贯中西,兼通诗古文辞,善绘国画。大郎便向她约稿,于是《亦报》上出现了连载小说《阿兰》,"以描写美国华侨生活为主,而以封建婚姻为副"。后来才知道,这位署名"伊湄"的作者,正是名画家司徒乔夫人冯伊湄。

十二、身后哀荣

1978 年国庆节,香港《大公报》副刊《大公园》上,刊载《告读者》,预告当年《唱江南》作者的新作《闲居集》即将见报。几日后,唐大郎即以刘郎笔名,隔日发表《闲居集》,直至 1980 年 7 月 6 日,为时近三年,共得三百多篇。很不幸,停笔两周后的 20 日晚十时半,大郎患晚期胃癌不治,逝于上海华山医院。

7 月底,《大公园》编者潘际坰在《悼大郎》里披露治丧委员会发出的讣告:

> 原上海《新民晚报》编辑委员唐云旌(大郎)同志因病于一九八〇年七月二十日逝世,终年七十三岁。兹定于八月二日上午十时在龙华火葬场大厅举行追悼会,届时请往参加。
> 唐云旌同志治丧委员会　一九八〇年七月二十四日

治丧委员会委员有夏衍、费彝民、赵超构、于伶、柯灵、陈虞孙、桑弧、吴祖光等十八位知名人士。

次年秋,大郎的骨灰落葬于苏州的灵岩山麓,墓碑请大郎的好友、名画家唐云书写,题"诗人唐大郎云旌之墓"九个大字。

1983 年 10 月,《闲居集》由香港广宇出版社印行,是为大郎唯一面世的文集。

原载《萧云》,2017 年第 4 辑

唐大郎笔下的嘉定

祝淳翔

　　唐大郎（1908—1980），本名纪常，字云旌，原籍江苏嘉定（今属上海）。他世代书香，父名经曼，是位秀才。母家姓钱，老家则在嘉定西门外的安亭高升桥畔。大郎为人爽直，重情重义，故在其数量庞大的身边随笔中，常流露出对家乡的眷恋之情。

　　值得事先说明的是，自从投身新闻界以后，大郎常年替小报撰述，生平不爱写长稿，也从未以故乡为总题，将乡居趣闻、名物风俗作过通盘的描绘。要想整理出一本与鲁迅先生《朝花夕拾》相类似的文集，是基本无望的。本文因此主要在搜集大郎发表在刊物上的诗文的基础上，从点点滴滴中，勾勒他对嘉定一城的印象。将点滴的印象凑拢来，固谈不上全面而系统，读者如果能从这位洋场奇才笔下，获取些许对嘉定尚算新鲜的谈助，吾愿已足。

一、故家·庭院·花树

　　嘉定历史悠久，自南宋建城至今，已有八百年历史。但揆诸大郎笔下，浓墨重彩的倒是故家风貌。因此不妨从这里谈起。

　　大郎的故家，为"一处半村半郭的地方"，具体说来，位于张马弄（今张马路）。大郎有一首题为《答玲珑》的旧体诗提及："玲珑寄我一封书，妙语如云又似珠。嘉定城中张马弄，重来应顾大郎居。"玲珑是大郎投稿的《大晶报》的主编冯梦云。那时，大郎二十二周岁,不久前刚在家乡成婚,原配沈月华也是嘉定人。据大郎后来回忆,中秋之夜的月光在嘉定被称为月华,传说当"月华晌现之时,随手取一物向天空抛去,其下坠者,乃原物也,惟已易为金质,货之,乃得巨价"。大郎认为月华其名,会带来财富,于是遵母命,与沈氏成婚。而那则故乡的民间传说,想必对大郎影响颇巨。

故家有前后庭院。"虽然说不上院落深沉,在后园倒也有翠竹苍松,前院更有高梧丛桂,就中的一株老桂,花开最多。"当桂花盛放之时,儿时调皮的大郎常"猱树而升,攀着了一些细小的枝叶,使劲摇撼。花是掉下来了,但掉的不及竹竿打的多。下面的人,便要催我下树,我就挑了一个枝隙,纵身而坠,下面张单被的人,乘势将我网住,我一身都埋在花堆里,仰天大乐。夜里睡在床上,白天染来的桂花香,从自己的眉发间流散出来,往往凝聚为被底氤氲"。(《桂香》,香港《大公报》1953 年 10 月 6 日)

除了桂树,庭院里还"栽种着二三缸荷花。当夏天,翠叶如盘,而洁白的花枝正当亭亭高发,这时常有蜻蜓飞来,其中就有红蜻蜓。红蜻蜓真是一种美丽的昆虫,不但它的翅膀薄得像朱红色的乔其纱那样,连身体都是透明得像支红色的霓虹管子"(《白蔷薇香初过雨》,《新民晚报》1959 年 7 月 22 日)。

还有两株蜡梅,"一棵名为馨口蜡梅,是正种。每当花时,一树轻黄,流芳奇烈。小时候赖在被窝里,习于晏起,上午一阵的蜡梅花香,飘来枕上,香里带甜,甜得人更沉沉欲睡。另外一种叫狗蝉蜡梅,是蜡梅中的次种。后来知道,这是由花籽种出来的"(《冬深话蜡梅》,香港《大公报》1964 年 1 月 26 日)。

此外,"故乡的庭院里种过芍药,总是请专门养花的人来替我家壅土施肥和关心日照等等,然后这一年的花开得很好。后来父亲不愿意每年麻烦人家,自己又不善管理,索性放弃栽种,从此就看不到自己家里的芍药了"(《香芍药》,香港《大公报》1964 年 5 月 20 日)。

到了晚年，大郎还满含深情，以诗忆述儿时故乡庭院的木香："撩起儿时梦几重，故园春事渐无踪。楼前柳老飞绵后，一架浓香逗小童。"诗注云："凡是小时候故乡老圃中所栽的花树，如紫薇、木香、梅花、杏花、桂花等，直到老来，我对它们还是有着深厚的感情。比如年年阴历四月，木香盛开，家里那座木香棚不是很大，但每当盛放，花香浓烈，引来的蜂蝶特别多。我们这些孩子都安安静静地坐在花架下面，饱闻香味。蜜蜂常常飞到面孔上来，也不大害怕。"（《闲居集·怀木香花》，香港《大公报》1979 年 6 月 24 日）每当春季来临，花树与蜂蝶相映成趣，真是一片生机盎然。

然而故乡的田园早已在八年抗战中毁于兵燹，此情此景，只是停留于脑际。1946 年底，大郎带了妻子、孩子去凭吊故居的残址。

我从前的家，不过陋屋数椽，但论环境之美，城中第一。门前都是田野，一直望到城墙，疏林茅舍，是天生的一幅图画。但今天来时，我的家都毁了，只剩一座孤楼，是我的"血地"，也是我第一次结婚的洞房，没有了田园，没有了一带疏篱，也没有了高梧翠竹。只是一片泥地，有一队兵士驻扎在这里，旁边是一排马厩……从前这里弦歌一堂，而现在则变了演武之场，但前面的旷野，依然当年风景……真有说不出的凄酸之感！（高唐：《高唐散记·朝阳依旧郭门前！》，《铁报》1946 年 12 月 31 日）

甚至连城外南翔古漪园的一种方竹，也被日寇砍伐净尽。《唱江南》里便留有这么一首绝句："依垣惘怅觅灵篁，直节无奇外相方。切齿更多伤故物，贼边争作炊薪戕！"（《古漪园杂诗》，香港《大公报》1960 年 4 月 30 日）

再后来，大郎又一次重归故里，张马弄已旧貌换了新颜。《嘉定杂诗》云："昔时门径几曾谙，惟有高天似旧蓝。安得雕鞍重坐

稳,扬鞭一路出城南。"注释说:

> 我的老家在张马弄。这地方原来的环境是:"负郭田园八
> 九顷,向阳茅屋两三间",如今也都盖满了新楼。老家门前,本
> 来有一条通往城南的小路,我少时骑了一匹马,常在这小路上
> 来回驰骋。如今这小路已改建为机动车辆入市的干道了。
> (《新民晚报》1962 年 10 月 10 日)

二、菜蔬·瓜果

与儿时梦影联系最为密切的,还有故乡的吃食。令大郎印象
最深的是蚕豆。1943 年 5 月,大郎赴龙华游览,吃起当地的炒蚕
豆,竟激起了乡思。《云庵琐语·蚕豆》里写道:

> 少时尝作春游诗云:"蚕豆花开蝴蝶飞,斯人清鬓驻清晖。
> 琉璃巨罩当天筑,罩住春光不许归。"予昨日赴龙华,是为立夏
> 日,春已归矣,乃忆吾诗,不禁惘然若失者久之。及抵龙华镇,进
> 午饭,餐肆以炒蚕豆进,甘香为上海所无,则曰:此豆采于今晨
> 者。既采,即供餐盘。若已越宿,则皮老而肉亦勿鲜。寒家门
> 外,曩有余田,亦植蚕豆,下午令佣奴采之,辄下锅。及我放学
> 归家,盛一碗来飨,取短箸代箸。小时亦知此足以尽口腹之
> 快,则大乐,不图是美味者,已二十年不获得矣。龙华之行,乃
> 使吾儿时尘影,历历都涌心头!(《力报》1943 年 5 月 8 日)

晚年的大郎还兴致勃勃地谈起童年时蚕豆的吃法:"蚕豆以上
海近郊所产的品种最好,尤以故乡嘉定所产,被称为极种。小时从

田园里摘下来,现剥现煮,重油重糖,佐以笋丁,这种佳味现在也吃不到了。"(《闲居集·吃新蚕豆》,香港《大公报》1979年5月27日)大郎小时候嗜之若命的家乡土产,名为"嘉定白蚕",其特色是"豆瓣大,形扁平,皮薄,白皮,白肉,粉末细腻,富有糯性"。因此深受人们的喜爱。

除了蚕豆,大郎还记录过一种名唤"牛踏扁"的毛豆,"颗粒大而扁,上面像有个牛蹄的印子,乡人智慧,锡此嘉名"。

还有香椿。"小时候在故乡宅后的花园里,有一棵香椿树,每年清明前,我总是自己攀上去摘它的嫩头,一摘下来,就用重油生烧豆腐,吃它一个又香又烫。有了它,连豆腐也变成人间美味。"(《唱江南·春蔬双绝——香椿》,香港《大公报》1961年4月13日)

大郎还爱生吃故乡的茭白。"记得夏秋之交,那塘边长满了茭白,近岸处塘水不深,孩子们就光着脚,跨到水里。茭白的叶子又高又绿,塘里又满涨浮萍,下半身沉在水里,连上半身都见得绿了。我们一下了水,就挖茭白的根,那肥壮的根茎上,颜色是紫白相间,一面剥,一面有红色的浆汁流出来,两只手都染上了一层嫣红,经久也洗涤不净。剥开茭白,我们就这样生吃了,你说它不能吃吗?嗳,好吃得很,那一种干脆的风味,真是生梨、苹果都不一定能够比拟。自来城市,已有四十多年没有尝了,安得在老去的光阴里,使我再到乡间,种他一塘茭白,温一温儿时尘梦。"(《唱江南·茭白》,香港《大公报》1961年7月15日)

除了菜蔬,故乡的瓜果也有值得一记的。如:"十条金"。1965年,正当"盛暑之日,归返故乡。乘凉时,乡人从井底出土产甜瓜,瓜作淡黄色,我小时候,是称它'十条金'的,但如今的青年人,却把它正名为'十条筋'。因为瓜皮上正好有十条条纹,所以他们说,应该是'十条筋'。'十条金'是从前人讨口彩,现在不行这一套了。"又有南村姚氏家园的几株异种桃树,"那桃实的皮上有轻毛,紫红色的斑斑点点,像齐白石画桃子用的颜料。但皮薄糜多,触之,艳汁自流。引口吮吸,味极甘芳。从前乡人都称姚家桃为'妖桃'。我已经三十八年久别'妖桃',此来正好桃熟时期,闻姚家无恙,桃也犹存,于是又得重亲珍果"。(《唱江南·乡居二首》,香港《大公报》1965 年 8 月 31 日)

还提过雪瓤西瓜,说也是嘉定特产。另一种"绿皮绿肉的香瓜,名字叫海棠青"。大郎特为它赋诗一首:"老来初剖海棠青,猛忆儿时坐小庭。捞起井中黑酒鬼,风檐待看月东升。""这种瓜在嘉定的四乡,都有出产,但我们那里的人,因为它绿得深,并且近乎黑了,所以叫它黑酒鬼,倒也俗得可爱。"(《消夏新词》,《新民晚报》1959 年 7 月 20 日)

大郎对故乡庭院里的"白婆枣"也记忆犹新。

> 故乡的庭院里,曾经种过一株枣树。记不得它开什么样的花了,当它结了果,我们就采来。家乡人都管这种枣子叫"白婆枣"。
>
> 一直记得枣熟的时期,总在冬初秋末,所以有一年家乡沦陷在日寇的兽蹄之下,我曾经写过一首思乡的诗,有这样两句:"红叶沸时谙枣熟,池塘雨后得鱼鲜。"总是那么肃肃秋深的感觉。(《枣熟时》,《亦报》1952 年 8 月 18 日)

三、嘉定文庙·南翔

嘉定古称疁城,大郎曾以异常优美的文言文概述:

> 疁为予之故乡,吾友以为下邑清游,足资快意,而宠以宏

文,亦故乡之幸也。予于十六岁离乡,二十岁以病瘵又居乡一载,自二十五岁一归,暌隔家园,十余年矣。儿时居乡久,颇不谙乡间风物,可以使人怀念者。嘉定以文庙一区,称风景地,然少日读书于此,与碧流老柏,狎习为常,今日虽客况荒芜,要亦不复以当时尘影,萦回魂梦。惟在校场之北,有寺名西隐,茂林修竹,极境界清凉之美,春夏之交,自校场北望,高树参天,蔚为浓翠,而寺不可见,盖蕴于丛绿,非足涉不到也。(《云庵琐语·嘤城》,《力报》1944 年 11 月 28 日)

嘉定文庙,是大郎小时候读书启蒙的地方。几十年后,还诗文并举,有更为完整的记述。见于《闲居集·汇龙潭忆往》:

朝朝走过汇龙潭,记得我年十二三。
七十二狮都狎遍,天容水色一般蓝。
上海报载,嘉定的汇龙潭经过修缮,已辟为公园,作为市郊的一处游览胜地。嘉定是我的故乡,汇龙潭是我幼年上学之所。其实这地方原以孔庙为主体,汇龙潭只是孔庙外面的一个风景区。以一排雕有七十二只狮子的石栏为间隔,石栏里面是孔庙,外面是汇龙潭。潭的南端有一座应奎山,山不高,却矗立水中,登山必用舟渡,如今却在东南面的魁星阁旁边,架起一座玉虹桥,过桥便可通往山上。

飞檐重阁置深堂,堂外高梧对海棠。
树底摩挲花下立,我来曾是读书郎。
孔庙有廊庑,有石雕台阶,上面是正殿。殿后有明伦堂,再进,则为尊经阁,都是古建筑物。幼年,我就在尊经阁下读书,认得 ABCD,懂得加减乘除,都在这里学出来的。

莘莘学子不穿绸,竹布长衫高领头。

习习熏风吹大麦,汇龙潭看闹龙舟。

六十年前的端阳节,嘉定必赛龙舟。所有龙舟都在汇龙潭集合,桨手们作种种游戏,以娱游人。

古柏森森腹内空,比同僧舍立龛中。

他时归去重相见,渠更高年我亦翁。

孔庙外面植一群古柏,皆四百年前物。它们有的根部已经空了,但依然枝繁叶茂。儿时散学,常伏在树身的空隙中,以为戏乐。(香港《大公报》1979 年 6 月 22 日)

此外,南翔旧时即归嘉定管辖,大郎笔下,也写过南翔的名胜古迹古猗园。他说:"我的家乡没有什么供人留连的名胜古迹,有之,南翔的几个园林而已。南翔的园林中以古漪〔猗〕园存年最久。"又说:"南翔的古猗园,是个历史悠久的园林,以前古猗园那块匾额,是董其昌写的,那么至少在明代就有这个园林了。南翔有家吴家馆,所制的南翔馒头,薄皮浓汁,更是名闻遐迩。当我小时候游南翔,上面两个地方,乃是必然的去处。"

1960 年春,因卫生工作做得好,南翔镇成了"一面卫生红旗",故而名闻全国。大郎遂慕名而往。四年后,依然留在记忆里的,是当地一处漕坊(又作槽坊)刮垢磨光的过程:

这是一家一百多年的老店,当初是造了房子开业的,所以那座店房也已经过一百多年。在旧时代,凡是老店,非但不讲究清洁,有的还故意让招牌变得乌赤麻黑,把房屋弄得垢积尘封,以示他家店铺之老。南翔这家槽坊亦然如此。但当我去访问的时候,房子还是那所老房子,却收拾得纤尘不染,最难得的要算那座缸棚间了,这棚里放着七八十只做酱的七石缸,缸棚间是瓦屋,里面有梁,有柱,也有椽子,这些木料看上去都像用白漆打过似的,雪亮地耀人眼目。可是你怎会晓得,这所店房以前却从来没有扫除过,到一九五八年,开展爱国卫生运动后,才把它兜底的清洗了一次。酱园里的人给我介绍说,光是这个缸棚间的梁柱和椽子,不知花了多少人工。先把这些木料上的积垢,全部去除,但颜色还是乌黑的,于是再用白浆粉刷。刷一次,干了,泛出来不是黑,就是黄,这样一重重的粉上去,前后粉了十七次,才有今天这样耀眼的光彩。(《纤尘不染的江南名镇——南翔》,香港《大公报》1964 年 4 月 5 日)

这处槽坊,名为宝康酱园,就是今天南翔酿造厂的前身了。

四、同学·老师

常言说得好,"一方水土养一方人"。大郎有两位小学同学葛传椝和瞿白音,后来也成为知名人物。"葛先生是我国英文语法的权威,在实用英语上,尤有精深的研究";大郎与他是"小时同学,老年诗友"的关系。瞿白音先生是戏剧家。曾任上海电影局副局长,在工作上与大郎无关,但却是好朋友。"因为我们都是嘉定人,小时候又同过学,还带着一点远亲。"

有趣的是,在故乡读书时,当地还有一个欺凌弱小的小恶霸:

记得十一二岁的时候,我的乡下有一个姓金的孩子,欢喜成群结党,自己做着平剧里所谓"为首之人",到处欺侮年纪差不多的学生,于是一乡的孩子,提起此人,就生畏慑之心,这好像上海人听见了一个狠霸霸的流氓的名字一样。我同一个学生在路上走,逢见此人,同学对他指了一指,要我认识他的面目,此人便疾趋过来,拉住我的同学的领头,问为什么对他暗地指点,我的同学,不敢声辩,只向他拱手谢罪。我看了这情势,也吓得魂飞魄散。

但又有一天,记得我们在看放焰火,这姓金的孩子,立在我的旁边,当时我又有一个同学过来,姓金的见了他叫道:"喂,割卵子!"因为此人姓葛,葛与割的声音相似,故而把"割卵子"三字当了他的混名。但这个姓葛的同学,却不甘服,他说:原来是"金乌龟"。此人便大怒,要去打姓葛的同学,却听那姓葛的人说:"要打外头去打。"于是两个人相扭出外……我当时真佩服我这个同学的狠勇。这差不多廿五年的事了,印象始终没有泯灭。(《云庵琐语·儿时尘事》,《力报》1942 年 8 月 13 日)

文中不服软的葛同学令人无法忘怀,会是葛传椝么?

既说起同学,当然也该提一下老师。大郎记得两位著名的小学老师,其中一个还教过他:"潘仰尧先生,是我小时候的先生。嘉定这地方,大概是风水关系,从前的人家,栽培子弟,总是送他们到师范学堂读书。读完出来,唯一的出路,便是当小学教员。所以我小时候,只觉得嘉定人做小学教员的特别多,惟自小学教员以至今日,而成出类拔萃的人才者,却不过一二人,杨卫玉与潘仰尧二先生皆是也。潘先生曾教过我读书,他这时教书,不像一般先生那样严肃,他非常风趣,所以我们做学生的,都欢迎他来上课。"(《定依阁随笔·尊师精神》,《海报》1942 年 12 月 7 日)

十六岁那年,大郎开始学写旧诗,二十岁时,因结核病回乡休息一年。他曾说:"到二十来岁的时候,曾经有位先生,对我的诗下过这样的评语：'这孩子的诗好坏不说，可是他作的每一首诗都是音节铿锵，可见在声韵上是用过一番功夫的。'"但是，大郎却回应道："我才不懂得声韵是什么东西呐，但是我的诗在音节上处理得不坏是应该承认的，这道理就在于唱了那么多年的书，尤其因为反反复复地唱了二十六本的《凤双飞》，自然地受到了练声锻字的好处。"文中《凤双飞》，是一种弹词小说。至于那位评诗的先生的姓名，大郎也没有明确给出，但他此前曾提及，"在二十岁以前，读过《汉书》，教我读书的是吾乡顾逖江先生，此人今已作古，记得他当时讲解精详"。从口气上分析，或许正是同一人。

五、医生·缙商·竹刻家

大郎曾说，嘉定的普遍人才，"男人从事教育，女人皆习产科"，则也来谈谈嘉定籍的医生。具体来说，笔触有轻重，笔底寓褒贬。

其一严绍琳女士，为产科医生，"严亦乡人，少时即致力于此，近岁，则为中德医院之医生，投产于中德医院者，靡不盛称其人。旬日前，愚妇育一子于院中，丐绍琳任其役，因得亲芳范"（《定侬阁随笔·严绍琳医生》，《海报》1943 年 1 月 8 日）。此为褒。其二黄老娘，本名黄曰礼，原为接生医生，后升为住院主任、院长。在大郎眼中，此人"亦居然以'科学'等头衔，加在其名字之上，实则论其本事，谓稍有接生之经验，尚说得过去，若谓其于医学如何有根柢，则为欺人之谈矣"。并赠诗告诫："郎卖黄鱼妾接生，算来门户总相当。劝君莫作欺人语，痛快还称黄老娘。"（《定侬阁余墨·赠黄老娘诗》，《小说日报》1941 年 2 月 26 日）显然是贬。其三儿科医生韩养儒，则先褒后贬。"嘉定人韩养儒，为中医专治儿科者，曩以避乱来沪上，悬壶之始，愚家二雏，皆经其疗疾，愚以其人尚老实，颇善视之。四五年来，此人染海派之习，居然一变而江湖习气甚重。……近顷，唐密病痢，又延韩至，凡二三诊，似无特效，然病势亦不加重。昨又来，诊已，忽私语女佣曰：'此儿尚有他病，我惧为汝主人扰，故不敢直告。'既去，女佣尽吐其实，妇述于愚，大怒，天下宁有此劣医，为病家讳病者？万万要不得，因告愚妇，后此必不再延韩……"（《高唐散记·悬壶》，《社会日报》1944 年 3 月 10 日）

从严绍琳，引出其外公戴伯寅为嘉定之缙绅，二十年前，"吾乡有黄戴两党之争，戴为其魁。今其人以七十高年，蛰居海上者久矣"。这位戴先生，年老而鳏，却还想找年轻女子续弦，大郎便用讽刺的笔法写了一篇《定依阁随笔·木道人为戴伯寅"拉马"》（《海报》1943 年 2 月 26 日），木道人实为一种新型骗术，但这位缙绅似信之不疑。实在让人不敢恭维。

又曾提及歌唱家廖家艾，是"嘉定廖相国的孙女，廖益璆之女公子"。廖家也是当地"巨族，既华屋隆隆，复设仓廪，乡人眼光如豆，过其门，见其门槛之高，辄惊美曰：'此大家也，亦巨富也。'固不知为相国之居也。城中居室，婴孩病卧于床，大人疑为鬼祟，则燃冥锣送之，祷曰：'愿勿扰我家，我家穷也，此去应入廖氏之大门，则所获必广。'此在乡人之道德，容有可议，第由此亦足见廖氏豪华，乡人视同天上人也。"（《高唐散记》，《社会日报》1941 年 3 月 24 日）

创办天厨味精厂的实业家吴蕴初，也是嘉定人。但他苛待大郎的父亲，大郎对其印象并不好。谈起此人来语多不逊，故不具引。

大郎还提过一位奇特的竹刻家时湘华。说"此人体态痴肥，三十多岁时便因中风而半身不遂，下体完全残废，唯上身无恙，因此还能躺着奏刀。每年到了夏天，他因为体肥怕热，往往把他放在竹榻上，由四个人抬到临水之乡，槐柳荫下，让他一面乘凉，一面就请他刻竹。这些抬竹榻的都是要得到他作品的人，从早晨出门，傍晚始返,一天工夫,他可以作出很多成品,而作品的精致,比之得病前只有提高,并无减弱,真是奇迹。可惜不过四十岁他就死了,直到现在,嘉定人在竹刻造诣上,还没有超过时湘华的"(《躺下来用刀笔的人》,香港《大公报》1960 年 9 月 17 日)。

六、故乡的习俗·迷信

大郎深深记得小时候在故乡有两种盛会:端阳节的龙舟竞渡和春秋两季的"出灯"。闹龙舟事,大郎写过一首绝句:"老黄、小白饰斑烂,喧渡龙舟一日间。安得明年招我往,看它重绕应奎山。"诗注曰:"从前嘉定每逢端阳,必闹龙舟。记得有老黄龙、小白龙、青龙等等舟名。龙舟集中的地方,在应奎山下的一条河上,这里,自朝至暮,热闹极了。"(《端阳杂忆》,《新民晚报》1958 年 6 月 20 日)

出灯则更热闹,文字也兴味十足:

出灯的天气总是在春秋两季,夜里大约七点钟以后,近村远镇的人,都拥到城里来,各处的街道,都站满了人,地方上果真是靡费一点,但看却真是好看,云烟之影,到现在还没有吹散,偶一瞑目,便又涌现在眼前。上海的新鲜玩意,都引不起我的注意,惟有听说张园举行出灯,特别使我兴奋,我要去凑一次热闹,温一温儿时的尘梦。关于出灯的故事,多得不可胜数,王次回的诗,述有特地为出灯咏的,题目"灯词",有两句最脍炙人口:"说与檀郎应一笑,看侬人比看灯多。"(《定依阁余墨·出灯》,《小说日报》1941 年 2 月 16 日)

就连故乡的清明节,也与上海的习俗迥异。

今天是旧俗的清明节,上海人家,大都在门口高插柳枝,然在我的故乡,杨柳植遍在门前,到了清明节,却没有人家把柳枝插在门外的,记得先舅的西北杂诗中,有两句是:"客里忘佳节,惊看柳插门"。这二句诗,我以为是咏清明的,但西北的风俗,却适应于端阳。(《云庵琐语·清明》,《力报》1943年4月5日)

大郎还曾说及七月七日乞巧节女孩们有涂指甲的风俗:"当我还在做娃娃的时候,到了每年七月初七,总看见比我大一些的女孩子们把凤仙花捣烂了,加一些醋,涂在指甲上,不一会,指甲上鲜红光润,经久不褪。凤仙花为什么可以染指甲,加了醋为什么可以经久不褪,这些道理我不懂,我只知道这是乞巧节的一种风俗。"(《戚雅仙的指甲故事》,香港《大公报》1961年9月16日)

此外,还提过"正月初三夜接祀井泉童子",并有诗云:"记得初三祀井泉,灯痕故事述从前。儿时未识人工贵,真信泉源来自天。"(《迎春杂句》,《新民报晚刊》1957年2月4日)今按,井泉童子来源非常古老,可上溯至汉《白虎通·五祀》里的井神。

既说到习俗,不妨也来看一则大郎家乡的迷信:"治百日咳之法,医药无特效之品,吾母乃言,在乡时,于田亩间觅犬矢,矢中有肉骨洁之,挹水而煎沸既久,即能治疾。"对此无稽之谈,就只能付之一笑吧。

七、结语

1946年底,大郎回乡时写过一首《吊故居》,其中有两句:"却看万瓦垂霜露,难遣当时幼主怀!"显得情绪很有些落寞。于是他的太太开导他说:"我们有钱,何必到这里来盖房子?你是都市里混惯了的,我也是从都市生长起来的,乡居生活,毕竟不大习惯。"

是啊,大郎在上海成名,他胸怀坦荡,酷嗜交游,本是一个爱闹猛的人。但城市的喧嚣与热闹固然可喜,童年的乡居时光早已铭刻于心,又如何能轻易抛于脑后呢?

原载《蕭云》,2017 年第 4 辑

唐大郎与香港《大公报》

祝淳翔

　　唐大郎是旧上海小报界的代表人物，虽说资格不算最老，但凭借惊人的才气，一出道就很快窜红，既编又写，产量颇丰。抗战胜利后，小报业内人士"清音"所编《海派作家人物志》（浩气出版公司1946年8月版）如此评论他："这一枝生力军的影响是巨大的，凭着他的才气与幽默，他的身边随笔与诗为读者深深倾倒，因此有'江南第一枝笔'之目。"能被同行如此称许，除了佩服其文才，估计也为其人的爽利性格所深深吸引吧。倘若再逐一浏览黄裳、舒湮、魏绍昌、潘际坰、李君维、沈毓刚、秦瘦鸥等多人的回忆文章，可知其交游之广，社会影响力也的确是首屈一指的。

　　1980年大郎病故，香港方面即承诺要替他编文集。三年后，《闲居集》在香港广宇出版社正式出版，收录其刊于《大公报》上的同名专栏共计三百余则旧体诗及诗注。而在五六十年代，大郎在该报还设有《唱江南》专栏，潘际坰曾听说，费彝民社长已"慨允设法出版《唱江南》和《闲居集》两本诗集"（唐琼《悼大郎》）。但遗憾的是，计划赶不上变化，那些被周总理赞为"有良心、有才华的爱国主义诗篇"的《唱江南》终因年长日久，或因收集不易，甚或内容也有过时之嫌，而至今未获梓行。遂令《闲居集》硕果仅存，一书难求。

一、渊源有自

令人深感好奇的是,唐大郎虽常年从事新闻事业,可他久居上海,又怎会与香港《大公报》结下不解之缘的呢?细检有关文献,他与费彝民是世交,也与费氏兄弟,尤其与大哥名导演费穆交情笃厚。1942年9月18日,大郎在《社会日报》《高唐散记》专栏,谈及与费穆、费彝民、费康三兄弟在卡尔登大戏院上的翼楼练唱:"迩时,翼楼又有吊嗓者,则翼华与费康先生。康为费穆介弟,唱小生,声宏如裂帛。费家一门都嗜歌,彝民先生唱谭派须生戏,韵味醇然。惟费穆不甚上弦,康则戏味甚足。翼楼既延琴师,无论风雨,康必至,其勤习如此。"年底,老三费康不幸过世,大郎随即在《社会日报》《高唐散记》栏向读者报告:

> 送费康就殓。吊者皆酸鼻,费氏一女戚,率康之子女自楼上下,子女皆麻衣,以年少,歌唱甚乐,女戚向二雏曰:"尔翁何在?"子指灵后曰:"卧于堂中耳。"女戚遽扶首而号,以子女胥不知失父之哀也!愚观此亦不觉心伤万状,死者已矣,生者何堪?费氏弟兄,笃于友爱,康死,费穆、费斌,咸哀毁不已。康存年才三十二,弟兄四人,康最有为,而死独早,是故令人不尽哀思也!(1943年1月3日)

其中费斌(秉)即费彝民的本名。

此外,邓云乡曾忆及:"大约在一九六三年、一九六四年之间吧。上海《新民报》唐大郎先生把我一篇读《四库荟要》的短文,寄给香港《大公报》,他是替费彝民先生在上海替《大公报》《大公园》

组稿的。我因见运动越来越紧,山雨欲来,不愿再找'里通外国'的麻烦,便请他把稿子给我要回来。"(《香港〈大公报〉》,《九月秋思》宁夏人民出版社,1999 年 1 月版)潘际坰甚至记得,"(大郎)以报纸专栏作家身份,对《大公报》有厚爱,甚至是偏爱。……生前为涉及这家报纸声誉的一点小事,不惜在上海寓所与好友争得面红耳赤,甚至拍案而起"(唐琼《悼大郎》,《大公报》1980 年 7 月 31 日)。则大郎与报社的联系,要比想象中更紧密。

唐大郎还与《大公报》副刊总编辑陈凡熟识。直接的例证见于《闲居集》所录唐氏未编年诗词,其中收有二首七言绝句《题陈凡近影》:

其一

斜倚青山覆白云,暂抛狂侠入温文。
老儿原自陇头大,擎笔荷锄一样耘。

其二

浪游未必等闲身,腕底频待故国春。
谁意凭阑凝睇在,竟非红袖是诗人。

"亦狂亦侠亦温文"(龚自珍语)是陈凡其人的写照,以"暂抛狂侠入温文"句观之,写诗时间或在"文革"末期。

之前尚有一例,则发生时间远为精确。1955 年 10 月 6 日的《唱江南》,大郎述其收到"港中的《壮游诗记》作者写信",托其向沪上著名金石家邓散木求一拓片,大郎上门造访,孰料散木已先于 9 月 17 日赴京,参与汉字改革工作去了。而文中委托者《壮游诗记》的作者,正是陈凡。

此外,大郎与大公报社记者潘际坰也是朋友,两人结交于"40年代末期,社会面貌焕然一新的时候"。上世纪 50 年代初,潘氏在大郎主编的《亦报》上发现"十山"先生的短文,其风格"冲淡、清远、渊博",颇似英法作家手笔,很想弄清究竟是谁,一问大郎,方知是周作人。因此,当他转赴香港《大公报》北京办事处任职时,便托大郎向知堂致意,并说不久会登门拜访。(潘际坰《八道湾追忆》)易言之,知堂老人以后能在港报写文赚稿费贴补家用,竟也离不开大郎的那一份牵线搭桥之功。1957 年 5 月,大郎赴京旅游,"住了将近一个月,很多朋友,都备了酒食款待"他,"这些朋友,绝大部分都是捏笔杆的,画家、作者或者是新闻工作者。例如给本报写《末代皇帝》的潘际坰先生",邀他"吃过两次饭,一次且在最豪华的'谭家菜'"。(《行路草·把遍春明尽酒樽》,《大公报》1957 年 8 月 6 日)

令人钦服的是,大郎胸无城府,笃于友道,他与大公报社朋友们的交情并未随着时势的改变而改变。"文革"后期,年近古稀的大郎闲居无事,所吟《仿渔洋怀人三十二首》,还各有一首七言绝句,分别念及陈凡与潘际坰。

基于以上种种因缘,自 1954 年初开始,大郎得于《大公报》新辟的《新野》副刊吟诗作文,乃至拨乱反正之后,又在《大公园》副刊重续前缘,便是水到渠成的事了。

目前已然知晓,大郎曾向潘际坰推荐梅娘替《大公报》供稿。某次,他道及替《大公园》写过许多篇"主妇手记"的作者丽谛女士的本姓、住家方位及职业,显然彼此是知根柢的。仔细读报也可以发现他与更多同文作者保持着互动。一次,他观摩上海戏剧学院六二级毕业班排演话剧《桃花扇》后,盛赞扮李香君的曹雷"一身是戏",四天后曹聚仁的回应文章遂即见报。而《闲居集》里也能发现大郎与香港书法家兼掌故名家高伯雨在饭馆吃饭,同王辛笛、董鼎山等人之间有过文字往还,甚至巴金的著名连载《随想录》也曾提到刘郎。至于大郎与黄裳,两人私交尤密,既同为《大公报》写作,又均与报社编辑关系熟稔,而大郎的病情和死讯,也都由黄裳写信或发电报通知潘际坰。同时也显示大郎在该报地位之崇高。

二、开辟专栏

1953 年 12 月 29 日,《大公报》头版预告次年将新增《新野》副刊,《高唐散记》和刘郎《唱江南》等专栏即将登场。这两大专栏作者固然同为一人,前者为散文形式,篇幅稍长,篇数却远少于后者。后者的重要性,也体现在编者的那份推崇备至的措辞上:"刘郎为沪上某作家的笔名,昔时常在报章发表诗作,极为读者欣赏。现化绮艳为清丽,写新人,咏新事,首首可读。"果然,自 1954 年元月一日起,诗加诗注形态的《唱江南》以崭新的面貌呈现在香港读者面前。首篇代序称,其写作目的是"用小诗的形式,来写江南的小事",即以旧体诗形式,不拘其小地传递新中国的江南胜迹,"因为动笔前没有什么计划,因此这个唱江南,也不是有什么系统的记录,只是拉拉杂杂地唱出来","唱到哪里是哪里"。起初发表频率极高,经常每日一篇,以后隔日出现,随着时间的推移,也有某月只写三五篇,乃至整月或多月赋闲,至 1959 年大半年竟寥寥数篇。尽管如此,由于《唱江南》直写到"文革"前夕方告搁笔,存续期长达十三年之久,故其总的篇幅要比晚年连续写作三载的《闲居集》多约一倍。

《唱江南》的目标读者中一大部分是旅港的上海老友,他们对大郎的诗文反响如何呢?似乎正面的反馈多些。不难寻获这么一例:1954 年 5 月 8 日,大郎有"一个住在香港的苏州朋友",读了他那首《宫灯》诗里的两句"灯火自亲人自远,问渠何事恋天涯"十分感念,因此特地写信给他,激动之余还附诗一首。一向不喜欢唱酬的大郎,则破例步原韵报之。当然,也有朋友不太理解,感觉"时代变了,他的作品也变了,他本是一个嘻皮笑脸的人,笔锋以豪放恣肆见长,如今要他规规矩矩来扮演正派角色,无形中限制了他的才气,所作自然打了折扣"(卢大方《上海滩忆旧录·第一枝笔唐大郎》)。实际上,大郎在向海外读者传递新中国的新人、新事、新气象的同时,从未放弃"身边文学"的写法,时常凭借与影戏界著名人士的良好私交,将其不大为外人所知的婚丧嫁娶、哺育子女等私事,报告给大家。偶尔也吐露非常隐秘的一己私情,则又让人回想起解放前那个放荡不羁的江南才子的风貌。

三、笔名探究

更有兴味的是,据笔者观察所及,前十数年间,唐大郎除署用本名唐云旌,常用笔名高唐、刘郎、大郎、定侬和端云以外,还在固定的两大主要专栏的"夹缝"中,不失时机地多次变换着不同"面具",大量启用此前未曾用过的新笔名。特别是 1959 年 11 月之后,大郎热情高涨,撰文频率之高,大有恢复旧时小报文人的劲头。到他晚年时,只多取笔名文风、文端华(由大郎家人所告),与之前比,真可谓是小巫见大巫了。

依时间为序,新笔名计有:刻玉[53.10]、徐平[53.11]、心今[55.6]、萧士龙[57.5]、于丙[59.6]、金枚[59.11]、梅德[59.11]、柯天默[59.11]、略翁[60.3]、米北宫[61.1]、杨无恙[61.2]、维芳[61.4]、高登客[61.4]、流金[61.10]、浦发[61.12]、约略[62.1]、白宛[63.1]、未妨[64.4]、戴古纯[64.5]、班婴[64.9]、火青[65.4]、焦决明[65.10](方括号内为该笔名首次出现时的年、月)。其中刻玉笔名,由大郎自承("我在本报《大公园》里,用刻玉的笔名写过一篇题名《桂香》的小文",《唱江南·吃桂花》,1954 年 1 月 4 日),自毋需多言。

于丙和流金,以后也见于大郎主持的《新民晚报》《繁花》副刊,前者与大郎的常用笔名高唐,共同撰写批判资本主义腐朽生活的《嘘烂篇》,后者自 1962 年 6 月起则用于咒诅海峡对岸黑暗统治的《地狱篇》。这两部专栏均为旧体诗加注释形式,是大郎的习惯文体。鉴于这两个笔名横跨沪港两地不同系统的报纸,故同是大郎本人的可能性进一步增大。还有,流金写邓散木,写上海戏剧界的新闻,当他探访上海文史馆,无意中打听到新晋两名馆员张秋虫和平襟亚时,当仁不让地说与他们都是平辈,故不必以先生称之。这些内容特征在在与大郎的身份密合。而晚出的焦决明的情形与流金相仿,一边在《大公报》写旧上海掌故,一边又出现于《新民晚报》《嘘烂篇》栏。

　　在对其他笔名进行查考前,需提出一个规律,即每一个人,尤其写作者,或多或少会对其熟悉的领域反复提及,并乐此不疲。打个或许不一定严谨但十分形象的比方,即不同笔名的文章就像同一主题旋律伴随着多次的变奏。以周作人为例,他就多次写过故乡风物(如上坟船),还一再谈及早年与旧文人林纾的笔战。倘抽去时间轴,想来会令人不耐其烦。好处是,依据这一经验,文本类似度分析法在一定程度上是值得信赖的。

　　金枚、梅德、柯天默等笔名,在同一月内接连出现,多用《怪人列传》《春申旧事》《上海杂记》等专栏,约略则掌有《上海人语》。白宛(有时讹为白苑)写《沪滨短札》(或《浦滨短札》),该专栏以后也偶署高唐、班婴。花样虽多,却均具地域性。《怪人列传》因也有其他人描绘其他省份的怪人,貌似不具地域性,但只要是上述笔名所写,就全部是旧上海的怪人。当然,题材一致未必具备唯一性,那么能否从细节上分析这些笔名,只可能是大郎的呢? 不妨逐一摆出论据。

　　金枚写跑马厅新旧变迁,写越剧女演员弄儿,写某位银行襄理夫人的怪癖等等，都是大郎的本色题材，当他写《孔祥熙与烧饼油条》(1961年10月11日)时，文中竟突兀地来了一句："在我生活腐化的当年，冬日，打了一夜沙蟹，散局总在天色微明之际"，这不正是旧时大郎的鲜明写照么？况且大郎自我批判的声口亦昭然人前。(参阅唐琼《怀病中刘郎》："他(大郎)一点也不伪道学，他敢于讲出少年荒唐事。")

梅德写俞振飞拔牙，写京剧艺人赵如泉，写流氓炳根，也写丽都花园的舞女改行等，无一例外都是大郎熟知的领域，写到《躺下来用刀笔的人》(1960年9月17日)，谈袁克文(寒云)躺在烟铺上仰面写字，其实正是大郎亲眼所见，并在多年后用文端华笔名再次谈及。该文中还语涉英年早逝的竹刻名家时湘华，此人籍贯嘉定，也是大郎的故乡，可见决非凑数。

柯天默的首篇文章谈旧上海一号汽车牌照的轶事。这一题材，是大郎刚出道时就津津乐道的。主编《东方日报》时，他曾试图发动读者，"把上海所有同样号码的汽车，完全调查出来"(《东方夜谭·汽车号码》，1933年4月7日)。柯文又称："一些人专门记住别人的汽车号码作为谈助，例如四只七是某大亨的，四只五是某律师的。"早年间，大郎收集的数据更具体："前两天有个朋友熟悉上海汽车照会的，他来告诉我说：现在一只三的汽车是黄雨斋的，两只三是陈坤元，三只三是张松涛，四只三是王永康。"(《定依阁随笔·汽车号码》，《海报》1944年12月1日)还有，柯天默《旧上海的一个女大亨》(1959年11月23日)谈及女流氓卢老七，说"有一回，有个人看见她时，说她近来显得有些老了，她拉起来就给那人一个巴掌"。按，卢老七本名卢文英，是大郎拜的"老头子"樊良伯的同门师妹。大郎从前曾与她"共饭于师许，乃得饫聆卢之妙论，有极精警者，则卢殊不服老也，卢曰：'我乃勿老，谁对我而语我已老者，此人必腹痛而死！'"(《妇人科(六一)卢文英》，《力报》1942年5

月 16 日)女大亨不服老的脾性也是如出一辙。再看一则,柯天默在《头等白相人的钻戒》(1960 年 9 月 26 日)的开头写:"旧上海的流氓群中,有几句歌谣:'头等白相人,钻戒亮晶晶;二等白相人,金丝白眼镜;三等白相人,马褂披上身……'下去还有四等、五等,都记不清楚了。"比照此前《云庵缀语·白相人》(《飞报》1947 年 2 月 28 日):"有一天,我同王龙兄闲谈,说起白相人,一共有六等,他于是随口背给我听:'一等白相人,金丝白眼镜;二等白相人,马褂着上身;三等白相人,牵狗弄猢狲;四等白相人,碰碰拳头伸;五等白相人,鞋子塌后跟;六等白相人,钉靶喊救命。'"这回,大郎的记忆略有偏差。

略翁则完全能确定。《诗联》(1960 年 3 月 30 日)里称其朋友王魄静先生,祝贺他新婚时写过"我闻声价金应敌,众道风姿玉不如"句。揆诸大郎《定依阁余墨·元稹诗》(《小说日报》1941 年 11 月 25 日):"明康先生为小生票友,将登台炊弄,征题字及予,予写元稹诗云:'我闻声价金应敌,众道风姿玉不如。'微之此作,为答张校书诗,此为愿联也。予廿三岁结婚时,魄翁曾书此联为贺,作榜书,加以锦裱,极挺拔之致。"两者刚好对榫。

米北宫介绍了两个书法界的怪人,聊到姬觉弥演字,几年后也被戴古纯重复写过。

维芳的题材虽说也是上海掌故,但没有固定栏目,故一开始极易忽略,直到他写《打秋风》(1964 年 9 月 16 日),文章收尾时说,"想起二十年前在上海的小报上看到过一首打油诗。作者的儿子在一家弄堂小学里念书,有一次那个校长先生的令爱于归,校长就在学生那里大发喜柬,这位作者收到一份后,便在报上写了这样一首诗:非亲非眷亦非朋,帖子相投勿作兴。前世穷爷应作孽,后门内子未开僧。奁仪两块(二元)情须送,学费下期账要登。吹到秋风身上冷,小诗奉敬倘如冰。"拈出大郎早年写的打油诗《烦吾儿转递》（高唐老人：《社会日报》1940 年 10 月 6 日）："非亲非眷亦非朋，帖子相投勿作兴。前世穷爷应作孽，后门内子不开僧。贺仪今日情甘送，学费下期账要登。太息'成龙'空有望，等于不学也低能。"前六句的吻合度之高，若非本人亲历，绝无可能记得住。而整首诗并不完全一致，七、八两句必是临时所创。换言之，此笔名定属大郎。

高登客撰文不多。《记盖叫天二三事》（1962 年 3 月 28 日）的写作对象是大郎最敬佩的京剧武生宗匠，说起此老赋性耿直，从不让人，但赵如泉与盖老关系很好，原因在于：他"最占便宜的一点是长于盖老，见了面先一声'五弟'（盖行五），盖老此时成了'为弟细佬'，看在兄长份上，一切都容易讲话了。"之前，梅德《赵如泉杂忆》（1960 年 2 月 2 日）里的表述为："到如今能够称盖叫天一声'五弟'的，也只有赵如泉一个了。"而高唐《市楼记事》（《新民报晚刊》1956 年 12 月 20 日）也有近似的记录："前几天的中午，同盖叫天、赵如泉二先生在天鹅阁吃饭。盖年七十，赵已七十六了。叫天翁说，到目前，喊我'五弟'的，只剩赵老一个人了。"每次都对赵盖二人的排行细节念念不忘，这种人应该不多的吧。

浦发《闲话"小热昏"》（1961 年 12 月 10 日），聊到一位"别致的'小热昏'"。此人"既不在街头演唱，也不在游艺场所登台，而是每天晚上，专门跑花街柳巷，只要长三堂子里有人在请客（做花头），这个'小热昏'必然上门助兴"。所唱内容，也都是"长三堂子里发生的一些近事"。结果"这个'小热昏'一夜唱下来，往往有二三十元收入，其'俸给'之高，俨然当时一个银行行长的水准矣"。检出《高唐散记·小热昏》（《铁报》1947 年 2 月 10 日）："花间有小热昏，带五百度以上之近视眼镜，持小绰板，遇生意浪有人开樽时，辄来献唱，所唱皆社会哄传之事，尤以花间艳屑为富；如某伎人之醋海风波，或某伎人蓄面首几多也。……小热昏之所获甚繁。"两者别无二致。

约略其名与略翁同源。某次说 1951 年他在北京度夏,从住处东城特地去喝信远斋的酸梅汤。(《酸梅汤》,1962 年 8 月 7 日)这一记述,查《亦报》上的同名短文(1951 年 7 月 2 日),那次是跟随家住北京、在外交部做事的表弟一起去位于前门外的那家信远斋的。无论时间、地点和事件,都能严丝合缝地对应起来。并且两次都提及豆蔻水起稠,又是奇妙的记忆在发挥作用。又,约略《叶浅予笔下的"立桶"》(《大公报》1962 年 1 月 21 日)的下半篇与两年前以高唐笔名发在《新民晚报》的随笔《立桶》(1960 年 2 月 22 日),文字基本相同。算是一次自我借鉴吧。

1962 年 8 月后的多月,大郎销声匿迹了。直到次年一月初,出现了白宛笔名,首篇《烤羊肉》(1963 年 1 月 6 日),称"北京西城有一家老店叫烤肉宛,什刹海又有一家老店叫烤肉季","头一次上烤肉宛是李少春陪我去的,只见少春站在炉边,把一条腿搁在长凳上,自烤自吃,他说,这样才有原始风味"。对照《亦报》上的随笔《烤肉宛》(1951 年 4 月 9 日),则道:"北京著名吃烤肉的地方有两处,一处叫烤肉宛,一处叫烤肉季。有一天在路上碰着李少春,互报住址之后,过了数日,他来找我,他说要同我吃吃玩玩,我们商量了一个要吃得别致一点的地方,于是到了烤肉宛。……站着吃有点吃力,有人搬一只长凳,把一条腿搁在上面,边饮边吃,瞧这神气,便有点粗豪之美。"此前的"有人",以后就确指为李少春。是耶非耶? 真相也许并不重要,重要的是读者理应明了,白宛除了大郎,不会是别人。

未妨与维芳谐音,《永安纱厂股票的一场大翻戏》(1964 年 5 月 3 日)所写股市风云,当是大郎的亲历。而《常州的黄仲则故居》(1965 年 9 月 10 日),简直就是维芳《两当轩旧址》(1961 年 12 月 19 日)的缩写版。

戴古纯《瞎子"看"钞票》(1964 年 7 月 5 日)写算命瞎子吴鉴光

的眼睛没有全瞎,此事大郎解放前就写过。("其实上海最出风头之瞎子,为已故吴鉴光,在十年前人称上海二个半滑头之一个,其人并不甚瞎,看人果然看不见,但能看钞票真假,一元、五元、十元,分得尤清爽,予尝亲眼见其点钞票者,故证明其为假瞎子也。"《诚报》1946年9月22日)且两次都称吴为上海滩"两个半滑头"之一。

班婴《郁达夫的那把剑》(1966年2月5日),是受《大公报》编者之托,核对郁达夫题剑诗首句。作者便通过郁风母亲的关系找到郁云,顺利解决问题。则此人的身份非常特殊。又,《阳澄湖上看捉蟹》(1964年11月12日)文中再度引用汤国梨的名句"不为阳澄湖蟹好,此生端不住苏州"。这在大郎笔下,至少三复斯言了吧。

火青的文字多为补白性质,其中有篇写濮一乘的竹枝词,"一辆汽车灯市口,朱三小姐出风头"差不多成了大郎笔下的滥调。

回过头再说心今,此人创设《艺林述旧》栏,广泛涉猎书画界、影戏界和文学界的奇闻逸事。交游之广,少有人及。一次写金焰与王人美初婚,不为王的家人支持。(《生面别开的金王婚礼》,1955年6月11日)按,此文不甚讨喜,因为1955年春,王人美与叶浅予再婚,两人不久后赴杭度蜜月,而大郎还写了诗文祝贺。(《唱江南·闻人美、浅予南来渡蜜月》,1955年7月8日)于是改以不引人注目的其他笔名写了回忆文章吧。又曾引用旧信笺,写吴祖光与吕恩的婚事,材料虽好,所谈却也不合时宜。

杨无恙偶一用之,《棺材丛里的小烟鬼》写一个专门收集棺材形物品的怪人。文风极似大郎,但并未多谈私事,故只能存而不论。还有一些仅此一见的笔名,辨识度则稍胜一筹。徐平《上海小唱·凉秋珍果》(1953年11月6日),同为旧体诗加诗注形式,且"上海小唱"专题,以后《闲居集》里也出现了。想来这篇便是最初的尝试吧。另外,注意到1957年大郎赴京旅行,过后还去武汉等地游玩,刚好在汉口邂逅与盖叫天合作演出的女伶张兰苓,称"今年春天,我曾经在本刊上写过兰芩,如今异地相逢,真是想不到的快事"(《行路草·异地相逢张兰芩》1957年9月12日)。但是那年春天,大郎并没用已知笔名写过张,唯有一篇《记张兰芩:梅门第六十弟子》(1957年5月23日),专栏为《上海杂记》,署名萧士龙。细读之下,此人竟对张兰芩的出身和近况了如指掌,这才恍悟,原来萧氏也就是大郎。

必须承认,大郎在《大公报》上一定还用过其他笔名,挂一漏万,在所难免。但因特征不明显,我也只能将疑惑埋于心底。

还发现一种有趣现象,即同一作者的不同笔名间,常有相互呼应处。例如:刘郎《唱江南·题银心弄子图》里提到金枚《越女弄儿图》。高唐《梅调鼎与范文虎》说前两年有人写过宁波名医范文虎,经查核,作者是梅德,文章实刊于四年前。维芳《潘萧九与夏连良》谈夏某的恶行,说前几年本刊上曾经谈过。是的,那次署名柯天默。未妨的情形尤为突出。《黄金荣见钱眼开:钱虏之二》是接着戴古纯《钱虏》的思路写下去的。《捉蟹种种》提到两篇有关捉蟹的文章,其一是写阳澄湖上看捉蟹,署名为班婴。《可入怪人列传的浦大善士》则是替白宛《无名氏今昔》写续篇……考虑到有些续文,离开前作已相隔数月,有的甚至达数年之久。那些文章并非令人过目不忘的经典名篇,试问谁能记得如此清晰呢? 俗语云:"文章是自己的好,老婆是别人的好。"无非是对自己写过的文章,特别上心吧。更何况替自己作补(而非反驳),也是小报上的故伎了。

最后,对笔名构成法略作猜度:心今(合为"念"字),是用了拆字法。金枚(金霉素?)、柯天默(苦天麻?)、白宛(白丸,乌鸡白凤丸的简称?)、戴古纯(胆固醇)、焦决明(烤焦的决明子)则既用了谐音法,又与杨无恙一样,关乎医药。流金,是取刘郎与云旌各一字的谐音,并合二为一? 梅德,谐音"没的",略翁(约略)、维芳(未妨)则取"大而化之""粗率"的自谦涵义。米北宫,由米南宫而来,单写书法题材。文端华似衍生自端云。

四、取名缘由

新闻史学者方汉奇《笔名史话》(香港《大公报》1957 年 11 月 27 日),对在报纸上使用笔名的起源和演变史有所论列,在此略作征引:

> 用笔名在报纸上发表文章的风气,是很早就有的。外国的情况不大了解,中国方面至少也有一百年的历史了。最初是因为社会上一般人对办报这种职业持有成见,认为念书人应该以科举为正业,至不济也要作幕或教书,至于办报,那是文人的"末路"。在这样的情况下,当时的念书人只有在科场失意万般无奈的时候,才愿意参加办报,参加了也不愿意让别人知道,于是尽量用笔名代替本名来发表文章。

其中"笔名多的如历任《申》《新》《沪》等报主笔的蔡尔康",一共有四个笔名;而香港《循环日报》的创办人王韬,则有十四个笔名。在这些人的影响下,一些投稿的名士,也给自己起了许多拖沓冗长无奇不有的笔名。渐渐地,当时的一些"洋场才子"流行起一种风气,即给自己乱起别号以趋附风雅。此种不良风气,吴趼人曾在《二十年目睹之怪现状》一书里嘲笑过。等到了戊戌变法时期,办报承担起维新派进行改良主义的宣传使命,当时担任主笔的梁启超、汪康年、章太炎、唐才常等人,都是社会名流,人中俊彦,他们的文章传诵很广,使社会上对报纸和新闻工作者的看法大为改观。因此,这一时期在报上发表文章的维新派政论家们就较少使用笔名。只有严复在发表《复辟》一文时,因为提出了一些反对君主专制政体的主张,"语涉激烈",恐怕遭受迫害,才用了笔名。戊戌政变后,维新派首要分子受到通缉,被迫逃亡海外,以办报继续进行改良主义的宣传活动。为使其报纸能顺利在国内发行,一些著名的维新派政论家也开始使用笔名。类似的例子,还有辛亥革命党人、现代无产阶级革命宣传家和作家们,也往往用笔名作为掩护在报刊上发表文章。

稍事引申,写作者使用笔名无外乎三类原因:有的名作家出于安全或为了避嫌,以笔名隐藏身份。也有投稿人担心本名太普通,或太冷僻,取个醒目的笔名,能与他人区隔;若踵步流行风尚(如鸳鸯蝴蝶派作家喜用花、鸟、虫为笔名),就更易博得读者的认同。此外,因编辑工作的需要,避免在同一期刊物上多次出现同一个名字,用笔名可使作者群看起来较丰富。

当年很多内地作者出于种种原因,隐姓埋名供稿港报。其中较为特殊的,如黄裳,是因为被打成右派后,有一段"知亲交绝、谈笑无人"的低靡期,好在陈凡欣赏他,请他化名替《艺林》副刊写作。归纳下来,大致属于前述第一类原因。至于大郎在香港《大公报》使用这么多笔名,是为什么呢?似乎主要是第三类原因。有一条线索,晚年的大郎曾致信黄裳,透露说"为了追评弹,外汇也无心捞取"(指《大公园》投稿事)。不可否认,使用这么多笔名,其目的恐怕多半是为了方便赚取稿费,同时又不暴露都是同一人所为吧。类似的情形,也发生在张友鸾、郑逸梅等人身上。前者曾用过张大旂、拾得、草厂等笔名,后者则别署纸帐铜瓶室主、冷香等。只是他们的活跃度无法与大郎相匹敌。话又说回来了,舞文弄墨本是作家的份内事,以正当的脑力劳动获取酬劳,不也是天经地义的么?

原载《菁云》,2018年第5辑

张爱玲与唐大郎

——因小报结缘、订交、分离

祝淳翔

小报青年张爱玲

青年张爱玲的海外求学路两度被战争打断。"欧战出洋去不成，只好改到香港"，港大读了三年，只差几个月就能毕业，又遇上太平洋战争……

1942 年夏，时局稍定，张爱玲搭船返沪。她先考入圣约翰大学继续学业，想谋取一纸毕业证书。但"圣校"的教学法让习惯自学的张爱玲不太适应，同时，她利用课余时间替英文《上海泰晤士报》写剧评、影评，又分散了精力。张爱玲渴望早点经济独立。她既不想毕业后当公司文员，又有了英文写作的成功经验，于是才读了两个多月便主动退学，转而拓展中文卖稿生涯。

尽管张爱玲生于上海，却因镇日读书，涉世未深，与现实社会难免暌隔。想要融入十里洋场的新环境，她需要走出书斋，与外界多打交道。而为了尽快熟悉都市风尚，免不了多翻报纸，尤其是小报。

张爱玲爱读小报。在她心目中，"只有中国有小报；只有小报有这种特殊的、得人心的机智风趣"。这看法略嫌夸张，也未必准确，却反映了她对小报抱以极高的认同感。

1945 年 7 月 21 日，《新中国报》社在咸阳路二号召开"纳凉会"茶宴。席间，《海报》社长金雄白问及张爱玲对小报的意见，张答复说："一直从小就是小报的忠实读者，它有非常浓厚的生活情趣，可以代表我们这里的都市文明。"

张爱玲对小报的认同感，也体现在她的散文创作中。《私语》写她小时候与父亲同住，"雾一样的阳光，屋里乱摊着小报"，并且"直到现在，大叠的小报仍然给我一种回家的感觉"。《诗与胡说》又说，自从路易士发表怪诗《散步的鱼》，遭小报逐日嘲讽，张爱玲竟也"全无心肝"地"跟着笑，笑了许多天"。

《公寓生活记趣》述及一位"开电梯"的人，"我们的《新闻报》每天早上他要循例过目一下方才给我们送来。小报他读得更为仔细些，因此要到十一二点钟才轮得到我们看"。在那次纳凉茶会上，张爱玲进一步重申："我那里每天可以看到两份小报，同时我们公寓里的开电梯的每天也要买一份，我们总是交换来看。"稍加推理可知，回沪后的张爱玲与姑姑同住，除了《新闻报》，她们也订小报，所以每日闲读，成了忠实读者。

唐大郎的打油诗

具体来说，张爱玲订了哪两份小报呢？其中之一，便是著名的《社会日报》。话得从张爱玲返沪后发表的首篇中文散文《到底是上海人》（《杂志》十一卷五期，1943年8月）说起。此文先是兴致盎然地抒发对上海人的好感：外表白与胖，内心则遇事通达。遂举例细数上海人的"通"：一是逛街时，听店里的学徒口齿伶俐地对其同伴解释"勋""熏"二字的分别；二是《新闻报》上的广告，文字"切实动人"。当谈及上海到处是性灵文字时，则抄引小报上的一首打油诗，并给予高评：

去年的小报上有一首打油诗，作者是谁我已经忘了，可是那首诗我永远忘不了。两个女伶请作者吃了饭,于是他就做诗了:"樽前相对两头牌,张女云姑一样佳。塞饱肚皮连赞道:难觅任使踏穿鞋!"多么可爱的、曲折的自我讽嘲! 这里面有无可奈何,有容忍与放任——由疲乏而产生的放任,看不起人,也不大看得起自己。然而对于人与己依旧保留着亲切感。

打油诗的作者,经张爱玲的同龄"粉丝"李君维披露,说是唐大郎:

四十年代,我是上海小报的忠实读者,排日拜读唐大郎(云旌)的诗文。据此推断,此诗是唐大郎所作。"张女云姑"系指京剧名伶张文涓和云燕铭。张爱玲文中也说明此诗写作背景:"两个女伶请作者吃了饭。"张文涓余派女须生,唐大郎极赏其艺,时有诗文称颂;云燕铭其时在上海唱戏,后来去了东北。

唐大郎在上世纪 30 年代即享誉沪上,人称"江南第一枝笔"。他常年为多家小报执笔,作品之多,简直浩如烟海。笔者费数月之功,终于觅得诗的原文及出处:

难求一首

樽前相对两头牌,张女云姑一样佳。

塞饱肚皮连赞道:难求任使踏穿鞋。

张文涓与云燕铭,为更新之两块头牌,一夜邀饭于新雅,故作此诗,必有人从旁骂曰:"文人无耻,一至于此。"(《社会日报》1943 年 1 月 22 日,署名:云哥)

值得说明的是:其一,因纯凭记忆,张爱玲记错一字。其二,"去年"不能算错,因为那年 2 月 5 日是农历的大年初一,依国人所见，1月22日可算作前一年。其三，诗注里的更新，指位于牛庄路的更新舞台（后改名中国大戏院），新雅则是南京路上的新雅酒楼。两地相距约三百米，步行仅需五分钟。至于唐大郎自称的"文人无耻"与张爱玲所谓"放任"，是否不谋而合了呢？笔者心存疑虑，却也不便说透，唯愿读者对"踏穿鞋"一语多费思量。

《社会日报》堪称小报里的"高眉"。它力求正派，不涉狎亵，在主编陈灵犀的刻意标举下，还成功打通新、旧文学的藩篱，吸引了众多新文学作家。鲁迅就以笔名"罗怃"为该报撰文，而曹聚仁、徐懋庸、郑伯奇、周木斋、金性尧等名家，也都替其供稿。不过，若论其中最知名、稿件最丰者，自非小报的自家人唐大郎莫属。《高唐散记》自1936年起一直写至1945年，总数达千篇以上，另有笔名大唐、大郎、云裳、云哥、云郎等。

文字之交

揆以常情，既然张爱玲的首篇散文，就对唐大郎赞叹有加，两人之后也有长期合作，那他们初识时理应关系融洽。然而事实并不如此。

1944年12月2日，唐大郎以"刘郎"笔名在《海报》发表《见一见张爱玲》，文中说自从读完苏青与张爱玲的作品《浣锦集》和《传奇》，便对她们景仰备至，称"现在上海出风头的许多男作家，他们这辈子就休想赶得上她们"。他听说苏青"比较随便"，然而"张爱玲则有逾分的'矜饰'，她深藏着她的金面，老不肯让人家啰一啰的"。两三月前，唐大郎遇到一位李先生，是张爱玲的表兄，唐同他说"曾经想请她吃饭，结果碰了个钉子"。李先生拍胸脯为其牵线，竟也"消息杳沉"，李后来答复说，"她姑母病了，她在服侍病人，分不开身"。短文的收尾令人感觉唐大郎心情激愤：

《倾城之恋》在兰心排戏了，据说张爱玲天天到场，大中剧团为了她特地挂出一块"谢绝参观"的牌子。我从这里明白张爱玲委实不愿意见人，她不愿意见人，人何必一定来见她？我就不想再见一见这位著作等身的女作家了！任是李先生来邀我，我也不要叨扰了。

　　不久，《倾城之恋》公演于新光大戏院，观剧后的唐大郎撰有剧评，不但对舞台上两处表演细节提出一己见解，还指摘说："剧中对白，文艺气息太浓，如'这一炸，炸去了多少故事的尾巴'。在小说中，此为名句，用为舞台台词，则显然为晦涩得使人费解。"(《〈倾城之恋〉杂话》，《社会日报》1944 年 12 月 22 日)也从侧面显示，当时唐、张关系并不热络。

　　回想三四月之前的 8 月 18、19 两日，秋翁(平襟亚)在《海报》以一篇《记某女作家：一千元的灰钿》(按，灰钿即冤枉钱)，向张爱玲突施冷箭。一时间，小报文人们纷纷加入战团，多替秋翁助阵。凡事总有例外。在一片口诛笔伐声中，也有少数人訾议平氏"容量太窄，浪费楮墨"的，其中就有唐大郎。

　　由此，颇难想象张爱玲有何理由不想与唐氏晤面。难道她真的过分矜饰？还是因为太忙顾不上？或许正如《到底是上海人》所说，张爱玲只对诗句印象深刻，却忘记了作者，这意味着彼时的她尚未将那两个名字对应起来。

两人正式合作

　　好在僵持局面很快冰释。1945 年 4 月 14 日，唐大郎与龚之方合作创办小报《光化日报》，该报第二号，发表张爱玲六百余字的杂感《天地人》，标志着两人正式开始合作。以后唐大郎再提张爱玲时，便多见推崇之辞，并常为张爱玲出头，侍护甚周。爱举一例：

1947 年 2 月 17 日，唐大郎在《铁报》发表《彩色的鸭子》，先说"最近又把她的《传奇（增订本）》，也翻覆看了几遍，她的著作，是传世之作，我本人对她则是倾倒万分"。继而聚焦于短篇《留情》，"有许多小地方都是所谓信手拈来，都成妙谛"。最后调侃某人认为张爱玲不识鸳鸯，而唤作彩色的鸭子，其欣赏力尤其"别致"。唐文看似无意，实则有感而发，所针对的目标为《张爱玲不识鸳鸯?》（《沪报》1947 年 2 月 13 日），署名孤鹜。这笔名让人联想起《小团圆》里的汤孤鹜，只是此孤鹜的本尊是否周瘦鹃，需进一步探究。

1947 年 10 月，唐大郎打算把三十岁至四十岁所作的诗，整理一次，到年底印一本《定依阁近体诗选》。有人对书名提出异议，因此想改题《唐诗三百首》，碰着张爱玲，她也以为这名字来得浑成，并建议选诗工作，应委之别人。而当唐大郎打算放弃一部分打油诗时，又为张爱玲劝阻，并告诉他为"四十生日所作的八首打油诗，有几首真是赚人眼泪之作"。

唐大郎计划以张爱玲送他的《传奇（增订本）》封面背后的几句题词，作其诗集的短跋，并请桑弧写序（《序与跋》，《铁报》1947 年 12 月 2 日）。这设想尽管美好，诗集却终未付印。

张爱玲的题词保留至今，字里行间洋溢着张爱玲对唐大郎文才的钦慕之情：

> 读到的唐先生的诗文，如同元宵节，将花灯影里一瞥即逝的许多乱世人评头论足。于世故中能够有那样的天真；过眼繁华，却有那样深厚的意境……我虽然懂得很少，看见了也知道尊敬与珍贵。您自己也许倒不呢！——有些稿子没留下真是可惜，因为在我看来已经是传统的一部分。

一年前，正是唐大郎与龚之方替张爱玲出版了《传奇（增订本）》。但上述赞辞读来颇见诚意，不该仅仅视为张的投桃报李。此时张、唐的良性互动，意味着他们已从普通的作者、编者关系，升格为朋友，而且友情深挚。

唐大郎曾劝张爱玲返沪

解放后，张爱玲与小报及唐大郎继续保持着密切关系，主要的合作成果是张以梁京笔名，在唐大郎主编的革新小报《亦报》上，发表长篇小说《十八春》与中篇《小艾》，其中《十八春》在报上连载结束后，经修改出有单行本（亦报社，1951 年 11 月版）。

1952 年初，随着"三反""五反"运动全面铺开，《亦报》改变了编辑方针，张爱玲的投稿之路遂难以走通。既然此地已无可留恋，而香港大学又寄来了复学通知书，于是张爱玲飘然离沪，从此黄鹤一去不复返。不过张爱玲与唐大郎之间还有"故事"。

1988 年 4 月 24 日《文汇报》有一篇采访录《柯灵谈张爱玲》，注意到柯灵有一段话：

> 听说她当年去港理由是继续赴香港大学完成学业，到了香港后，出于生计，她一面给美国新闻社译书，一面写电影剧本，以后又写过两篇反共小说，即《秧歌》和《赤地之恋》。先是用英文写的，后用中文写。这两部小说没多少读者。当时有朋友写信给她，希望她不要反共。

这位写信给张爱玲，劝其不要反共的朋友是谁呢？陈子善教授主编的《作别张爱玲》（文汇出版社，1996 年 2 月版），收录罗孚

《怅望卅秋一洒泪》一文,透露说:

> 我一九五三年从北京经过上海,带了小报奇才唐云旌(即唐大郎、刘郎)给她的一封信,要我亲自给她,替我打听她住址的人后来告诉我,她已经到美国去了。这使我为之怅然。那封信,正是唐大郎奉夏衍之命写的,劝她不要去美国,能回上海最好,不能,留在香港也好。
>
> 四十二年以后,我才知道自己当时受了骗,骗我的不知道是张本人,还是我托他打听的人。

两相对照可知,柯灵话中的朋友,极可能便是唐大郎。
此后,张、唐两位天各一方,音问遂绝。

原载《澎湃新闻·私家历史》,2016 年 7 月 8 日

唐大郎的"身边文字"

祝淳翔

很多人引用过张爱玲的如下论断:"在文字的沟通上,小说是两点之间最短的距离。就连最亲切的身边散文,是对熟朋友的态度,也总还要保持一点距离。只有小说可以不尊重隐私权。"(《惘然记·序》)这段貌似不经意的话,或许心目中有所指涉。如果熟悉其生平,可知张爱玲多半在说刊于近代小报里的小说及散文。而因小报与张爱玲结缘、订交的"小报状元"唐大郎,不仅是办报高手,也十分擅长那种"最亲切的身边散文"。

"小报状元"唐大郎

上世纪 20 年代至 40 年代,海派小报盛极一时。当时,小报的卖点,首先是连载小说。人们争购小报,往往只为追读自己偏嗜的某位名作家(例如上海人喜欢读王小逸、周天籁、桑旦华、苏广成等人)的小说。此外,小报另有一重头戏,即形形色色的专栏随笔,其中除了时事评论、文史掌故、剧评舞稿等之外,相当一部分,便是所谓"身边文字"(或曰"身边散文""身边随笔")。如同日本的私小说是将自己小圈子里的经历写入小说,同样地,小报文人交际广泛,与书画名家,或是剧界名伶多有交游,而透露了名人逸事的"身边文字",会让许多市民喜闻乐见。更有一些作者袒露心扉,将家事化作文字以飨读者,彻底拉近了与读者的距离,于是引起读者共鸣乃至同情,终获其追捧。

为了满足小报迷的好奇心,抗战胜利后,上海出版过一本《海派作家人物志》(浩气出版公司,1946年版)。此书编者"清音"自称编过小报,他却给唐大郎不吝留下如此赞词:

> 在小型报发展的历史上,这一枝生力军的影响是巨大的,凭着他的才气与幽默,他的身边随笔与诗为读者深深倾倒,因此有"江南第一枝笔"之目。

但同时也指出他不太正视现实的弱点:

> 洋场才子所凭的只是一些才气,要从他文章中找些意识是缘木求鱼。在唐大郎似尤甚,反映于他笔底的,是糜烂生活的断片,其对城市黑暗面的见解与批评极少,所有的也是歪曲的。

唐大郎本名唐云旌,常用笔名有唐人、高唐、云裳、云哥、云郎等。解放前,这位"小报状元"在众多小型报均开过专栏,先后计有《小休散记》《高唐散记》《唐诗三百首》《西风人语》和《定依阁随笔》等,其中,尤以《高唐散记》延续时间最久,从解放前的《社会日报》《铁报》,一直写到政权更迭后的《亦报》。如从《高唐散记》入手,或可窥见唐大郎"身边文字"的一斑。

形式上,《高唐散记》多由近体诗及诗注(被人谑称为"诗屁股")组成。提起写旧诗,尤其是打油诗,唐大郎真可算是一把好手。李君维说:"唐大郎写的旧体诗,虽系打油诗之属,但严格遵守旧体诗词格律,平仄、对仗、押韵循矩蹈规,一丝不苟。"(《俊士所贤迂士呵——闲说唐大郎》,《人书俱老》,岳麓书社,2005年3月版)老报人张林岚论及:"他的诗,风格在清人龚自珍、近人郁达夫之间;但常常杂以俚语,又像竹枝词,自称'唐诗'。"(《小报状元》,《一张文集·卷四》,生活·读书·新知三联书店,2013 年 1 月版)

记得蔡登山在《也是"张迷"的唐大郎》里细述唐大郎如何慧眼识张;反观张爱玲,其实也对唐大郎青眼有加。李君维在《张爱玲笺注三则》一文中,推断张爱玲《到底是上海人》中津津乐道的小报打油诗,便出自唐大郎之手。诚哉斯言。(张爱玲引用的"唐诗",刊于 1943 年 1 月 22 日《社会日报》,署名云哥。有趣的是,张爱玲还错记一字。)1946 年 7 月,张爱玲应柯灵之邀参加了一次宴会,地址设在桑弧导演家中,在座的还有炎樱、唐大郎、龚之方等人。这也许是唐大郎与张爱玲的初识。另据沈鹏年在《行云流水记往》里透露,解放前一年,唐大郎的近体诗集本打算以《唐诗三百首》为名结集出版,这不仅获得张爱玲的认同,而且当唐大郎想把一部分打油诗放弃时,张爱玲表示不可,还旗帜鲜明地点出他为"四十生日所作的八首打油诗,有几首真是赚人眼泪之作"。

"身边文字"遭批评

等到主编《亦报》之初,唐大郎依旧积习难除,不仅自己写"身边文字",并且在向特约撰稿者约稿时,仍希望多谈一些身边琐事。如《今日的古城》所述:"我们从前天起登的《梅剧团北行琐记》,就是思潜先生(祝按:许姬传号思潜)的手笔,作者以自己的立场,叙述梅先生旅程中的身边琐事,无不真切有趣;我们得到思潜的文章,如同得到梅先生的文章,一样珍贵。"(《亦报》1949 年 8 月 30 日)又如《梅边人物》重申:"思潜先生为梅兰芳先生掌文牍,于是替《亦报》写稿子,标题就叫《梅边琐记》,写的都是十分琐碎的事,但我却欣赏他这一份琐碎,因为愈琐碎愈觉得作者身在梅边之有意

思也。"(《亦报》1950 年 3 月 12 日)

但是解放以后,随着知识分子思想改造运动的推行,社会上开始兴起新风尚,普通市民读者日益受其影响,阅读口味也随之悄然发生变化。身边文字因片面追求趣味性,在思想性方面或有欠缺,于是就有读者写信去非议,《亦报》上便出现了要不要"身边文字"的讨论。

在《谢梯维》里,唐大郎表达了经受读者批评时那苦恼而灰暗的心情:

> 写就身边事一堆,自家看看意须灰。
> 书来读者封封骂,头碰梯公日日催。
> 人自心雄惟力拙,诗难气荡更肠回。
> 只教收拾狂奴态,遂使尊眉豁不开。

在我们征求读者意见的许多来信中,对于我的文字,骂多于不骂,骂我的也分着两种,一种骂我不够进步,还是写些身边文字。一种则骂我写得不比从前那样的泼剌、风趣,总之我是两头脱节。惟一办法,只好少写一点。但我是天天同梯维一淘吃饭的,他不看见我的稿子,他就要催:"怎么今天又没有了?"甚至说:"再不写,我要不看《亦报》了。"其实梯维并不对我的文字有所特嗜,因为看二十年老友的写述,别有一番亲切之感而已。然我却难了。(《亦报》1950 年 1 月 6 日)

从口气上看,唐大郎因矛盾缠身无可适从而有些焦头烂额。好在有好朋友梯公(胡梯维)的大力支持,《亦报》上《高唐散记》的题材里,身边文字仍保持了相当长的一段时间。

六十多年过去了,"身边文字"的优劣已然不成问题。一方面,假如报纸文章充斥着高头讲章,片面追求思想性,而毫无趣味,很难不被普通读者所厌弃;另一方面,非黑即白的逻辑已经不大有人认同,思想多元化亦逐步被多数人所接受。诚如老卒(严独鹤)当日所言:"足迹所经,见闻所及,种种情事如其是有意义的,有价值的,就何妨写将出来,也许问题虽小,或有可观。"(《身边文字》,《亦报》1950 年 1 月 15 日)

唐大郎与施叔范

今天,当以积极的眼光重新审视唐大郎的"身边文字"时,实在能发现许多珍贵史料。其中最主要的,便是唐大郎与朋友们之间的绵绵友情。

施叔范,自号老髯,原籍浙江慈溪坎墩镇。1933 年秋在上海与邓散木等结"哭社",吟诗会友。抗战胜利后,施氏与唐大郎、桑弧(叔红)等人结成文酒之交。可惜上海解放后不久,施氏即返乡务农。上海的友人们与其依依不舍之情可见之于《亦报》上的往来文字。如《高唐散记·此际魂销禁不得》:

> 叔红留不住叔范,叔范还是想走,回到他的故乡,定下星期成行,就在前天晚上,聚了柯灵、散木、空我、之方诸兄,在叔红家里,作一个话别会。其中柯灵也要走,他是到北平去,算来他从北平回来,尚不满一个月咧。

> 解放以后,叔范便作计归农,但一留留了三个月,那是他舍不开上海的朋友,而上海的朋友,又何尝舍得开他? 记得在沦陷时期,他离去上海,向朋友作过四首留别的诗,我永远忘不了他有几句如:"虽然肺腑多恩分,无奈江城断稻粱。""未闻天意分南北,却有朋情过弟昆。"又如:"此际魂销禁不得,分别

都在梦中看。"可以看出他所依恋的是朋友,做他朋友的,却始终只有用感情来留他,而用不出力量来留他。所以三年两头,要造成有如今夜的黯然魂销之局。

听说最近的叔范,没有诗了,他怕的是不为时代所宜,其实不用这样顾虑的,在共产党统治之下,叔范的诗,我相信依旧是名山绝业,他用如沸的热情,千锤百炼的工力写出来的作品,任何时代扬弃不了它的。叔范正用不着妄自菲薄。(《亦报》1949 年 9 月 2 日)

字里行间,满溢着唐大郎对于施叔范那份惺惺相惜与勉励之情。

不久,施叔范从家乡寄来留别诗,诗后辅以唐大郎并不常见的文言诗注:

上为施叔范先生作留别海上友好诗,寄与桑弧,桑弧以示愚,读之真能烦郁都销也。近世诗人,于施叔范服膺尤至,散木先生所谓髯诗能自成其面目者,愚亦谓一任世变时迁,髯诗终得千古。《亦报》诞生,索叔范诗,叔范曰:"久无所作,及其归,亦迟迟无一报,愚故悯悯弗已。"当其倚装,桑弧设杯酒饯之,散木、空我皆在座,散木被酒,骤语愚曰:"若多余力,仍为诗,后此诗道必衰微,留我三四子,亦足奇珍!"愚曰:"是当望于叔范,胡论及我? 无叔范聪明,亦无其慈爱,患吾诗终不可到耳!"(《施叔范诗》,《亦报》1949 年 11 月 5 日)

很快,山人居士(邓散木)撰就《寄怀叔范坎镇》:"借问施胡子,乡居遣怎消? 抽烟非白锡,闭户看青苗。黄脸眉长展,红灯酒听浇。明年花可轧,笃定够开销。"(《亦报》1949 年 11 月 7 日)之后的多月,施叔范的旧诗在《亦报》源源不断,间日有之。

"梯丈为媒相过亲"

唐大郎与同在沪上的桑弧、胡梯维、龚之方的友情保持得更久。《高唐散记·我们四个人》称：

> 新年的头两天，都同桑弧、梯维、之方在一淘，少不得连番铺馔，这一种良朋聚首的机会近年来已不大多得，于是想起当初《黑饮记》的所谓"渐看明月生墙角，特为佳人照海隈""适逢眼底无双艳，便寄生平第一欢""发肤衰于离乱后，弟兄都在性灵中"的那些尘影来，在座的人，遂都有不尽低回之概。
>
> 我同桑弧、梯维、之方四个人，在性格上，出入没有太大的地方，所以我们的友情容易长久。有一时期为了各人忙各人的事，不大碰着，但碰着了总好像有说不完的话说着。因为我一向不务正业，所以与朋友没有事业上相共的人，也许这是能够保持友情永久的原因。譬如说：我去年想自制一部影片，真的摄成了，我一定想在本市最大的戏院上映，于是一定去找梯维。他是大光明与国泰两家的总负责人，但万一他有为难而方我的命了，我呢一定当他不卖交情，而心里就要不免有所芥蒂了。比较起来，同之方合作的机会多一点，他是干才，他领导我。但朋友是老了，交情是深了，我总想，有朝一日被我拆烂污，拆得事业垮了台，他也只好对我看看，总不致于办我去吃官司的，但友情还继续得下去么？（《亦报》1950年1月5日）

性格相近，让友情萌发。这点容易理解。而令人想不到的，竟是事业的互补，才让四人能友情永久。更出乎意料的是，后几日的

《亦报》上居然还披露了老朋友桑弧终身大事的解决。

先是唐大郎《寄桑弧》慨叹老友桑弧的年齿日长,孰料短短几个月后,唐大郎便向身处外地的施叔范报告了喜讯:"读得髯诗意更新,恍看丽日耀湖滨。旧余老铁(山人居士)情犹沸,吟到其三(男士)笔有神。都道高唐殊乏劲,岂关散记不藏春? 桑弧近事君知否,梯丈为媒相过亲。"(《亦报》1949 年 9 月 15 日)

"这一首诗,当然不好,尤其不好的,正如一位读者骂我,写来写去,又写在几个朋友身边也。"(《报叔范湖上》,《亦报》1950 年 1 月 10 日)

诗的最后一句莫不是在说胡梯维为桑弧做媒相亲么? 果然,两天后的《亦报》刊有文哥(胡梯维)《做媒》一文,得以验证:

> 本乡的俗谚说,不做媒人不做保,一世无烦恼。生平没有做过媒人,不想解放后的一九五○年,忽然开起戒来,而且是全部道地的老法,乾坤宅游园相亲,在削面的西北风里,颇令人发思古之幽情。相亲下来的一个节目,是由媒人办妥了四张戏票,请小两口子连看两场电影。这一来,有人批评我有点近于火爆。实在我是个急性人,我比我这朋友叨长几岁,十余年来,我眼看他由天真,而老成,而憔悴,这一份盼望他敦其室家的心情——下作坏讨便宜,真不亚于向平之愿。游园之后,听听各方的反应,都非常圆满,只有我这朋友,始终保持着一份沙蟹台子上的冷面矜持,高深莫测,只见他耍水袖,理口面,慢条斯理,老不张口,因是我不得不起一点带头作用。大郎讥嘲我说,这次做媒如果失败,你大有和朋友"划地"的可能。这倒好像我把做媒看成事业了。其实,终吾之身,我也不曾为事业而与朋友存过芥蒂的。
>
> 其实呢,大郎是现成男媒,他的期成之愿,也正与我同样

殷切。因为坤方与我沾点亲,她小我一辈,这两天,不但他已经改口称我丈,而且连台上的祝词,他早就打就腹稿了:"今天是××兄的吉期……"见了我就要念一通,然后拊掌大笑,新官人遇着我们这样那个急性的媒人,大概也钻不出红丝网了。

尽管并未指名道姓,但不难从字里行间推而知之:正是由胡梯维出面做媒,把比自己小一辈的女眷介绍给了桑弧;而得知消息的唐大郎便在第一时间,将这喜讯与身在外地的诗友施叔范分享。分析胡梯维所述,相亲的结果是当事人桑弧始终保持着矜持,而唐大郎却表现得格外殷切,甚至已经改口,连婚礼祝词都已预备好了。女方是谁呢?考虑到1951年桑弧即与一位文艺界的圈外人戴琪喜结连理,相隔时间之短,女方除了戴琪,似不作第二人想。至于桑弧的态度怎么从矜持转为积极的呢?限于文献无征,就不多作猜测了吧。

2009年,张爱玲本来打算销毁的《小团圆》终得面世。读罢全书会发现,随着小说情节的发展,主角九莉在一一与她所爱的人告别:母亲、丈夫、恋人,最后留给读者一个与小说标题相匹配的远非"大团圆"式的黯淡结局,其凄然与绝望,令人一掬同情之泪。如果小说里燕山的原型真是桑弧而非旁人,简直应了那句:多情却被无情恼。

至于桑弧、戴琪夫妇的婚后生活是否美满呢?我想,答案是肯定的。在晚年一篇几乎不带感情色彩的回忆录的结尾,桑弧特意向老妻表达了深切的谢忱:

> 在结束本文的时候,我还想饶舌几句。我想表达一下对我的爱人戴琪的感激心情。我们于1951年结婚。这四十多年以来,我的创作生活一直得到戴琪的支持、帮助。特别在

"文革"的十年浩劫中,我的一些同事或由于受残酷迫害致死,或由于不堪忍受凌辱而自寻短见。当时我身处"牛棚",情绪十分压抑。但是我的爱人始终劝慰我,她要我正确对待逆境,对未来要有信心。这才使我度过了那难熬的十年岁月。我永远不能忘记她给予我的鼓励和爱心。(《回顾我的从影道路》,《当代电影》1995 年第 6 期)

原载《今晚报》,2016 年 12 月 9 日

诗文选

1929 年

《大晶》周岁

《大晶》风格异寻常，此日争看周岁郎。

何必去谈三鼎足，不须更羡四金刚。

桂花只许梦云赏，言论应推本报强。

一瓣心香遥寄祝，年节特刊万千张。

（大郎自嘉定邮祝）

《大晶报》1929 年 5 月 25 日，第 121 号，署名：大郎

1930 年

《大晶》二岁

《大晶》生来不知愁，笑骂温馨一例收。

赢得群人夸气节，好同顽铁斗风头。

奇文哈特随时见，芳讯绵蛮去后休。

唐大郎君还健笔，钦迟独写富春楼。

《大晶报》1930 年 5 月 21 日，第 241 号，署名：唐大郎君

1933 年

晋谒章行严先生 * ① 【平生不四色斋随笔】

　　以钱芥尘先生之介,得晋谒章行严先生。先是,章先生折柬邀宴于小沙渡路承裕邨寓中,时为十一月二十三日下午七时。同行,钱先生外,王一之先生与听潮、积勋二兄。客至,章先生已待于室。十年不见,不复张绪当年矣。章先生状貌温恭,发耸于顶,架镜,披短褂,脱一纽。气度落落,书生本色也。所坐为书斋,悬名人墨迹殆遍。何子贞、伊墨卿及康南海、袁克文字,堆积墙间,不理不饰。客十人,皆一时俊彦。名医费泗桥擅妙词,一言甫竟,众客粲然。既入席,我傍独鹤坐。忽有人举座中姓氏,谓姓唐者二人,我与唐世昌先生也。姓陈者三人,陈甘簃先生与听潮、积勋也。于是叹"蒋家兵马陈家党"之语为不虚,虽一小集团,亦不能不让陈家之有党矣。其余皆孤姓,章先生因笑语独鹤曰:"以我号倒置之,亦可以与君同姓矣。"章先生家厨极美,为外间所不易得。席阑,兴辞去。时轻寒被体,章先生之笑貌犹在忆也。

　　　　　　　　　　《东方日报》1933 年 11 月 25 日,署名:云裳

---

　　① 　编者注:标记 * 者,标题为编者所拟,方括号内为发表时栏目名。以下同。

1935 年

袁美云　写手册【涓涓集】

有人在联华公司遇陈嘉震君,陈告以新居地址,其人乃录之于手中所持之《联华年鉴》中。后其人又赴艺华,乃晤袁美云女士,袁欲一读《联华年鉴》,读时,其人忽告美云曰,刚才我见到陈嘉震的。袁闻言已,不觉噗哧一笑,其表情甚美,而不知其会意乃何如也。

邵洵美君,文笔极美,顷见其为小丁题手册曰:你父亲的年纪不会老,你自己的声名不会小。又孙师毅君之言曰:丁先生的画名老,丁师母的酒量好,酒与画的交响调,小丁你样样都跨灶。末书曰孙师毅放肆,皆妙构也。

《铁报》1935 年 7 月 8 日,署名:淋漓

公园坊　身后应声【涓涓集】

公园坊为刘呐鸥君之产业,新屋落成,迁入其中者,都为新文艺作家,如姚苏凤、穆时英、戴望舒、陆小洛诸君。苏凤所编《晨报·每日电影》,时英、呐鸥、小洛等皆为其写稿,有人谓,"每日电影",可以改名曰"公园坊",则贴切而多妙趣矣。近闻吴云梦君,亦迁居其中,余问云梦,公园坊为文艺区域,君故亦居其中矣? 云梦笑曰:勿必肉麻,不过其地空气甚好,房子亦不错耳。

天衣居拉都明霞邨，巷外一平房，近乃缢死一男子。天衣曾往一窥，则犹高高悬起也。其地极荒僻，入夜一二时已无人踪。天衣于深夜归去，在弄口叫门，仿佛其后面平房中，有人应声曰：来哉，龚先生刚刚转来。天衣每为之毛骨悚然。其实此为一种心理作用，人人如此，初不仅天衣然也。

《铁报》1935 年 8 月 3 日，署名：淋漓

十年来渐故人稀　旅馆减价中之趣语【涓涓集】

大雄先生，吊张春帆先生于中国殡仪馆，归后以一文哭之，有言曰："痛哭春帆之余，复感念《晶报》老友林屋、寒云、瘤蝯、倚虹、涵秋、文农诸子。"由是观之，真可见《晶报》资格之老，当年人才之众。而大雄于此，念黄公度"六合外从何处说，十年来渐故人稀"之句，想不胜其悽怆悼恸也。

某旅馆在此竞争卖买之日，住一天送一天之外，复打一七折，且加送赠如航空奖券、钻戒之属，某君见之，笑曰：这样便宜，不要将来住的客人倒发了财，而旅馆以过于廉价故，竟不可支持，乃使旅客将全部旅馆盘了下来，亦未可言也。

《铁报》1935 年 8 月 14 日，署名：淋漓

嘉震来访　豆腐记号【涓涓集】

前夜一宵未眠，朝暾既上，始入睡乡。九时，陈嘉震兄来访，携

一稿,嘱转听潮,盖于貂斑华扫除一文,有所辨正也。余倦极,撑惺松之眼,见嘉震立于床前,而模糊不辨其面目,第觉有一派可怜之色,笼罩其身。嗟夫,随星之人,而精神上之损失,与夫自身之一切烦恼,乃使今日之吾友嘉震,将悉数丧失其青春矣。余无以慰之,及其去,亦不遑谈几句话也。

陆小洛为文,一贯以"吃豆腐"姿态演出之,即记一极正经事,而其中必杂几句寻开心的话。余譬之如凌霄汉阁徐彬彬先生,为人极风趣,其作文,不肯扮起正经面孔,往往如唱戏中之玩笑旦。曩为《时报》写稿,凡徐之通信,虽写国家大事,必将要人之姓名,易一极滑稽之混号,此则亦如上海人所谓吃豆腐的作风也。

《铁报》1935 年 9 月 15 日,署名:淋漓

白玉霜印象记

愚与应时观白玉霜演《杀子报》已,辄欲循要人访问之例,与白老板作短时间之谈话。应时为愚代说于张伟涛君,以张君之介,于恩派亚经理室中,得一良晤。时白老板下装甫罢,粉痕犹新,熨发,御淡咖啡色之长袍,身材甚修,虽在台下,而不损其妍容,齿白,张口粲然。其人工辞令,隽爽不作儿女之态。愚告曰:"慕白小姐久矣,今始初见于红氍毹上,诚幸事也。虽然,我以白小姐见称,得勿嫌其草莽否? 亦愿以真名氏示吾人乎?"则曰:"姓李名慧敏。"又问之曰:"唱戏几年矣?"曰:"我年十七,即习戏,今二十三也。"愚见其同来有一媪,则指之问曰:"此伛伛者,亦李小姐生身之母乎?"李摇首曰:"否。此吾姑母,吾母乃未偕至。"又问曰:"以李小姐言,母尚

在，然则父亦尚健在否？兄弟几人？"曰："吾母随我来海上，父已背我死，在此尚有一兄耳。"我因又问曰："歌坛生涯，李小姐之感念乃奚若？"李若有沉思，顷之徐徐曰："我特为生计之谋，我从母命。母令我唱，则唱；母许我辍者，我亦弃吾业矣。"愚又问："闻李小姐能剧之夥，第不知李小姐自许之作，乃为何剧？"李谦然曰："我戏皆平庸，无可告人者。"时一人从旁曰："若《珍珠衫》《马寡妇》《小老妈》，无不为白老板经心之作也。"愚因又问："来上海已几次？"曰："第一回。前时足迹所至，要在东北、奉天、吉林、哈尔滨、济南、天津、北平，惟上海犹初至。"言已，又叹曰："上海真好地方也。"愚曰："明日辍演，北归将何日？"则曰："兹不能决，唱戏之身，乃无暇晷。我自来此，但局促于戏院与寓所中，春江胜地，未遑尽情领略。此后欲辟余闲，作平原十日之游，故欲问归期未有期也。"李又曾自言：少时未尝学，固识字不多，生平嗜银幕艺术，于胡蝶、阮玲玉尤为心折之二人。是日，明星萧英坐台下，李尝告愚曰："顷见萧英来此，客亦曾见之耶？"

《社会日报》1935 年 9 月 24 日，署名：大唐

愚不喜读《王先生》与苏曼殊诗文 *【"恣言"集】

愚不敢作违心之论，生平实不喜读叶浅予之《王先生》与苏曼殊之诗文，然二者皆风靡一时之作也。曼殊大师诗，惟"山斋饭罢浑无事，满钵擎来尽落花"二句，可谓意境高逸。友人王景槃先生言，综曼殊诗集，亦不过此二语可传，斯言讵诬？尝见曼殊更有断句曰："我本将心向明月，谁知明月照沟渠。"其语甚隽，亦诗中之上品，然此十四字，本为成语，用以凑入诗中者，非曼殊创意也。

琴南翁与何诹文笔，实为殊途同归；若谓何诹力学琴南，正未

必是。林译小说，广至百余种，警笔不为不多；第粗糙处亦在在可见。何诹一生，惟有《碎琴楼》一种，设景造句，无一字浪费，读其书，如饮冽酿，第觉有芬芳之气，被上齿颊。何诹以全部工力，悉致此书，故爱林译之文者，实不可不一读《碎琴楼》。愚读《贼史》与《块肉余生》之后，尤觉向昔之言，非不当焉。

《社会日报》1935 年 10 月 5 日，署名：大唐

走火先生　艺术叛徒　永安六层楼【涓涓集】

《晶报》有九一三先生，亦署走火名，是即商务英文编辑周越然先生。余以毛铁灵犀之招，在川味香夜饭，适大雄在隔室，大雄与罗素诚兄为同学，罗则余之十年老友也，因相欢宴。顷之，入一人，年四五十间，目短视，而精神奕奕，大雄又为余介绍，盖即余十年前受学时所读英文书之作者周越然先生也。

余近来识二名流，一为川味香座上之走火先生，一则艺术叛徒刘海粟先生也。余识刘先生于丁楼，刘前夫人亦在，体貌伟岸，一握手间，真觉欢逾生平矣。惟余以偕丁先生赴徐朗西先生宴，遂不获久谈耳。

他报于一文中大骂小报，谓小报人才，无非大世界、天韵楼人物，可谓一网打尽矣。然另一文中，则有人作随笔曰："重九之夜，登永安六层楼。"不知永安六层楼，其地乃为何地邪？

《铁报》1935 年 10 月 11 日，署名：淋漓

宇宙风 "文明"礼

> 人间毕竟今何世？宇宙吹来怪好风。
>
> 记得当头天笑语，三堂会审莫装疯。

旧剧中有《宇宙锋》，亦剑名也。今之《宇宙风》，不过谐其声而已，包天笑先生曰："三堂会审宇宙风。"三堂者，知堂老人、林语堂与郭沫若之笔名鼎堂也。甚趣，故记之入诗。

> 野蛮那里识文明？受到文明礼不轻。
>
> 无法推辞天性野，瓦斯流毒压阿城！

意大利以毒瓦斯压阿国京城，阿国宣称初次收到"文明礼物"。文明礼物四字，沉痛之至！

《社会日报》1935 年 10 月 14 日，署名：大唐

袁中郎启事　施叔范【涓涓集】

近有某书局做广告，在报上大书曰："袁中郎启事。"见者无不笑为荒唐。

施叔范君，不知为何许人，而同为以笔耕自给者，则可知也。余甚爱其诗，其诗清和淡远，若不食人间烟火者。近在白下，见其作《新秋杂诗》云："太湖十顷白荷花，淞水荒荒数亩瓜。莫唱戎歌惊客子，藤枯藕老不归家。"（竹枝词）"钩起泪灯纱纱思，莎根披石

记儿时。如今袖手风檐下，一任哀凉化鬓丝。霜湿蛛丝月堕杯，哀风漱齿四园开。道人新暑秋虫长，尔许吟魂点卯来。"（蟋蟀）"披风续续吐檐角，负日蠕蠕窥瓦沟。倾腹丝纶酬一饱，怜渠辛苦嚼蝇头。"（蜘蛛）

《铁报》1935年10月15日，署名：淋漓

打油诗祝《钻》报十二年

《钻》报欣逢十二年，于今轮到小猫编。
忽然手奉来书道，为索区区稿一篇。

无多祝颂何能已，且写新诗学打油。
写罢新诗还默祷，祷它百岁更千秋。

辛苦经营赖济公，神光常耀眼前红。
若从小报论年纪，却与晶晶是古董。（叶平）

共计荒唐四首诗，此心只有猫公知。
一笺附去轻轻问，中国房间开几时？

猫厂书来，嘱写《钻报》十二年特刊稿，勉成打油诗四首，用以塞责，猫厂谓报酬之道，惟房间一叙耳，故末首及之。

《金钢钻》1935年10月18日，署名：大郎

挽戈公振先生

斯人一死千人哭，此事如何问上灵。

莫憾人生终有死，断肠无奈是苛刑！

戈先生以割盲肠而死，传为诊断之误，盖盲肠炎，非真有其病也。

天忌长才况异能，如君焉得不为憎？

可怜骨肉辛酸语，雪涕何曾止百朋！

戈先生易箦之时，与病房中人一一握手诀别，其妹妹曰："哥哥你安心去吧！"闻者无不酸鼻。

《社会日报》1935 年 10 月 29 日，署名：大唐

得丹徒王景翁书 * 【"恣言"集】

发旧箧得丹徒王景翁书，来一年余矣。自作报人，所得朋友情文并胜之书，惟此景翁一束。景翁，黎锦晖先生至友也，与愚则为同事，所谓兼道德而能文章者。读此书，辄念友情之厚，顾我茫茫，又觉其怆然欲涕矣。记其片段曰："数数于朋友中报纸上，约略得起居简状，至深驰念！顷奉大札，尤为怅惘，足下豪放雅怀，窃以为下走或可勉识。然而生斯世也，为斯世也，不然则未有不困苦无聊者；所以历以从俗为劝，亦深知其与雅度相背，特不过欲足下稍自俯抑，以图得温饱二字而已。盖年过四十，久历艰难，遂有此没出息之言，宜足下之不顾也。昔尝云'经济'二字，无限人豪，不得不

俯首受其支配,此马克斯之所以独步一时,来书云云,似亦不能例外矣。惟尚有逆耳之言,以为以来示言外之音度之,或尚未至十分倦游之候;弟以为苟足下游尚未倦,则且不必言悔,一往做去,失败亦是换得将来阅历之代价,略多无妨。万一真倦游矣,尚请听下走之一言,先伏处一周年再说。明年今日,必有好音,以府上状况言,或非万不可能;此一年之内,能略看书甚佳,不能则游心于万物之表,与田野为友朋,则所得必大。足下英年,有才如此,何患将来不炫赫一世,此时小不如意,正是蓄势待发之征也。若如来书所云,谓'一星期再来,与之周旋',皆幼稚语,皆无用,徒自取辱。以下走所度,至少一个周年,万万不能再少,此时如性急,则反损乎将来,一年又将不足,而须延长至三年二年矣。前与足下所面谈者,虽不尽蒙采纳,然亦不尽为高明所非轻。迩来晤面虽稀,而情好弥笃,敢以自誓,愿吾云旌悉听鄙言,图得丰衣足食,做一社会上没出息之人也。万一豪情未减,游兴仍高,则不妨再放荡些时再说;此事未到火候纯熟时,足下必不能行,行之亦无益也。"

《社会日报》1935 年 10 月 31 日,署名:大唐

为恨水壮行*【"恣言"集】

夜深矣,灵犀入铁锥之室,见铁锥方独坐,神志恍惚,此状自友铁锥以来所未见。灵犀归白与愚,愚叹曰:"人海茫茫,此情胡遗,惟聪明人,乃常以此自缚也。"

"当年不嫁惜娉婷,映白施朱作后生。寄语旁人须早计,随宜梳洗莫倾城。"诗至好,而至今不知为何人所作者。

恨水于五日北归矣,秋尘、友鸾之后,来去匆匆者,此又一人。

张若谷曰:"恨水,北方张也。"北方一张,宜其不服于南方,用赋一绝,以当祖饯,用壮其行:"飘然来去一行囊,未带山妻子女行。水上人情皆不服,故归名分北方张。"

朋友劝农花移家于人安里,农花不愿,谓人安里多艳窟,使有人问起吾夫人住什么地方时,良不雅,所以避瓜李之嫌也。毅厂兄常言:"吴氏一门,充满一派文明气象。"今知不然,其勿能澈底文明者,农花一人也。

《社会日报》1935 年 11 月 5 日,署名:大唐

张秋虫《假凤虚凰》遭腰斩 *【漫谈散记随笔集】

《立报》所刊张秋虫君之《假凤虚凰》,忽然腰斩,传为严谔声之主张。而张恨水卸除责职之前,殷殷以廉价为劝,盖不胜其惺惺相惜之情也。惟近顷有人谈,则谓腰斩秋虫者,非严谔声,而为包天笑君,此说恐非实在,天笑老成诚厚,况亦以小说家言,显身此世,恨水尚有惺惺之惜,何况天笑? 故我知作斯言者,特厚诬天笑耳。

余大雄先生,在舞场中遇大郎,必曰:"你袖手旁观,尽在笔墨上形容大众人之丑态,如何可以邪?"

佩之兄曰:"张昭绥先生在今生今世,不学跳舞,似亦非人生之憾事。"此语至当。

大出棺材有登广告声明路由,俾看出棺材者,可以循其路由而等候,未闻有大结婚者亦昭告大众,有之,特以潘胡之婚为始也。

《世界晨报》1935 年 11 月 25 日,署名:晚唐

尘无有妙侣曰诗影*【漫谈散记随笔集(六四)】

小丁先生,今日二十诞辰,朋友谋所以祝嘏之礼。小洛提议,谓请大郎分其家一夔,送至丁府,放在小丁被窝中,做活火炉,使小丁从此无脚冷之叹,亦一桩功德也。

芳君作《也是散记》序言曰,本栏既有漫谈,又有随笔,更凑以散记,乃为晚唐先生一网打尽矣。其实未也,本文题目曰"漫谈散记随笔集"尚有一"集",为本栏其他文字所未备,诚为漏网之鱼矣。

农花喜吃鸡脚,谓铜元二枚买一只,其中有一条筋,啖之味绝隽,此岂所谓嗜痂癖者非欤?

尘无有妙侣曰诗影,其人氏张,诗影为别署。盖伊人者,为银幕上之女诗人,以此语读者,亦知为何如人乎?

胡蝶之婚,闻老滕、苏凤诸人,皆无喜帖,然二君皆送礼。余谓二君真戆大,我要有这钱,预备过冬至节,祭祖先用矣。

《世界晨报》1935 年 12 月 6 日,署名:晚唐

调吞声 一句诗 友道尚存【涓涓集(一八五)】

有人作调吞声诗,吞声即王尘无先生。王先生近来颇有绮行,其心上人则亦诗亦影,在诗中乃亦及之也。诗云:"开过蘼芜了了春,佳期正值此芳辰。圈中自有颜如玉,何必临渊羡别人。"

大郎作一句诗曰:"听潮白鹭怕雄飞。"释其意,则为白鹭在听潮,而不肯高飞也。此七言中,有名字三,一为陈听潮,一为张白鹭,一则胡雄飞。雄飞办《社会日报》,适听潮主文字,白鹭主图画,

故以全句看来,又似此二人乃怕彼一人者,亦双关妙构也。

或谓射虎生死,不见红豆来,怪之,其实不足怪也。红豆亦厚于友谊者,不见双盒主人身遭奇凶,红豆尚殷殷以小简觅之乎?

《铁报》1935 年 12 月 6 日,署名:淋漓

郁达夫说王莹*【漫谈散记随笔集(一六)】

无情对中,以冬瓜子之对夏斗寅,于右任之对向左转,皆天衣无缝。唐有壬有一女侄甚美,则蟒将军之弱息也。子佩办《女学生》时,尝刊一图,画里真真,见之正令人啧啧称善。

蝶衣尝置其恋人之影,饰于其夫人闺阁中,众为之危,问蝶衣,则曰,假使讨一个连这点点事都要吃起醋来,这种女人,还要得么?闻者为之咋舌。

王莹女士与电通同人,小餐于饭店中,忽闻隔室有人谈王莹,停听之,一人发言曰:王莹又做电影,又做文章,其实做了电影,也就算了,何必再要做文章? 王闻言颇不悦,起之将门砰然闭,自言曰:这班人讨厌。言已,隔室忽有哗笑声,顷之走入一人,陪笑脸,众视之,则郁达夫也。

明月社为黎家班底,黎先生与人谈话,讲起白虹、明健诸人,恒曰:“我们的姑娘。”其语气真正亲热之至。

《世界晨报》1935 年 12 月 21 日,署名:晚唐

1936 年

信芳自京中寄书来 *【小休散记】

信芳自京中寄书来,并附万峰青一函,盖观《明末遗恨》后,抒其观感者也。书极冗长,田汉读之,亦惊为同情之作,梯维嘱我以原书布之报端,俾海上之崇麒诸子,读此称快也。

南通有张非文先生,数年来读《小休散记》未尝辍,偶为文,造语亦如小休之作,亦可谓嗜痂成癖矣。比以函至,询我将来之出处者,我一时且不能答,及所趋既有定止,当专书寄告,兹则先为张先生谢关心之雅也。

溢芳跳舞,我笑之曰:“此真行尸走肉耳,跳舞何谓者?”溢芳怒,而朋辈且据为谈资,濂溪公殊好谑,尝谓:“溢芳之肥,诚为行尸走肉矣。然灵犀亦舞,灵犀之瘦,宁不谓为行尸走骨邪?”

唐瑜颇拘谨,见女人辄面红及耳际,我尝欲设术以窘“吾家老叔”者,为之集少女十人,裸体伏其身上,则斯时之神态必可观,惜此机不可遇耳。

友人叫堂差至,将去,友曰:“我停会来看你。”伎漫应之曰:“你来看我,我要出一身汗了!”我闻言叹曰:“堂差之刻毒如此,看来不叫也罢!”

《铁报》1936 年 3 月 18 日,署名:云裳

唐瑜之荒唐斋剧谈 *【在野人语】

吾友唐瑜先生,近于报间屡作荒唐斋剧谈,标奇立异,凭一己

之意见而发挥之，不为老生常谈，亦非人云亦云也，立意绝佳。余以为欣赏艺术，特求其能悦己志者而赞叹之，本不必盲从于人。譬于谈剧，余谓周信芳者，好逾马连良百倍，然当世人士，斤斤于京朝派与海派之分，京朝派烈士之流，日倡言不容海派□周信芳登剧坛一席地，非则余而苟为彼烈士之流所同化，不将使余信仰于信芳之念，为之动摇邪。

施谊谓，近在都中与信芳作竟夕谈，颇佩信芳有一语曰："我很勇敢地承认我是海派。"噫，京朝派之贵何在，海派又何以谓之卑？世多盲从，始有此界域之分耳。

唐瑜潮州人，其初本不知京剧为何物，去年始观而好之，亦爱信芳如命者。近则酷嗜更新舞台之厉家童伶班，荒唐斋之剧谈，亦多为厉家小儿事，厉氏诸童，自多杰出人才，唐瑜爱之，荒唐斋因不荒唐也。

髫年喜观坤伶剧，初赏十三旦，既爱雪艳琴，比年来坤角人才消乏，后进人才尤不多见，有之，特共舞台之于素莲乎？于擅长表演，尝将见其《妒妇诀》，曲曲传出，要非易事。于姿色亦美，雪艳琴不及也。

《世界晨报》1936 年 5 月 14 日，署名：大唐

谈诗* 【高唐散记】

袁简斋诗话中，谈年老征花，辄为群芳非笑，遂有"若道风情老无分，夕阳不合照桃花"。又云"花见白头花莫笑，白头人见好花多"，俱为年老人作解嘲也；前者不失为蕴藉，后者尤觉爽直可爱，然在今日，若咏"花见白头花莫笑，白头人有洋钱多"，虽字面粗犷，

其爽利则一也。

北方鼓词中,记得有形容穷人一语者,曰:"细问皆因短点儿铜。"其意盖谓其人缺少钱财也。愚尝以为此八个字,而改七个字为"细问皆因短点铜",便是诗中名句,以意境佳也。诗以意境为第一,字面之雅丽,犹为后事,譬如"一辆汽车灯市口,朱三小姐出风头",皆是好诗,正不可以打油而薄之,作诗者不识此一重关窍,一辈子做不出好诗,盖可以断言者。

林庚白无愧今代诗人,论诗理解之高,是为吾人钦服,愚以凡为名词,无分雅俗,林之作诗,电灯、钟点、佳妃,无不放入,犹见今人诗中,用银缸、更漏者,见之直令人气噎,无已,一例以梦呓目之耳。

《社会日报》1936 年 7 月 14 日,署名:高唐

再谈诗*【高唐散记】

唐人诗,以元白称淡放。淡放与今之所谓"颓放"异:淡者,薄于名利也,苟无修养,此境乃不易造;颓放则自废,少年人恒持此为戒。

十年前病肺,以为必死矣,偶作郊游诗,有句云:"一抔黄土埋躯好,十里横塘隐迹宜。"年长者见之,叹曰:是而出之于高年叟之口,宜也。作者青春而秀,何以有此?是岂佳征!其实愚当时以久困于病,伤感滋多,不慎,形诸楮墨间,乃贻长者忧耳。

人谓作诗言志也,亦有谓一人之终身大局,可于其为诗中觇之。黄仲则诗,非不美也,然发语幽苦,其人卒穷而不寿。试问满纸忧伤、憔悴者,欲其克享高龄,是岂能得?

愚始终以为工部诗艰难缔造,字字从锻炼中来,即学而似之,亦不过学问问题,与诗本身之美,无与也,何况不易学。唐诗落笔

之聪明,惟推小杜。"大抵南朝皆旷达,可怜东晋最风流。""越嶂远分丁字水,腊梅迟见二年花。""尘世难逢开口笑,菊花须插满头归。"无一非樊川名句,轻灵而不伤纤巧,此境又何尝好学耶?

《社会日报》1936 年 7 月 15 日,署名:高唐

十年前之冬夜*【高唐散记】

尝为文论"评剧家"某君之非,某近方编上海某报副刊,老境颓唐,发斑斑白矣。有宅心忠厚人者,走而告愚曰:"同以笔耕为生,何必讥人长短?况人家究竟老前辈,小伙子宜退让一步也。"愚唯唯谢过,既又恍然曰:"文化事业,是养老堂,是慈善机关也。"

昔荀慧生将演《柳如是》时,樊云门示以诗,有"至竟牧之才可爱,劝君莫唱柳枝娘"!此名士吐属也。时至今日,更欲得一才人如樊山老人者,已不可见矣。

往年读《汉书》,至"蛮夷大长老夫臣佗,上书皇帝陛下,老夫故粤吏也……"时,辄击节称赏。今幸能执笔,然无论诗文,往往流于粗野。或戒愚曰:"此不多读书之罪也。"愚则颇不服膺斯言,愚以为性所阿好,不能忘情,天所赋也。

十年前之冬夜,侍舅妗宴,舅妗皆中酒,舅执笔作字曰:"妇不能为秦赵歌,当筵默默醉颜酡。回头廿四年来事,自觉庸庸福已多!"此盖示妗氏所作也。又书曰:"丈夫不死留奇气,孺子颠狂似老奴!"书至此,乃不下续,盖醉甚矣。此在愚一生幸福时代,今几不可再得,念之惘然!

《社会日报》1936 年 8 月 14 日,署名:唐

"信芳周"*【高唐散记】

　　醉芳先生，列"信芳周"一表，其中有不可同意者，若《浔阳楼》后，不必再有《斩经堂》。"坐楼""下书""杀惜"三场，已够吃力，何必再有《斩经堂》？吾人固爱赏友信芳者，亦当以朋友之情，对此一代艺人，加以体恤，尝与信芳言：《明末遗恨》自为名作，然虽不愿接数日演之，我之杞忧，以为信芳唱十日《明末遗恨》，纵不死，亦将大病，故不愿其多劳也。《群英会》亦演一出已足，第不带"华容道"则可，不带"打黄盖"则不可也。打盖一场，信芳表情之妙，实为全剧精彩焦点，讵可忽之？愚与《九更天》无缘，其剧情与《斩经堂》，同一毛病，天下哪有此忍心人？于情理亦多不合。郭巨埋儿，千古传为孝子，实则其荒唐与马义杀女、吴汉杀妻，正是相等。故此类戏，即在自称"表情祭酒"者之手，亦不要看也。《董小宛》亦平常，果依醉芳之"信芳周"排演，则愚于星期夜请缺席，醉芳谓无红生戏，不如以《董小宛》改《雪弟恨》，若谓去《董小宛》而不见信芳之儒雅风流、俊俏书生之状，愚且谓非遗憾，旗袍马夹一件一件换出来，究竟亦叫人倒胃口也。信芳能剧，不下三百出，其近时轮演唱者，十之二而已，愚所见者十之一耳。好戏不知更有多少？《打渔杀家》之美，至今回味无穷，顾已无法插入"信芳周"中，想吾友小丁，见之必引为同憾焉。

　　　　　　　　　　《社会日报》1936 年 9 月 3 日，署名：高唐

火车上见《白玉霜画集》*【高唐散记】

　　在火车上，报贩以书报兜售，其第一触我眼前者，《白玉霜画

集》也。不觉怦然而红云两朵,冉冉升吾颊,当时亦不知心理为何状,大概初创事业之人,忽见其"事业之成绩",散布于外,遂不自禁其喜心翻倒。喜,有时亦能红晕面部者,则以喜在心里,当众人之前,不能以笑代表时,并而为心房跳跃,以心房之震荡,而面部亦随之晕红光矣。

静坐时,听无线电中,有人唱麟腔,粗听之,如出信芳之口。唱《扫松》,至末句有"祭扫墓台",乃悟非信芳唱片,而为一歌滑稽戏者之模仿。愚爽然自语曰:"几乎被这小子蒙过了我。"少顷,唯我见访,以前事白之,唯我颇自夸曰:"听麟腔,第能蒙得过你,而不能骗过了我。第闻一个字,即知其是否为麟也。全上海麟票,尚未有逼真信芳者,真赝之别,固可辨也。"

《社会日报》1936 年 9 月 27 日,署名:高唐

冷气写字间 * 【某甲散记】

善宏以长篇小说相属,稗官家言,向未能习,顾有夙愿,欲构一故事,以琴南翁译笔传之,而腕又奇弱,深虑勿克为此,我秃笔欲举而又置者,盖不知若干次矣。兹以善宏邀,会当振奋,近年报纸,小说滋多,其衍为文言体者,已不可觏,愚乃背悖时尚,非敢持异于人,亦多见其不自量力已。

文友有于盛夏入大东茶室者,饭后辄至,至夕阳西下,始言归去,在其中坐已七小时,则品茗之外,在冷气间中,伸纸握笔,理其一日文稿。书家张乐平先生笑曰:某君治事,乃租一冷气写字间,月费一元五角。闻者不解其故,旋审此君之在大东,香茶一壶以外,别无所需。茶价每日为大洋五分,一月则为一元五角,譬如写

字间之房租,其便宜得殊叫人笑话也。

《世界晨报》1936 年 9 月 28 日,署名:某甲

月华*【高唐散记】

　　幼时过中秋,辄不肯早眠,吾母语我:夜深时月光映五色,灿烂夺目,是在吾乡,名之月华。顾福薄之人,不可见,见之者,恒非富则贵。故天赐其人以福,于月华晌现之时,随手取一物向天空抛去,其下坠者,仍原物也,惟已易为金质,货之,乃得巨价。童年痴骏,信此说,则于空庭坐久不去,亦不如平日之倦疲欲睡,私念苟月华而为我睹者,我且以坐下之竹椅掷之,则将得一金椅。然数度中秋,卒未一觏此异彩。及长,始恍然此为神话,不可恃也。然少时爱钱之习,养成今日买奖券之侥幸心理。尝读前人笔记,亦有述月华故事者,往往与幼时吾母之诒其儿者,乃相吻合。年廿二,吾母为我议婚,新妇为愚所未识,第得自蹇修之口,谓新妇者,小字月华。愚以为月华之名大佳,或即我将来多钱之朕,因从母命。既归,至今且六易枫柳,而愚之偃促如故也。嗟夫! 天上人间,我所认识之月华者,终非佳物耳。

《社会日报》1936 年 10 月 4 日,署名:高唐

舅氏北行*【某甲散记】

　　将近出版之《今报》主人徐善宏君,尝与吾报来岚声君,同访一

友，入门，告其侍者曰：幸报汝主人，谓"徐来"来看他。侍者果通报，主人闻讯欲倒屣，视之，则为之哑然！

舅氏仓卒北行，我乃未知，顷接其简，谓于十月三日离沪赴北，先到宁河，宁河所谓冀东自治区也，风景不殊，而举目有河山之异。舅留县署中，见闻较寻常略异，住五日而赴平，恰为双十节。平中表面虽较宁河为佳，然亦几分异于前数年者，兹拟撰游记酬来君之雅（岚声兄尝丐舅在本报撰述，故云）。惟在平尚须耽搁一月，闲窗破寂，亦复不恶，客游不返，亦拟为稻粱谋，非有他也。舅之函尾又曰：复弟（舅之子，在平读书）近已长成，虽状貌不扬，已岸然伟丈夫矣，告汝一慰。

小舟先生，述其秋光已老，乃无钱买蟹，一快朵颐，此物愚今年食之最多，则皆友人所赐。生平不谋衣食之福，有人请我吃，吃之；无人请我吃，错过时间，亦不为遗憾。

《世界晨报》1936 年 10 月 24 日，署名：某甲

徐慕云辑《梨园影事》*【高唐散记】

徐慕云辑《梨园影事》一书，出版之初，精装一册，售十金之巨。册中刊某夫人一影，某夫人者，昔亦红氍毹上人也。在慕云之意将以此书献好某公者，使某公睹夫人影，将为其书推行也。不图某公见此，不悦曰："徐某固不知彼已为吾夫人邪？既作良家，何得更列于坤伶队中？"公左右语慕云，慕云不敢面公，其实公固达人，苟当时有人为之解释，谓夫人者，为中国戏剧历史上之人物也，而此编之成，将垂永久，故不得不留夫人一影，为后世观摩。平剧本中国国粹，从业于国剧者，其人格初不卑微，如夫人之著声于此道，尤为

贤伉俪之荣,乌云见辱? 我意公闻此数言,必为之释然矣。

《社会日报》1936 年 11 月 1 日,署名:高唐

1937 年

岁暮怀人诗(上)

斯人恬淡欲无痕,南社群流此一尊。
许我常参文酒会,曳裾耻说到公门。(朱凤蔚)

已从乱世知廉耻,不议更为我辈羞!
只有腐儒难闭口,老来空白几分头!(曹聚仁)

知音似彼亦荒唐,写入奴斋字便香。
纵使诗人难脱俗,有人诋我是诗伧!(秦飞)

且看吴囚作断篇,尚留一面亦前缘。
何时重听沧浪读? 翘首西风益惘然!(惘然)

村君老去更天真,闭塞风尘不可闻。
只为岭南春寂寞,一枝遥寄亦殷勤。(杨邨人)

能作雄奇是丈夫,却修慧业异常徒。

恍闻谈笑纵横里,肝胆知君比昔粗。(胡雄飞)

岁云暮矣,作怀人诗十二首,皆本报社友也。先刊其六,所发都庄言,其下六首,则未免涉于俳谐。年来不惯作庄体诗,而野狐禅之成分益重,此所以告于奴斋主人者曰"有人诋我是诗伧"也!

《社会日报》1937年1月1日,署名:云裳

岁暮怀人诗(下)

拜倒西门老画师,小丁精壮亦须眉。
一从国际传清誉,虎父果然无犬儿。(丁悚)

"迷信"原堪对醉芳,信芳一唱醉人肠。
梯公与尔皆椽笔,麒派从今世世光。(醉芳)

病后料来不吊嗓,如何也不写文章?
便中请为双周(信芳、翼华)语:麒派真传属大郎。(梯公)

誉满新街口一条,京华道上此人骄。
今年不着西装裤,代替大衣两件袍。(陆小洛)

躁释矜平我不能,质之足下亦何曾?
西来喜讯今奚似?怅望琼楼最上层。(蝶衣)

虽非儿女亦相亲,日日过从不厌频。

地老寒云偕去矣,登楼无妇亦横陈。(灵犀)

《社会日报》1937 年 1 月 3 日,署名:云裳

怀尘无

　　小洛来,闲谈时颇念尘无。小洛发语趣,谓常读尘无所辑之报,其上为长篇小说《江湖艳史》,其下则又为长篇小说《欲海鸳鸯》也,尘无所作乃于江湖欲海之间,亦使此公啼笑皆非矣。愚作《岁暮怀人诗》,未及尘无,尘无亦好友也。愚与人"论争"(即笔头上相骂,"时代"一点,故称论争),尘无出为鲁仲连,心窃戴之!尘无与世无争,故劝愚息讼,愚则以为此讼可忽,然世有必争而不容息者,则为女人矣。尘无记我言,盖躁释矜平,亦要看地方起,况尔我皆青年,若从此四字上用工夫,实非佳朕!下愚之见,为知己道,不为俗子言也。

　　　　记从马路见芳踪,一件大衣像斗篷。
　　　　无复能诗偏作影,却因相骂颇怀公。
　　　　江湖艳史双肩上,欲海鸳鸯一望中。
　　　　不尽沧桑人事也,尘无竟似有尘封!

《社会日报》1937 年 1 月 15 日,署名:云裳

吾舅来书*【高唐散记】

　　吾舅书来备述客中困顿之状,有言曰:"今夜得酒不逾一蕉叶,颇

有酩酊意,老去固不仅诗怀渐减也,如何! 如何! 深夜静坐,弥复悄然,行年五十,逐诸少年后,日出则鱼贯入樊,听人呵叱,曳犁颠顿,嗟此老牸,日啮草根几许? 而乃为是皇皇者! 日入则鸦倦寻巢,如脱缧绁,茶一烟一,得小喘息,暂忘痛楚,则苦念妻孥,得饱暖未? 苟欲自免,如彼嗷嗷! 于是又幸其暂安此席,粗延岁月,方寸间辘轳起伏,顷刻百变,更未审吾甥于此炉王香浓之际,亦拥冶肉而憨跳,抑方酌金罍,对好友而歌呼夜如何其,当不念蛮云瘴海边,尚有白髭舅氏也!"

每岁新春,舅必撰春联,近顷又以岁暮所得之十四字示愚,语曰:"生厌互乡甘作客,尚留直道在斯民。"以互乡对直道,舅言亦未经人道语也。

《社会日报》1937 年 2 月 25 日,署名:高唐

共舞台看红莲寺 *【已是狼年斋碎墨(二〇)】

南京近有《兴华日报》出版,吾友小舟主辑副刊,颜曰华园,小舟驰书告予曰:华园要说正经话,而且又要"文"一些,实为苦事,可见今日写作者咸视正经为畏途,余固有同感也。

于酒楼上,忽晤信芳公子。其人本肥硕,今忽奇瘦,则谓患扁桃腺,开刀以后,乃有此象。又闻其入航空学校,今已毕业,于是深庆信芳之有后也。

有人看最近共舞台之《红莲寺》,归为余言,此剧为一喜剧,在座上看戏时,对于剧中情节,头头是道,每为之笑口常开,然而走出场子,便什么都记不起来,等别人问我剧情时,已完全茫然矣。

《铁报》1937 年 3 月 7 日,署名:云郎

张翠红入"艺华" *【高唐散记】

闻猫厂将完姻,喜甚,友人在三十以外犹未娶者,逸芬、梦云之外,猫厂亦一人也。今当吃猫厂喜酒,于是□亟盼吃梦云、逸芬喜酒,家室固不可有,然又不可不有,行年至三十以外,以我揣测,无家殆苦事也!

天荫兄介张翠红女士见我,其人温文似处子,气度极庄,而风姿殊丽;年尚稚,不知者,且不信其若干年来,曾蜚声于歌榭间者。手一册,则洪深著电影表情论也。盖翠红将致力于银幕艺术,入艺华任《女财神》主角,为美云之替,抱负不凡,由是可知也。

众人捧醉疑仙甚,而空我独异群议,闻有人絮絮谈醉娘事,空我恒大摇其首。然一日者,空我与诸友集唐家,忽于唐公之写字台上,发现对联一付,其语曰:"醉疑仙欲仙欲死;余空我怜我怜卿。"好事者举以示空我,直令此公啼笑皆非矣!

《社会日报》1937 年 3 月 11 日,署名:高唐

诗书画三绝荟萃一堂 *【已是狼年斋碎墨(二七)】

灵犀招饮,席上遇施叔范、邓钝铁、王小摩三先生,施先生以诗鸣于时,邓先生则为当代书家,而王先生则以画名驰海内,诗、书、画三绝,今日乃荟萃一堂矣。三君皆豪于饮,陪席者尚有李培林、薛白雪、蔡兰言、王尘无诸兄与曹聚仁先生,然此数人,皆不能酒,予复涓滴不可沾唇,故席未终,予先辞去,应之方约会于丁家也。

自丁家而至华宗府上,则施、邓、王三君与培林随灵犀同至,此来专为听小天妙奏也。堂会自此夕始从芸房生子起,跋足俯首,听小天之宛转娇啼,乃令座上人如饮醇醪,陶然欲醉,无怪灵犀兄曰:想不到在家吃饱了来,到此更尽几杯浓酒也。

唐夫人爱小天綦切,逾于亲生,众乃庆小天际遇之佳,得此阿母,受用不尽,世间财帛非为宝,特慈母之心,为不可多得耳。

《铁报》1937 年 3 月 15 日,署名:云郎

云裳文言长篇《家山客梦记》*【已是狼年斋碎墨(二八)】

云裳之文言长篇,初名曰:"家山客梦记。"而《东方》同时刊云溪宦隐之说部,则曰:宦海微沤录。此五字适与家山客梦记,成一偶语,云裳以字面上之不适当,遂更避,而为今之《归儿记》也。

朱紫霞女士生辰,或代邀余饭□其妆阁者,阻以他方,竟不获往,余诚与朱氏姊妹,悭此一餐之缘,殊为憾事!

曾与某君谈诗,其人薄放翁诗,竟使予大动肝肠,近顷又闻某君薄悲盦书,实与某之轻蔑放翁,同□为不能称心也。

《铁报》1937 年 3 月 16 日,署名:云郎

十二年前余始备册留稿*【已是狼年斋碎墨(二九)】

顷见蝶衣兆丰花园之断句,皆甚美。余昨在园中,亦得二言曰:"弥望春光艳色里,更无一树女儿红。"殆为小天咏也。

幼时作诗,皆不留稿,十二年前,始备一册,犹记第一首为雨后在外滩公园,则七绝一章也,记其句云:"长虹飞去一山青,吹散乱云现数星。童气未除痴未改,来从江上觅流萤。"

尝过中南,醉疑仙下场后,乃不走一人,颇以四百多听客中,独无一人,赏疑仙之艳色来邪? 余近日连续听乐天、小天书,如捧春醅,如饮醇醪,真有此物不可少之感。乐天起角色之好,无愧女名手,而小天之婉转娇啼,尤令座中人感动,乃知二人自能号召。三年来颠倒于小女子之前,小天而外,更无第二人耳。

小天又能书,书法秀丽,是非冰雪聪明,何能有此? 乐天谓小天读书少,年十三即辍,余初意欲课小天,今见小天,文章斐然,使余直有难色矣。

《铁报》1937 年 3 月 17 日,署名:云郎

《密电码》试映*【已是狼年斋碎墨(六〇)】

《密电码》试映之晨,予以起身太迟,未及往观,小丁为予曰:战争场面甚好,口号太多,是一出正经戏也。

尘无在湖上作《杜鹃篇》,杜鹃二字,诗人常用之,然予未见此花,或者见亦不知其名也。予对于事物,向来不求甚解,友人有作诗曰:"辛夷树底久徘徊。"盖系游半淞园而作,予问辛夷树是怎样的一种植物,友乃告以往日同游时,曾于此树下久立者,乃恍然。予每次与友人同游,友其花树之名称,或加考究,而予则一例自吟曰:"琪花瑶草不知名。"

《湖上春痕》诗,为毕倚虹生前为丁先生摄影题咏也。凡十绝,如"梦里光阴即是禅"之句,真为倚虹佳作,此人逝矣! 后起者不可

得,恒为惘然。

《铁报》1937 年 4 月 19 日,署名:云郎

独鹤先生嫁女 *【已是狼年斋碎墨(七一)】

独鹤先生嫁女,贺者盈门,道喜既毕,见独鹤,无不慰问伤痕者,颇代独鹤感觉麻烦,故予以为独鹤宜发一告示于礼堂上,书曰:"贺客不必慰问伤痕,定某某时间内,作一总报告可也。"

杨云史有二诗贺严汝瑛女士嘉礼者,诗不能尽忆,惟每首末一句,皆有几生修得四字,第一首,为"几生修得占春光",第二首则"几生修得住江南"也。

兼巢老人,有一联贺严先生嫁女者,送来已迟,未及张挂,颇以不得一睹老人近日之法书为憾。

梅兰芳博士,躬来贺喜,作便装,而态至温恭,来宾皆争瞻梅郎丰采,亦有开麦拉为梅郎留影者。

行婚礼时,已在下午五六点钟矣,严先生挽女公子,徐行立婚礼台上,或曰:在家靠父母,出外靠丈夫,此所谓办交代也。

《铁报》1937 年 5 月 5 日,署名:云郎

酒令 *【聊以自娱室丛谈(九)】

叔范自华北归来,灵犀、粪翁、聚仁诸兄,为之洗尘,会尘无返自杭城,故亦在座,良朋快晤,欣慰无穷。席上十一人,皆能酒,独

愚不胜蕉叶,然以酒令故,亦尽数滴,几醉矣。席上行口字令,各人念一句古诗,或现成名词,或成语皆可,惟其字中须有口字,或字之构造中,附有口字者。例如愚诵"一辆汽车灯市口",则顺次而数,第五人与第七人皆饮酒。又如灵犀言,"皆大欢喜",则第三与第四人,各饮两杯,盖欢①喜二字,乃有两个口字也。于是有人念浑浑噩噩一语,噩噩两字,每人各吃四杯,而座上杨君,忽念一人名曰:沙不器,于是第三人亦饮四杯,一时谑浪笑傲,喧然并作。

当入席之始,各人座上,皆有名单,惟并不直写其姓名,而作类如廋语之文句,愚号大郎,则书曰:且问郓哥儿,直以愚为三寸钉矣。又如灵犀曰"一点通",蝶衣曰"金粉",尘无则曰"玉洁冰清",胥出粪翁之手。

《铁报》1937 年 6 月 13 日,署名:老夫

富人杀风景为第一本事*【聊以自娱室丛谈(三六)】

第一次动笔写春联,张于故乡门首,则为唐人诗曰:"遥知杨柳是门处,似隔芙蓉无路通。"第二年则写白居易之"负郭田园八九顷,向阳茅屋二三间。"吾家虽住于嘉定城中,而门前悉为田畴,可以遥望城垣,风景极为幽蒨。一·二八之后,愚足迹久不履故乡,乡人来,乃谓嘉定人在上海发财而归者,为数甚众,于是门前之田,皆为富人所购,将营新屋,已圈地矣。闻此消息,乃恨富人杀风景为第一本事,自此将使我后顾无林泉之乐,何物荒伧! 安得赶回去一把胸脯,问个明白,脱其言语支吾,再刮他三百嘴巴哉!

---

① 编者注:此处指繁体歡字。

今年吃杨梅极多，又饱啖荔枝，曼殊大师诗曰："十指纤纤擘荔枝。"调冰弄雪之外，此亦别饶韵事也。蝉红曾言，往时游舞场，日购白杨梅两角，令侍者要冰沙滤水一巨杯，杨梅浸其中，为色极鲜艳，邻座人勿知为何物，则向侍者索此琼浆，侍者无以应，告以故，每相顾哑然也。

人到中年，便有伤乎哀乐之感，芳君乃自署其斋曰伤乎哀乐斋，语发乎心，可知中年人诚不易为。愚曩赠某歌者诗，有"又见歌尘掀十丈，十分憔悴近中年"，则不暇自悲，先为他人恤身世矣。

《铁报》1937 年 7 月 10 日，署名：老夫

李阿毛写"日本通" * 【聊以自娱室丛谈（四四）】

李阿毛在日时，为上海《社会日报》写"日本通"，出以诡谲之笔。日人怒焉，顾不知为何人所作，于是搜查在日华人之寄书与沪上者。李阿毛乃秘其发书之地，今日在甲地投一函，明日又在乙地付邮，而信封上则不署发书人姓名，亦不写上海之报馆地址，仅某某路某某人收。日本邮局中人，不易侦索，始终未有一缄扣留，而《社会日报》之"日本通"，益为读者称道勿衰矣。

叶娟娟贫病而死。娟娟此豸，不相见者，二三年矣。有一时期，叶与岳枫交甚笃，岳时携之来访，因相习，旋又闻与其夫敦伉俪之好，而病日深矣。其病患在项，固不治之症，而困于贫，医药之资，时虞不继，绵延不愈者二年，乃于前夕死于上海，身后萧条颇可悯也。

愚于话剧人才，爱王雪艳。汪仲贤先生死之日，愚赴皇后后台，访先生，亦与雪艳谈。近顷丁先生晤雪艳，乃告之曰：仲贤之丧，唐先生之损失巨矣。雪艳问何故？则曰：汪先生在，犹可来后台。汪先生死，唐先生与君达夫妇，交殊浅，于是亦永不能与王小

姐有倾谈之缘矣。丁先生以其语曰于愚,愚转为大窘。

《铁报》1937 年 7 月 18 日,署名:老夫

祸国诗人黄秋岳

诗人黄秋岳,顷以叛国伏诛矣。斯人而与斯役,天下事有不可以恒情度者。愚未尝识其人,第折服其诗文之美,清微幽远,如温肃佳人,书法尤胜,上海某笺纸行,陈其件最多,徘徊嗟赏,不肯遽行。年来《国闻周报》,时刊其近唱,尊之者曰:"石遗死后,秋岳释戡众异,可以霸视诗坛矣。"十余年前,与邵飘萍办《京报》于故都,邵被害,秋岳继其业,为哀邵文于其报上,曰:数十万大军××,结果死一新闻记者耳。读者叹其敢言。近年,任×××秘书,有外妻于上海,一来复间,必止沪上,信宿而去,谓其忙也。愚所知秋岳者如此,特不知其力亦能祸国耳!

《社会日报》1937 年 8 月 30 日,署名:大唐

信芳播音 * 【高唐散记】

信芳播音之夕,曾于"空气里"作简短之演辞,寥寥数语,而意味深长。说者谓:信芳虽伶官,亦是通品。昔之俳优,大都陋塞,不足为谈今古,况大势哉!近年,若辈多向学,信芳尤好与士人游,其达宜也。南伶中信芳一人外,百岁亦博雅可喜,如陈鹤峰,即不堪等量齐观,然更有懵懵逾鹤峰者,则推赵老板矣。赵为某舞台主

角，以唱戏卖力鸣。此次伶票两界，假富星电台播音募款，赵亦与焉。邀赵者为某舞台之后台经理周先生，"空气里"既报告赵老板已到电台之消息与听众，遂有"赵迷"以电话抵富电，捐巨款，点赵唱戏，电话凡数起，综得数百金，于是赵引吭歌矣。歌已，将离去，又踟蹰不遽行，既忽语周先生曰："人家花了钱来点我的戏，现在我已唱完啦，这钱就该让我带了回去吧！"周先生闻言，几失笑，旋为其解释曰："今日之播音，为劝募救济伤兵与难民之经费者，我辈不能出钱，惟有出力，故点戏者虽耗巨资，犹不及润我曹也。"赵闻言似怏怏。旋有人举赵语以告梨园中人，某丑闻言，作冷笑曰："赵老板吗？嘿！他弄错啦，当他是来唱群芳会的。"闻者尤为绝倒！

自沪战发动，上海游艺事业，全归停顿，平剧院不能例外。顾梨园中人，贫乏者多，于是梨园公会，发起救济同行，凡公会会员，每人日得米粮若干。一日，周信芳、白玉崑与林树森三老板，集于一处，谈次，各悯念同业之生计可怜。白九爷热肠人也，首曰："长期抗战下去，我们或者勉强可以温图一饱，然班底人众，叫他们去吃什么？故为今之计，宜有良谋，纵使戏馆不开门，我们大伙儿来串他几天。"言时指信芳曰："您的鲁肃，林三爷的老爷，我来个马超，这样配搭，反正多少可以卖几个，不然他们什么收入都没有，真看他们饿死不成！"信芳与树森，以玉崑热忱，颇然其意，或将一度登台也。

《社会日报》1937 年 10 月 8 日，署名：高唐

近事八首

收来眼底气澄清，一帜高张血染成。
此日苏州河北岸，不教胡马仰天鸣。

我大军退出闸北后,在高处望苏州河北岸之国旗。

> 将军心事在高寒,似此辛酸澈肺肝!
> 隔岸万人悲节烈,一回抚剑一泛澜!

八百勇士,踞四行仓库,与暴敌困斗,吾民以其事之壮烈也,群集于苏州河南岸,临流嗟叹者,日有万人。

> 怜她勇往亦雄奇,肯蹈重围献国徽。
> 寄与孤军珍重意,群流争仰一蛾眉!

为四十一号女童子军杨惠敏女士作。

> 我饿何妨今日死!忍闻饥溺到英雄?
> 请留残命歼强敌,故献愚民报国忠。

有某号收容所之难民,闻孤军有绝粮之虞,特绝食一日,以其资奉献,苦心可佩!

> 屈膝蒙羞我不能,骄阳作势故翻腾!
> 起来杀贼惟宜尽,说到和平已怕听。

近来忽有和平空气,流荡于吾国抗战声中。

> 寇氛逼处近家山,闻有将军镇此关。
> 总是皇师兵力足,朝朝炮火不曾闲。

左翼战事,二月来,相持于施相公庙间,我始终占优势,所谓皇军雄武,领教多矣!

> 休因世乱作深哀,汝亦何心避地来?
> 兄弟相逢投一语,今来不必惜形骸!

女弟本避乱于乡,近忽转来上海。

> 一阕苍凉秦赵歌,剩来志士泪滂沱。
> 数他万口嗷嘈里,不及周郎着力多!

听信芳歌后。

《社会日报》1937 年 11 月 3 日,署名:大唐

诗雕凿则失神韵*【云厂诗话】

戈其亦能诗,所唱恒兀傲如其人。一夕与我谈诗,谓近世作诗者,都自负之士,尝见有人论某君诗,谓雅有樊山遗韵,某读之大恚,于报间力讦兹语为谰言。因曰:"余虽不肖,亦勿能比余为樊山!"戈其所谈之某君,文名滋盛,三五年来,我独未识荆,第闻其人对人辄冷漠,望之即可辨其示人以我饱藏学问者,不可亲近也。

章行严不以诗名,然我常爱其题虞澹涵山水,有"夫人似念风尘苦,写此林泉著胜流"二语。见者每谓风尘二字,已有语病,若"夫人似念风尘苦",益觉其语之不伦,实则非也。近人以风尘二字,每作北方人所谓"混事"者解,若在古诗中,以杜工部南浦七律

之"海内风尘诸弟隔"证之,便勿伤轻薄,而行严之诗,意亦类此。戈其明眼人,且谓语病不在风尘,在一苦字,思之果然。

诗能纵笔而成,则多佳构,一加雕凿,字面上固好看,然神韵失矣。袁简斋记有人作周瑜墓诗,颈联两句曰:"大帝君臣同骨肉,小乔夫婿是英雄。"是何等浑成,是何等有气魄,然其人以为未佳也。则改为"大帝誓师江水绿,小乔卸甲晚妆红",便觉纤巧,而其人之意犹未惬。复改为"小乔妆成燕支湿,大帝功成翡翠通",真不知所云矣。简斋诗话,小时熟读之,此一节至今不能忘,亦以全集中,惟此一节,谈得最得体耳。

《社会日报》1937 年 11 月 7 日,署名:大唐

尘无神来之笔*【高唐散记】

沪战后,未曾一上饭馆,比以米荒,寓中已食面两日,复以煮面勿得法,餍之。于是吃北方馆子之面。前夜与三五友人,登三和楼,吃烙饼与锅贴,不足,更啖炸酱面半碗,非快朵颐,亦胜于家中所煮耳。沪上不特缺米,即佐膳之肴,亦奇荒,三和楼之名菜,如双脆亦不能应客,可见猪猡之缺乏。闻内地人言:肉价一元可市七斤,鸡鸭更贱。尘无养疴里门,得日饫群鲜,谓所费之廉,逾于在沪上吃白菜帮子矣。

友人得尘无书,有壮语,谓"适当午睡,闻隔岸炮声,极易入梦!"见者谓寥寥十余字,真神来之笔。

昨与醉芳、玉狸,作竟日之游,醉芳谓:信芳登台,看过一次,及欧阳予倩之《梁红玉》上演,又看过一次。《梁红玉》卖座不甚美茂,醉芳为予倩扼腕,因述往年予倩演剧于南京路谋得利洋行楼上,幕将

启,座上惟三五人,演者不自安,因恳于座上客曰:"愿返君等买票之资,俟明日来观。"言甫发,座中一人应曰:"何必辍汝演,但有知音人,又何用论其多寡哉!"后台闻言,大为兴奋,遂益卖力。剧终已夜半,其人乃约后台四五十众,吃宵夜,其人岭南籍,固宵夜馆之主人也。

卖艺者固乐有知音,三年前,愚寄居东方饭店,一夜风雨大作,乃赴楼下听夏荷生书,寥寥十数人,时夏方大红,恒时听客丛集无隙地,是夕则阻于风雨。夏甫登台,即曰:"今日在座之客,皆我真真知音,我心良感,无以为酬,惟有说一回好书,以报雅意耳。"

《社会日报》1937 年 11 月 26 日,署名:高唐

"米已售完"＊【高唐散记】

张光宇、正宇及丁一怡三兄,自沪赴港,而姚吉光,亦附轮同行,于前日启椗矣。至友二十人,为吉光设酒祖饯,攀条折柳,弥不胜情。战后同业友人,谋发展于外者,首有来岚声君,今吉光又泛及继其后。我于二君之行,自多歆羡,明知踟蹰于此,诚非久计,然不能稍一动弹者,累于家耳。愚平时无积贮,一旦远扬,则全家人且不食而死。灵犀亦困于家累,今此出游,为期至暂,会将见其归来。人情果许我恝然置家室于不顾者,则吾身着处,必不如今日之牵制可怜矣。

当上海失陷后,米业皆告停顿,尝见某米店排门严扃,其上贴一条,曰:"米已售完。"愚辄谓此四字措词勿善,足扰民心,而玩其语气,奸商操纵之情,活跃纸上。

《社会日报》1937 年 12 月 2 日,署名:大唐

1938 年

迎舅记

吾舅钱山华先生,避乱歇马桥。自歇马桥而更迁陈墓,两地俱在青阳港以西,昆山陷,陈墓所处较偏,故乱兵不及至,居者皆无惊扰。

去年九月,舅自兵火中来,携百金而返。及内地之交通梗塞,舅家遂困守,钱久尽,一来复前始丐人投书至海上,此间戚友咸劝舅速至,舅至,则为谋易也。舅故于昨日下午抵沪,行程二日,差喜平安,然吾舅耄,既至,不胜其疲矣!

舅曰:吾钱用二月辄尽,其地避乱者多乡人,犹可通缓急,然积逋勿偿,人亦将自窘于我,则我之生活,必且勿继。妗氏乃促我为人视病,纳诊金。时镇上病人多,知我通歧黄,咸集我家者,天道至此,垂悯流亡,不以贫乏而挤我于死。故为人治病,投一二剂,辄瘥,病家大悦,扬于市人,我于市上遂藉藉以医名。其始镇人以丐我疗疾,稍裕之家,辄礼我米五斗,酒成坛,或鸡肉之属;亦有困乏者,则奉西药一方,纸煤白卷,为物虽微,意甚虔也。妗氏既促我,勿欲背其言,惟念镇人所短者钱,所余者米,我今日所困者,饥耳,得米,可以无虑,何必需钱? 则揭布告曰:诊病一次,米五升,镇以外倍之,每越程三里,益五升。盖其地无车,路过遥,必苦双胫,故所索略饕,以酬劳步,亦不伤廉也。

舅又曰:人谓在上海不可见民气,其实处于乡村,亦何曾见一振振有为者。微特效国之人,不可觏,而劫人于危难之事,每日可闻,如此民众,实国家之疣,刈之勿尽,为患滋甚! 一日,舅全家自陈墓赴某村,相距不过三里,舅以妗氏不胜步履,则买一舟。恒时,纳小银币二,已多竞往,兹逢兵火,舟人索价五金,舅为咋舌,央其减削,亦费二金。行未几,舟忽傍岸,促舅妗速起去,谓:"舟不可前。"问其故,则曰:"前路有军士夺民船,吾舟而往,必无幸。"舅诏其欺,大怒,欲其偿所耗之值,舟人忽狞笑曰:"既与人钱,安能称返?我惟有命耳。"言已,似欲与舅搏斗者,妗大惧,诏舅曰:"我宁步而往,何与此獠论者?"始相率登岸,舅喟然曰:"此则诚盗数,与淳朴之风,相去远矣。"

(《社会日报》1938 年 1 月 12 日,署名:唐子)

我心实不甘*【随笔】

濮一乘先生,尝作《春明竹枝词》一百首,余常见某期之《青鹤》杂志,曾移刊一过,颇多佳构,如:"一辆汽车灯市口,朱三小姐出风头",亦出自此中者。

昔北京政府时,有人作嘲京僚诗一律,亦妙,予犹记其原句云:"大街如砥电灯红,彻夜轮蹄而复东。华乐看完看庆乐,惠丰吃罢吃同丰。头衔只有参金主,谈笑无非发白中。除却早衙签到字,闲来只有游胡同。"真素描圣手也。

予以凌晨始睡,天甫曙,辄令家人买大饼、油条来吃。大饼新烙,油条方出锅,夹之同食,则香脆爽人口腹,使以初泡之龙井茶,吃一口,呷一口,其味为任何干点所不逮。白粥油条,果然可口,以大饼代白粥,正复不够。龚翁相吾字,谓我一生贪口腹,而予则长日藜藿,雅有古贤人风。龚翁相字,有谈言微中之妙,惟此一层,予殊不可承认矣!

乡人之自内地来者,辄语:我心实不甘,我已为他们欺侮得不可做人,而今见了他们,还要向他们点头,于理实讲不过去!嗟夫!

乡人虽愚,而一腔土怀,集结于方寸灵台,其言故沉痛若是。

　　某君忽然去汉皋,予问其至友某,某君何事而离沪,则曰:他是要舒服的人,上海这地方,动受牵掣,他自然是住不惯的。处今之世,欲求身心之闲逸,已不可得,窃以为某君之主意,根本就打错了的。

　　　　　　　　　　《东方日报》1938 年 1 月 26 日,署名:某甲

上海报纸如雨后春笋 *【随笔】

　　岁暮之际郑过宜兄,忽自其故乡返沪上,握手欢然。过宜在初夏时离沪,谓桂子香时,将与故人重聚于春申江上,不意八月以后,沪战遂作,行程遇阻。过宜籍潮州,本拟冒烽火而来,卒以夫人待产,故稍留,近顷始至,捧麒健将,又来一个矣。

　　上海报纸,近来如雨后春笋,怒苗不已,亦畸形状态也。或曰:办报之原因有二,一为挣钱,一则以某种背景,而作机关报者。最近报纸之突然增加,乃使人不知其原因何在?谓为赚钱,则在此形态之下,销路之不易发展,自为意中事,而广告之不能有办法,根本便谈不到挣钱二字。若谓有背景,则此背景之为何据,令人不可思议。而懵懵者流,至今犹以为办一张报为当前快事,真天晓得也。

　　鄂夫人即小兰春女士,近唱义务戏于黄金,有人聆其歌,谓:艺术退化多矣。女艺人不可嫁人,观于夫人,此说益可信。女艺人之嫁人而嫁得我感到伤心者,小黑姑娘其尤者也。

　　今夜除夕矣。每当此夕,予辄念黄仲则《除夕》一诗之美。

　　　　千家笑语漏迟迟,忧患潜从物外移。
　　　　独立市桥人不识,一星如月看多时。

人言末二句佳，予独爱"忧患潜从物外移"七字也。

《东方日报》1938年1月30日，署名：某甲

姚民哀殉节于虞山*【随笔】

姚民哀殉节于虞山，识者壮之。民哀为小说家，亦弹词家也。以朱兰庵艺名，驰誉书坛。予昔年酷嗜听书，而于兰庵之技，领略不多。惟忆八九载前，东方书场于岁暮之际，说会书，时王效松犹未死，以七十衰翁，登台说《水浒》之戏妹，莺啭一声，尚存型范。其后即为民哀弹唱《西厢》，是夕所叙，为游殿一节，尚记其篇子中有"抱着小和尚的头颅当磬子来敲"一句，以越年已久，其形貌殊不可忆。闻往年兰庵又奏技于东方，烟桥半狂转陶诸兄，时聆其书。兰庵即寄居于东方楼上，场子上下来，诸兄复入其室盘桓，在我记忆中，兰庵似亦为星社社友也。

四五年前，忆王揖唐有东渡诗云："十年不饮方壶酒，今日仙槎遇好风。至竟晚樱犹待客，天涯微惜落花红。"诗未尝不佳，第已勿记揖唐此行，乃为何事矣？

自航空奖券停办后，上海跑马总会之香宾票，似曾活跃一时。然至今日，又不闻其继续发行，遂使大利元无临门如市之盛，昔时常言：若大利元三字，存在一日，则发财之希望，一日不致中止。然至今日，大利元几销声匿迹矣，财迷之士，咸望望然曰：不复有光明的前途矣。

《东方日报》1938年2月10日，署名：某甲

小洛之方合办《戏》杂志 *【随笔】

小洛、之方二兄,嗜剧,今合办《戏》杂志,为读者所称道。小洛最近于其杂志上,锡予与灵犀以麒派报人之名,灵犀谓:名字起得不坏,惟彼二人我人亦当为之加一头衔。予尝言吃戏报饭,上海自有一批人的,今陆、龚二公,以著名电影作家,而为戏报健将,则将使向有之吃戏报饭者,流转而赴沟壑矣。虽然,旧有之戏报名流,读者多混堂中职员、剃头店技师,而陆、龚二公则不然,《戏》杂志惟销行于爱好艺术之流,小三子、小六子所能讽诵。予既佩朱瘦竹之迥异恒流,今得小洛与之方,立成鼎足而三之势矣。

二君知予与卡尔登诸君有交往,因开一戏单,嘱予丐之卡尔登,在可能范围内,请为之一露也,其剧目如下:于宗瑛、刘文魁(《三本铁公鸡》),于素莲、张津民(《二本虹霓关》),高百岁、刘文魁(《收黄忠》),周信芳(《打严嵩》),高百岁、赵啸澜(《三娘教子》),周信芳(《追韩信》)。

二君之言曰:非常时期,钱来处不易,用一块钱,非用出本来不可,于是用之看戏者,亦非看出本来不可矣。

《东方日报》1938 年 2 月 12 日,署名:某甲

将请张小泉任助理编辑 *【高唐散记】

赵啸澜女士,演剧以工力称,上台后颇庄肃,不以謷笑博座客欢也。一夕与天厂、信芳、梯维诸君共饮市楼,赵亦被邀。既至作艳装,明丽似天人,谈笑怡如。灵犀谓啸澜活泼之状,与红蝉夫人无异。愚独逛其台上下乃判若二人,盖台下之啸澜,若以吾友征帆

言之,是真有灵魂之女子也。

报纸编辑,遇稿荒,往往乞灵于利剪,此在力事振作之报纸,不屑为也。外埠报纸,固多剪上海报纸稿件者,然上海报纸之剪外埠报稿件,触目皆是,甚有上海报纸稿件,为外埠报所剪,不久,上海别一字报纸,又将此稿件剪来,个中人见之,无不哑然失笑,而名之曰来回票。愚尝主某报纂务,报主人与愚约,日写千字,其余则由主人负责拉稿。久之,主人竟爽约,而以全部园地,委我张罗,苦之。一日觏主人,告曰:"我事冗集,将勿暇为此,然又不可辜足下殷殷之托,无已,将请一助理编辑,稍分吾劳。"主人唯唯曰:"然,顾不知其为何人者?"愚曰:"是人著声于杭县,今以避乱来。"言已,又书其姓名"张潇潜"三字。主人曰:"其身既为君所器,我更何言?"愚曰:"张先生之名,足下奈何勿识,其人讳小泉,啸潜其字,不特杭州人震其名,即□内人亦多耳熟能详,而其人之名,则'并州'二字也。"主其始恍然,苦笑曰:"稿荒我设法,张先生请他慢慢办公。"

《社会日报》1938 年 2 月 14 日,署名:高唐

樊云门手钞《碎琴楼》*【高唐散记】

龚翁谈叔范尝从一刘某学诗,刘为诗多神韵,忆其有句云:"信手删诗如杀贼,刘郎英气未全销。"貌似粗豪,细视之,则极婉媚,故觉可爱。又曰:易实甫作诗,追摹定厂。实甫一生,拙于书法,虽见定厂有手钞诗本,亦无一秀笔,其人之诗,而有其人之字,见者必疑为非出一手,此点二人亦相同,岂实甫亦存心追摹龚书耶? 异矣。

人言樊云门书法亦勿高,其实此老正有腕力,远非实甫所逮。何讽作《碎琴楼》小说,幽隽不同恒品,云门剧赏之,曾发兴手钞一

过,后用石印传世。《碎琴楼》初刊于《东方杂志》,复由商务发行单行本,至十三版而辍,外尚有一种石印本,即出樊山手笔,此事亦龚翁告愚者。

玉狸词人有香江之行,至友数辈,设饯于蜀腴酒家。词人好人家子弟也,为人敦厚,一朝分襟,不胜惜别之情。愚近来常饭于蜀腴,其馔都可口。近十元一桌,已可宴上宾。楼下小吃部,价尤贱,招待之花,艳说当垆,有名阿兰,如银星张翠红,年则较翠红尤弱,擅谈笑,此中绝色也。饯宋筵上,有弹词家何芸芳、琴芳兄妹,琴芳色艺,近正颠倒词人于寝馈不安,座上有李醉芳兄,笑语词人曰:"我以醉心麒艺,故名醉芳,乃生二字,当移赠词人,我则别以'迷信'自署,盖取现成也。"

《社会日报》1938 年 2 月 24 日,署名:高唐

愿为金老板进一言*【高唐散记】

欧阳先生之《长恨歌》,犹不及观,而更新之局已瓦解,为之惘惘。中华历来失败,谓改良平剧,未能普遍号召看惯旧剧之观众,或者是一理由,然演员之不足受欧阳先生训练,是为一更大原因。优秀人才,在旧戏班中,能找得出几个? 故我常言:欧阳先生,不欲我道大行,则亦已耳。必欲吾道大行,务当办一学校,从教育上打根基,益以知识,辅以素养,其造就始有可观。若今日之中华,纵有少数人为杰出之才,然亦何补? 故训练人才,非从"毛坯"着手,殆不为功。若欲使旧伶人脱胎换骨,则费尽气力,其所得正复无几。譬如言金素琴老板,自谓:"演改良平剧后如获了新生命矣,往日之我,非我也。"一若已大彻大悟于往日所走之路,为歧途;今日所循

之径,为正轨。似斯人者,似可以与言改良平剧矣,然试一究其本身素质,则错谬之点绝多,勿先改善演员之本质,其艺术上之进境,必然有限,而今日乃有昧尽天良之人,倡言曰:金素琴上了欧阳先生当矣。嗟夫! 悠悠之口,乃信人言最可畏也。愚平日倾倒于金老板者,至深至切,乘此中华剧团休演期中,愿为金老板进一言,后此不妨稍稍虚心,自多受益,整顿精神,努力于垂成之事业,勿为斗筲谰言所中,替欧阳先生争一口气,使其一片苦心,不致浪费,则金老板终为一代英雌,买香买烛,我供奉之!

《社会日报》1938 年 4 月 12 日,署名:高唐

一夕销魂钱敬亭

予倩先生行矣,行之前,培林设饯市楼,座上皆胜流,予倩与夫人外,有金家姊妹,有吾友梯维,有名昆曲家顾传玠君,更有杏元灵犀。擎杯之际,互致依依,予倩若黯然曰:"我将重来后此与诸君相见,宜各挟欢肠,临兹杯酒。"言已抵拳于桌,作色凛然! 席上人不知其为悲为乐也。

是夜,先生屡尽杯,谓三年以来,殆未有豪饮,今且醉矣。将终席,作一诗,以佻体出之,先生被酒,作书纸上,辄斟酌于夫人。诗成,传座上同观,咸叹服不已,谓先生治戏剧外,绝工韵语也。素琴姊妹,亦能饮,愚不胜一蕉叶。素雯病之,愚笑曰:"似郑妥娘之笑骂街头,金二小姐之能饮宜矣。"

中华剧团既休演,我人热望金氏姊妹同归移风,而梯维之期望弥殷,我固谓:"双方苟能蠲弃一切一欢然携手,愚与梯维,必不辞吁请之劳。"席上,以此意告素琴,固愿与周先生合作,惟今则时机

未至,其语空洞,用是爽然!

《社会日报》1938 年 4 月 15 日,署名:唐子

易哭厂之诗才[*]【随笔】

易哭厂之诗才,远非故都其他名士所及,其周旋于女伶之间,所作诸诗,恒多佳唱。传易之所以署名为哭厂者,实缘哭女伶而有也。其哭女伶诗,最爱"天原不许生尤物,世竟公然杀美人"两句,又如"哭母只应珠作泪,无郎终保玉为身",又曰:"直将嗟凤伤鸾意,来吊生龙活虎人",此所谓才子之笔,名士之诗也。

沈太侔之《便佳簃杂钞》中,有记捧角之诗一首。予昔书介绍于读者矣,句云:"座中痴绝无如我,一掷秋波便是恩。不信烦卿亲检点,裙边袖底有离魂。"迩拾其意赠素琴一首,曰:"一笑归来裙角重,此中曾断某郎魂。"

或曰,捧坤角而欲接近其人,此傻瓜也。在台上看其演剧,回家来则苦苦相思,此境最乐,若既成朋友,滋味必大减,予曾有诗云:"倚妆真有十分妍,平地相逢一范然。天与世人缘分薄,悔教来听出山泉。"即语此也。

《东方日报》1938 年 4 月 17 日,署名:某甲

费穆说《探母》[*]【高唐散记】

费穆先生归来矣,一夕,遘之樽畔,先生谈改良平剧,因告梯

维,谓《探母》剧本,未尝不美,然有若干地方,不能不加以改善者,如延辉既向公主陈诉心事后,公主遽信勿疑,此实有悖情理。十五年厮守之恩爱夫妻,一旦忽发现其婿为敌国之将,公主乌可勿加思虑,故宜有许多动作,以表明之。又如延辉于探母回令后,太后既以公主之说情,不杀驸马,而命延辉镇守北天门,延辉则奉命唯谨,此活写四郎为一标准汉奸矣。杨邺后人,宁有此子? 故剧情至此,便当写四郎劝公主叛国,公主固忠孝其母,勿能从夫行,则于两国交绥间,宛转马前,为两全之死,夫然后为可歌可泣之事! 费先生所指甚多,不能尽忆,忆亦不可尽记也。《坐宫》之引子,为"被困幽州,思老母,常挂心头",今日伶人,大多念"金井锁梧桐……"故费先生又言:"前者寓往事、地点、心事,于寥寥数字中,已泄露无遗,句亦浑成,而偏要改金井锁梧桐,乃不知何解? 尤可笑者,于金井锁梧桐者,乃为旧本原句,真荒唐矣。"

朋友又劝醉芳习舞者,醉芳乃私问灵犀曰:"你以为我是不是必须要学舞的?"灵犀以其言告愚,愚因叹曰:"醉芳诚今之佳子弟,其人圣洁,乃有此委婉之问,何等有味,朋友已绝少如醉芳之为人者,视愚龌龊,宜早死耳。"

《社会日报》1938 年 5 月 20 日,署名:高唐

尘无以呕血死矣【随笔】

王尘无兄,竟以咯血死矣! 闻之腹痛不止。战后,兄养疴里门,至上月始闻其将避地来孤岛,吾人方欣慰故人之重聚,讵颙望久之,而踪影杳然。昨日粪翁先生得海门朱公羊君来函,谓尘无于上月二十六日晨七时,以咯血过多,致溘然作古。粪翁得书,遽告

灵犀，灵犀以电话询培林，培林复以电话询尘无介弟。其弟尘笠，执事于本埠某钱肆，初问尘无如何矣，则谓不久且得家报，三哥虽在病中，然无大碍也。因告以公羊之书，其弟大恸，陡忆一二日前，有乡人来，初未言尘无已死。曷往觅之，一询究竟，以是更觅乡人。乡人固言，尘无已病死，惟渠离乡时，王家人嘱其勿传尘无噩耗，使尘笠伤心也！自是尘无之死且证实，尘笠乃复踵灵犀许，白以乡人之言，尘笠已泣不可仰矣，朋友闻者，无不怆恻。今将由至友若干人，为之开一追悼会，又为之延高僧追荐。读吾报者，亦有佩尘无之清才绝调者乎？读此文竟，又岂可不临风雪涕，以吊此凄凉绝世之才人哉！

《东方日报》1938 年 6 月 1 日，署名：某甲

愚识尘无于四五年前*【高唐散记】

尘无以呕血死矣，数月前，读其病余诗云："白头父老呈霜柿，素手村姑荐蜜茶。不道先生非税吏，病余来看早梅花。"因知尘无虽在病中，犹善自遣，当不致遽死。上月，沪上又传尘无将来沪，益喜，以为此乱中得重见故人也，宁知尘无终不果来，今则以弃世闻矣！沪上知交，闻耗，含泪相看，不能言语。死不可恤，何况今世。第尘无之清才饱学，自此亦遂委为尘土，则大可悲，以噩耗报之海内艺林，亦当放声同哭也！

愚识尘无于四五年前，时为细雨溟濛之晨，尘无来访唐瑜。唐瑜为愚介，尘无乃力扬愚小诗之美，为之悚然。盖愚知尘无，工旧诗，文亦清致幽远，如愚犷野，胡足见称。愚平时自傲，恒人誉吾诗佳者，必勿悦，以为彼又何知者？而尘无忽致其颂词，则又惶恐不

敢受，患其过奖，而不作由衷论也。

尘无病中，能节起居。往时，吾辈恒及昼始卧，尘无以病，不预宵游，则不可谓其是善摄生。顾其人多烦虑，恒萦扰心曲，故厥病不易去，寻至病蒂日固，至无可祛除，终死于乡，年不足三十。世有才人，总多薄命，亡友尘无，乃为命薄之尤也！

《社会日报》1938 年 6 月 5 日，署名：高唐

舅氏说我*【高唐散记】

舅氏于旧文学颇淹博，尝以愚不多读书为病，谓吾文荒率，看到眼里，便知于旧学绝无蓄养者，文章自有程法，固不可率尔操觚也。又谓灵犀胜我殊远，至少比我能刻意经心，而于其文字间觇之，则其人实为一忠厚长者。譬如我，心地不可说坏，顾以文字出之诡奇，终有人疑为乖张，乖张自遭人忌，则非处世所宜矣。

十余年前，愚任事于银行中，与某君共一宿舍。日久，二人之交谊渐笃。某好翰墨，愚亦附庸风雅，所嗜既同，感情弥至。其人原为一长厚书生，愚益敬之，尝互对曰："我二人便吃亏在书生气太重，欲从市侩群中，求腾发之机，殆不可得！"某年，予病于乡，此君日以一书来，慰病状，感之刻骨，以为终世得一知己为此君者，死亦何憾。后数年，愚忽谢事，此君亦迁职他方，犹音问勿间。近二年，邮书忽绝，奇之。去年，愚投一书，终无一报。有人自彼方来，谓此君胜蹈，兹且为银行襄理，一改其往年雅人之度，居然亦叱咤风云矣。愚始大悟，所自幸者，二人分手以还，绝为为吾友作乞怜之语，不然真欲为我当初挺要好的朋友，背后骂我几声无赖，何犯得着？我近来颇求长寿，能多活一年，总长进许多阅历，是亦

阅历也。

《社会日报》1938 年 6 月 16 日，署名：高唐

予妇治烹调*【随笔】

蝶衣兄忽翩然归来，相别经年，可喜故人无恙。是夜，培林、老铁二君，为灵犀特制荤肴，送其入净素氛围。席间皆平时常见之至友，欢怀既纵，酒肠亦宽，尽一巨觥，薄醉，而倦不可禁，于是入寝。比醒，距戒严时间，不过半小时，而老铁、培林与师诚，犹持杯饮，灵犀亦醉倒枕边，唤之起，偕师诚同归。老铁谓将与培林竞盏至天明，不醉且不休也。

今年六月，亦将令家人多吃素菜，热天吃素，合卫生原理。余一生食不择精粗，惟求适口，有时盛席当前，而停箸不动，有时一盂藜藿，亦足加餐。战后，全眷来沪，屋小，不可再容人，故勿雇佣媪，而令予妇治烹调。妇又勿擅其术，饭时，恒以此而生怨怼，于是屡次招佣人，告曰：汝能为任烹调者，虽十金一月，勿吝也。屡试屡不能称意，妇则絮絮曰：妾辛苦而不见恤于良人，常致不睦，我亦只能享福者，何尝习此？特以体念家贫，故代庖人之劳耳。予闻其言，亦悯之，于是隐忍此内心的痛苦，直到如今。

龚翁已印一卡片，上书曰："居士山人，又名山人居士。"

《东方日报》1938 年 6 月 27 日，署名：某甲

尘无删剩之诗

尘无诗，愚所见不多，仅发表于报纸上者，则诵而爱之，清微幽远，似出晚清人手。愚往年理《东方》纂务，偶有所作，辄揭之报上，犷野如不驯之马，而尘无若有痂癖，以为可诵。吾家瑜弟，为我二人谋识面，时在初秋，一细雨溟濛之晨，距今殆四五年矣。

尘无之为诗文，纵笔即是，不加雕饰，稿成，随手散佚，故其诗不多见，惟往年曾以一帙示粪翁，告曰："毕生心血，尽于此耳。"粪翁翻其帙，载诗数百首，然已为尘无用朱笔删去，存者仅三十余章。尘无又谓，存者尚嫌其多，一生有十首诗可传，则死且无憾，因丐粪翁更为删削，遂存十余首。今尘无既死，书箧飘零，此帙不知落于何处？苟终湮没，则彼仅存之十余诗，亦不获传，嗟夫！念亡友至此，倍增痛惜矣！

《社会日报》1938 年 7 月 5 日，署名：云裳

识舒湮 *【随笔】

阿英之粤，同人等饯之于市楼，乃识舒湮。舒湮如皋人，予初不知其姓，问小洛，始知为冒广生公子，亦冒巢民后人也。信芳演《董小宛》一剧中叙巢民遗事，乃多舛误，考小宛史迹，距今不远，然传说纷歧，莫衷一是，询之舒湮，亦不获言究竟。

座中有考证旧剧人物者，谓王金龙之结局殊惨，其后，奉旨征猺，战不敌，就掳于猺，枭其首。而舒湮尝游洪桐，则苏三就受鞫之大堂，犹无恙也，因谓《起解》中，有"洪桐县内无好人"一句，游于洪桐，始知洪桐民风浇薄，所谓"无好人"云云，编剧者实从体验中得来也。

今年西瓜奇贵,措大不获偿口福,吾家人众,买得少,则吃不均匀。儿子不知老子之困,时丐我买西瓜,予则市冰啖之,儿子乃不复忆瓜味之美。西瓜而贵,不吃拒之可也,米价飞腾,则不饭又何能? 海上百物,无匆在腾贵中,来日大难,每念及此,怅恨万端。

往年夏日常费二银币入大世界之露天影场中,凭栏看对过马路小客栈中异景,久而厌之,以为此穷欢也。胡悦我目,旋在中国饭店之钥孔中,见一妙女郎与男子之欢喜图,始叹赏曰:是为可观。从此绝足于大世界。

《东方日报》1938 年 8 月 4 日,署名:某甲

张文娟登台纪念

张文娟女士,辍歌二十日,今夜复在时代登台,因书绝句,张之台右,以为纪念。才子人情,文娟或不笑其菲薄也。

此世真教百念灰,特留好意惜贤才。
千家歌吹秋风里,汝又登台我又来。

至竟蛾眉鄙丈夫,重来一唱万方苏。
座中俱是倾心客,我更颠狂似老奴。

清声入耳杂刚柔,有此聪明不可求。
怪道满身灵秀气,闻渠家住近苏州。

《社会日报》1938 年 8 月 21 日,署名:唐人

回荡词

慧剑曾作《回荡词》，拾友人事之风冶可记者，成十二绝句。为追其例，得若干律诗，事迹可辨而不可辨，读者神会之也。第吾笔奇拙，不能及慧剑之姚艳耳。

望琴楼记事草

常时只少买花钱，穷作书生本可怜。
已遗一身沦此祸，能为小会亦前缘。
楼台寂寞空余泪，风露萧疏欲上肩。
倘许再垂青眼看，看卿微笑进中年。

慰云儿齿病谢其赠舄

雨过春城十里街，戴篷有客接香车。
分明引线抛针女，不是交樽入座花。
长笛多情常尼客，东风有路便还家。
劝君莫倚青梅树，故被流酸溅齿牙。

《社会日报》1938 年 9 月 18 日，署名：云裳

唐僧　周梅艳　银弹【怀素楼缀语】

自今日起，以某甲随笔辍，以《怀素楼缀语》始。而某甲二字废，以唐僧之名替矣。自用某甲二字，吃亏不小，时于报间见某甲者，无赖也，又某甲者，登徒子也，明明知道在骂别人，我则不能不连想到我自己，今乘本报改革之日将某甲废除，省得自寻无趣。怀

素楼三字,初无深意,惟以怀素楼而署名为唐僧,则颇喜其浑成耳。

近有新张之歌史场中,有女伶周梅艳,应青衣花衫,观其剧者,谓饰貌殊妍媚,表情亦复细腻,故花衫戏实尤胜于青衣,意在小型剧台上,周碧云一能才之外,而今又发现一周娘矣。闵菊隐君,观其演《御碑亭》之孟月华,而盛誉不去口,金家姊妹,亦屡屡为予推荐,则其人之值得推重可知矣。将择其戏繁重之夜,一往观赏,再当为读者诸君告焉。

迩时有一新名词传诵人口,则为银弹二字,其意盖谓枪弹可以服人,而钞票亦可以服人,是钞票可称为"银弹"也。予往者常言:手枪放在我面前,我或者不致屈服,若有人以整捆之钞票,来压我身上,则我且顺着势躺下来矣。盖喻我平生之爱钱,亦所以谓财色两关之非可勘破也,是则与今日银弹两字之旨,适为符合。嗟夫,丧乱之世,银弹横飞,我尚知耻,乌可不戒而慎之哉!

《东方日报》1938 年 11 月 12 日,署名:唐僧

若瓢和尚诗画两绝*【高唐散记】

若瓢和尚,避地海壖,长日无俚,以绘事自遣。比写朱兰一幅赠愚,题绝句云:"卓笔不堪写凡卉,染丹又恐恼幽姿。唐郎本是风流者,付与名花解护持。"诗画可称两绝,特下走荒伧,辱兹清品,宁不惭恧!

毕倚虹先生生前,有咏寒衣曲,句云:"爷弄胡琴儿唱曲,黎娘到处送寒衣。"当时明晖以歌唱驰名海内,锦晖先生,为之奏梵亚令,艺

坛传为嘉话。倚虹所谓胡琴者,即指梵亚令也。今歌坛上如张文娟、姜云霞二人,皆其翁为司弦索,故"爷弄胡琴儿唱曲",亦可赠之张、姜二子,然一弄一唱间,岌岌然赖为生计之源,则其情便可悯矣。

人言熙春扮相,越看越像芸芳,而在"私底下",便一无似处。愚以为熙春秀美,在坤旦中任何人所勿逮,素琴清艳,无熙春之秀,素雯得一甜字,正与其声调比美,然亦不足以言秀。术者谓相貌不能太秀,清主贵,秀则不能不伤命薄,然如今日之熙春,声华日著,欣欣然如好花之艳放,命薄之者,我又胡信?

《社会日报》1938 年 12 月 15 日,署名:高唐

暂醉佳人锦瑟旁

耶诞之夜,丁慕琴先生府上,集艺苑名流,复极裙屐翩迁之盛。丁夫人入厨,以烹调法手,来餍佳宾,坐两席,席上人遂纵酒。梯公《隽侣榜》之隽侣者,乃毕至,盖小蝶亦偕素琴来也,试举其名字,有李匀之、郑子褒、徐小麟、顾子言、朱凤蔚诸先生外,小蝶与培林。而文事中人,听潮、之方、小洛与愚。画家周鍊霞女士,雪艳、楚珩与文娟、韵秋、云霞先后至。鍊霞知愚之力扬素琴,又倾心于雪艳,因作绝句见示云:"怀素而今不种蕉,纱窗懒听雨潇潇。却怜小妹蛾眉浅,虢国曾经素面朝。"鍊霞曾观雪艳演虢国夫人,故末句乃云。才人绝调,自是无伦。又赠素琴两绝句云:"流水高山海上琴,唐宫仙曲有知音。美人合住黄金屋,夜夜丝弦说素心。""待将世事问弦歌,玉笛瑶琴感慨多。灯下丰神无限好,布衣端合傲绫罗。"素琴感谢,谓光宠多矣,歌国女儿,胥以上戏先行。独雪艳留,雪艳又善饮,于是为众人所嬲,当筵斗酒。培林兴尤高,巨觥频尽。雪艳

饮十杯,醉矣,醉则狂笑,笑至不可渐禁,于是倒卧沙发上,覆以衾,使其入梦,众宾皆叹曰:"雪艳真今世佳人,亦如疏狂之名士,浊世不可求,求之于歌管之场,诚如庆云景星矣。"愚归最迟,雪艳尚未醒,宋诗"惯眠处士云庵里,暂醉佳人锦瑟旁",惜鍊霞已去,否则见此佳人暂醉之状,亦绝妙之诗画材也。

《社会日报》1938 年 12 月 28 日,署名:云哥

1939 年

《文曲》 与沈先生谈长篇小说【怀素楼缀语】

自操觚以迄于今,自未做过老板,有之,曾办日刊曰"战时日报",下本十元,股东中之最小者也。近时颇有余暇,乃拟办一刊物,内容着重文艺与戏剧,半月刊与月报尚未决定,而命名亦煞费心机,最后予乃用文曲二字,为吾书名。文曲两字为现成名词,因以质沈禹钟先生,先生点首称善。既做老板,便须下本,赖朋友帮我,已堪着手,我不欲一落大派,发"志不赚钱"之高论,惟亦所以自娱之一法。创刊之始,拟乞友人为予作文稿,艺苑贤豪咸在我网罗之列矣。

禹钟先生,深愿予能写一长篇文言说部,谓亦可以纪念一身也。此愿予怀之已久,长篇亦有写述,惟多芜乱勿称,本报昔刊之《归儿记》,其起首二回,皆一气呵成,亦比较为经心刻意,故尚可一

读。及后便不然，今日要排多少，写多少出来，在势便不能美，而往往有不可接榫之弊。近时重以荫先兄嘱，作《春江别业》，明知吾书好不了，惟腹中已有规范，或不致流于芜杂，此则堪以自慰者。惟字里行间，力避雕凿之巧，毋使刻鹄不成而类鹜者也。禹钟先生之意，谓予笔颇多神似何诹，则以何派文章，写女儿哀艳故事，亦宜可观矣。

《东方日报》1939 年 1 月 7 日，署名：唐僧

《文曲杂志》刊行记

　　一月前，忽动"做老板"之念，于是决定发行一刊物，名曰：《文曲》，月印一期。顾名思义，《文曲》之所孕蓄者，为文章与戏曲两种。创刊一期，装订物美，以桃林纸代报纸，有铜板纸四页，以木桃纸为封面，征至友为我作稿。文坛硕彦，为下走张罗者，有觉厂、小洛、梯公、过宜、培林、灵犀、待复庐主、鍊霞、师诚、之硕、溢芳、匀之、一蘋、空我、绿芙、季琳、曼华、怀沙、李一、毛羽、之方诸先生，宜可谓济济称盛矣。关于戏剧方面，不取新闻报道，只作寻常闲话，与已在流行之戏剧刊物，似无所谓利害冲突也。

《社会日报》1939 年 1 月 19 日，署名：云裳

勖冯梦云【怀素楼缀语】

　　《垂泪日记》刊登于某报，是出冯梦云手笔。冯梦云尝在《太阳

报》之广告中,自称为海上第一流文豪者也。此君聪明,当初文笔殊胜,惟后捧住一把算盘,越打越精,于是生意人之气味重,而妙笔不再生花矣。近来受战事影响,又弃商作士,欲显旧日锋芒,于是作《垂泪日记》,所谈皆身边事。当其作贾之日,尝痛詈小报作者之无聊,谓不谈则已,谈则皆身边文学,供自己人看,读者固不关痛痒也,言犹在耳。今梦云又操如椽之笔,不料所记亦不过身边杂事,可见有嘴说别人,无嘴说自身。其实梦云于国际情势之熟,对于地理历史之谙,如何不好好写几篇,而必欲学无聊行为? 写自家人事,予尝谓冯梦云槃槃大才,非小型报人才,至少亦当做潘公弼,不得已,亦当开印刷公司,开茶馆,重为冯妇何为哉? 虽然本文所记,亦身边事也,想不再为冯君厌弃矣!

《东方日报》1939 年 1 月 28 日,署名:唐僧

鲁道人诗

孝鲁、舒湮昆季,并为冒广生先生公子。孝鲁别署鲁道人,能诗,诗复清远有异恒俗,近顷以旧作录示,选其若干,置吾新辑《文曲》中。更剪其余三五章,以贻灵犀,使读吾报者,共知如皋冒氏书香,其遗风流泽,至今复绵邈不绝也。(云裳附识)

闻歌普希金忆铿尔夫人诗有寄

羡君归食武昌鱼,悔我淹留叹索居。

愁听何戡(注)歌一曲,妆台能向眼波无?

注:谓俄伶确茨洛夫斯基。

红海舟中示钱默存锺书

苦殚精力逐无涯，我与先生共一痴。

各有苍茫秋士感，莼鲈虽好那堪思！

积年冰炭置中肠，呴沫相濡欲与忘。

莫对海波谈世事，怕渠容易变沧桑！

《社会日报》1939 年 1 月 29 日，署名：云裳

《文曲》发行以后

灵犀兄以数年来在报间所作之小品文，集十余万言，汇为一册，重付剞劂，发行问世，名其书曰《杂写》，都四百余页，文笔之胜，叙事之美，如啖谏果，回味弥甘，所以发刊不及一周，而行销已将千册矣。当其动议印《杂写》之时，愚奋起曰："此名山绝业，将泛刃从吾子之后，而印《文曲》一书矣。"愚七八年来，所作散文，亦不下数百万言，然吾笔荒陋，不足存留无己，辑当世文坛名手之作，集为一帙，而有《文曲》之印行也。第一期已于十日出版，内容质量，虽不甚多，然无一文不可诵，无一文不可念，盖去芜存精，亦几费选剔矣。封面二字，丏吾友媿翁书，俪以龚定厂手写绝诗，用猩色付印，华美乃夺人目。此书之成，徐善宏兄，费力至多，当其诞生，特为短文，祝其长命，亦为吾友之一番辛劳慰也。

《社会日报》1939 年 2 月 12 日，署名：云裳

灵犀杂写【怀素楼缀语】

灵犀兄近将其旧作杂写，汇为一帙，刊行问世，都四百页，得十余万言，即颜其书名"杂写"，有聚仁、阿英两兄作序，而封面两字，则出之灵犀亲笔，秀美不可及。自问世之后，愚尝披览一过，其文昔时固读之，今日遂有谏果回甘之美，以此传述与菊林诸友，咸纷纷购备一册，如信芳、百岁、熙春，金氏姊妹，及文娟、云霞。信芳既读完《鲁迅全集》，近来汽车上之唯一消遣读物，则为灵犀之《杂写》矣。百岁不甚读书，后台无事辄起鼾声，既有《杂写》，亦以此为遣，谓看熟人文章，比什么都有味，此言亦率直可喜也。金氏姊妹，本好看书，尤好看新作品，鲁迅、茅盾之文，讽诵不去口，似《杂写》之介于树人、语堂间之佳构，适投其所好，夜来着枕，即翻阅数十页，始悠然入梦，而梦意始酣。姊妹二人，既分居，素雯憨跳，有时看着一篇良好之文章，即披衣起身，摇一个电话与阿姊，说，你看陈先生的《杂写》上有"枇杷"那一篇吗？真有哏，你快快看吧！姊氏深沉，则告曰：怎么，你睡了又起来啦，当心着凉，明天还要唱戏。然素雯往往如此。文娟亦爱读物，看《杂写》以后，与朋友笔谈，更见敏捷。熙春病目，不宜看书，惟为素雯一再言之，谓将抽三夜之闲，挑灯一读焉。

《东方日报》1939 年 3 月 1 日，署名：唐僧

郁达夫之毁家诗*【高唐散记】

新作家之能旧诗者，不乏其人，然佳者勿多遘，短中取长，郁达夫一人而已，田寿昌自有豪气，然不得谓工也。尝读达夫东京杂诗诸首，讽诵不去口。昨年与夫人王映霞之离缘，有毁家诗数十章，

亦多胜语，殆所谓情至便成好句也。近期《大风》旬刊上，载达夫《毁家诗记》一文，其诗大半已刊之本报，未加诠释，被人轻轻读过，不知此中血泪吟成也。若论诗之高下，则不尽可读，如："州似琵琶人别抱，地犹稽郡我重来。"又如："楚泽尽多兰与芷，湖乡初度日如年。"虽非工整，而造境绝似樊川，是可贵矣。达夫文人，其妻为显宦所夺，犹宝此馂余，恋恋不忍释，最可使人同情。诚如达夫言：映霞向慕虚荣，不通世务，甚至认大寇来侵，为国家内乱，庸劣可想。而达夫情深一往，其诗如："武昌旧是伤心地，望阻侯门更断肠。"又如："明年陌上花开日，愁听人歌缓缓来。"不可自遣，情见乎词。及读建阳道中之二十八字云："此身已分炎荒老，远道多愁驿递迟。万死干君唯一语，为依清白抚诸儿。"则大可伤心，辄为放声一哭矣。闻之人言：映霞有殊色，与达夫结褵十载，育子女多，今亦渐渐逊矣，而达夫姥姥于夫人容色，亦见之诗中者，如云："老病乐天腰渐减，高秋樊素貌应肥。"窃以为达夫之苦心在此，果然，则郁先生诚有负于达夫之雅讳哉！

《社会日报》1939 年 3 月 17 日，署名：高唐

冒氏二郎　谢子佩【怀素楼缀语】

　　冒广生先生两公子，孝鲁与舒湮，无不隽才，并雅负时誉，尝游学法京，孝鲁居莫斯科甚久，今则俱栖迟沪上。予先识舒湮，而后识孝鲁。孝鲁工诗，一脉相承，家声克继，诗寄刊于报纸者甚夥，然仅亦为下走与灵犀得也。予近记方先生谈三十五岁必死之语，孝鲁读之，辄以小简慰藉曰："读尊作论人生修短，为之莞尔，兄真达人也，拟以小语奉调，而思如废井，奈何奈何！"虽寥寥二三十字，而好友情深，滋用

心感。二君又同嗜戏剧,于海上之坤旦,如大小金与王熙春,无不赏爱。孝鲁且与梅博士交甚深,博士赴俄,孝鲁招待之,盖知己也。

木斋谓我近来憔悴,起居不节,自为一大原因。新春以后,复极度荒唐,恒非天明不卧,病态遂呈。至可虑者,大便闭结。予健康时,每日大便有恒时,近则勿然,累二三日而不排泄,食量亦减。一夕,告之子佩,子佩以中法药房之"果导"进,果大畅。此物助消化,亦利便,为效至宏,故能脱吾苦,不得不深谢佩兄之贶我矣。

《东方日报》1939 年 3 月 20 日,署名:唐僧

小序及一【唐诗三百首】

小序

下走昔尝作唐诗,今将续为三百首,每日付印一首二首,多至三四首,绝不和他人"元韵",亦不以"感怀"为题。写心中事,眼前事,力求音节铿锵,读者不妨以里巷歌讴目之,必欲范以旧诗格律者,则下走将汗流通体矣。

(一)寄素琴香港

书为行楷锦为笺,小别真知亦黯然。
岂似腐儒殊见解,还从末世识贞坚。
眼前恩怨分明在,局外英雄本可怜。
报道江南诸友好,君家记室尚翩翩。

《社会日报·每日画刊》1939 年 4 月 10 日,署名:大郎

亡妇遗容 *【唐诗三百首(十六至十七)】

亡妇遗容,既付画工,绘竣视之,比生前为丰腴,家人嫌其勿似,可知画工之笔力拙也。

> 画师为尔范遗容,却比生时约略丰。
> 怕看支离多病骨,教人肠断忆临终。

> 画成将尔居中放,日遣儿郎礼拜勤。
> 卿睹双雏应有喜,哲儿憨跳艺儿文。

《社会日报·每日画刊》1939 年 4 月 24 日,署名:大郎

丁先生之新编【怀素楼缀语】

丁悚先生,以名画家驰名于海内,近顷出颐中烟公司,加入新亚药厂。新亚委以《健康家庭》杂志之图画编辑,一、二两期俱已出版。丁先生出其往昔之经验,处理一美术杂志,其精练不言可喻。而此中作稿者,尤多时下知名之士,如敝同乡潘仰尧、秦瘦鸥两先生,皆在罗致之列,其文字之丰盛,又不言可喻矣。

《东方日报》1939 年 5 月 7 日,署名:唐僧

捉刀人旧著　孝鲁之言【怀素楼缀语】

予昔主本报纂务时,尝刊捉刀人之说部,曰:《夜来香》,报上之

长篇小说，愚从来不读，惟既为编辑，则《夜来香》我不能不日日校读，因此而成癖矣。捉刀人之笔调极轻松，故其写男女事，不似庸手之沉滞，其可贵殆在此也。近顷正风书局，集捉刀人之旧著，而发行三种，《夜来香》即其一也，他如《蝶恋花》《姊妹淘》，此人此笔，读者可视书名而审其内容矣。邓粪翁先生赠捉刀人诗云："当初绝笔王公馆，一纸风行姊妹淘。"其于捉刀人之推重如是，特未尝一读《蝶恋花》，会当向正为索阅之。

久不见冒孝鲁先生矣，昨赐书云："光宣杂咏，读得若干首，为友人持去，刊登《大美》文史。近该报以触忌停刊，其稿当付纸簏，手边无副本可存，它年当俟好事者于烬余觅之也。近时披览故籍，颇有心得，稍暇当整理爬梳，贡献同志，以抉千载之幽微，发古人之奥秘。惟兹事体大，恐非独力能胜耳。熙春闻病嗓将告假，不谓传神阿堵，竟作歌喉之累，昔人有二美难并之叹者非耶？"冒氏昆仲，皆好熙春歌，孝鲁尝为熙春留影甚夥，盖亦熙春知己也。

《东方日报》1939 年 6 月 8 日，署名：唐僧

回荡词之一【唐诗三百首（九六）】

旧尝仿张慧剑兄，制《回荡词》若干首，忽忽二三年，亡佚殆尽矣！今复用香奁体写十章，仍名之曰回荡词，其实亦等诸无题诗。我必欲以回荡名者，盖纪念吾友闻铃阁主人，行役万里之劳耳。

过尽横廊到晚塘，行行在处见鸳央。
腰身轻似中庭柳，人面严于十月霜。

练邑文风非吾物,南湖烟水尚家乡。

不知访艳当时岸,谁共扁舟荡夕阳。

《社会日报》1939 年 7 月 15 日,署名:大郎

《小说日报》将发刊*【高唐散记】

《小说日报》将发刊,丐沈禹钟先生草一缘起。子佩自朵云轩买裱册,嘱愚写缘起于其上,册既精裱,遂不敢下笔,然不写又未必能为佩兄宥谅。于是落笔,既竟,自视法书,通体汗下,既亵渎沈氏高文,亦糟蹋朵云轩出品,更无以对佩兄雅命。然佩兄平时,阿好于下走者,恒谓下走之书法绝美,故常以书件相烦,其意既诚,使下走无委婉方命之勇,真啼笑皆非矣。

访唐世昌先生,时在下午五时。唐家请我吃点心,点心为稀饭,用好米加少许青菜同煮,已冷。佐粥皆为素馔,粥与馔之风味俱极胜,馔不过五六味,入口奇鲜,视市楼上二三十金一席者,为粗品矣。愚家人众,愚复不治生产,烹调之役,委之闺人,而闺人之工力大逊,恒不能得美味,则与之诘难,渠每垂泪,曰:"当初时亦人家烧与我吃,今烧与你吃,犹有烦言,则妾诚命薄矣。"愚闻之感动,遂不复语。

《社会日报》1939 年 8 月 5 日,署名:高唐

云间白蕉鬻字 《小说日报》筵上【怀素楼缀语】

云间白蕉先生,书法太傅右军,名重海内,论者推为当代一人。

惟先生珍秘过甚，求者难得，夏间以便面应世，以来者过众，纸卷山积，先生深以为苦，交游因请重订直例，稍示限制。即日起廉润二月，仅收半费，过期照润，欲求先生法书者，勿失之交臂，收件处中汇大楼四一二号，及五马路之古香宝笺扇庄。予深嗜白蕉书法之美，当杯水展览会时，睹白蕉墨宝，辄逡巡不忍去。白蕉为人书件，多录其近诗，诗复清朗，似不食人间烟火，是则又为其他书家所勿逮。读吾报者，固不可不与白蕉先生一订翰墨之缘也。

子佩、涤夷二兄共创之《小说日报》将问世，先三五日，宴至友于聚丰园，到者都四桌，昔南京之周持平（小舟）兄亦应约而至。持平兄为文章妙手，予主本报及今报笔政时，时以稿来，为读者所歆动。南京失陷之前，兄偕嫂夫人返镇海故里，其后复一度赴前方，旋病甚，始复解职归乡，比以故乡又不堪居，始来沪上。子佩延揽良才，请兄襄助报务，《小说日报》得其匡扶，精警可知。又识漫郎先生，则为舞文之健才。许晓初先生来较迟，谓常日读下走缀语，知下走嗜名烟，欲取其所留者见遗，关爱至此，令人感念。许先生为人恂恂，邃于学问，而通世理，上海之企业家，下走论交殆遍，求如晓初先生者，不可得第二人矣！

《东方日报》1939 年 8 月 12 日，署名：唐僧

芙舅辞世 *【刘郎杂写】

表舅父金芙初先生，自江南沦胥，即避地来沪上。今年夏，忽撄喘症，而畏热异常年。其家居劳勃生路，屋小为暑气所蒸，不可耐，于是居舅氏钱小华先生家，迄今逾一月矣。舅氏近日，忧愤益

深，遂纵博，日以继夜，芙舅恒陪之同博。虽喘症未除，而精神甚健。至一日夜十时许，舅氏返寓，尚与芙舅话家常。逾时，芙舅如厕，凡二次，忽觉气促，因呼舅氏。舅氏亟起视其状，则神色都异，乃与妹丈张唯一君，扶之登榻，而气益促。舅氏乃大骇，急尽唤家人起。速医生至，又速表姊自劳勃生路来，更遣仆来速吾母，才十分钟，而芙舅已气绝于舅氏怀中，更不及见表姊来。医者至，听之，呼吸已息，不可治矣。遂舁遗体至殡仪馆，次日即大殓。芙舅一生，待人诚笃，余髫年游旧京，得其关拂者甚多。幼时，常来城中，居吾家，恒经月不言返，与吾母善，如手足然，虽远亲而情谊甚至。不图乱世中，芙舅辞众人先逝。缅怀旧谊，悼痛万状。志之，所以示下走之哀思也！

《小说日报》1939 年 9 月 3 日，署名：云裳

哭松庐【唐诗三百首】

是年月日闻公死，颇喜英雄得善终。
今代书生彰一汝，盈篇文字抵千戎。
为贤作恶都能杀，遗臭留芳便不同。
我有沉哀无处泄，因公感奋哭孤忠。

《社会日报》1939 年 9 月 4 日，署名：大郎

日出而眠，日入始起*【刘郎杂写】

小舟兄来舍倾谈，渠谓来沪以后，已将夫人遣赴烟台，只身留

海壖,税一屋于华格臬路。晨五时即起,吃点心后,即看报,然报纸勿多,只本刊及《申报》《华报》三种,则自首至尾,遍读不遗一字,阅完,已届午前十一时矣。夜间亦早睡,睡前亦惟以阅报为遣;一日工夫,尽消磨于读报中。小舟固一枝健笔,旧尝屡屡自京中以文稿寄予,为沪上读者所称赏;比流亡抵此,风怀抑郁,不甚以翰墨示人,遂苦清闲,忽劳过存。及知下走日出而眠,日入始起,则大诧,以为是殆戕伐身体之甚,而不知下走惟起居之异常,乃能长臻顽健之域。十五年中,惟二十岁时,以病肺不能不事休养。医生告我,早起,早睡,我乃黎明而兴,晚八时,即入梦乡,如是凡一年,病渐愈,愈则又不知珍惜吾体矣。自作报人,放浪益甚,一年中三百日在早晨入梦,久之且成习,一时亦无由证知吾躬亏损之甚。半载以来,小舟离榻之时,正予归家之候,当渠下午来访之际,予方以为晨光熹微时。予与小舟之起居不同乃如此,无怪同客一隅之好友,乃有终年不获一面者矣。

《小说日报》1939 年 10 月 5 日,署名:云裳

予舅之诗*【刘郎杂写】

予舅山华阁主人,早年亦好为绮语,其断句之可记者,如云:"千秋容有痴于我,一饭何尝忘却卿?"又云:"乍归燕子方三月,小别鹦哥又一时。"皆可诵。然今年读其旧作天平山诸诗,无不精致,如:"衣润渐知春雾重,腮红不藉夕阳明。"尤爱咏灵岩一律云:"灵境荒唐事有无,吴宫花草半蘼芜。布金绀宇连云起,喜雨斑鸠隔岸呼。一代繁华归响屧,半生心事属烟蓑。阿谁携得西施去?臣亦猖狂似大夫。"此诗一结之美,读之神远。盖主人吴游时,固有所谓

"鬓丝"作伴也。写香艳诗要从落落中见其情致,始为上乘,此所以尤较千秋一饭之诗,为尤贵矣。近年以来,先生犹治诗,则求工力之高深,转为下走所忽略;当时自有性灵之作,如与下走同旅故都时,各有味云:"风雪连朝一巷泥,二三饥鸟向人啼。起来为觅瓮头看,喜有新春数合栖。"温柔敦厚,不失风人之旨。愚记之十六年,不易亡佚,亦可见文字之感人矣。

《小说日报》1939 年 11 月 1 日,署名:云裳

征求《长风》与《小晨报》各全份【怀素楼缀语】

林庚白先生诗,愚夙所钦服,朱凤蔚先生,亦与贱见相同,尝写示林先生四律,为未经报纸刊载者,如望后一夕云:"窥衾圆月夜惋惋,不酒生憎茶力严。能发幽思无寐好,堪寻病味得诗甜。交亲渐老将谁语?赤白之间倘免嫌。桑海飘萧身是史,却将独醒向风檐。"立夏后一日云:"薄暖疏帘不起尘,眼明绿叶与愁新。茶余小睡浑忘寐,病后高楼已换春。世味深于江上水,瓶花澹似意中人。闲思物我俱成妄,风际悠然一卷亲。"小斋见长春盛开,时送甜香,诗以宠之曰:"甜香风际弄娇红,俊赏怜无笑靥同。年往日长犹此客,意狂情挚尚如意。扶持当使臻全盛,灌溉还思拓半弓。犹向花前怀冷暖,宜人物候画方中。"玉情一律云:"玉情自洁意娟娟,四月江南最惘然。味似春愁来更紧,闲将世念逬当前。已穷督亢终为虏,便触登迦不碍禅。儿女风云我亦悴,一楼俯仰是何缘?"宵深自诵为之神远,尤以第三首为至美,第三首第二句,更是绝唱,亦林诗特有之风才,轻灵而不伤纤巧者也。林先生旧诗,刊之《长风》者最多,《小晨报》亦登过不少,予皆无留存,读者

诸君,如有留存《长风》与《小晨报》者,假与下走一读,正不知何以为谢也。(按《长风》愚本有四册,今遗其三,遍觅不获,故欲征求全份,及《小晨报》全份。读者苟有留存,肯割爱与下走,乞示代价,若假阅亦可。)

《东方日报》1939 年 12 月 8 日,署名:唐僧

樊樊山与易实甫【怀素楼缀语】

尝读樊山、实甫两公诗,以为哭厂之高于云门者,不知几百倍。顾徐彬彬先生常言,谓樊山之达,实甫不及也。实甫平时,嗟老伤贫,终日忡忡,惧死神之将至,用是心意抑塞,寿六十余而殁。樊山克登鬒耄,不知死为何事。此固二人之遭遇不同,然亦当咎实甫之褊窄不类诗人,梁晋竹著《两般秋雨庵》,谓有人于暮年得诗云:"九泉好友劳相待,道我迟来罚一杯。"真达人之语,其佳趣正如某公临老纳妾云:"我似轻舟将出世,得卿来作挂帆人。"同一俏皮,此种襟度,哭厂不能有,下走遂终世憾哭厂矣。惟哭厂之诗,本多伤感,其于捧角犹然,何况其他。某女优为当道所杀,哭厂之诗云:"天原不忍生尤物,世竟无情杀美人。"又曰:"直将嗟凤伤鸾意,来吊生龙活虎人。"凡此俱为我人习诵,如"哭厂老去情怀减,凤喜秋来翠袖寒",则亦充塞其萧瑟之气,真不知所缘何事?迟我此生,不获一睹龙阳,意此潇然一叟者,其双眉终岁无豁开之日,或谓下走今日,殆如《八大锤》中之苦人儿,疑实甫当时,真一老苦人儿了。樊山之诗,论技巧非不美,论情感微嫌松薄,此其所以不如实甫也。诗人之诗,无浓烈之情感以付之,要不足贵。哭厂自多性灵之作,故讽诵其诗遂有无穷回味。情感厚,则忧感亦深,此实甫之所以工愁,

樊山之所以能达，其然岂其然欤？

《东方日报》1939 年 12 月 16 日，署名：唐僧

为《华年》征稿　告蝶衣【怀素楼缀语】

不佞将试办文艺杂志一种，定名《华年》，第一期将于二十九年一月十五日发行。下走贫薄，无雄厚之资本，与读者诸君，说一句"自家人"闲话，下走办书报，赚得进，蚀勿起，故第一期之发行，以努力于广告收入，为当务之急。广告收入而不恶，则吾书有续命之可能，否则将视其才一堕地，而即告夭亡矣！《华年》之内容，自然偏重文艺，文艺又侧重趣味，当代之新旧作家，咸在下走网罗之中。既重趣味，于是关于国际、政治，以及其他理论文章，将摒而勿用。非不用也，又要说一句老实话，下走当编辑者，实无此鉴别之智也！下走所欲征求之稿件，为隽永之散文，如谈舞谈剧之文，亦所欢迎。甚望下走之新知旧友，均为下走之助，各摅其才思，为吾书添光耀，则下走之所感戴者，宁有既极。舞文作家中，如晚蘋漫郎之文，垚三先生之诗，胥为下走所倾倒，徒以不得通信处，故征稿之函，无由直奉，诸君若见此文，将无复使下走一劳笔乎？尤企盼矣。

健身露征求标语，被录取二人中，有陈蝶衣其人，其标语又为七言诗一句，予以其典雅如此，定为吾友陈蝶衣无疑矣。不料翌日之他报上，有蝶衣一文，声明应征之陈蝶衣，实另有其人，盖通信处，为牯岭路一八〇号也。此一八〇号，下走尝一度游其间，二层楼上，昔为童氏母女所居。童家二女，旧尝著称于白山黑水间，即

称童家大小姐与二小姐者是。二小姐与下走联欢,其家曾居人安里,不久,即迁至一八〇号。今二女皆辍业,不审童媪尚留此屋中否?彼另一陈蝶衣君,雅擅文翰,与童氏必无关,特与刀俎为邻耳,举此以告吾友婴宁公子,料将为之一笑也。

《东方日报》1939 年 12 月 18 日,署名:唐僧

改诗*【高唐散记】

有人称下走作诗,另一蹊径,其实下走之诗,恒多流于乖僻,若谓风格卓越而异于恒俦者,是谬奖矣。愚学力薄弱,诗文永远不能到至高之境,近来尤任意为诗,遂粗糙不可成句,譬如最近发刊之《十二月十二夜纪事》一诗,其中有一联云:"为恐爪长怜润玉,可容广舌度朱樱。"爪长何能偶广舌?后来发现,自己亦不禁哑然。又今年七夕前一日,访素琴病后记以诗云:"怜她红艳似秋蓼,向晚来看特地娇。不道兄来将慢客,相逢眼角有微潮。天教倾国争清貌,士为能诗惜细腰。安用明朝灵鹊引,此身本在凤凰巢。"当时此诗随写随念,至末句以为得意之笔,辄付刊,厥后有人为愚咏"安用明朝灵鹊引,此身本在凤凰巢",盖亦喜我此两句之美也。一日,过听潮许,翻旧报,重读此诗,加以细辨,则以为末二句诚不恶。而起首两句,亦多妙致。惟两联俱不可成立,颈联之上句更恶极,下句本可用,顾以上句之坏,下句亦为之泄气,腰联似嫌白费。因念此诗若废去两联,而改为绝句,譬如为"怜她红艳似秋蓼,向晚来看特地娇。不用明朝灵鹊引,此身本在凤凰巢。"转可成一完全之诗,愚写香奁诗,好为律句,特以工力之薄,终无妙造,十年前有"玉面虽于何处见?西风略似昨宵寒"之句,至今更不能于平淡中见诗境之美

矣,嗟夫!

《社会日报》1939 年 12 月 20 日,署名:高唐

1940 年

再论集定厂诗【怀素楼缀语】

　　昔谈往后定厂诗之不可集,予以集定厂诗者太多,于是看来看去,好像总是这么几首。若夫定厂诗之本身,所谓哀艳而杂雄奇,才气之盛,为后人不及,而其诗又似易于集句,可见定厂之诗都非言之无物。换言之,定厂之言,亦人之所欲言也。昔文友王冰史君,好集定厂诗,无不至美,如咏赛金花云:"过江子弟倾风采,此是宣南掌故花。"谁得谓非妙造自然? 可见偶一为之,自是不恶,若孜孜矻矻于此道,不免滥矣。

　　予有时以他人成句,人之自己诗中,当时未尝不得意,然后来必悔怨,以为纵然好诗,总是他人的。灵犀有"王粲天涯漂泊惯,丈夫何必定依刘"。客岁予尝有赠某舞人诗云:"非关中酒创咽喉,经岁恹恹病未休。渐觉支离多瘦骨,绝怜顾盼有星眸。医无良药资渠累,士不勤书乱汝谋。臣亦体羸归去好,丈夫何必定依刘?"沈禹钟先生,读至末句,击节称赏曰:好诗好诗。予谓末一句为灵犀旧句,我实借用之者。沈先生谓,借用也好,好在承上文而来,盖有"臣亦体羸归去好"而接"丈夫何必定依刘",遂觉其好矣。及后粪翁、白蕉、禹钟三先生,因此诗而联句,为五言排律,所以谬奖不肖者良多。

而愚殊惭恧,以总是他人诗,放在自己头上,遂觉一百个不舒服也!

《东方日报》1940 年 1 月 7 日,署名:唐僧

跳舞场的年夜饭【怀素楼缀语】

从事新闻事业的人,吃白食的机会最多,一年到头,差不多时常有应酬,忙起来,一夜有两三个饭局。我们有几位朋友,都认为这是件苦事,听见要去吃整桌的酒席,就会头痛。就是小生,也是天生一副穷骨头,宁甘藜藿,不惯膏粱,所以常年有十分之六七的请客帖子,终是托故不往的,情愿呆在家里,吃两碗新米稀饭,一只皮蛋,一碟酱瓜过粥,比什么都来得风味无穷。实在是朋友代邀,免不了去一趟,不去朋友还要动气。我常常在吃完之后,仔细替请客的主人想想,这顿饭请得有什么意义?那么我可以告诉他,实在毫无道理,譬如说:有人举办一种事业,要联络新闻界,便大张盛筵,目的是在请执笔的人,随时在报纸上鼓吹鼓吹。然而以我来说,吃了饭之后,倒反不好意思落笔。假使给读者看见,一定要说吃着一顿饭,便在替他们做宣传工作,倒不是新闻记者的自身声价问题,却因为自己有些不大好意思,好像自己有些心虚似的。我是个贪嘴的东西,昨夜,顾尔康兄办的国泰舞场,于夜半十二时后谢年,邀我去吃年夜饭。我果然去了,只见舞池中红烛高烧,几个穿洋装的老班,都在那里跪拜,舞池四周席上,摆着十几桌酒席,全部舞女,与全部职员,以及老班的众亲朋,都围坐着吃这一顿饭。我倒认为这种饭吃得非常有趣,国泰请我吃饭的目的,既不是叫我宣传,而如此局面的夜饭,十年来也不过吃过这么一次,似乎比前年在筱文滨家里吃寿酒,更加来得使人在抹了一抹嘴以后,

诧为怪事！

《东方日报》1940 年 2 月 2 日，署名：唐僧

顾逖江先生忆语【怀素楼缀语】

余年十岁，读唐诗，时顾逖江先生设馆于姑氏家，余从诸表弟上学。先读白香山之五古，继涉近体。忆第一首为杜工部之《蜀相祠》，渐读李白之"床前明月光，疑是地上霜。举头望明月，低头思故乡"，当时以为此诗最好读，以字面容易解释也。又读岑参之《逢入京使》云："故园东望路漫漫，双袖龙钟泪不干。马上相逢无纸笔，凭君传语报平安。"《入京使》后有一首为"汉使却回频寄语，黄金何日赎蛾眉。君王若问妾颜色，莫道不如宫里时"，先时已知诗为有韵文字，而于此诗独怀疑，以为眉与时如何可以浑押，辄问先生，先生之诏我者，我已忘之，盖未读诗歌，不知四支五微为何物也。予从顾先生读书甚多，予旅北都之日，先生亦客宣南，从容问字，而先生诲人，曾无稍倦。入先后《汉书》、《史记》之属，先生为我讲解者甚多，又娴熟历史，每读一文，则演述故事，五日不能尽，真好教师也。予年二十，闻先生客死于北平，距今十三年矣，而先生卒时，不过三十余耳，才人不寿，痛何如之。前宵，忽梦先生，似同游北海，九城胜迹，梦寐时萦，予诗云："交盖苍枝十亩阴，人间似子是琼英。浑忘客里时春夏，长忆池边水浅青。肯约故家诸姊妹，来寻乱世旧荒城。可怜鸟兽纵横处，错被行人说太平。"诗成于半年之前，今复梦与先生同游，醒后悼念不已，因为忆语，缅怀以往，不自遏其涕泗并流矣！

《东方日报》1940 年 2 月 22 日，署名：唐僧

舅氏病危*【高唐散记】

　　舅氏钱梯丹先生,于二十五日下午,突患心痛病。三日间来势至猛,舅自分必死,愚两日往视疾,舅执吾手,犹勉我为好人。愚大悲,哭不可仰。舅氏年来,中怀郁结,殆未尝有一日放其眉头,病之积也渐,而发之于一旦,遂似不可收拾。群医既感棘手,妗氏且为备后事,愚独以为舅氏不能死也,惟冀医药有灵,使吾舅再活十年,不肖纵无所成,亦当见其子之克传先业。吾母既侍病两日,亦病,母谓:"舅果不幸,则吾独存亦无聊!"其言凄恻,闻之肠断。十年前,舅旅故都,吾母病于乡,舅来书曰:"愿姊伴我至老,毋使我抱无穷之戚也。"愚当时读舅书,大号,今念前言,我泪益不可遏。吾舅痛苦之状,见者咸为心酸。吾母怜吾舅,则曰:"苟病苦而能移人者,愿奋舅氏之痛,分载其身。"吾母吾舅,笃于兄弟之爱,自先外王母死,舅益爱吾母,谓姊犹其母也,病中,呼母曰:"姊乎?怜吾兄弟皆薄命!"言已,吾母放声悲,尽室之人,无不恸绝!愚书至此,已不能不续,舅病尚在极度危境中,当此文传观于读者之日,正复不知何状?嗟夫!读吾报者,几无勿爱待复庐主人之文章矣!读愚文竟,幸代愚致祷曰:"愿主人更张眼十年,此世诚不足活,然主人之死,犹非其时也!"

　　　　　　　　　　《社会日报》1940 年 3 月 1 日,署名:高唐

本报的知己*【怀素楼缀语】

　　在舅父①五十三年的过程中,有一时期他也做过报人,替报纸

---

　　① 编者按:1940 年 3 月 1 日,唐大郎的舅父山华阁主人钱梯丹先生因心脏病辞世。

写过评论,写过诗词和小品文字,不过年代离现在远,还是戴季陶他们,在上海办报的时候,后来就从政,务农,经商,可是文事始终没有中辍过。不过他的著述,不在报上发表而已。

四年前,他在上海做事,其时我正在编辑本刊,我忽然病了,他担忧我的病,不像一两天会起床,他劝我不要动笔,文字不够用他替我写。于是《陇上语》一文,在本刊连载二月有余,以文情之美,为读者所击节。后来他兴到时,又续为本刊及他报写作,然以《陇上语》实破其例。

舅父嗜读稗官家言,旧小说很多被他读得烂熟的,而近人小说,他也爱读。报上连载的小说,每天也有好几篇他要读的。这种"持恒"的精神,我实在没有。而舅父则一向有毅力,有恒心,照理这样的人,应该是克享遐龄的,谁知也不是寿征!

近一两个月来,我每次遇见舅父,他总是与我谈起本报的小说,他爱赏极了,尤其极口称赏的,一篇是桑旦华先生的《无边风月》,一篇是冯若梅先生的《鸿鸾禧》。尤其《鸿鸾禧》,他以为描写的细腻,结构的缜密,文笔的生动,为近代说部所罕觏。他一向也是少所评人的,惟于这两篇小说,他屡次表示钦折,可见桑、冯二先生不是两枝平凡之笔。在几种关系之下,舅父是本报的知玉,大殓的那天,荫先兄也虔诚地去展奠了一番,大概他也深深痛惜着《东方日报》是失了一个知己!

《东方日报》1940 年 3 月 6 日,署名:唐僧

诗里的名词【怀素楼缀语】

记得有一位濮一乘先生做过一百首的《春明百咏》,其中有两

句诗,在从前的北平,几于家讽户诵,连小孩子都会念着的,那两句诗,便是"一辆汽车灯市口,朱三小姐出风头"。我起初听见这两句诗,以为所以成为名句,大概为了"诗以人传"。因为朱三小姐的名气太大了,而濮先生的诗,又是平易通俗,所以大家容易挂在嘴上,永远地纪念着这位与政局有关的交际花朱三小姐。可是我又仔细想了想,以为这两句诗的字面是平易通俗,然而这里有清新的意境,也没有掩没了旧诗的风俗。在诗的立场上讲,濮先生的诗是好诗,绝不是平常打油打醋的东西,所能望其项背的。《春明百咏》,我通篇都看过,好像耐人回味的,也只有这两句,或者我把其余的诗,都没有细细玩索过。写到这里,我又记起了弱冠时,在中国银行任事,那时有一位同事,很有点旧学根柢,诗也做得高明,他的思想,更能不囿于陈腐,我曾经受过他的启发。他一再对我说过,在诗词或者文章里,凡是名词,便不能分雅俗。譬如说现在的电灯,假如做起诗来,因为电灯的字面太俗,而用"银缸",甚至"兰缸"岂不是笑话。又如写夜深,而还用"更漏",写邮信,而用"雁书",举此类推动东西,实在都要不得了。林庚白先生说:吕碧城诗中写北平为长安,也是一病。因为长安两字,唐诗可以用之,唐以后建都之地,不在长安,而唐以后诗人,沿用建都之地为长安,竟一直错误到现在,正因为做旧诗的人,都固执着名词有雅俗之分的迂见!

《东方日报》1940 年 3 月 7 日,署名:唐僧

林庚白论诗 *【高唐散记】

尝见林庚白先生论诗曰:"言宋诗者,称东坡、荆公、山谷、放

翁、后山、宛陵、石湖、诚斋，而忘有刘后村。言清诗者，称竹垞、渔洋、樊榭、仲则、定厂，以迄郑子尹、王闿运、范常世、樊增祥、郑孝胥、陈三立，而忘有江湜。盖中国人士治学，辄以古人为目虾，而自为其水母焉。古人以为大家名家者，亦从而名之，大之，纵或后人所作，突过古人，仅可称其神似某某，未敢遽谓其凌铄往昔作者也。此实为中国学术上进步停滞之总因。以予所见，《后村集》与湜所著《伏敔堂集》，皆奄有唐宋诸家之长，其才力卓绝，意境清新，初不待言，尤能以平易通俗之语入诗，而自然精美，此则雕肝镂肾之唐宋诗所不及也。今之少年，喜旧体诗者，殆必取经于此二君，则新生活与现实之意境，可以恣笔出之矣。"其实庚白之诗，正复才力卓绝，意境清新，亦能以平易通俗之语入诗，而自然精美者也。愚读庚白诗甚多，正复爱其诗之以现实意境，能恣笔出之。观其上述之言，则庚白之诗，殆甚得力于二君者。愚读书不多，习为诗，草率不足观，第绝佩庚白论诗，因拟取《后村集》与《伏敔堂集》读之，读者亦有能为愚介绍此两著者乎？企盼曷极！

《社会日报》1940 年 3 月 8 日，署名：高唐

却怜此笔耐相思*【大郎近句】

刘婆录《定依阁诗选存三十五首》既成，予用绛笔为加圈点，又得此诗。

> 写成当时卅首诗，和他眼泪与焉支。
> 已求唐氏三年艾，安鉴刘王一念痴。
> 早识欢场无好女，却怜此笔耐相思。

江南三月春如海，留取闲情故纸知。

《社会日报》1940 年 3 月 24 日，未署名

《罗宾汉》* 【高唐散记】

海上戏剧刊物中，惟《罗宾汉》有独特之风格，而撰述诸君之笔调，更不流于恒俗。朱瘦竹先生为一枝绝笔，钦迟已久，其他诸君，尤能以常言俗语缀为绝妙文章者，是真所谓"信手拈来"矣！顾福棠设宴之次日，《罗宾汉》刊登一文，标其题曰："袁履登点中吃顾福棠"，其下文字，开头两句曰："袁履登老伯伯，看得起名票顾福棠……"愚读之辄拍案叫绝，是即所谓以常言俗语，缀为绝妙好词者也。试觇其语气，于袁履登之地位，绝不铺张，而顾福棠三字，以此自显，若老伯伯称呼，口吻之亲昵，亦力示后辈谦恭之状，良可爱也。从知文章之美，真不在雕凿，断断于词藻之典丽者，无论如何，必是下乘。福棠之宴，愚亦有一文纪其事，题其文曰："顾楼消夜记"，鸳蝴遗毒，尽蕴其中，较"袁履登点中吃顾福棠"，字面之淳朴，真觉"顾楼消夜"云者，盖越雅越臭矣！忆前年夏，我人日走时代剧场，一夕，与海生约，同往听歌，愚阻以他事，不克往，海生于《罗宾汉》上，载一文曰：《唐大郎时代剧场撒烂污》，记愚之有约不来也。此题为培林见之，恒引为笑话，培林盖未尝悟《罗宾汉》之一贯风格，而此风格，为独特而不流恒俗者也！

《社会日报》1940 年 3 月 26 日，署名：高唐

谈诗*【高唐散记】

　　尝忆孙子潇有诗云:"物但关情皆可爱,事真入手不嫌迟。"真道着我近一年来心事。近人薄《疑雨集》,然《疑雨集》何尝无佳唱,愚爱其零句云:"暂依泥水潜奇士,别置山堂望美人。""载酒船乘春涨活,踏歌人喜夜寒轻。""但有玉人长照恨,更无尘事暂经心。""几度扇遮当面笑,可应灯照下帏羞。""浮世本无堪喜愠,高人未易可亲疏。"无不可念。

　　杜樊川有"高人以饮为忙事,浮世除诗尽强名"。而黄山谷亦云:"与世浮沉惟酒可,随时忧乐以诗鸣。"各言诗酒,而各人状各人心事,小杜之洒脱,庭坚之艰涩,一望了然!

　　元稹律诗有极美者,如:"自言行乐朝朝是,岂料浮生渐渐忙。""斗柄未回犹带闰,江痕潜上已成春。"又如:"些些风景闲犹在,事事颠狂老渐无。"而读诗人必以微之遣悲怀三首,始足传诵者,不知是何心理!

　　李义山有"重吟细把真无奈,已落犹开未放愁"。愚从前往往与杜工部之"细草留连侵坐软,残花怅望近人开"对照读之,乃悟义山诗才,自非冬郎能及。

《社会日报》1940 年 4 月 14 日,署名:高唐

《禅真后史》*【高唐散记】

　　殷正为君,贻愚《禅真后史》一部,装印甚美,有马迹山农之言曰:《禅真后史》共八册,六十回,明崇祯木刻精本,列清禁书目,近世罕觏,珍贵异常。为某收藏家所有,既与物主商得同意,特就中

摘其尤精彩者抄录七回。自四九至五五，奇文古者体，妙到毫颠，不自隐秘，谨以赠奉同好。此册之成，虽费时两月，不过癖嗜之勤耳，愿得奇文同赏，倘相视以侩，则失之矣。"愚昨夜排灯读之竟，别以为行文于古体中尤别饶妙绪，如写来金吾之群姬与稽西化私，劳氏之议其夫来金吾云："俗言说得好，若依佛法，便当饿杀！若依官法，便行打杀。比如我与老来，果系结发之情，一夫一妇，若做这般勾当，人心上怎么去得？请瞧一个腌不滥的老子，占下几座肉屏之风，你想大旱之天，洒这数点雨，滋扶的几茎禾稻？若非车水接应，立见枯槁成灰。正为'遇饮酒时须饮酒，得风流处且风流'。若徒胶柱鼓瑟，转眼白骨黄沙。只是那千度灵犀，胜似官居一品。"叙怨妇放荡之言，如睹真人，而语意之奇，令人失笑。此书又多"有诗为证"，诗亦奇隽，如云："一段幽情两下通，等闲奇会此宵中。群姬不是心无妒，为结花营免露风。"又云："怨女深居欲似燃，抱衾长恨夜如年。倚屏慢觑通宵乐，俯首含颦只自怜。"

《社会日报》1940 年 4 月 23 日，署名：高唐

包蝶仙诗挽陈蝶仙【怀素楼缀语】

杭州陈蝶仙先生，与吴兴包蝶仙先生，皆以诗画名于世，又各有子名小蝶，其巧合如此，亦艺林之佳话矣。予先后友两小蝶，自栩园先生丧后，包小蝶兄，乃以其尊人之挽诗示予，题曰：陈栩园老友，遽归道山，哀之以诗，藉写心曲，不计工拙也。

回忆西泠弱冠交，翩翩栩栩每相嘲。
君兴实业初基立，萃利文房万象包。

最初君创设萃利公司于武林。

　　先生雅号与吾同，各有前因岂偶逢。
　　一笑开樽论诗画，夕阳红半小楼中。

君与予生时，均有来蝶之征，君有《夕阳红半楼》诗集。

　　蝴蝶乘时款款飞，餐霞吸露秀而肥。
　　家庭工业丰宏绩，不朽经营世所稀。

君在沪创家庭工业社，首以蝴蝶牙粉为发祥之始。

　　避兵歇浦又相亲，谈笑弥酣酒数巡。
　　太息时艰应互卫，那堪絮絮话前尘。

去岁毋获饮宴之乐。

　　无端小别半年余，惊悉玄神上太虚。
　　纠得罗浮境消静，蕊宫花苑意如如。

最近三五月间，予以伶事所牵，疏于访候。

　　曾经有约共壶觞，属与儿曹聚一堂。
　　炊演合成双小蝶，惜今韵事未能偿。

君之哲嗣名曰小蝶，予之长男亦名小蝶。陈小蝶擅长小生，包小蝶素习青衣，君欲渠等合演平剧，藉成韵事。

香花一鞠泪沾襟，从此元龙绝唱吟。

竞秀芝兰承厚泽，写心聊以志哀忱。

君之文郎暨女公子，咸为艺术名家，清芬有写矣。

《东方日报》1940 年 5 月 3 日，署名：唐僧

率真之言谈书法*【高唐散记】

在吉祥寺，厅中悬粪翁一联，词云："此处获瞻圆妙相，到来俱是吉祥人。"翁注谓尝于某年月日，睹梅调鼎先生此联，因追摹其书，以贻雪悟和尚。翁常论梅先生之书，落笔皆软，而柔美无匹，翁复自逊此联不能似梅先生万一。愚造厕简楼，见翁家有梅先生一联，辄诧曰："梅书如账房先生之手笔，稚弱乃无可取。"翁乃为愚伸述其工力之厚，而运化之奇，愚故俗物，不能识此中奥微也。翁联之旁，为铁公所书。铁公之字，方摹寒云，遂不美。愚常谓寒云之书，不可学，学之者非浮薄即贫乏，用功如逸芬亦何尝得乃师神髓？铁公益勿类。近顷逸芬夫人来沪上，携逸芬手札。夫人谓逸芬平居无事，辄致力于临池。读逸芬书，则书法渐渐叛其师，而妙境自见。愚意浩然前辈，应以逸芬书告铁公，使其不必致苦力于临摹一家。寒云聪明绝顶，逸芬与铁公，皆无其天分。譬如唱戏之学麒，昔日之逸芬，有类中原，铁公并此勿如，尚可学邪？率直之言，惟公宥我。

《社会日报》1940 年 6 月 15 日，未署名

关于文章的新旧界限 *【高唐散记】

以新文学写剧评,始自醉芳,麒艺之赖醉芳笔下传述者,至多且广,醉芳后署桑弧,为吾报写作亦富。继醉芳之后,乃得阿汉。阿汉之运用新名词,视醉芳尤夸张,读者嫌其卖弄,谓不如醉芳之委婉自然也。愚未尝涉猎新文艺,顾于行文技巧之优窳,自能辨识。昨见阿汉一文,谓:"某小姐容颜的美丽,演技的洗练,套一句老话,真所谓'色艺双绝'……"觇其语气,似色艺双绝四字,不可以入之于全篇搬用新名词之文章中,故须特地声明,此四字为老话,而用括弧括出之。窃以为文章新旧界限,初不在此,若囿于此见,纵尽力铺张,必非文章好手。

《带经堂诗话》论张继诗云:"姑苏城外寒山寺,夜半钟声到客船。"谓张诗之好,好在为姑苏,好在为寒山寺,若为南京城外报恩寺者,则恶札矣,其迂执终为后世通人所诟病,此事虽不必与阿汉并为一论,然于文章见解之不甚高明,则亦等是。病中读报纸甚勤,用述感想,与阿汉言之,倘不罪我,若谓我如老凤之好求疵,则不像自家人矣!

《社会日报》1940 年 6 月 17 日,未署名

纯正的《孔夫子》*【怀素楼缀语】

费穆先生为民华影业公司导演的《孔夫子》影片,现在已经全部告竣了,不久将在本埠献映。他们想留一点纪念,所以要为《孔夫子》发行一册专辑,在十几日以前我接到费先生与金章二先生合署的一封信,是要我为这本册子写一篇文章的,他们说:"叫我对孔

夫子影片的摄制发纾一点感想，或者就孔夫子的史迹上，写上一些意见。"我是老老实实的，这种文章实在写不来。小时候读过《论语》之后到现在老早忘得干干净净，当时根本没有留心孔夫子的为人，后来更不想研究孔夫子的何以称为圣人。到得目下，造成我一副流氓不像流氓，读书人不像读书人的一块料，更不好意思，老着面皮，说我是孔圣人的门徒，所以我要了解孔夫子，还要我看了费先生的《孔夫子》之后，现在却一个字也下不了笔。费先生知我很深，一定会相信我的话，不是客气！

费穆先生，终是中国电影从业员中一位有心人。他忠于艺术，在上海电影事业弄成这副面目的时候，费先生却独自完成了一部《孔夫子》，就剧本题材看来，"纯正"两个字，至少说得上的，我在无以报老友此命之后，这两句话，得向上海的电影观众，恺切声明的。

《东方日报》1940 年 7 月 25 日，署名：唐僧

私人印行之诗集*【高唐散记】

松江顾尽缘君，近以其诗稿寄来，颜曰："雪爪水影录"。高吹万先生为之题眉，可以为兹册光者，惟此而已！脱稿之日，似远在若干年前，顾君今始见寄，并附近作，为自题小影之五律一章，又作者别署曰："梨魂后身"，观此可以想见顾君诗文，鸳蝴气息之重。册中尚有徐枕霞之题咏，枕霞病化已久，又可见此册之问世，历时亦非短矣。云间才士，惟沈瘦狂先生，愚所倾折，册中独不见瘦狂一诗，为之惘惘。近年来见私人印行之诗集，真无可称美者，而泰半病其酸也。能诗之士，一入酸，便取人厌，顾君亦不能免是例。枕霞于题诗中之第一章云："君家有个顾炎武，老耄才成一编书。

欲出风头趁年少，强爷胜祖语非虚。"枕霞一生，诗文都不足称，诗尤为恶札，独此二十八字，乃有皮里阳秋之妙，要可爱也。

《社会日报》1940 年 8 月 17 日，未署名

王春翠擅文才*【狼虎集】

> 花园坊住王春翠，搭仔先生曹聚仁。
> 往往丰才都啬貌，何尝浓艳称夫人？

本刊之《学府春光》近写曹聚仁与王春翠之恋爱史，写王为容姿曼妙之女郎。其实予尝过聚仁之家，亦曾见曹夫人。夫人擅文才，啬于貌，若谓夫人为绝色者，夸张过甚矣！

《东方日报》1940 年 9 月 18 日，署名：大郎

康又华说书*【怀素楼缀语】

眉子先生，于《秦淮红泪录》中，述扬人说书之康又华，气度既不恶，艺复可爱。按康曾一度来沪上，献艺于罗春阁，友人有为又华捧场者，尝印一特辑，索文及予，顾予始终未见其人也。读眉子之文，转使予对其人向往。一昨，灵犀亦有关于又华之记述，谓曾见又华开讲于爱多亚路之陋巷中，旋往觅之，则又不见。予尝驱车过卡德路，在小菜场之邻，亦一陋巷，夜深见巷外悬灯，灯下有朱地之牌，则为又华讲书之海报也。因驰书告灵犀，拟约眉子、小洛于

晚饭以后,同访此落魄艺人,话前尘往事,料有低回不尽者矣。

一夜,童芷苓演《纺棉花》,予适以事抵电话与兰亭,兰亭欲请我看《纺棉花》。时方微雨,而人力车夫,又个个当大丈夫得意之秋,因戏谓兰亭曰:纵不要买戏券,然来回车资,恐亦与券价相等矣。兰亭则谓:兄果肯来,我将以车速驾。所谓来回接送,不足,犹可以管吃管住也。兰亭笃于友谊,性极纯厚,与之交浅者,辄谓其人手腕玲珑,又以好为谐谑,视之犹戏台上之丑角。其实皆猜测其人也,譬如以接我看戏事言之,其待人之诚恳可见。

《东方日报》1940 年 10 月 1 日,署名:唐僧

粪翁遵尘无遗志*【怀素楼缀语】

施叔范先生,既自沪返乡,舟中遇盗,随身衣物,洗劫俱空。有乡人来,为老铁白叔范近况,惟叔范则绝无只字慰故人也。叔范在沪时,予尝代友人丐其作便面二,初以为匆匆归去,不及动笔矣。昨忽由粪翁转来,凡两件,一为予所代求,一则叔范书以遗我者也,大喜。扇皆录其近作,为绝句六章,殆为邓家庭院之植竹咏者,清灵婉丽,讵有抗手? 文友中以诗鸣者勿多,惟叔范之造诣特高,其值得拜服者,亦唯叔范一人耳。

粪翁为尘无集遗作,得诗九十余首,《吞声小记》二万余千字,以此付梓,亦有一厚帙矣。诗经叔范、禹钟校定。粪翁拟从九十余章中,更删去二三十首,存者不过六七十首。尘无生前,尝告粪翁谓,与其多而滥,不如少而精,粪翁之所以更欲删去者,即遵尘无遗志也。此集为禹钟先生作序,翁则为其题跋,而命不佞亦致一言,亡友固厚我,我固不能靳我言,兴念至此,不待命予而已腹痛

神伤矣。

访粪翁于厕简楼，方埋首刻金石，谢事以后，此公即以绝艺为养命之源，其清苦可知也。翁谓白蕉久不见，亦不知其行踪，近况何如？令人念念。

《东方日报》1940 年 11 月 22 日，署名：唐僧

小型报不能太严肃化 * 【怀素楼缀语】

最近有许多人谈小型报严肃化问题，甚为起劲，以至于大家动起肝火，入于所谓论争状态。我个人的观察，认为这是多事。我始终认为小型报不能太严肃化，小型报的立场，应该有它独特的风格，固然不能下下烂，专门登些海淫海盗的稿子去贻害社会，却也不能永远扮起了正经面孔，像大报一样，只是报导一些新闻与知识与读者而已。

我对于近年小型报的批评，自己也觉以为都不长进。我之所谓不长进，不是说小型报的不能如几家洋商报的立场前进，而是说小型报没有从前那样的讨人欢喜。因为我自己有一个牢不可破的成见，以为最好的小型报是要多登新闻，而这些新闻都是珍秘的，不是大报所有的。试看近年来，哪一张小型报能称我心，而有似我所说的？有一家报纸，要我写些文字，我便时常供给他们一些珍秘的消息，然而编者却不同我的旨趣，将这种新闻稿不是留而不发，便是拿它凑字数，往往被排字房因字多而挤去，我才知道"同我"的人，现在是少了。

我不反对风冶的文字，自己也是喜欢写些风冶文字的一个人。不过不能太"恶形"，这类事如果写得穷形极相，也不好看，这等于

参观"老枪阿荣"表演,秽亵且秽亵了,究有何味!

《东方日报》1940 年 11 月 27 日,署名:唐僧

1941 年

洪浅哉先生【定依阁余墨】

　　洪深先生合家自杀的消息腾播上海之后,友好都为之震惊。洪先生也是我的老友了,我读了重庆的电报,使我怎样也想不出洪先生为什么要服毒,还率领举家的人同时服毒?

　　有人猜测洪先生的自杀,是厄于穷困。他是根据前几时重庆举行某项放款时,第一个去借款的是洪先生,因此知道洪先生在渝的处境,是不甚裕如。但我终不相信洪先生自杀的原因,仅仅为此。他虽然不同应云卫、欧阳予倩诸兄的旷达,可也不是一个十分褊急的人,若是为了穷,便要自杀,那是庸夫俗子所为,也不成其为艺术家的洪深先生了!

《小说日报》1941 年 2 月 10 日,署名:刘郎

知止老人丁健行 *【高唐散记】

　　以经商健手,而性耽文墨者,得两人,一为有竹居主人陈子彝

先生，一则知止老人丁健行先生也。愚识子彝而不识健行，健行两公子，翔熊攻法律，翔华亦笃嗜风雅，年前病殁海上，翔熊集其遗作，成《蜗牛集》一册，所以纪念艺人也。近顷，健行先生，丐画家成尺页，复邀名流题咏。既竟，投一书与《新闻报》之讷厂，先生自称为"晚"，先生以五六十人，而谦恭若此，想见前辈之虚怀盛德，令人钦服。惟以恒例推之，先生而犹晚者，若我辈三十许人，将何以自命？其用一"夜"字乎？我而为"夜"，则沈琪之流，才逾弱冠，其为"深夜"无疑矣。一笑。

黄金之小生储金鹏，两目距鼻梁甚遥阔，目又奇小，脸窄，愚乃发现此人扮相，绝似小生(此两字系愚自称)。愚昔日登台，扮戏既竟，亦尝视镜里容颜，仿佛今见之金鹏，语之闺中人，亦为失笑。晚蘋囊言，人必自悦其容，且悦他人与己貌相似者，愚与金鹏果无恶感，岂真基此说邪？

《社会日报》1941 年 2 月 24 日，未署名

小女之殇*【狼虎集】

> 庄谐一例出真诚，此死分明不算轻。
> 儿去更休悲命短，绝怜老友太多情。

小女之殇，老友之赐以唁词者甚众，如啼红、蝶衣、宁汉、有竹居主人、其三、灵犀、孝鲁诸兄，尚有木笔子、唐突二君，不知为何人？其词虽涉谐谑，意亦可感，统此志谢。

《东方日报》1941 年 4 月 16 日，署名：大郎

"粗豪"之美【定依阁余墨】

我曾经说杜甫的那一首《少年行》,在杜诗中不是一首"经意之作",而如程希远先生所谓"荒率之笔"。一方与灵犀二兄的见解,却以为工部此诗描写入情,好在"粗豪"上。其实如果说少陵此诗,形容马上少年的粗豪气概,入木三分,我可以不必同灵犀抬杠。无如灵犀所说,少陵此诗,也好在"粗豪"上面,那么真所谓"仁智之见,各自不同"了。以我看来,就诗论诗,少陵的《少年行》,实在没有粗豪之美,但觉其"荒率"得可笑。诗之风格,以豪放胜者,不是老杜,是小杜,如:"尘世难逢开口笑,菊花须插满头归。"老杜一辈子没有过这种吐属,这才是所谓粗豪之美。我记得没有批评过《少年行》一诗本身的粗豪,我更识得粗豪有粗豪的好处,所以灵犀说我以工部此诗,粗豪为病,大概是灵犀记错了的。

《小说日报》1941 年 5 月 16 日,署名:刘郎

陈小翠绘仕女 *【狼虎集】

偶为挥洒总无伦,此亦金闺国士身。
记得"粪墙"调色好,秋江归去卖鲤人。

尝于粪翁墙上,见陈小翠仕女一幅,着一丽人,持鱼筐,步于江岸上,其旁红叶一树,调色之美,叹为无伦。近闻小翠将偕顾飞、谢月眉、冯文凤诸女士,举行书画展于大新,作品凡三百余件,日期自二十六日至六月一日止云。

《东方日报》1941 年 5 月 23 日,署名:大郎

拜访粪翁 *【怀素楼缀语】

昨天去拜访粪翁,一进门,有一个童子,坐在一张小椅上,地下放着一只挺大的砚池,另外有一架机器,载着四锭大墨,童子便在摇动这只机器,墨在砚池中磨转,我才知道这是磨墨机,生平还是第一次看见,可知我是不大和书家们亲近的了。磨墨可以用机器,写字却无法用机器,如果我们每天把胡诌的文字,也从机器出来,那么我一定还要比现在来得消闲。

从粪翁那里出来,去看洛洛神相,相府上回说已出门,打电话到店里,也没有找到。我们知道神相现在是昧爽即兴,莳花养鸟,以怡情悦性。及至晚上我才同他通着一个电话,原来一下半天,寻不到他的原因,他是在弄罢了两只脚的鸟又去白相四条腿的狗。神相平时,没有嗜好,茄力克也可以戒得掉,惟有犬马之好,却无从摆脱,刘半农所谓"不能忘情,天所赋也",人本来要性耽着一样两样癖好的。

《东方日报》1941 年 5 月 27 日,未署名

扬州梦【定依阁余墨】

《扬州梦》为荀慧生新剧之一,据海报演述,则记杜司勋之艳迹者也。司勋诗有:"十年一觉扬州梦,赢得青楼薄幸名",为脍炙人口之作。然其本事,固无从究诘。此剧乃不知出何人手笔?意者,殆为舒舍予君所贡献,白党诸君,舒君似籍隶江都,以扬州人而作《扬州梦》,或自有其所源欤?按杜樊川诗,有一首乃有人为之考证者,则为"自恨寻芳去较迟,不须惆怅怨芳时。狂风落尽深红色,绿叶成阴子满枝"。故愚以为慧生与其演《扬州梦》,犹不如根据此

诗,似崔护之人间桃花,衍为短剧,未尝非旖旎风光也。司勋一角,不知由何人饰演? 此角大难,在我理想中之杜司勋,当代伶工,未必有人能状其个性。生平爱樊川诗若命,若舞台上之小杜,如瘪紧喉咙之小生,则大难看矣。

《小说日报》1941 年 6 月 1 日,署名:刘郎

卖扇 *【狼虎集】

> 又想今年卖扇载,要钱不复怕坍台。
> 千金一页原非贵,阿有上门主顾来?

予年年想卖扇,去年尤一本正经,粪翁且为予作《鬻扇小启》,顾终未成行。今又转此念头,即日起登揩油广告,一扇之价为十金,非轧若干朋友之台型,特想多卖两钱,少写两把耳。此情想为知我者谅也。

《东方日报》1941 年 6 月 4 日,署名:大郎

二游兆丰公园 *【律诗二首】

春欲残时,曾一游兆丰花园。又一月,为重五后一日,瓢庵、翼华复相约同往,得二律句,即寄笠诗:

> 青青林树接高雯,强遣形骸伺夕曛。

病懒既恒身欲废，交情弥重步能勤。
愿分邻屋三间住，更说花田十亩耘。
此望非奢天亦吝，遂无余事可言君。

枫繁松劲渐无春，弥望风尘罔苦辛。
遥想湖山真有味，可怜诗笔不能伸。
谁言此是相思地？我复何尝独善身！
昔日好花今亦老，归来休谓绮罗人。

《社会日报》1941 年 6 月 8 日，署名：大郎

选袁子才诗　题《翠楼集》【定依阁余墨】

后人论袁子才诗者，毁誉颇不一致，近读名山老人诗集，其中有选袁子才诗一律云："闲把袁诗校一过，好消烦暑好清歌。果然福慧人间少，太觉公卿纸上多。才如乐天尤近俗，品同潇碧漫操戈。西湖不住金陵住，未识当年意若何？"诗代表作者之风格与思想，最不可掩饰，老人以子才拟乐天，殊未称，乐天诗境清远，子才句中，不能得只字，此诗末二句大奇，惜不获知老人作于何时耳。

陈小翠女士，近以绘扇赠予。小翠不第画佳，诗亦绝美，名山老人亦有《题〈翠楼集〉》二绝句："定厂死后无奇句，不道闺中有嗣音。老子目光高一世，连朝击节翠楼吟。""少陵粗豪昌谷险，利病有时不相掩。从古文章要细论，劝君莫放如天胆。"

《小说日报》1941 年 6 月 11 日，署名：刘郎

得灵犀书 *【高唐散记】

一日,得灵犀书,书为庄楷,遒而媚,疑非出灵犀腕底,而以为此儿好弄,倩当世之所谓金闺国士者,为其记室矣。顾书中有言:"夜间多闲,惟读经写字耳。"故复悟此儿自有心胸,今日之孜孜矻矻者,其所造已若是可观矣。生平得灵犀书无算,其字无不如蚓屈,独开斯缄,遂豁双眉,不禁为之歆服。我鬻扇之始,灵犀以此见示,得勿为一种威胁,若告我曰:"汝书而可以取人钱,我则如何?"其实朋友之书,固无不胜于我,如一方、涤夷且然,啼红无论矣。今不图灵犀亦轶我而上,始知愚今日独张卖字之例,信为无耻之尤,真无以对捧场诸老也!近日病不已,寒热时作,四体俱疲,委件且不获遽奉,尤为惶惭。北窗偃卧,读名山老人诗,滋可喜。此老诗不以工力胜,亦不以僻字涩句,矜其渊雅,亦能懂名词无雅俗之别。此在六十以外之长者,有此见解,殊不可觏,执经问字,我亦甘之。

《社会日报》1941 年 6 月 14 日,未署名

陆小曼鬻画 *【怀素楼缀语】

陆小曼女士,最近又在报上登着广告,卖起她的丹青法绘来了。这也不用讳言的,小曼在今日之下的卖画,是为了钱。如果她并不迫于生计,她真不肯定润例以广招徕呢?在十六七年前,我就看见过她,那时小曼正是像花一般的人儿,好像连徐志摩还没有嫁娶哩,要用鸳鸯蝴蝶派的笔调来形容小曼之美,可以说是"鬓云眉月,柔媚若无骨"。可是十几年以后,等我重见她时,她却已经成了未亡人,而又再醮与翁瑞午了。现在是面黄如腊,骨瘦于柴,花已

委地,自然枯萎得不成模样了。可是她那一份惊才绝艳,自然不会因了她人的走样而泯灭掉的,天赋她的绝顶聪明,而各种艺术上的修养,现在的所谓金闺国士队里谁也不能望其背项。她的画,我是外行,不能瞎吹,不过由识家批评起来,都说在水准以上。所以无论如何,小曼总是绝代佳人,也是一代才人,她的作品,值得去罗致一点的。她也不认识我,我的替她宣传,都是由衷而发。我假使有闲情和用钱的话,至少一幅立轴,求她写了。

《东方日报》1941 年 6 月 18 日,署名:唐僧

陈小翠赠画 *【狼虎集】

> 双柑斗酒听黄鹂,画是陈家小翠遗。
> 信有闺中才调绝,丹青以外况能诗。

陈小翠女士,以便面惠贻,绘《双柑斗酒听黄鹂》图,由灵犀转来,谨此志谢。

《东方日报》1941 年 6 月 29 日,署名:大郎

文章自是儒修业【定依阁余墨】

某一次遇到沈禹钟先生,他总是问我,近来有诗吗?你可以多做一点。我深感沈先生于我的关切,同时心里也很愉快。沈先生是赋性腼挚的一位文坛宿将,他不如旁人对我的诗,说些一味过誉

的话。而在他殷殷垂问里,可知他认为我的做诗,不致没有造就的。譬如有位朋友,他曾经对我说:某先生见你的诗,钦服备至,他预备把你诗稿付梓,一切费用,都归他负责。这样虽然也是奖励之意,然而终嫌得过分了一点。小时看上海的报纸杂志上的许多著作者,只觉沈禹钟先生的文章第一。当时同沈先生齐名,甚多甚多,然而除了范烟桥先生差可比拟外,其余的那一位不是芜乱得教人不堪寓目。到现在,终于认识了沈先生在文学上的造诣,是颠扑不破的。有竹居主人说得好:"文章自是儒修业,不许庸愚占上头。"三复斯言,真是定论。

《小说日报》1941 年 6 月 30 日,署名:刘郎

夜雨不眠【定依阁近诗】

> 非缘病废始恹恹,跋足南窗听雨眠。
> 遥夜每无明月共,高名宜待好诗传。
> 退耕陇亩真殊勇,忍饿须臾亦已贤。
> 少日丛忧删未尽,故教憔悴在中年。

《社会日报》1941 年 7 月 2 日,署名:刘郎

有竹居主人谈诗＊【怀素楼缀语】

有竹居主人,读了我一首近诗,他写一封信给我,谈了许多关于作诗的话。他说他以为律诗的两联,对仗不必过于工整,一工整

便易涉呆板,因此举了个例,说从前他做过一首《渔家乐》的律句,腹联是:"生涯短艇闲横篾,灯火孤村懒上蓬。"这首诗,给一位老翰林看见了,拉起笔来把生涯两字,改为瓜皮两字。工整固然是工整了,然而意味既至减少,又涉了呆滞。所以主人后来的定稿,还是自作主张,依旧用了生涯两字。主人又说:从前科名中人,只知道做到五言八韵、四平八稳的试帖诗,其他什么意境都不讲求。他又说最近他和过一首灵犀四十初度原唱的诗(此诗将见《万象》月刊第二期),自以为工稳无疵,然而一读即完,绝无余味,故近又有《咏蝉》二句云:"抱得一枝咽风露,爱他弦外有清音。"因而觉悟到做诗而无弦外余音,那就不是什么佳作了。有竹居主人对于做诗见解的透辟,在这一封信里,都可以看得出来。关于律诗对仗的话,大概因为看了我的"退耕陇亩真殊勇,忍饿须臾亦已贤"而发的,但我实不承认,我是取巧,而只惭愧我的工力不够。

激流剧社拟演魏如晦之旧作《不夜城》,并已派定演员名单,而请黄河担任导演。但魏如晦获到此消息后,颇表不满,因其对《不夜城》一剧,认为最失败之一部作品。前青岛剧社演出后,魏即不愿任何剧团重演,今番激流事先既未获得作者同意,因此特向激流交涉,请求放弃排演,闻激流已允所请,改演他剧云。

《东方日报》1941 年 7 月 4 日,未署名

定山居士谈诗＊【高唐散记】

近遘定山居士陈蝶野先生于席上,闻居士谈诗,居士固以此自矜者,薄苏黄而尊杜。近年以来,愚既屡闻有人轻宋诗矣,究其故,则谓不逮唐耳。迁执至此,要非论学宜有之态度,是姑勿言。居士

复谓尝于定山讲座，为诸生论工部之《秋兴八首》，自傍晚七时，至深夜二时，倦矣，而诸生尤请续勿辍，居士固引为得意。愚则以为论诗若此，无乃太苦？微论欣赏杜诗，不消如此吃力，即从《秋兴八首》，而加以种种探索，亦何必费偌大工夫？居士固言，文章与诗，为今人所赏爱者，其流传必不远，与前人之"五百年后论自公"一语相吻合，乃人诚勿喜定山诗，意定山之诗，垂他年之不朽必矣！愚少日亦自负才气，曾寄友句曰："孰意能诗如我者，竟难写出报君知。"至今日辄怪当时狂悖，抚躬清夜，羞愤无穷，今忽闻定山居士白于众座间曰："我自谂所作，轶坡公而上矣。"始又舌结胆落，方知我昔日狂言，犹有未盈其量者耳。

《社会日报》1941 年 7 月 6 日，未署名

宋玉狸约稿＊【怀素楼缀语】

玉狸词人昨天写一封信给我，他说：大陆报馆董事顾善昌先生，要发行一种月刊，定名"情报"，坚请词人主持大事。在沪出版，在港编辑，内容以不谈政治，不谈嫖经（跳舞可谈）为原则。专谈娱乐戏剧，饮食男女，家庭交际诸项，笔调以轻松生趣为之。此一部分大约以白话文为骨干，但玉狸为提倡旧文学精神起见，特辟一园地，专载诗歌散文，身边笔记。此一栏便要请上海几位文友，如灵犀、粪翁、錬霞、蝶衣诸先生挥如椽之笔。又据说此册又限销于沪港，南洋美洲各地，亦将设法推销云云。玉狸此信，是叫我替他向上述诸君拉稿。他极为钦服粪翁的小品诗文，但他并不认识厕简楼主人，而其余几位，有的因不知通讯处，大概灵犀那里，他是专诚有一封信的。不过据我所知，蝶衣兄自可从命；錬霞兄据说病得进了医院，暂时未必能为效

劳;至于粪翁,看来要我自己走一趟。写小品文章,不请梯公,不请桑弧,来请教我这个宿货,词人未免选非其人。又词人托我写的扇页,及润例,前者已写好,后者已用掉,看见你写给乔云的信上,有朋友"帮忙"字样,非常难听,此番扇面写得不好,即此故也,下次应该说"捧场"。

《东方日报》1941 年 7 月 18 日,未署名

錬霞喜予诗*【高唐散记】

近时报纸,作打油诗者,七个字一句,凑四句,既不讲平仄,亦不限一韵。愚于作诗,本以为十一真非不可以入十二支,九青十蒸非不以入八庚者。既称打油诗,以风趣为最要,顾报纸所载,一无是处,惟某舞刊往往多佳作,读之辄引人绝倒。其诗不称打油集,而称"眼药诗",又称"臭药诗"。作者对于拖车,每好施以恶谑,今记两首,第一首为《送郎》,云:"送郎送到火车站,照片看见交交关。有张照片像郎面,幸亏巡捕近视眼。"又一首《无题》云:"龙拖同进红庙弄,拖车草帽抛顶宫。一看却是自家人,七八年前小弟兄。"趣味诚是不以言高级,然若放入江笑笑嘴里,吟哦出来,必有人拍手称为冷隽矣。

丁先生招宴之日,晤周錬霞女士,谓尝见愚为人书手册,写近诗,有"故惜春泥放步迟"一句,至今犹能诵之。会乔云有友嘱我书便面,辄书此诗报之。乔云之友,固盛称錬霞之才华者,则此诗当亦为其人所喜。昔某夫人咏柳诗云:"莫向长亭争折取,浓荫留与往来人。"袁简斋谓是慈重覆物之思,今錬霞之能念予此诗,得毋类是,蛾眉之所以异于须眉者亦在是耳。

《社会日报》1941 年 7 月 20 日,未署名

写扇页*【怀素楼缀语】

在宴会上看见谢豹兄替人家写的扇页，无论他书法的精致，即用的笔墨，也都十分讲究，这样才不愧收人家一笔润资，像我的草率从事，也要受索件者的钱财，未免内疚于心。据谢兄说：他替人家写扇，极其忠谨，写得稍为有点不惬意，便废弃不用。所以他的字，的确颇费工夫，自然是值钱的东西。我是随便得多，不过随便是随便，还有人议论我不大"随便"。一天，碰着李祖夔先生，他就很老实的说，你何必写得拘束呢？正不妨乱来一气，李先生的意思，是说我既然书法没有工力，极应该写得更草率些，倒可以藏拙。

在《万象》开始征稿的时候，蝶衣兄同一位新作家商谈，新作家问蝶衣道，你预备印多少，蝶衣说至少三千。此人大摇厥首，窃期期以为不可的说道：打一个八折之外，还要防批销处退下来。及此《万象》第一期五千册销尽之后，蝶衣写封信给那位新作家，说我们又在再版五千册了。蝶衣认为是"得意之作"，而他近来的兴奋，也可想而知。

著是同着，我曾经在本篇内有过一番辨正，现在我们不谈着字是俗字雅字，我自己的供状是我写著字，是写惯手了，着字却不惯，所以写到此字，总是写"著"。

《东方日报》1941 年 7 月 24 日，未署名

刻薄坊【定依阁余墨】

一日，梯公、瓢庵设宴，席上有人述及若干年前，大郎书作一长

篇小说曰：《刻薄坊》。其时大郎初作报人，亦初写长篇，全书历一年之久，以文笔奇艳，故传诵一时，顾又足以言小说本身之价值也。或谓刻薄坊实有所指，殆为巨籁达路之存厚坊。存厚坊之业主则为李慕青也。李尝官于鄂中，暴征苛敛，民怨沸腾，旋为监察院弹劾，遂罢职，来海上营巨宅。大郎所述，则为恶吏之纵横，及其家庭之不宁状态。闻李为大郎乡人，大郎否认之，时李阅报，尝诉于某闻人，某闻人遣人至报馆，一言不合，各出恶声，李始知无可奈何。今闻李又在渝中，料其做官之梦未醒，然此人劣迹久彰，岂政府已蠲弃前嫌，犹重用之邪！近年以来，大郎不为"风化"之文，往年所著亦多，《刻薄坊》达万余言，其大观耳！

《小说日报》1941 年 7 月 29 日，署名：刘郎

移风社解散 *【狼虎集】

> 门前望见阿爷归，车上箱笼贮戏衣。
> 走进门来摇首道："忍饥又要率群飞。"

信芳之移风社，突然解散，公告之日，予与信芳倚卡尔登之凉台上，见班底纷纷载其衣箱归去，信芳谓：从此一百根烟囱，将暂时停火，五百个人，将暂时忍饿矣。言已凄然！

《东方日报》1941 年 8 月 1 日，署名：大郎

芦粟

记得家园苗秀苗，亭亭芦粟作长条。

而今来自兵烽里，此节偏能特地高！

当此时日，故乡田园内，有玉蜀黍，有芦粟，胥为消暑之妙品，予十年来不获享此乐矣。前日次达侍母返乡，及来海上，携芦粟盈筐，谓当年三四角可易者，今须以五金得之矣。今岁多雨，田园植物无不受害，芦粟之甘亦逊，惟节至长。爱其苗条有致，亟宠一诗。

《社会日报》1941 年 8 月 4 日，署名：云郎

我演《灵与肉》* 【高唐散记】

西平来言，近尝遘素琴于市楼，衣履皆极华丽，其人则映白施朱，犹作后生装也。顾瘦甚，以此益不能掩其青春之已消逝矣。西平故谓：素琴今日，苟不必效小女儿时世之装，着玄裳，御白缎绣花平底鞋，加以横髻穿环，料知其且余态弥妍也。其言良是，然咏"寄语旁人须早计，随宜梳洗莫倾城"之诗，此意又未必为金家大姊喻矣。

桑弧写《灵与肉》剧本既蒇事，付朱石麟先生导演，主角将用英茵女士。愚因与梯公约，谓剧作人与导演人，俱为知友，则不肖与子，何不亦与其盛，为剧中之临时演员可乎？梯公诺，今《灵与肉》已开拍，石麟先生，昨以电话抵愚，谓支配角色，得一人，则英茵于堕身姐上时，其嫖客之第一人，即属之吾友，其亦谓无伤大雅欤？愚欣然应承，问梯维，梯维拒曰："谁愿为嫖客者？做新闻记者则来

来看耳。"喔唷唷，阿要气数！

《社会日报》1941 年 8 月 11 日，未署名

马樟花亦读云哥文*【春江随咏】

> 颇闻江左抱冰子，相与当年浩浩神。
> 皆为先生殊识相，故而落得太清贫。

文友古龛先生，精鉴人术，其造诣殆足与当年之浩浩居士伯仲。或谓今日做人不能太识相，太识相者，便不能"显贵"，此抱冰子之所以常穷也。

> 人言越女樟花马，不复云英未嫁身。
> 口诏传来真太幸，龙心一向贮微臣。

马樟花有越剧皇帝之目，有人与之饭，马谓时读云哥文，故亦认云哥名也，闻之大喜。

> 其三感喟言之曰：生活难支水与薪。
> 若遇桂琴相问询，外婆可是黑心人？

读其三《薪水》一诗，忽想起名舞人李桂琴之外婆，为老虎灶之主妇，桂琴见之，得谓作者搅七搅八，阿要十三点邪？

《社会日报》1941 年 8 月 19 日，署名：云哥

想在《灵与肉》里演角色 *【怀素楼缀语】

桑弧先生，今年替合众公司，写了一个剧本，名为《灵与肉》，送给朱石麟先生导演，而是由英茵女士主演的。桑弧是我的知友，而在上海的导演群里，我同朱先生，尤是最投契的朋友。因为桑弧的剧本，朱先生的导演，就引起我在银幕上献身一次的兴趣。记得在一次宴会上，梯公也深同吾意，我们二人，便要求朱先生给我们各派一个扫边角色。

平剧也唱过了，话剧不管是三言两语也总算上过台了，就是电影，到如今还没有干过。要造就我是个阅戏全材的艺术家，今日之下，电影又怎能不去尝试一下呢？

公司的拍戏通告，是前天发给我的（不是书面通知，是陆洁兄口头关照，其身份纵非主角，亦不似临时演员），今天下午有戏，我兴奋得什么似的，两日以来，已经放出"司带"的派头来，忙着找一个代理人，谁也不肯担承，只得叫夫人权充一下。日常晤见的几位朋友，照例会把我挖苦一场的，拼命说我是起码货，是临时演员。龚之方兄，此中老举，他更用恐吓的手段，对我说：你拍完了戏，有一件事要留心，跑出公司来时，不要给上海社的人（临时演员的大本营）打一顿，因为他们少收一个临时演员的开销。这些土方人的话，我都不听，我是有"艺术良心"的人，我只道在本位工作上迈进（最后一句，为生平最厌恶的口气，如今却派它为用场了，一笑）。

《东方日报》1941 年 8 月 20 日，未署名

我上的处女镜头 *【怀素楼缀语】

民国三十年八月二十日夜九时半，我在上海徐家汇华联摄影

场上处女镜头,戏是桑弧先生编剧,朱石麟先生导演的《灵与肉》,角色是"唐大人",是一位弥老弥凉的屠门常客。

我的希望,本来只要在银幕上露一露脸,已经足够,不料朱先生同我要好,特地给我四五个镜头要我做戏,其实不是要我做戏,是要我好看。戏是真真一点点以地位讲起来,差强于临时演员而已。所以我个人的好坏,对于全片可以说丝毫没有影响。将来公映时候,如果有几个一向对于朱先生加以"善意的规劝"的影评人,为了我个人而"善意的攻击"起《灵与肉》来,那么此人是王八蛋的子孙!

我问朱先生,将来演员表里,可有我的名字吗?如其有,我却不要用唐大郎,要做电影明星,便该数典忘宗,将姓氏也改换,譬如金山何尝姓金?英茵何尝姓英?但我匆忙中自己没有题一个艺名,还是得朱先生去处置吧!

《东方日报》1941 年 8 月 22 日,署名:唐僧

《银灯鬼影录》【定依阁余墨】

最近想写一部长篇小说,叫做《银灯鬼影录》。上海的电影界,拍赤老戏来赚取洋钱。据我看来,整个的银坛,便是魔窟,不过混在此中的,不自知其形态之可怖,以为两个肩胛扶了个脑袋,便自以为是一个人了。

所有的电影新闻,都是影片公司的机关报,它们做不了照妖镜,所以电影界的恶浊的情形,它们无法反映出来。因此上海的报纸,对于电影界不徇私而加以严正的指摘的,可说绝对没有,有之,其惟本刊之《艺坛杂笔》乎?

《银灯鬼影录》，我本想自己来写，但观察不能周详，故而想请风云先生执笔，将我所知道的，都告诉他，再把他所见得到的，都补充进去，材料自然丰富，文笔就不用提了！

鬼，鬼，鬼，银灯之下，正多那群恶鬼，附鬼有人，打鬼无种，此影评人之所以终为戒囊子也！

《小说日报》1941 年 8 月 30 日，署名：刘郎

张季鸾先生　香香面孔【定依阁余墨】

张季鸾先生，近弃世于渝郊，年不过五十五耳！当《大公报》自天津移沪出版时，《大公报》当局，曾一度宴沪上新闻界，胡政之与张季鸾两先生，俱出席招待。政之先生，曾于席上致演词，季鸾先生则默默不为一语，予尚忆张氏印象，为风貌清癯，而其人似羸弱不胜者，当时固疑其体力不甚健硕，不图国难未已，先生终于不起，一代论宗，声容遽杳，自是令四海同悲也！

文涓来，予以迄未一晤，因有诗云："自分与卿相好老，重逢面孔要香香。"此诗发刊之日，文涓乃于傍晚来视予，予适他出，致未相值，一面之缘，何其吝也，或曰：文涓此来，要与汝香面孔耳，汝奈何失此良机！予曰：说说白相相，早五六年，文涓犹稚鬓，则香香亦无所谓。今长成如许，究竟不雅，故避避开亦是好的。

《小说日报》1941 年 9 月 9 日，署名：刘郎

在银幕上看见我自己【定依阁余墨】

《肉》,在八日上午十时半,试映于新光,予十时始起,桑弧以电话来催,匆匆与家人梳洗毕,驱车往焉。至则已映十之二三,而予之第一个镜头,且不及见。及映至舒丽娟提起唐大人时,知予将登场,此时之心理,正如十年前初投稿于报纸上,一报既揭,亦不知予之文字,乃成何格局也?于是兴奋又复忧惧,及吾身已入画面中矣,转为之释然。在银幕上看我自己,奇瘦,两颐外拓,状至可怖,此时几为我尪瘵而忧,不暇辨戏中之动作矣。

桑弧之剧本,既精警非恒流所及;朱先生导演手法,则又出之以一贯轻灵,乃成双绝。英茵之好,无可伦拟,举域内银坛,殆无第二人称此才者。顾也鲁、屠光启,戏亦做得是。散场时,遘影评诸君子,感一致称美。后共饭于会宾楼,席上人为桑弧与朱先生庆,亦为英、顾诸人,祝成功焉。

《小说日报》1941 年 9 月 10 日,署名:刘郎

读《护生画集》【定依阁余墨】

昨以城北先生之邀,饭于吉祥寺,愚六时已往,与雪悟、若瓢两师,谈于禅室中,若瓢以丰子恺先生之《护生画集》示愚,集中劝人勿以杀害生灵为务,伤心怵目,可谓至矣。惟此中亦有逾情之语,譬如蝇鼠之为害,尽人知之,而集中对此,亦以护生为劝,护彼微命,无以卫自己之生,其理又胡可解者?子恺之画,每有取前人诗意,对照读之胥成妙构,愚近见其三先生绝句云:"无事闲看鸡啄虫,为怜蚁命设鸡笼。谁知鸡脯登盘日,却在人间谈笑中?"温柔敦

厚,得风人之旨,此其三先生诗之所以目空余子也。先舅曩居故都,风雪之朝,亦有绝句云:"风雪连朝一巷泥,二三饥鸟向人啼。起来为觅甕头看,喜有新春数合栖。"是二诗者,皆不辱子恺先生之画笔者也,故特志之!

《小说日报》1941 年 9 月 17 日,署名:刘郎

看《家》*【春江随咏】

> 郎自看家妾看《家》,倾城士女醉千街。
> 凭君指点银河路,道有新开姊妹花。

最近上海有两巨片次第献映,一为《家》,一则《新姊妹花》也。某君谓:倲倈去看《家》,叫我勒屋里看家。倲倈者指其夫人也。

> 一饼何能抵一金,圆蟾犹似去年明。
> 香烟到处翻腾夜,亦有炊烟未上升!

中秋将至,菜蔬之价,坚持不肯回降,平民之生计益艰。闻今年月饼之值亦奇昂,往者三四角一枚者,今皆增至二元至三元间矣。

《社会日报》1941 年 9 月 27 日,署名:云哥

乐振葆诗稿*【怀素楼缀语】

二日晚间,李皋宇前辈,在乐振葆先生的府上设宴,邀我作陪。

一到那里，就看见两本老先生手钞的诗稿，我知道他在辛苦经营之余，还性耽吟咏。据乐先生自己说，五十三岁以前，他还不会做诗，做诗还是二十年内的事。虽然已臻上寿，而精力过人，记忆力奇强，自己写的文章和诗，他都能随口背诵。这夜，因为有虞和钦先生在坐，虞先生是驰盛誉于近代诗坛的一位，乐先生似乎遇见了知己，把平生得意的诗都背给和钦先生听。据乐先生说，他一直负债，到今年才能清偿。去年，他还要付一万块钱利息一年。所以若干年前，他忽为绑匪架去，到了匪窟里面，他要证明他没有钱，写了首诗与绑匪传观，记得第一句是"我是诗翁非富翁"，此老之风趣也可想而知。到得今年，既将宿债一举而廓清，他非常欣慰，因此做过三首诗纪念此事。在他往年的诗稿里，也有许多诗是为了他欠债而写的。我于是恍然大悟，要做一个诗人，一定要有精神上的寄托，譬如杜少陵一味的忧时伤乱，放翁是眷眷家国，而黄山谷只是孝念其亲，如今的乐先生，却大部分关心于钱债，所以他所有的警句，也都在欠债的几句诗里。这一夜此老灵犀，都把乐先生的诗，录存了不少，大概二三天内的报纸上，是会得陆续发现的。

《东方日报》1941 年 10 月 4 日，未署名

中秋忆往 *【怀素楼缀语】

　　小时候读杜工部诗："燕外忽传收蓟北，初闻涕泪满衣裳。"常常以为费解，第一句既然是桩好事，为什么第二句又要哭起来呢？我那时过的承平之世，这种况味，自是没有领略过。到近十几年来，我才恍然大悟，知道少陵的诗，是描画得这样深刻。前两天我又涕泪满衣裳了，我知道有一天总会使我不仅要涕泪满衣，而且要

号啕痛哭，本来极乐的事，一定要以极悲为先导，才是有味，我巴巴地在这里等待这一天呀！

今天是中秋。小时候我是乡下孩子，以为中秋，只有晚上的月亮，值得欣赏。在下午吃毛豆荚、芋艿，也非常可口，独不喜欢吃月饼。虽然年纪大了，嘴比从前馋了，但不爱吃月饼，似乎成了习惯。家里有什么莲蓉蛋黄等等月饼，我也是浅尝即止，没有多大胃口去大嚼它，但昨天我却吃了大半个，一边吃，一边在痴想，明年再吃月饼时，一定还有说不出的风味。我们处于今世，已到了"回甘"的日子。月饼是一年一吃的，现在是"回甘"，明年一定是"苦尽"了，想到这里，胃纳好像突然强了起来，所以一直吞了大半个。

《东方日报》1941 年 10 月 5 日，未署名

谈改编 *【怀素楼缀语】

有人预测《蜕变》，终有一天被人搬上银幕的，我也想，定是豁免不了。我于是求其次的希望不要让王瑶琴去改编为申曲，姚水娟改编为越剧，不然她们自说自话，王瑶琴来一个丁大夫，还去拉一个什么孔介滨做梁专员，那才使人难过咧！

我又在想，说小书的弹词名家，他们还是食古不化的人占多数，把《啼笑因缘》编了几只开篇，已算是标新立异得了不得了，他们哪里有唱本滩唱绍兴戏的先生女士们胆大，连《魂断蓝桥》都会放在他们或她们的嘴里乱嚼一泡。

其实聪明一点的弹词先生，又何尝不好把《雷雨》之剧本编为开篇呢？我们以为与其让越剧明星，或者申曲皇后肆无忌惮，还不如待弹词先生改编开篇，多少要比他们风雅而又蕴藉一点。

光裕社、润裕社这群先生们，你们将要没落了，自己该醒醒呀，不要让申曲、越剧，把你们的群众都拖散开了，千万不能再唱那些《黛玉悲秋》《昭君和番》等等老调。你们该往新的地方钻，西洋的电影，中国的话剧，都可以做参考的资料。教你们一个门槛，譬如你们看到《雷雨》第二幕周朴园劝繁漪吃药一般，你就可以用"吃药"二字作节目，在场子里唱起《雷雨》来了。

《东方日报》1941 年 10 月 24 日，未署名

桑弧拟印书*【高唐散记】

尘无遗著，已由桑弧为之付梓，问世有日矣。桑弧来为言，渠尚有心愿，为印叔范之《酒襟清泻录》及诗稿外，尚欲为先舅之《陇上语》《西征闻见录》及《破家赘录》三篇，亦并付欹厥，此情可感。顾今日纸价升腾，尚无已时，乃使桑弧不堪下手。叔范蛰处故乡，又久久未来沪上，闻其诗略有录存外，其散文则散佚都尽，惟求之当时《社报》矣。先舅谢世之前，固以此责属之不肖，不肖尚无以想我舅者，亦以穷耳。昨得桑弧言，不禁涕下。吾报名著本多，计其可传者，尤以此三四家。盖梯公之笔，何尝不可垂之久远。所可憾者，梯公着墨不多，搜集为难，颇望其稍辟庾氛，重拈妙管，则他时寿之梨枣，又何尝非一家言哉？

忆中央书局有美人诗之辑，此中有寄儿绝句云："家内平安报尔知，田园岁入有余赀。丝毫不用南中物，好作清官答圣时。"此为番禺李联芳室鲍凤珍所为也，比之花月之吟，令人赏心悦目得多。

《社会日报》1941 年 10 月 30 日，未署名

谈诚实 *【怀素楼缀语】

从小读教科书上，就有华盛顿与樱桃树的一课，记得周越然的英文模范读本上，也没有把这一课漏掉。我翻翻近来小孩子们读的教科书上，还有这一课，自然，文字的内容，不像《论语》《孟子》，老是这几句，不过这篇文字的流传不朽，势将与《孟子》《论语》一样。我解释不通，为什么教小孩子"诚实"，一定要用华盛顿的砍樱桃树做题材，难道除了华盛顿与樱桃树之外，就没有其他的事实，可以感化小孩子吗？这问题还是在事以人传。我小时候，先舅常常以"诚实"两字来教训我，但我的根性恶劣，始终没有被先舅感化得动，枪花要掉的地方，还是必掉。曾经读过冰心女士的散文，那时候以为这文章太美了，先舅就告诉说，冰心的文章，得一真字，此境是不难造就的，只须平时不打谎话，就可以到了，若说学力，那么又是一个问题。这几句话，我到现在不能忘记，认为文章不能不真，真了便好。与真并行的，有美与善两个条件。美是技巧问题，善是工力问题，技巧与工力，都属于人力的，惟有真字却属于天生。从前《新闻报》出特刊，常常请教王西神写一篇献言之类的文章，有人批评作者学问淹博，其实这种文章，别说他人看不懂，去请教王西神自己，他也会莫名其妙的，所以这种货色，谈不到真美善，却是纯粹的劣货，现在终究淘汰了。

《东方日报》1941 年 11 月 6 日，未署名

骂【定依阁余墨】

有一位朋友说：现在不必骂人，因为可骂的人不便骂，而报纸

所骂的人，都不是应骂的对象，应骂的人碍难于骂，何如不骂之为优。

他又说：现在我们并不是骨鲠在喉，所以不吐也并不觉得不快。现在我们是把舌头卷了起来，而有人用手扼住在我们的喉间，应该有这种不舒服的感觉！

我认为朋友的话是"唯唯！否否！"

诚然应该骂的对象，是碍难于骂。不过尚有不妨骂而可骂的人，而且多得很，大部分是奸商，尤其操纵粮食的米奸商，把燃料囤积居奇的许多煤蠹，以及摧残文化事业的纸老虎，你道这批混蛋，论国法应该处死的混蛋，也不必骂吗？

老实说：一年以前，我有长久的时期，没有在笔头上得罪人了，就被这批混蛋把我引起火来，其实我未尝不知骂不过出一时之气，最好是要同它们拼一个死活，以示不共戴天！

《小说日报》1941 年 11 月 10 日，署名：刘郎

《蜕变》被禁演 *【怀素楼缀语】

《蜕变》突于十五日上午，由工部局通知卡尔登戏院，暂时停演。闻者以为可惜，其实花开正好，亦宜自敛容光，使人留有余不尽之思，自是佳事。按《蜕变》上演凡三十八日，当在五十场以上，其卖座情形，第二星期比第一星期好，第三星期又较第二星期为美，至第四、第五星期，则已如火如荼之状态中。当鲁迅先生逝世五周纪念之前，上职曾拟排《阿 Q 正传》，名为纪念鲁迅，其实亦因第一星期之售座，并不甚好，患其不可久持，不得不预备第二个剧本耳。又孰意情形转佳，且成欲罢不能之势，故将《阿 Q 正传》搁

置。今事出仓猝，布景尚未制就，乃不得不延至明日始能上演。三日停演，损失达一二万金，上职剧社惨淡经营，凡此消耗，亦殊感其不胜担负之苦也！

孙兰亭兄，尝与伯铭、元声诸兄往看《蜕变》，兰亭为之感动。及归，告于玉霜簃主人，谓看戏而使我流泪者，惟今日之《蜕变》耳。兰亭如女人之善作哆，以戏馆经理，作哆于四一名旦之前，（四大名旦之一称四一名旦）其情尤为亲昵。以兰亭平时，无事不吃豆腐，我未信戏剧力量，足以感动其人，至于流泪。然砚秋毕竟诚笃，信其言，于是必欲一看《蜕变》。丐兰亭为购券十张为星六日场之戏，孰意此剧即于是晨被禁，不能上演，砚秋徒劳往返，而不获欣赏此一时佳剧，讵非憾事哉！

《东方日报》1941 年 11 月 17 日，未署名

寄瓢庵 * 【定依阁近句】

寒斋陋隘，了无清供，晚节惊香，末由一睹。秋才尽时，鸾庐主人招，宴寓楼，则嫣红姹紫者，陈列皆是，乃得律诗，却寄瓢庵。

> 重来何用笑刘晨，我亦无端作客频。
> 未信销魂遗此子，肯同俊赏可无君？
> 昔逢篱落萧条处，今向灯帷窈窕人。
> 回首莫惊令节晚，陈家长日贮深春。

《社会日报》1941 年 11 月 17 日，署名：刘郎

瘦金体 *【高唐散记】

笠诗写瘦金体，有媚韵欲流之美，尝为雪莉书长联，亦写瘦金体。笠诗言，时人大写瘦金体者，以吴湖帆先生为独绝。湖帆先生，以病懒久废临池，欲得其墨宝殊难，尝丐之陆沁范兄。陆与吴善，谓限时三月，必为我致之，然今亦逾期已久，可知吴先生之不甚与砚墨亲也。吴先生擅画兰竹，以画兰竹之笔，作瘦金体书，无不可观，此亦笠诗为我言者。瘦金体始自宋徽宗，艺苑真赏社，有玻璃板印成之宋徽宗瘦金体三图题识一册，为十田轩所藏，笠诗尝市此贻愚，字不甚多，一题得五十六字外，复有七律一章，共得字百一二十耳。今录其诗云："彼美蜿蜒势若龙，挺然为瑞独称雄。云凝好色来相借，水润清辉更不同。常带暝①烟疑振鬣，每乘宵雨恐凌空。故凭彩笔亲模写，融结功深未易穷。"

灵犀见笠诗为雪莉书联而好之，因乞亦以一联为赐。雪莉之联，系集梅溪词，而为袁帅南先生所作，笠诗因重烦帅南为之，其实以笠诗才华卓绝，正不必假手他人，而笠诗不肯为，谦光让德，此吾友之所以为高人也。

《社会日报》1941 年 12 月 4 日，未署名

念叔范【定依阁余墨】

厕简楼庭院中，植竹数竿，会叔范小居沪上，尝咏以诗云："闻

---

① 编者注：按宋徽宗《祥龙石卷》，确为"暝"，但据诗意应为瞑。瞑烟，即傍晚的烟霞。另叶恭绰《遐庵小品》中《宋徽宗祥龙石卷》一文曾述及，并认为暝当为瞑，"不应从目。此类纨绔，固不能责以字学也"。

说孤儒入海深，龙天消息尚沉沉。三年勒石留兵气，算是东南未了心。""岂但山残水亦干，孤楼四望寸心寒。年年何限洞江意，头白公才种钓竿。""漠漠神鸦去复来，好携落日一徘徊。荒园芟却闲花草，岂为朝家要箭材。""日斜分土酒初醒，笠影红浮野史亭。拼忍来宵风露怨，眼前先为笑冬青。""绿截渔竿紫作箫，长准清泪本通潮。箫声呜咽潮声死，醒是人间第几宵？""略似江头野老情，可无骨干比其清？从今醉倚箫之下，眼看青天月怒明。"愚爱叔范诗甚，兹数章尤讽诵不去口，叔范尝为愚作笺，即写此诗，得之真同隋璧矣。

（《小说日报》1941 年 12 月 5 日，署名：刘郎）

亡友尘无【定依阁余墨】

近顷，桑弧先生，集亡友尘无所作之《浮世杂拾》一稿，丐长城书局，为之印行，今既问世矣。尘无散文，愚所读不多，《浮世杂拾》则俱为亡友生前惬心之作也。昨见效辉先生谈，谓爱尘无之诗，较其文为尤至，且举一绝云："白头父老呈霜柿，素手村姑荐蜜茶。不道先生非税吏，病余来看早梅花。"此诗诚足代表亡友为诗之神韵者也。尘无作此诗时，殆已遄返故乡，故距其死时，不过前一二年间耳。至其诗与《吞声小记》两种，桑弧复拟为之印行，然纸价日增，印刷费复极昂贵，使为其友者，欲偿素愿不可得，即此《浮世杂拾》之产生，盖亦耗桑弧之绝多心力矣。

《小说日报》1941 年 12 月 10 日，署名：刘郎

题画【定依阁余墨】

近见錬霞《题画作》诸章,此君才思之美,自堪拜服。錬霞之画,识者谓其未必臻超凡绝俗之境,然予每见其题画之诗,乃觉其画,亦朗朗多姿矣。往者有人以汪祖德女士所作便面遗予,汪画非不佳,特题画之作,乃不似錬霞之曼妙万千耳。且汪书太遒劲,不若出蛾眉手笔,錬霞则笔细于丝,而能十足显示其奶奶小姐腔者,故尤可贵。予最不爱冯文凤女士之书,有人谓冯书笔力千钧,此则与姬觉弥书何异?女人应该留一些女人气息,孟小冬戏,好得不像了女人,予终以为并不可贵也。

《小说日报》1941 年 12 月 12 日,署名:刘郎

1942 年

元旦

眼底翻来事事新,岂徒大地欲回春。
征诛有味何须厌,岁月无情亦可亲。
暂遣自身卑作客,互为家国惜孤民。
遥看前路光华甚,一喜常教泪渍巾。

《万象》第 1 年第 7 期,1942 年 1 月 1 日,署名:唐大郎

信芳所藏书件 *【怀素楼缀语】

　　信芳将于新春出演黄金，昨夜，乃邀旧时友好宴叙其家。其家蓄一犬，高而巨，笠诗称之为巨獒，桑弧笑曰：此为琴南翁之笔法，盖林译小说，写西人所蓄之犬往往用巨獒二字也。信芳谓晨十时即起，携獒散步于街头。有时其子女上学，信芳送之，将散学，信芳又往迎之，乐府闲身，辄致其心力于儿女身上矣。信芳家款客者为西菜，其夫人为督厨，故益可口。

　　信芳藏海藏楼书件至夥，扇页凡五六件，其两件为隶书，尤精绝。当其三十岁时，太夷方旅居上海，二人过从甚密，太夷邀信芳饭，其请帖亦必躬书，而断缣零纨信芳无不什袭珍藏，近几复加以装池，出以示客，乃为众口交誉，而叹信芳亦笃于友道，不可谓非有心人也。

　　海藏楼书件之外，复多梅调鼎之扇页。信芳谓梅甬人名卜臣者，其家忽中落，其子孙携梅公扇页来，欲市与信芳，其中一页，为集锦体。梅以外，有信芳大父之手泽存焉。因尽购其件，得梅书扇三五页，无不可爱。龚翁嗜梅先生尤甚，予亦好其笔致之美。信芳言：梅奇穷，瓮飧将不继，其夫人辄督梅为书，夫人潜出，将梅书鬻于人，人视为奇宝，争出资购之，然其流传之件勿多。笠诗言：百缮斋主人藏梅书甚富，不知非否？

　　是日，天奇寒，久谈，几忘夜漏之渐深，将十时，乃各辞归。途中，灵犀告予，谓岁聿云暮，而卒岁之谋，尚难为计，因欲邀余同话，盖欲作牛衣之对泣也。

　　　　　　　《东方日报》1942 年 1 月 10 日，未署名

桑弧赞唐云画作*【怀素楼缀语】

近人以画著称者,杭人唐云先生,为予最服膺之一人。唐故世家子,不以售画为糊口之谋,顾孳孳矻矻于此道者终年不倦。其造诣益深,年才逾三十,而其所造,已足使艺苑中人敛手。予恒时与唐从不密,偶见之,则一管在手,为人挥洒,余时,好纵饮,量奇宏,然多饮而不多言,尤不自矜其艺,气度之好,使人望之肃然也。战后,唐栖迟沪上,曾举行画展,观赏者无不争相购置,其画之为内外行一致推重,盖可知矣。昨日桑弧来告,谓唐于十六日起复欲假大新画厅举行个展五日,出品甚繁。桑弧之于书画,比予较为内行,其为予言关于唐云画事者,兹节录于下,聊代其此次出品作一介绍可也,其下为桑弧之言:

唐云于国画各种品类,无所不能,无所不擅,于山水派别,更无所不能,无所不精。其画鱼也,能得鱼之顾盼姿态,喜乐神情跃然纸上,且其点缀水草蝌蚪,饶有天趣,顾当代国画家,实无第二手。此次有枇杷一页,用笔用墨,元气淋漓,满纸甜秾之韵,使观者能动食指。有此笔墨功力,故有此感人之作,唐为一潇洒绝俗之画人。极擅画佛,每有所作,庄严宏伟,使人思宗教之思,盖其得力于老莲者甚多。画展中所作,多茹素虔愿而写,佛教徒定多欢輂归礼拜也。

《东方日报》1942 年 1 月 16 日,未署名

喜爱梅调鼎法书*【高唐散记】

愚记心爱梅调鼎先生法书,笠诗白于百缂斋主人,主人辄以一

联见贶。愚无所收藏,有之,亦不过近人惠贻之作。往岁,笠诗以赵㧑叔书牍相赠,今复得梅友竹一联,或亦可为传家宝藏也。今录主人之书云:"途中两次相见,匆匆即过,未得接谈,怅也何似?亮有同情。昨晤笠诗,知兄颇鉴爱吾邑乡贤梅友竹先生法书,是于下走,具有同好,自问老眼不花,今得兄乃益信,可为欣幸!先生曾馆吾家,与先人尤称莫逆,惜下走生也晚,不获师承,惟知先生孤介自守,不求闻达,平生惜墨如金,故文字流传甚少,而名遂以不彰。以与吾家往还至久,年来下走亦有搜集,所以收藏独多,兹检奉楹联一副,亦宝剑赠烈士之意,希珍藏之,幸甚!幸甚!吾乡阿育王寺大殿门匾,先生书'八吉祥地'四大字,飞舞活泼,四方诸士,称为仙笔,先生亦自认为得意之作。他日升平,愿约兄同往一赏,庶先生九京下,亦知尘世之知己正多也。日来以无事,下午终不出门,亟思得二三知己清谈以破岑寂,解此苦闷,兄如得暇,时临少叙,借倾积愫,如晤灵犀、叔惠两兄,并乞代致拳拳尤感。"

《社会日报》1942 年 1 月 19 日,未署名

英茵自杀*【怀素楼缀语】

近年来与影人比较接近者,惟英茵与王熙春二人。英茵初自内地归,即常共游宴,此人以往年演《武则天》一剧,而声名大噪。及其离沪后,沪人士之想望其归来者,正不乏人,而以合众公司之敦请,果翩然返沪,迄今亦逾两年矣。桑弧编剧本名《灵与肉》,以英为主演,余乃客串其间,半亦钦英茵艺事之精湛,而以得附骥尾为荣耳。

昨日下午乃有不幸之消息传来,盖吾友陆君过我,谓英茵服毒

于国际饭店,时在十九日夜九时,英忽吞阿芙蓉自死,十一时,已为国际侍应生所发觉,乃送宝隆医院。当时有绝命书一封,其上留电话号码四,请捕房于其气绝后,即以电话通知此四处也。捕房乃以一电抵大成制片公司,是夜正有人拍戏,闻耗之时,已将夜午,演员如屠光启诸人,急足往视,则已将英昇至宝隆矣。医者谓须经过十二小时,可以脱离险境。次日,英之女友李小姐亦闻讯,辄驰赴院中,侍于英侧。陆于九时始往,则英方奄奄一息,陆问英曰:"汝以何物求死者?"厉声曰:"烟。"又问:"烟何自来?"曰:"买的。"又问:"汝尚识我为何人邪?"则张其瞳,旋又闭,不复答言,盖其目已不辨人物矣。三时陆离院去,五时更往,予偕之同行,及门口,遇马君,马曰:"医生不许视病人,然病人之为势正岌岌,若干时前,脉搏似已停顿,恐命在顷刻矣。"余等黯然下楼,予八时归去后,复以电话探询,知情形不如顷间之险恶,始记述此文,不知此文寓读者之目时,此凄凉绝代之女艺人,凡作何状也?(按,予稿于廿一日下午发出,知英已于昨晨一时玉殒,定于廿三日在万国殡仪馆大殓云。明日当以另文哀之!)

《东方日报》1942 年 1 月 22 日,未署名

英茵大殓 *【怀素楼缀语】

英茵于二十四日盖棺,是日下午一时,予赴万国殡仪馆,送其殓也。延伫于门外之影迷,则皆为瞻仰英之遗容来也。至一时半,始令列队进入,绕英之灵床而过,顾后来者愈聚愈众,甚至万国之庭院中,不能容载,则闭至门外。而胶州路上,摩肩接踵者,奚至万人,叫嚣之声,不绝于耳,盖若辈知大殓之时为二时,逾此时间,将

无缘更与此一代艺人,作最后诀别矣。

上海剧艺社同人,制一悼歌,合唱于英茵遗体之侧,予不辨其歌词,第于唱歌既竟,继以一片啜泣声,至沁人心骨。是日,哭英茵至哀者,为夏霞与蓝兰二人。此二人年当迟暮,俯仰人生,其所哀感,当不止悼一故交而已也。若青来唁英茵,李言睹若青至已泣不成声,若青亦俯首示其哀惋,顾兰君来甚久,蛾眉倒竖,杏眼圆睁,以此示其悲悼之忱。李绮年亦至,李遇丁慕琴先生,谓英茵赴国际饭店自杀之晨,上楼时适与李相遇,彼此犹叙寒暄也,不图其即此仰药而死矣。李来沪甚久,愚犹初见其人,在我意料中,李为一玉立亭亭之健美女人,顾此日作刘侦平视,则妙体殊不修长,被一灰背大衣,益不足呈其线条之好。英茵既殓,渠亦离去,谓头痛如劈,以与英交谊重,故特来唁耳。

大殓之前,礼堂摄新闻片,牧师某为英祝殓,费穆有悼词,简短而得体。予等至五时始离去。门外之人,犹重叠如堵,此则胥看生人而不看死人来矣。

《东方日报》1942 年 1 月 26 日,未署名

服帖盖叫天 *【怀素楼缀语】

上海有两个伶人,无论南北人士,无论内外行都一致推重的,一个是盖叫天,一个是麒麟童。信芳得着天赋之厚,又加着他的绝顶聪明,故有今日的成就。惟有盖叫天,到老还是用功,永远不肯菲薄他的艺事。他闲在家里,总是孜孜矻矻,但求进取,一朝登台,便丝毫不肯苟且。若讲究"艺术的良心"起来,除了盖叫天绝无愧对之外,我实在还想不起第二个人来。

桑弧兄曾经说：盖叫天在台上，每一个动作，都成功一个动作格局的。这一种精湛的演技，应该有一家影片公司，替他收留起来，让后起的人有一个观摩的机会。这仿佛是习写的范本，是一部名帖，可以垂之千百年后，而为不朽之作！

这一次盖叫天在黄金，我看了他两出戏，一出是《十字坡》，一出是《三叉口》。看了之后，除了赞叹不绝，心里还感到一种说不出的爽快。他虽说是病后登台，因为形容比以前瘦减了些，所以扎好之后，更显得挺拔了许多。他一点也不见得老，腰腿还是那么的矫绝，随便亮一个相，总是形成一种极美的线条，而会使得台下人，情不自禁地喊出好来。

盖叫天永远不满意他的儿子，他说他的儿子都不如他，没有一个是克家令子。虽然他说这话，没有顾到他儿子还没有到炉火纯青的年龄，然而可以看出他对于本行的学问，是如何地刻意钻研。他还目空一切，他并不讳言自己的骄傲，我以为这都可以原谅他，一个伟大的艺人，在他造诣已经到了超凡绝伦的境地，即使有一点脾气，非但不是毛病，并且也是应该的，说一句上海那些不三不四人的说话，我便是第一个"服帖"盖叫天先生为人的一个。

《东方日报》1942 年 1 月 27 日，未署名

费穆编导的《杨贵妃》*【怀素楼缀语】

费穆的作品太高，离开观众太远，这两句话对于费穆编导的无论是电影，或者舞台剧，都成了一致公论，而《杨贵妃》也不曾例外。从册封到神游的六幕戏，我想在费穆经营之下，离开史实是不会十分远的，但除了乞巧、惊变的两三场，给演员做戏之外，其余都在

"音乐化""电影化"中，表演过去了。这在一般普通的话剧观众，他们都感到不够欣赏的，也几乎不会欣赏的。论戏剧的高潮，应该在贵妃赐死的时候，所谓"宛转蛾眉，马前求死"，然而这里也似乎不足，比较情绪紧张的倒是在杨国忠的被杀。

刘琼的唐玄宗，无论在哪方面，他算得尽职的了，不卑不亢，自是全剧演员中最好的一个。屠光启曾经演过高力士，但我没有看见。狄梵的杨玉环，果然有环肥之美，她也能够尽她的能事；所缺憾的，在对白上分不出高低音来，使听的人，似乎不大舒服！我看见过一次司马英才客串马嵬坡的驿官，比原来的那一位好。听说韩非有意来演一次驿卒，但我以为原有的驿卒，并不讨厌，特韩非未必能够胜了此人。

《东方日报》1942 年 2 月 25 日，未署名

读郑逸梅《小说丛话》*【怀素楼缀语】

读近期《万象》，有《小说丛话》一文，为郑逸梅兄所写，有一节云：胡寄尘好读《水浒传》，曾有诗云："山歌每见真情性，水浒能医我老衰。"逸梅之意，谓《水浒传》尚侠好义，大可振作我人之精神，若中年以往人，血气既衰，惜钱怕死，正宜以此书为救治之药。予谓逸梅此言，特指其下句而言，若前一句，殆以《水浒传》中多山歌，而每支山歌，则皆流露真性情者，其中以白秀英一歌尤脍炙人口，盖即"新鸟啾啾老鸟归"也。予弱冠时，从先舅游北都，舅为予抄至性至文一册，亦曾以白秀英一歌摘录其中，他如白乐天诗云："严霜烈日俱经过，取次春风对草庐"，又云："不敢妄为些子事，只因曾读几行书"，舅云："乐天知命，读其诗，令人褊急之意都销。"

愚生平爱香山诗最笃，其近体诗尤爱不忍释。某岁舅又养病里门，予往省其疾，在沪购《香山全集》一部献与舅为病榻消遣之物。舅大喜，谓白诗诚宜于病榻读之，而以我酷嗜香山诗尤不觉为之心悦也。

《东方日报》1942 年 3 月 3 日，未署名

漫郎将办《竹报》*【高唐散记】

昨日大雨竟日，至晚不休，愚以早归，乃坐窗下治文稿，忽有友辈三人，联袂来访，则晚蘋、韦陀与漫郎也。三兄初不知愚居何所，问之蝶衣，故来并访，良朋枉驾，必有所言，乃知漫郎兄将出其余绪，创一小型报纸，颜曰"竹报"。篇幅与吾刊相同，取材将较异于寻常诸报，盖不以十多篇小说为号召，而以刊简短之新闻稿争胜于人，此即深中鄙怀者矣。近年小型报纸风格，以愚视之，乃无进步，愚以为小报之好，要在刊珍秘之闻，故当时《晶报》，自有其垂之不朽之精神，而为后来诸报所望尘莫及者也。虽云《晶报》，执笔人才，极一时之盛，然求之今日，亦何尝无妙笔生花之士，特以风气已转移，报纸编者对新闻材料无所重视耳。漫郎所见，与愚相同，故其取稿欲以珍秘新闻为前提，意者吾友亦尚向往昔时之《晶报》也。今《竹报》将于十五日发刊，漫郎不弃下愚，要愚执笔，雅爱殷殷，谊不可辞，复喜其办报旨趣之美，故志之，以告吾报读者幸稍一留意也。

《社会日报》1942 年 3 月 8 日，未署名

三日日记*【怀素楼缀语】

近日殆以天气失常,予因之身体极困惫,筋骨作痛,头目眩晕,而腰痛尤甚,竟至不克下俯。十一日在家休息终日,以天燠,居室中亦殊闷损。次日早起,挈家人进点心于市,乃往访老友,顾不相值,复归去,下午,又为人催起,困甚依然,坐立两非。费穆先生,本约予同饭,竟不赴,盖复以精神勿济也。

儿子市一纸鸢,构制之法绝简,予儿时所谓豆腐干鹞子也。儿时值惠风和畅之日,辄喜放纸鸢为戏。予家门外为田野,城中之放纸鸢者,咸集于此。予以童稚,放人鹞,其首绘脸谱,纵横不盈两尺,自下午而至薄暮,不思归去。今离乡已久,吾居且已于去岁货于人,至是不胜家山客梦之思。吾子不幸,局促海壖,曾不得自然之趣,得纸鸢后,于晒台上纵之,亦能高,放线数丈,居然腾入霄际,巷中人驻足而观。儿大乐,顾语以予儿时之乐,则又不禁使吾子梦寐求之矣。

十三日,晨八时已醒,妗氏自外至,谓杜米已售至六百元一担矣。明日且不得粒米,予妇催予起,谓更置一二石,为将来之需。予拒之,予家存米,尚有二月之粮,尽此,予当待毙。予得食,而人不得食,予将动箸,而人在啼饥,予亦不能食也。食亦不得消化也,故今日之事,听死而已!

《东方日报》1942 年 3 月 14 日,署名:唐僧

寄语李萍倩导演*【怀素楼缀语】

李萍倩兄,久不见矣,渴念故人,因往观其导演之《贵妇风流》

一片,盖见故人之手泽,以当晤对,亦殊别有情味也。此片甚长,十足映一时三刻,而闻之人言,萍倩实于十三日间速成之,此则益佩吾友之为斫轮老手矣!予以老实之言,为萍倩告,后半部颇可看,前半部则嫌其拖泥带水。律师之盘问徐太太,不能简洁,令人不耐,然亦由于姜明之律师无多出色,故尤讨厌,姜明不知即昔日中旅之姜明否?何以此人一上银幕,便成这副戏腔?《日出》中福生之锋芒,竟不获稍一施展,真不可思议也。顾兰君演技自工,所谓能做得透者也。其余都平平,严俊之白相人,按其身份为大白相人,然其所演,则马路英雄耳!

此片对近时之投机家,讽刺甚深。此外被骂人犹多,如律师也,白相人也,新闻记者也。又如警察局也,以徐家之一件命案,而钻营于此者,无非想吮其膏血,此为写实,予亦同情。惟予意以为萍倩之骂人,犹不普遍,应当插入电台上播送新闻,知电影公司将取其事为摄制影片之材料,而此种人胥由姜律师周旋之,不尤意味深长邪?质之我友以为何如?

《东方日报》1942 年 3 月 18 日,未署名

梯维的婚约*【怀素楼缀语】

为了我写了一节灵犀兄曾收购报纸事,因为颇有出入,在他自己报上,已给我辨正。另外他还写了一封信与我,信上是这样说的:"囤纸事殆误传,然闻此消息,亦如过屠门大嚼,聊以快意,更好给势利人看看,穷措大亦有此一日也。一笑。"我真佩服灵犀的做人,太宛转了,这几句话,说得多少炉火纯青!

荫先兄要我替本报多写一点,他说新闻稿不写,便当写些讽刺

性的小品文。我写文字，从来不懂得什么叫微词婉讽，我只晓得破口大骂，但现在不是骂人的时候，我即使熬不住要骂，而荫先兄未必肯将它发刊。骂人既不可能，只好改骂为捧，但捧人，又要同行倾轧，意思捧人是有"报销"作用的，所谓言路日窄，便在这个上头。

梯维的婚约，承他当天请桑弧兄来通知我，我们有五个人，到萝蔓饭店去道喜。凡是朋友的贺仪，他一律不收。姚绍华、周翼华、丁悚几位先生，托我带去的份子，他是一概璧谢。上面的钱，都在我身边，唐僧向来在外最重信用，决不摆朋友堆老……这几句想学一学卢继影的笔法，但写了一二句，便才尽了。别小觑了他，卢继影的文章，真是另有一功做法的。

《东方日报》1942 年 4 月 6 日，未署名

读还珠楼主 *【怀素楼缀语】

舍间不知从何处假来一部近人所著的武侠小说，书名叫作《青城十九侠》，著作人是还珠楼主，正集、续集以及续续集一共有二十余册之多。我向来不喜欢读长篇小说，所以前并没有这部大著的印象，昨天与人谈起，才知道这位小说家是北方人，所谓《青城十九侠》，也是连续刊载在以前天津的一张日报上的。

小说非常出名，因此著作人还珠楼主，也红遍沽上，但细究小说的内容，则是不能再精的东西了！原因写这小说的时候，他也同鄙人从前治稗官家言一样，今天报上要用多少字，便写多少字，所以前后不能接榫的地方是触处皆是，而因此弄得情节更乖得不知所云。写小说不能一气呵成，已经没有好东西了，更何况连个"大纲"都没有呢！

记得我从前也写过长篇小说，至今想起来，真要哑然失笑的，因为犯着每天凑字数的毛病，有几次把前面写过的人忘记了姓名，更懒得去查一查，所以常常把这些活埋了后来不再出世。据说还珠楼主，也有鄙人这样的本事。

《东方日报》1942 年 4 月 18 日，未署名

眼前只见堕楼人 * 【三百首外集】

惊红骇绿委沙尘，老却名园一段春。
皆为落花难得见，眼前只见堕楼人！

报载，跳楼自杀者近来日有所闻，而前日一日间，跳楼之人凡三起，世乱时艰，乃使轻生者之众也，读杜牧之过金谷园诗有"落花犹似堕楼人"之句，不仅怃然久之！

《海报》1942 年 5 月 10 日，署名：唐人

石挥与黄宗江【定依阁随笔】

愚未尝见石挥演《文天祥》，而见其演《蜕变》中之梁专员，真绝唱也。若《荒岛英雄》中之老王，固工整矣，无如神韵不传乎！说者比石挥为旧剧中之周信芳，谓其演戏之风格与所落之典型，无不相同，盖二人者，俱宜于演本剧中所谓衰派老生戏。信芳之《南天门》《青风亭》及《四进士》，演技之神，迈绝古今，正似石挥演梁专员与

《梅萝香》之秦叫天，都无抗手也。

《蜕变》中之二老，梁专员外，尚有一况西堂，愚皆心折。黄宗江尝著《西堂篇》一文，我人不必读其内容，就题目三字，已知非惊才绝艳之人不能有此。其状况西堂，为一暮景苍凉之老成宿学，多神来之笔。愚尝言见况西堂一到台上，便觉有一股寒酸气，扑人眉宇，即此可以见宗江于此角造就之高，非恒流所得致矣。见宗江之戏，尤少于石挥。《阿Q正传》之孔乙己，宗江亦尝登台，亦有类况西堂之典型，论者乃谓最优良之演员，不可落一型，于是石挥、宗江之工"衰派老生"，终为方家所诟病，深文周内，我无取焉。

《海报》1942年5月14日，署名：刘郎

名山事业【定依阁随笔】

作报人十年矣，未尝为大报书只字，亦未尝为杂志书只字也。愚读书太少，涉笔芜杂，故不能写洋洋洒洒之巨文，简而短者，有时尚能为读者所痂嗜耳。且生平不喜长篇文字，他人之文，过长者辄恶之，纵其文情美，亦不耐久读也。此殆短命之征，否则实无其他理由。朋友尝邀我为杂志作文，非不从命，懒而已。日报之文，亦天天写，不写有人来逼，则亦写之。杂志之文，可以延，可以挨者，终至一字无成，此则在我要人逼，而我为天生贱骨头，否则又无其他理由可言矣。近顷，为日刊治文，一篇之成，未尝逾五百字者，有时得一二百字已止，自视太少，益之，乃语多蛇足，而全章之神韵亦失，至此悟职业文人之不可为。盖执笔之际，而迁就到文章之长短，报纸之篇幅地位，试问宁有好文章邪？此吾辈之所终不足以成

名山事业也。呜呼哀矣！

《海报》1942 年 6 月 15 日，署名：刘郎

工笔仕女【定依阁随笔】

翼楼主人好集书画，近拟征求时人之工笔仕女四件，为曹涵美、胡也佛、吴一舸、董天野诸先生也。兹四人者，都以线条之美，而着笔便成艳趣。也佛、天野，俱为愚所夙识，故求之非艰。涵美、一舸两先生，虽慕高名，尚悭一面，以翼华托，丏本报修梅为之代求。涵美以年来惯写墨白，废着色久矣，虽荷首肯，缴卷之期，未能相限。一舸远居故都，尤费周折，修梅有难乎效力之叹！以也佛之介，烦谢之光先生作一页。既成，与也佛、天野相较，未能调谐，于是翼华索涵美、一舸之件弥急，时来相迫，愚则惟乞助于修梅，以解此围。性耽风雅，未可成癖，癖则其精神上之苦闷亦日甚，翼华求曹吴之件不可得，其人遂常在苦闷中度日也。

《海报》1942 年 6 月 22 日，署名：刘郎

晚蘋与鍊霞*【怀素楼缀语】

昨日，晚蘋与鍊霞伉俪，同贺友人婚礼。礼毕，鍊霞与一女友先行。晚蘋则赴大东，招陈翠钿侍坐，至七时赴友人之宴，席上有秋翁夫妇及愚夫妇等。少顷，秋翁忽得一电话，听之，则鍊霞也。鍊霞问曰：晚蘋在乎？秋翁曰：在。鍊霞又曰：请平先生直言（秋

翁姓平），晚蘋亦有一舞女同来乎？至是秋翁大窘，嗫嚅不敢出言，则唯唯否否，似阶下囚之“余供支吾”也。鍊霞又曰：然则我亦可来邪？秋翁曰：来可也。鍊霞又曰：汝言可，不知晚蘋亦许我来乎？请令晚蘋来与我说话也。秋翁悚然下，面色惨白，似大祸将降临其身者。晚蘋往听电话，俄顷即下，谓鍊霞顷刻至矣。不十分钟，鍊霞果至，翠钿鞠躬为礼曰：过房娘。鍊霞笑而允之，乃同饭，饭已又同入舞场。秋翁不解，谓顷者鍊霞汹汹然，及其既至，则风静浪平，初无异兆，是何故欤？晚蘋曰：渠固知我携翠钿赴宴也。特以此故戏秋翁耳！秋翁哑然。愚为绝倒，盖鍊霞真是老豆腐，故能吃得惊才绝艳之秋斋主人，七荤八素也。

《东方日报》1942 年 6 月 28 日，署名：唐僧

林译小说有芜杂之病 * 【怀素楼缀语】

到中央书店去拜访秋翁，在那里发现一筐子旧书，秋翁说：这是孙了红先生寄存在那里的。我翻了一翻，大部分是林译小说，我便向秋翁借了一部《橡湖仙影》和《蟹莲郡主传》。我所见的林译，并不甚多，这两部尤为陌生，所以借回去做临睡前和登坑时的消遣。

蝶衣兄不大心折畏庐的文笔，他说碎琴楼的作品，比林译来得纯，也来得流利，这句话我十分赞同。我以为读过《碎琴楼》（就笔墨而论）胜于读一切的林译小说，大概因为译作同创作其间自有界限，译作不免“以意害辞”，而创作可以自然挥写。所以我读林译小说，总是感到它太芜杂，比较使我怀念不忘的，似乎只有一部《贼史》。

这一夜回家之后，我读了几十页《橡湖仙影》，同样的犯着芜杂之病，而悬想当时的琴南翁，因为译著之多，对于修辞方面，是不会十分注意的。例如腓多的堂兄乔治，那么写乔治好了，而畏庐一定要用从兄两字，在别人的言谈间，也写着"腓多之从兄"，这使读者何等难辨，而其文笔也嫌得辞费。

《东方日报》1942 年 7 月 2 日，署名：唐僧

序【定依阁随笔】

近世治小说家言者，恒以自序弁其端，然可诵者不多遘，《碎琴楼》一书，以行文胜，而其言则萧骚满纸，不忍卒读，然其一序之奇，尤为惊世骇俗之作，慧剑尝盛称之，序之为物，易流于为"老生常谈"，世多庸手，求其得佳致者，自难选也。近顷愚读林译之《橡湖仙影》，不以其文情为美，独其序颇可诵。书中述一吝啬者流，其序即据此为题，畏庐乃写其乡人二，富而吝，尝以梓乡兴学。畏庐以万言书哀之，冀其输钱也，二人各许以六百金，许之而不即出，畏庐恚甚，乃谓一人病，其子以山东蜜梨进，拒勿食，谓所进奢。又其一，子娶妇，得奁甚厚，但妇死转喜，以其可别取，而又能获多奁也。畏庐之言不尽此，特刻划吝啬之状，以此数语尤妙。书不在手头，大意则若此。愚故谓，此亦序胜于书，第今人俱庸庸，乌能得大手笔如畏庐何诹者？所以无好序可寻也！

《海报》1942 年 7 月 6 日，署名：刘郎

谈施叔范诗*【怀素楼缀语】

为了朋友要请龚翁刻一个水晶图章,所以到厕简楼去跑了两次。第一次正当他在工作的时候,他肯下来会客,已是大情面了,我更不能勿识相,挨他的时间。第二次恰值他吃饭休息的时候,所以同他谈了有半个钟头光景。他问我叔范的诗都读到没有?我说都已看到了。又说,在当世以旧诗做得好的一群中,我太钦爱叔范,他也说实在太蕴藉了!我说不第是蕴藉,读叔范的诗,真似见到一个仪容万态而又贞洁大方的女人。"一士流亡终为国,孤灯啜泣不关饥",这是多少美丽的诗境,又是何等沉痛的语气。

厕简楼的润例,从七月一日,又改订了一次,以艰苦的工作,不过图一个饱,图一个醉,取值稍为丰厚一点,也不是"伤廉"之事。他说现在的时髦,都欢喜请他刻金玉或者水晶玛瑙的图章,但他觉得这工作太苦,而且从来没有得意的作品。因为这许多东西,都太坚实,用钻石雕下去,不能得心应手,所以这些出品,是呆笨蛋,没有性灵的,但常人又焉知此理?

《东方日报》1942 年 7 月 8 日,署名:唐僧

佩服其三的诗*【怀素楼缀语】

《新闻报·茶话》其三先生的诗,是每一个读者所钦服的作品。近一年来,他所有吟咏,大多侧重于生活之艰难,在风趣、轻灵的缀语间,发为轻吁微叹,而读者深深感动,这是工力,决不是随便可以学步的。我平时也喜欢干着这调调儿,虽然自己的东西,谈不到什么造诣,但却也目空一切,对别人的东西,求我所认为满意,殊不易

得。在同文中，我只服贴两位先生，一位是其三，还有一位是施叔范先生。他们二人在诗的风格上，是绝对不相侔的，但其为高手则一也。如果其三、叔范不是平时的乱皮朋友，我老早对他们磕头，请他们做我的先生了。现在其三想收录许多函从弟子，因为自己犯着穷病，不得不略取赞仪，但真是菲薄得很，每个人才收一百只洋。读书人到底不是市侩，终世也不会狮子大开口的。记得从前也有读者，要来从我学诗，学会我一套做打油诗的本领，究竟不足登大雅之堂。现在我可以介绍其三先生与诸君，这才是写旧诗的好手，只要肯勤学，能够得到其三先生一半的造境，写出来已足以叫人弹眼落睛了。

《东方日报》1942 年 7 月 26 日，署名：唐僧

费穆说 *【云庵琐语】

费穆先生说，话剧的戏本中，往往有"他妈的"三个字，这三个字于是成了中国人的"国骂"了。又说：对白中也时常有"你的意思是说……"因为有得太多了，真好像平剧中之有"实指望"，"又谁知"等等的话搭头了。

王西神在生前，我只见过一面，记得是同席吃饭，他瘦得像个人干，而精神亦非常萎靡，但倒有一些儿仙风道骨的神气，不像他写的字，也不像他写的文章。他的字肉气一团，丝毫没有灵秀之致，一望而知是庸手所为。文章在他是自矜典雅的，其实古涩得叫人难以索解。这一位文坛前辈，我是不佩服他的。

在许多话剧导演中，佐临造诣自然很高，人也肯埋头苦干，但脾气是僵的，要讲到温文尔雅，该推重吾们的导演朱端钧先生。朱

先生的家庭境况不输佐临,但他的为人,就心气和平得多,同朱先生闲谈,真有"如坐春风"之乐。我看过他两个戏,一个《妙峰山》,一个《寄生草》,都可以知道朱先生的造就,已臻极诣。桑弧对电影、话剧界里,有两个敬爱的人物,都是姓朱,一个是石麟,一个是端钧,而尤其对于端钧先生推崇备至。

《力报》1942 年 7 月 29 日,署名:云郎

鍊霞绘扇页 *【怀素楼缀语】

　　鍊霞绘一扇页,作《秋海棠》图,俪一蟛,以馈晚蘋者,晚蘋于一面作书。扇不如寻常所用之大,男人可以用,女人亦可以用也。秋芳夫人见之,爱其小巧,晚蘋辄慨然赠夫人,谓我本不喜此,盖鍊霞此画,苟无蟛,转觉气派甚雄,今若此,是宜于为女子携矣。夫人谢而纳之,复丐鍊霞赏上款。晚蘋于次日授夫人,又谓海棠者,秋芳夫人也,彼据海棠之蕊而立者(蟛),是为秋翁,此天生之秋色图,宜为秋翁夫妇珍藏之也。

　　国际饭店之三楼,曾一度拒绝外宾,惟前日起,门外之告白已撤去,盖复解禁矣。惟以天燠,其沙发不耐久坐,南窗又不全开,辟一扇,风至,使人头痛如劈,予且不以其地为胜境矣。国际饭店之令人向往,有冷气耳,今则冷气未能施放,坐其中若处蒸笼,则又何贵乎上国际饭店哉?按国际茶室之不许外客人座,因有打相打事件发生,可见好勇斗狠之受人讨厌,欢喜打相打之流氓,犹沾沾自喜其拳头之可以制人者,至此,倘亦应憬然悟欤?

《东方日报》1942 年 8 月 7 日,署名:唐僧

儿时尘事【云庵琐语】

记得十一二岁的时候，我的乡下有一个姓金的孩子，欢喜成群结党，自己做着平剧里所谓"为首之人"，到处欺侮年纪差不多的学生。于是一乡的孩子，提起此人，就生畏惧之心，这好像上海人听见了一个狠霸霸的流氓的名字一样。我同一个学生在路上走，逢见此人，同学对他指了一指，要我认识他的面目，此人便疾趋过来，拉住我同学的领头，问为什么对他暗地指点。我的同学，不敢声辩，只向他拱手谢罪。我看了这情势，也吓得魂飞魄散。

但又有一天，记得我们在看放焰火，这姓金的孩子，立在我的旁边。当时我又有一个同学过来，姓金的见了他叫道："喂，割卵子。"因为此人姓葛，葛与割的声音相似，故而把割卵子三字当了他的混名。但这个姓葛的同学，却不甘服，他说：原来是"金乌龟"。此人便大怒，要去打姓葛的同学，却听那姓葛的人说：要打外头去打。于是两个人相扭出外……我当时真佩服我这个同学的狠勇，这差不多廿五年的事了，印象始终没有泯灭。

看见了平时张牙舞爪的上海流氓，一旦吃跌起来，虽然不关我事，而心头上自有一种欢愉，也好像眼见姓葛同学吃瘪那姓金的孩子一样。

《力报》1942 年 8 月 13 日，署名：云郎

呈李阿毛先生

先生信是滑稽雄，何况风流笔亦工。
到得老来还一笑，滑稽人事太无穷！

一夜与阿毛先生同饭，予问先生，年几许矣。曰："且逾六十。"惟先生之精神犹健，而巨笔独扛，犹能写人生百态之趣，真寿征也。

《社会日报》1942 年 8 月 16 日，署名：云哥

秋海棠【定依阁随笔】

慧海师读《秋海棠》而美之，惟谓结局略松耳。《秋海棠》为瘦鸥所著，以梨园为背景。而慧师生平所嗜，戏曲而已，数十年来，与梨园中人交往者，不可胜数，故于梨园中事，知之綦详，因谓瘦鸥所述，偶与事实未符，譬如秋海棠（人名）于穷途末路时，搭班沪上，歌场经理欲使其为打英雄，此则万不可能，秋海棠为青衣花衫，纵使少日坐科，亦未必胜跌扑翻打之役，若为刀马旦出身，则近似矣。故应派其为"另碎"，另碎者，《玉堂春》中喊"刘大人用刑"，《投军别窑》中执令旗而喊"薛平贵听令"者皆是也。此类情形，眼前即有例证，则为黄金大戏院之王福卿是。王在盛时，唱花衫，其名为"几盏灯上"中之一盏灯，顾卒至今日，久已沦为班底，且为班底中之另碎，今瘦鸥之状秋海棠，使人真疑为王写照矣。瘦鸥曾言，作《秋海棠》前，尝赴戏院之后台，观察实情，其用心良苦。近承惠赐一册，愚妇有小说癖，攘之去，愚故犹未属目，稍缓，当尽一夜工夫，挑灯而读，以欣赏吾友之生平杰构也。

《海报》1942 年 8 月 17 日，署名：刘郎

访灵犀

报间方睹灵犀病，及我来慰则已痊。

一榻一身堆百箑,终无诗好也徒然。

日日读灵犀之《病榻杂记》,因往慰之,则已瘁已,发初剪,容光亦焕发,知故人初无大病耳。时灵犀方卧榻上读书,其历岁所留之箑,咸堆榻上,稍加展览,则惬意者不多。予写扇,好写自己之诗,必欲别人亦如此。予诗固不善,而亟欲看他人之好诗,灵犀诸箑,奈无此耳。

《社会日报》1942 年 8 月 29 日,署名:云哥

陈存仁【云庵琐语】

陈存仁在十几年来,我第一次请他去看病,诊所在现在望平街,一家花纸行楼上。陈医生年纪还轻,瘦得可怜,着了一件马褂,带了一只瓜皮帽,上面是一个珊瑚红结,与刘斌崐在《大劈棺》里的二百五,差堪比拟。那时陈医生还没有出路,什么《医学大辞典》,也尚未问世,但当时陈医生猥琐的形貌谁也看不出他在今日之下,会"名成利就"的。名成利就四个字,是郑耀南常常带在嘴上,来称扬陈医生的一句成言。

你道陈医生的国医,业已成功了吗? 不,陈医生的医道,问题尚多,不过他太会致力于宣传,宣传的结果虚名自然有的。至于利,陈医生果然发了财,不过他的财,不是因为门诊忙得户限为穿而积起来的,他还是靠做生意,做那一种吃与不吃一样的牛肉汁与童鸡汁的生意而发起来的。

但最近,有人看见一个病家,登着一幅感谢陈医生的广告,此人特地跑来看我,他为他一个亡友发了许多牢骚。他的亡友是一家袜厂的主人,不久前也患着伤寒症,而请教的医生,便是陈医生,

但此人命根不牢,终致不治而死。此人看了有人鸣谢陈医生的广告,便要我把陈医生为其亡友治病的经过,也写一篇文章,让上海人对照读之,可以晓得生病人是有幸有不幸的,而医国手可以起死回生,同时也有束手无策者,如"草菅人命"等危险的句子,自然不能轻轻加在陈医生的头上。

《力报》1942 年 10 月 3 日,署名:云郎

文宗山 《大马戏团》【云庵琐语】

"上艺"《大马戏团》之广告,出文宗山先生腕底,婉丽风华,曼妙不可方物,此所谓才人之笔,终有异于庸手也。今日治电影、话剧广告者,论纤巧推之方,论工整推季琳与小洛,独崇文兼两者之长,而题字之典丽,实非余子所能及。崇文文字之善,我人于报端已见其崖略。《万象》杂志,恒得其文字以为荣。铁椎办《小说日报》,若无佳稿可读,惟崇文为作"艺坛什笔",日试二三百言,有喜笑怒骂,皆成文章之概,而此文之于《说日》,正如景云庆星之不可多得,真健笔也。愚识崇文,以铁椎之介,谦和纯挚,年才逾二十耳,乃为"上艺"所延揽。其妙绪如云,以后将不绝于卡尔登之广告中表现之,或曰:读好广告,胜于看好戏。之方为共舞台制广告,笠诗恒言,共舞台之"噱头",都在广告上耳,我于崇文亦称是。

《大马戏团》于九日曾在卡尔登秘密预演,然闻风而来观赏者,前座几为之满,计相识者,有朱石麟、佐临夫妇、姚克、刘琼、陈琦、桑弧、季琳诸君。桑弧言:剧作人师陀,曾于民国二十三年,得《大公报》之文艺奖金者。此剧本为其经心之作。师陀与季琳私谊甚

厚,此日不知亦在座中否?

《力报》1942 年 10 月 12 日,署名:云郎

令秋翁毋食其言*【三百首外集】

闲情正复慕秋翁,轮轨迢迢散远踪。
若见洋澄湖蟹好,携归许与故人同。

秋高之日,秋翁携秋娘游于吴门与白下,临行,谓归来将重过苏州,市巨蟹,归来以飨常日共处之友也。此报抵宁之日,不谂吾友尚勾留白下否? 倘为半老书生见之,于晤秋翁时,务望带一个信,令其毋食前言也。

《海报》1942 年 10 月 18 日,署名:唐人

蒜为予所深嗜*【三百首外集】

一夜亭亭苗翠条,荒厨赖汝佐千肴。
因知世味无甜蜜,辛辣尤为我所饕。

向香雪园索土一盂,不莳花草,而排大蒜。蒜为予所深嗜,秋日诸肴,非此不能适口。蒜既苗苗,故宠以诗。

《海报》1942 年 10 月 20 日,署名:唐人

喜盖叫天登台

此日听歌兴未赊,英雄一例老天涯。
愿倾万斛情如沸,来看江南盖五爷。

闻盖叫天将登台,此亦江南伶范也。乌得不为之喜心翻倒?伯铭知予嗜盖戏,以《洗浮山》券见贻,此惠真同百朋之锡,令人有宝剑明珠之感。

《社会日报》1942 年 10 月 22 日,署名:云郎

重见王熙春

半生不为米盐愁,亦有情怀老更遒。
今日江头同作客,相逢每喜在高秋。

熙春来沪将半月,昨来视予,则体态已不及曩时之腴美,然谈笑无恙,心实喜之。

《社会日报》1942 年 10 月 29 日,署名:云郎

秦瘦鸥与李昌鉴【定依阁随笔】

秋翁把秦瘦鸥兄与李昌鉴相比,不免近于苛论。瘦鸥与昌鉴的小说,我都曾读过。讲学问的根底,瘦鸥胜过昌鉴。论小说的内

容，则李昌鉴东剽西窃，明眼人自可以寻出许多地方，不是"李记"的本庄货色。而瘦鸥除了译作之外，都是自己的结构。李昌鉴的小说，在没有排足的一行中，欢喜附加许多自己标榜自己的口号，如："李昌鉴是一个诚实有为的青年作家"，又如："李昌鉴是一个英俊风流的戏剧家"，又如："李昌鉴面上常年涂着三分不足二分有余厚的雪花膏的青年播音家"之类。这些闲文在瘦鸥兄的小说里从来不曾有过的。一行排不满，让它留着空白，《秋海棠》更不惜篇幅，每一章的上面，印着一块唐云先生所绘的《秋海棠》铜图，比了李昌鉴的加一些杂合乱拌自说自话的标语，自有雅俗之剖！李昌鉴的作品，上过银幕，上过舞台，这却与瘦鸥的小说同一轰动。但李昌鉴毕竟不如秦瘦鸥的，似乎他的小说，还没有让唱东乡调的朋友居为奇货！

《海报》1942 年 11 月 8 日，署名：刘郎

无锡肉骨头*【三百首外集】

今日奇珍一滴油，开厨何止米盐愁。
算来乱世人如狗，争啃梁溪肉骨头。

半老书生自无锡来，携肉骨头甚多，以饷文友，是固梁溪名产，然识者终谓肉骨头为狗所嗜者，今则人亦争啃之矣。

《海报》1942 年 11 月 13 日，署名：唐人

与周信芳谈盖老五【定依阁随笔】

以周信芳在今日,宜可以目空余子矣。故于时伶,恒无所推重,而独于盖五,称颂备至,盖惟英雄始能惜英雄耳。往年会戏,排《史文恭》于大舞台,盖欲信芳陪卢俊义,信芳亦以盖演史文恭,始肯卖力唱《玉麒麟》也。黄金之局,盖吴争座,演《武松》与《大名府》二剧而止,信芳为之摇头嗟叹,曰"彼雌何忍?使海上嗜曲之士,乃不获广见绝艺于今日也。"又曰:"盖五近尝语人,曰:'我的东西到现在才能看,怎么人家就说我老啦!'"其言沉痛,然亦至言。盖以逾五之年,而练工未尝或辍,其造就乃臻炉火纯青之境。盖固自知,用是恶闻他人之言其老也。信芳曾看《大马戏团》,以石挥之演技精湛,故深致倾倒,第谓剧作人写慕容天锡一角,其典型乃如天津卫人物,苟饰演此角者,以天津话出之,则弥足传神,而为趣亦尤永。愚近来屡与石挥先生言麒艺,石闻信芳演《四进士》,名重南北,特作壁上观,则亦叹服,谓昔看李盛藻此作,至今渺无迹象可寻;而信芳之艺,始使人回味无穷耳。

《海报》1942 年 12 月 2 日,署名:刘郎

丁一英八字归还记【定依阁随笔】

丁慕琴以老画师著名,其实老画师三字,不足令人置念。惟其人弥老而弥好,始为后辈所景从耳。慕琴有妇,人称丁师母,能饮,复好客,识者贤之。有女,字一英,容仪甚美,复隽爽有母风,亭亭亦二十人矣。今年,老画师录越女支兰芳为义女。有颍川生者,酷赏兰芳,与慕琴亦素谂,至此,颍川家人,与丁家人尝为兰芳座上

客。颖川之母,睹一英而美之,会其第四子求配方殷,曰:苟得一英
而妇吾子,则于愿良足。因烦塞修白于慕琴。丁家乃以八字,颁陈
家,时好事将谐矣,而有女子,忽延律师告颖川之父,谓子尝眷恋女
子者,今乃弃之,实悖法理!颖川之父大怒,亟弭平其事,而为丁家
剖白,谓女子实挟嫌相诬,不可据为信史也。惟一英以为奇辱,必
请毁约;此皆半年前事。半年以来,颖川之子,不能忘情于一英,丐
其义兄谢过,而一英不许,最近乃闻以八字归之矣。此一段因缘,
由此乃告中辍。记其概略,为关心丁家人者告焉。

《海报》1942 年 12 月 6 日,署名:刘郎

斯为"虐政"

新年,这个名词,我对它厌恶了十多年矣!我一向以为新年是
阔人所有的。到了新年,惟有阔人,才得恣情享乐。穷人则听说新
年到来,头痛心焦,甚于常日!十几年来,我的岁月,永远沉浸在穷
愁中;所以听说新年将要到来,早已心事重重。

十几年来的愁苦光阴,便是误于一枝秃笔。但作了报人,逢
到新年,却又要写一点新年应时的文章,以资点缀篇幅。我生平
不大肯有违心之言,更不肯强颜为欢,所以逢到报纸有新年特辑
的时候,我从来不曾著过一字。有人说:过新年而写一些嗟穷愁
苦之文,也未始非应时之品。但叹穷又非在下所在行,故也自来
未曾写过。

不料本刊的新年笔会,指定要写应时小品,我认为是修梅兄的
虐政,他分明强迫要我强颜欢笑;再不然便是要我趁此新年,一发
穷困的牢骚!在岁尾时候,我忙着自己的私事,所以这一次笔会的

举行,我绝未预知。接到了修梅兄的信,我随即写一节关于费康兄逝世的消息。谁知修梅以为不合格局,定要我另写一文,在短短的二三十分钟时间内,我迸出上面这一番宏论。但昨天的那篇文字,我还明明点着老凤两字(请翻阅昨日《定依阁随笔》),岂非白白辛苦了吗?

《海报》1943 年 1 月 1 日,署名:大郎

1943 年

关于"绮"的读音【怀素楼缀语】

在卡尔登上演的《秋海棠》中,有一个女主角的名字叫罗湘绮,这一个绮字,习惯都读如"倚",所以《秋海棠》中,也都念作倚。我小时候,先生教我读唐诗,"蓬门未识绮罗香",则绮字是读如"启",所以一向念它为"启",而不是念作"倚"的。

前天,费穆先生突然接到一个看戏的人寄一封信与他,用善意来替他纠正罗湘绮的绮,不可以念作"倚",而应该读如"启"的。据这位先生对费先生说:他为了写这一封信,特地还查过一次字典的。

费先生当然接受观众的诚意,所以通知演员,从这一天起,都要改正这个字的字音,但演员为了几天来习惯的缘故,一时竟改不过来,以致于为了这个字,把台词都忘记了,而大吃其螺蛳。

我以为纵使字典上,没有读"倚"字的声音,那么这个字既然为多数人习惯读成倚了,则不念为"启",也无所谓的,何必要改正?寻常

的字,被人读别了声音的,不知有多多少少?不止这一个绮字而已。

《东方日报》1943 年 1 月 6 日,署名:唐僧

石挥与张伐【定依阁随笔】

石挥与张伐在《秋海棠》里,既派为 AB 制;张伐不断地揣摩这一个角色的个性,所以他有一次代石挥而上去了。台底下不是话剧的老观众,固然分不出此人不是石挥,而对于张伐的演技,一致加以叹赏;便是曾经看过石挥的,也因为张伐的戏演得那么熟练,并不疑心他不是石挥。石挥在台上,有许多地方,使台下人情不自禁地报以彩声。但张伐同样的吃彩。最奇怪的,石挥每次吃彩的地方,张伐从来不予漏掉过。还有戏终时候的"谢幕",据说石挥最多有过五次以上,而张伐这一天,也连起了两次幕。

外间传说,星期一的《秋海棠》是由张伐上去的,这又是揣测之谈。"上艺"的当局,对于这一层还没有加以考虑,他们想把两个人随时换上台去,决不限定一天两天。因为《秋海棠》的导演,认为演秋海棠的两位演员,都是成功的角色,在他们并不曾分出轩轾来。

《海报》1943 年 1 月 16 日,署名:刘郎

上海自来水奇咸*【三百首外集】

皆因世味太平凡,遂遣人间百吻馋。
昔日辛甘尝尽后,即今所剩是酸咸!

自来水奇咸，饮料俱变味，上海人不安于饮料者若干日矣。

《海报》1943 年 1 月 28 日，署名：唐人

寿一方四十* 【三百首外集】

无多才子产江南，临老芳公笔意酣。

舍下先叨两碗面，肩头难放万斤担。

嗟伤只为人生苦，取次将回世味甘。

君作封翁予亦老，儿曹青定出于蓝。

寿一方四十。

《海报》1943 年 2 月 13 日，署名：唐人

记潘柳黛【定依阁随笔】

潘柳黛为北平人，辍学后，投身新闻界，于二年前，自故都而趋白下，为各报著文稿，文都可诵，不久遂驰妙誉。尝游东瀛，其以何任务？则不获知。今正式就事于《华文每日》，故于二三月前，又自白下来海壖矣。初以秦墨哂之介，识沪上钱芥尘先生。钱先生更介其遍谒新闻界之名流。一日，陆小洛先生与柳黛饮于咖啡座上，愚亦得识其人。其人体肥，肌肉极坚实，乃谂其健康实逾于恒人。又健谈，说流利之京白，滔滔若江河之决，谓来沪以后，愿多识艺苑胜流，以小洛与电影业及话剧中人都相习，因烦小洛作曹邱，俾得

晋接光辉,而供腕底传写,乃为殊幸。又谓其恒时所述,以"特写"为最多,他如随笔小说,所产亦广。若译作与新诗,偶一为之而已。愚问曰:潘小姐恒时,平均可日得若干字?曰:旬日得五千。愚曰:是固少于我矣,我三日恒得五千。虽然吾文陋,其随便乃如开一张发票,潘小姐则审考綦详终为名山事业者也。小洛为人,不好谈文艺,以文艺殊枯涩。因问潘曰:若干年来,潘小姐之恋爱史迹,定可供妙笔之传写矣。潘曰:我乃无之,对象固无其人,复以吾之精神,悉萃事业之兴趣上,故于儿女之情,恒是漠然。其洒脱正复可爱。潘亦修饰,愚坐其身畔有香气袭人,非花非麝,而如浓烈之巧克力。时人称丁皓明为巧克力美人,初嫌其勿类,今见潘柳黛,是殆巧克力之佳人欤?

《海报》1943 年 2 月 27 日,署名:刘郎

云燕铭【定依阁随笔】

读何方先生记云燕铭送别篇,深为感动。燕铭离沪,愚初勿知,读何方文之前一夜,乃遘孙克仁兄于咖啡座上,为言云已去沪,而其人则滋可眷念也。当在"更新"辍演之后,与克仁游,形迹甚密,外人疑彼二人交谊,殆已越寻常朋友之范。是夜,愚故以浮薄之言,问克仁曰:"云燕铭搭过之后,乃放其动身矣。"克仁指天誓日,曰:"我未曾搭过,脱有隐私,则我无好死。惟此为善人,故笃爱之。我苟有力,终不使其凤泊鸾漂,复从湖海中讨生活也。"述至此,又正色曰:云为义伶,其襟度有非常人所及者。当为诸君陈一往事:献岁之日,我雀战于"更新"前台,有人来报,谓云燕铭之琴师丧父,而无钱成殓。我恻然悯之。少顷,离局如厕,抵外室,睹云之

琴师立于外，我忆前言，语之曰："闻汝父丧，而绌于赀，汝姑移父尸入殡仪馆，所需几何，我悉任之。"琴师叩首曰："谢孙先生惠，我既得钱矣。"克仁又问："汝钱安从致？"曰："云老板与我者耳。"克仁曰："云老板遇汝钱邪？"曰："未也，特其见我赤贫，又不忍睹老人暴尸，故脱其金饰，以为赒赙。"言已，出金链并锁片各一事。我当时见此状，感动几于泣下，以为举世优人中，好侠义，轻财货而如云燕铭者，更从何处觅邪？自此益重其人。旋闻其通旅舍之资，催索甚迫，我以三千金送其家。是时云登台"黄金"，及得钱，辄还我。我力拒，而云则坚请，谓："世人言，唱戏人刮皮者多，妾殊勿欲无故受惠于人。"我见其志决，始纳焉。及其去也，则旅囊又空无所有，我欲谋所以润之者，云又勿欲。此在男儿，且不多觏，矧一弱质，又乌得不令人敬爱之深哉！

《海报》1943 年 3 月 5 日，署名：刘郎

聊以自娱【定依阁随笔】

愚不能演平剧，而登台者屡；则大胆老面皮耳。尝与信芳合演《连环套》，又尝与素雯合作《别窑》，愚因自念某何人斯？乃得为当世名优之匹，亦生平之殊宠也已。顾在他人视之，则曰："若唐某者，真能聊以自娱者耳。"近顷，包小蝶先生以电话来，谓十九、二十之晚，"黄金"有义剧两台，烦足下参与其盛。愚初闻惶恐，故坚辞，而兰亭亦朅我綦急。孙包胥至友，势不可峻拒；因拟于二十之夜，重演《别窑》。是夜票友之戏仅三出，《别窑》而外，为谐叟之《请医》，及孙夫人与李桂芬之《教子》，而以梅博士公子玖宝为倚哥焉。谐叟为孙履安先生别署，于旧剧之造诣绝高，视愚之谬悖，其情调

至不谐和。顾兰亭爱我，乃商之淑娴，使其为俪宝川，所以酬鲰生知遇之情，而不肖亦得偿其平生妙愿。事之成败不可知，而愚之所感于兰亭者，宁有既极？嗟夫！果能于急管繁弦中，看绝代红妆，为将军惜别，是老夫真能聊以自娱者矣。

《海报》1943 年 3 月 18 日，署名：刘郎

清明【云庵琐语】

今天是旧俗的清明节，上海人家，大都在门口高插柳枝，然在我的故乡，杨柳植遍在门前，到了清明节，却没有人家把柳枝插在门外的。记得先舅的西北杂诗中，有两句是："客里忘佳节，惊看柳插门。"这二句诗，我以为是咏清明的，但西北的风俗，却适应于端阳。

昨夜，我的大儿子，他随口念"清明时节雨纷纷"的诗，在《千家诗》上，自有许多诗句，垂之久远，而成家弦户诵的清明时节的一首，正是一例。但这首诗好在什么地方？我始终也索解不出，大概从当时可以能够流传下来，因为这一章七绝，是比较通俗的作品，到后来却成了民间歌谣似的为人所讽诵了。

已经近十年没有祭扫过先茔了，所谓慎终追远的工作，我是向来把它忽略的。舅父自从归葬之后，照例我应该去上一趟坟，但我是那样的疏懒，去年今年，舅母从上海回到乡下，我都不曾跟着她一起去。先宗的遗榇，至今还厝在上海的殡仪馆里，每年让儿子们去看她一次，我则常常过清明的先后几天，心切幽灵，算是用我的精神在悼祭他们。

《力报》1943 年 4 月 5 日，署名：云郎

薛觉先忆语【怀素楼缀语】

薛觉先亦可谓一代红伶矣。然其人旅历世途,磨难甚多,今且死去。予于广东戏绝无好感,故广东戏之伶人从无结交,其曾有一面之雅者,则为薛觉先与唐雪卿二人而已。事在八九年前,薛来沪出演,登台前一夕,有人招饭于三马路一川菜馆中,薛与其夫人唐雪卿同至,席上皆名流,新闻业之前辈张竹坪,亦惠然莅止,予与之方皆被邀。

薛氏夫妇之印象,予未全泯,薛为人颇隽爽,亦健谈,其夫人则温文有礼,默默当筵,时为佳笑,席上出其照相若干幅,分赠同座诸君,予得二帧,非所宝,不知散佚何处矣?顾第二夕为薛氏登台之夜,乃第三日之报纸上,即载薛为仇家所陷,将登台前,有人掷一石灰包于其头面,创其面部与两目焉。薛因此未曾上演,而已告辍演,自此闻其就医后,伤即渐愈,其目亦无失明之患,直至今岁,复以罹祸闻耳。

《东方日报》1943 年 4 月 29 日,署名:唐僧

黎明晖与姚莉【定依阁随笔】

黎派歌曲之盛行,明晖为其先河。及近年来,姚莉称著盛名于舞场"麦格风"前,则为其余烈耳。愚与锦晖先生交甚笃,独不识明晖;七八年前,黎氏父女虽同客春江,而明晖定省常疏,愚固未尝于锦晖座上,一睹明晖踪也。迩者,孙曜东先生,蓄杜鹃七八本,花盛放,乃邀客观花;因于孙夫人许,得遇明晖,则其人既育三四男矣。自以短发已不良于观,故为髻。黎氏一门,皆风趣,明晖亦隽朗健

谈,尝闻其恒时不讳言其老,因有言曰:"我昔之为葡萄仙子者,今且成葡萄干矣。"雅谑如此。是夜,饭于"新雅",舜华夫人挈姚莉同来。前年秋,与陈雪莉同坐"仙乐",雪莉招姚莉为愚介见,过此复各不相识;此际重逢,乃觉其人已视昔为耐看。问其年,犹不过二十耳。愚故曰:"歌韵之美,若醇醪之可以醉人者,以我所闻,第姚莉一人。"姚莉大叔,顾又不善为卑词,知此尚为天真未凿之儿。后一日,赴"扬子"听歌,歌名皆非所习闻;盖如《爱的波折》诸曲,已不恒出其口中,所以示别异于凡俦也!

《海报》1943 年 5 月 2 日,署名:刘郎

肝胆之交?【定依阁随笔】

《万象》杂志出版之始,虽然蒙蝶衣兄邀我写过文稿,但我却一直躲懒,终于辜负了老友的雅望。我不欢喜在杂志上撰述,有几种原因:㊀ 自己晓得我平时落笔轻薄,写在小型报上,以为风月文章,还可以掩盖自己的丑陋;杂志的内容,比较严肃,终觉得我这一枝笔,不堪与高雅谐和。㊁ 我好像天生似的,不能写洋洋几千字的稿件;近来一稿之成,五百字已算最多的了。少至于两三百字,字字固然写不连牵,实在也没有精力来写。小型报的文稿,简短一点,原无妨碍;杂志的体裁,总以"大块文章"为合格。㊂ 我有一种脾气,是与胡梯维先生同样的。梯维为报纸撰述,他希望今天杀青,明天见报,迟了些日子,他便大不耐烦;我也是如此。为小型报写作,是有这样的痛快,写到杂志上去,便要使你引颈为劳。为了这三种原因,所以我自从为职业文人以来,差不多专门替小报动笔,大报的副刊,以及任何杂志上,我未曾有过只字。

去年的冬天，襟亚预先送一笔稿费与我，要我替《万象》写一篇东西。我本来推却，他则坚请收纳。但我收用之后，过了四五个月，也没有报命。在五月号发稿之前，他重申前请，我不好意思再推诿，故作了一节短文送与他。在他这一期的编辑者言里，称颂我是"肝胆之交"，其实说穿了他不来逼我，说不定我永远会把他的稿费"摆堆老"的。

《海报》1943 年 5 月 14 日，署名：刘郎

闻新艳秋不死【三百首外集】

热泪三升血一升，昔年尽此哭倾城。
幸教今世同天地，安用闲人报死生？
天上星辰都落寞，江南词客总关情。
腮红不减当时艳，更觅樽前诉太平。

《海报》1943 年 5 月 24 日，署名：唐人

补婚记【定依阁随笔】

愚年二十三，娶沈氏妇，归七年而殁；遗两雏。殁后三年，乃遘惠明于沪上。惠明氏刘。已失怙恃，兄姊皆远游，茕茕而独，少愚者十年；不委身于沽屠，而甘为贫士妇，其志盖滋可悯也。刘氏事吾亲甚虔，渠育一女，未几而殀。去岁梢，又诞一雄，亦未尝以此而异视吾亡妻二子；愚甚德之。顾三年以来，愚常陷穷途，终未办

婚姻上之合法手续,遂无以正名分。此在丈夫,初无置意;其为封建社会之女儿,则罔不竞此。故刘氏恒悒悒。愚谋所以慰之者,因举行一最简单之公开仪式,为补婚礼焉。六月六日,下午七时,邀至友八九人,为我证婚。愚自述数言,写于吾二人媒书之端。其言曰:

> 吾二人于民国二十九年春,相遇于沪上。既又互矢爱悦,惟未尝举办婚仪,迄今盖已逾三年矣。秉圣人名不可不正之训,爰于民国三十二年六月六日,在上海国际饭店之孔雀厅,出我二人之婚书,烦平时至友,如金雄白、金舜华、姚肇第、姚吉光、唐世昌、姚绍华、周翼华、陆小洛、龚之方诸先生,各赐题名,以为见证。复丐双方家长,予以署诺,然后共藏此纸,为我二人婚姻上之合法凭证,兼所以为百年永好之券也。

翌日之《新闻报》上,复刊一启事,其言亦等是。此例容无前见,今自我而创。肇第乃言,是与民法初无所背。笠诗为当世名法家,其言不背法者,吾二人皆得安心矣!

《海报》1943 年 6 月 9 日,署名:刘郎

先舅之丧*【三百首外集】

> 水榭风廊一径开,春泥缘路杂青苔。
> 片时陌上浑忘世,千日心头郁至哀。
> 奉母已惭亏旧德,退耕宁与不羁才?
> 体羸近复能都薄,壮志如山亦就灰!

先舅之丧,三年又四月,昨夜得梦,与舅走阡陌间,舅言笑如前时,顾片刻即杳;及醒,泪浪浪被枕上,不复成眠,起作此诗。

《海报》1943 年 6 月 22 日,署名:唐人

谢西泠石伽

当年曾识申君面,今见先生腕底才。
自有清华纾纸上,冥顽也解眉头开。

迩时以绘《百万图》之申石伽先生,方为艺苑轰传,日者忽以其所作聚头,烦老凤见贻,甚感雅爱,所作山水,设色殊美,为之狂喜,辄赋短句酬之。

都为"羊毛"吹尽毛,越吹真个越糟糕。
文章终是前生业,谁识梯兄格调高?

为"毛是羊毛"之辩论事,慰颇费唇舌之诸君。

《力报》1943 年 7 月 1 日,署名:云郎

打油诗【云庵琐语】

打油诗其实不好做,今人为此,恒落平凡,至于小型报上所刊者,并诗韵与平仄都不懂,居然非写成二十八字,自命为"一首诗"

者,尤为"骇人听闻"矣。打油诗之好,以寻常言语出之,浑成自然,亦饶有意境。昔日,有濮一乘君,作《宣南百咏》,诗非尽好,惟有二句云:"一辆汽车灯市口,朱三小姐出风头。"是即以寻常闲话出之,有浑成自然之美,亦饶有意境。诗为旧都人士所家读户诵,可见真赏自有人耳。

近有他报,自傲予为打油诗之胜于他人,其言曰:"几曾见打油之什,清奇绝俗有如吾辈取出者?"谈者固不免目予为罔自夸大,实则可以为我敌手者,殊无所见,除非老铁重来,予甘低首,否则,暂时只好让睥睨一切矣。

《力报》1943 年 9 月 9 日,署名:云郎

三十六岁生日述怀(有序)【云庵琐语】

昨日为愚三十六岁生日,效十三点诗人每逢生日必有感怀诗例,因亦作述怀诗两律句。倘荷诸大吟坛,宠锡和章,面不得吃一根,肉不得吃一块,只好白费心思,予亦根本不欢迎也。是为序。

我生三十六年中,但有奇穷未小通。
别户而今皆暴发,某家至竟为人佣。
早知日后无多福,还恨身边短点铜。
一事算来真"作死",闺房严禁似樊笼!

"作死"上海土话。又"短点铜",系袭北方鼓词有"细问皆因短点儿铜"之句。

须眉不戴戴头颅，自笑登徒作事粗。

已喜有儿兼有妇，何堪为富复为奴。

怜才未必知奇士，居处还能觅小姑。

尤幸二三朋友好，时来问我要钱无？

《力报》1943 年 9 月 24 日，署名：云郎

送季琳北上，即寄故都【三百首外集】

但把深哀换惘然，曾悬清泪泣高天。

勤书或是前生事，欲饮还求异地泉！

遂我已凉秋九月，羁人早涉路三千。

明朝君到春明市，倘念刘郎尚少年？

《海报》1943 年 9 月 29 日，署名：唐人

《浮生六记》【怀素楼缀语】

昨日遇包天笑先生，因谈《浮生六记》，予于沈三白此作，夙无好感，包先生则不置一辞，第谓沈实幸运之儿，其稿既杀青，委弃于道途间，忽入一尤姓人之手，则已残缺不全，此尤姓人非他，即在上海专办农场之尤怀皋先生之祖父也。尤氏与包先生有葭莩亲，先生故知之甚谂，而怀皋之祖，与天南遁叟善，因以沈稿件与叟，由叟之介绍，始刊于《申报》，然所谓六记者，不过四记而已。其后有人忽扬言遗佚之二记已得，因付枣梨，顾为天笑先生见之，

断为赝鼎,盖此著新名词甚多,决非乾嘉年间物所有,因后亦不复流行。今费穆移此作上舞台,予尚未见,然见者一致称重,惊费为鬼斧神工。以予之不甚尊视原著,殆将以"化腐臭为神奇"一语,为费先生颂矣。

《东方日报》1943 年 10 月 13 日,署名:唐僧

看《浮生六记》作

> 隶辞属事原常技,不是欢娱即是愁。
> 始信前人皆稚揣,今因费穆得千秋。

看新艺之《浮生六记》,予将谓沈三白因费穆而得以千秋。予于治文,不喜平铺直叙,亦不喜行文之细腻熨贴,沈复此作,即坐是病耳。

《社会日报》1943 年 10 月 17 日,署名:云哥

轻薄云云【定依阁随笔】

愚以看不惯于文字间对周鍊霞作意淫的调笑,故作《宜惩轻薄》之篇,布之他报,不图反响群起。凡鸟先生讦我尤甚,大意谓他人可以禁人轻薄,独唐某自身为轻薄人,落轻薄笔,出轻薄言,视为恒事,又乌得攻讦他人之轻薄哉?是故直谅之言,愚不敢辨。特愚常时施轻薄于女人,彼女人与我为漠不相关者,我为之。若稍有牵

连,我必不致稍施狂妄。此种心理,不必律以道德,而不妨范以人情。愚以为鍊霞之不可侮,以鍊霞为斯文中人也,为金闺国士也,又为罗敷有夫也!而罗敷之夫,又为吾人之契友也。诸君奈何不念呕逼的词锋之际尚有一情极难堪之城北徐公乎?推己及人,诸君亦当知所谓施"雅谑"于鍊霞者,实多逾分矣?

《海报》1943 年 10 月 25 日,署名:刘郎

闻海生文定【怀素楼缀语】

孙何文定事传流,从此荷边匹剑秋。
世事艰难钻必易,但须君要削尖头。

何海生与女伶孙剑秋之一段因缘,此中历尽许多艰辛,及今始底于成。上月予赴更新,知海生方为此事煎忧,赖克仁、尔康诸兄之力为之成就因缘。克仁以经过语予,海生大惧,谓不能书之笔下,否则功亏一篑矣。予故终秘其言,今阅报载二人订婚之启事,乃知事已大定,然海生已为之轻体重三十磅,而其项上之颅,亦由肥大而尖瘦,盖钻谋结果,宜有此象也。

《东方日报》1943 年 11 月 18 日,署名:唐僧

失钻记【定依阁诗文集】

他报有记自由食堂失钻事,此为风雨之宵,予适莅止,坐失钻

人之邻桌。其人既发现钻已遗佚,一桌上男女七八众,皆起骚动,失钻人为一夷服少年,面白如纸,一人问曰:"此殆于梳洗时忘于家中者?"其人亟否,谓:"来时犹御其指上也。"又一人问曰:"钻在指上,何以得堕?"曰:"指小,而不能足钻戒之围,偶不经意,遂堕于地。"又一人曰:"来后曾如厕乎?"曰:"曾如厕。"于是众人引火,循厕所之径而觅钻焉。然终不可得,此人汗涔涔下,自语曰:"苟我为物主,则亦已了,今此钻实贷于人者,我将何以归赵!"愚闻此言顿失笑,汝为丈夫,衣他人之衣,装点门面,已极可憎,何况假他人之钻,以炫其豪华者?则此人宜获此咎,予幸灾乐祸之心顿生,私愿其永不能重得此钻,使其后来不复夸耀于壳子群中也。

《大上海报》1943 年 11 月 21 日,署名:刘郎

席上赠张君秋

已看"四大"垂垂老,"四小"分明汝最强。
后起何曾无付托,梨园至竟未荒凉。

席上晤张君秋,张此来声誉之隆,视前者尤甚,人谓梨园中旦行寥落,今以君秋之胜,当可弥此缺陷矣。

《社会日报》1943 年 12 月 13 日,署名:云郎

1944 年

看《武松》兼念予倩【云庵琐语】

　　信芳一局，以九日终。九日日场，贴《南天门》与《武松》双出，予于信芳之作，亟赏《南天门》，故与内子同观。内子自哺乳，久不以听歌为遣，今请其看一场戏，亦所以酬其辛劳也。《南天门》自成绝唱，应毋多言，《武松与潘金莲》，数年来予未窥全豹，此日才得见终始。予倩改编后，场子比较紧凑，惟挑帘、裁衣诸幕，皆从略耳。曹慧麟自献艺海堧，迄未一睹，三四年前之小娘皮，今不审长成何似矣。有人论其人其艺，类皆生嫩，是日见之，则不尽然。此人善做戏亦肯做戏，窃以为造就远在熙春之上。二人之出处相同，饮盛誉亦相埒，熙春遣嫁，慧麟取其席而代之。戏叔、灵堂、杀嫂诸场，胥有声有色，台词复熟极而流，满口新名词，此则借慧麟之口，传予倩之笔者也。观《武松》竟，苦念故人不已。不知予倩迄作何状？万里一身，天涯双鬓，想时有新诗入橐也。

　　　　　　　　　　《力报》1944 年 1 月 11 日，署名：云郎

刘琼【定依阁随笔】

　　识电影男星甚众，比岁以来，与刘琼交往尤密。老刘在艺事上，造就最高，而其人拘谨，见"寡老"不敢平视。稍能为白相人攀谈，顾无秽德新闻，故可喜也。

　　刘琼演舞台剧，亦卓然成家，《杨贵妃》在马嵬驿一场时，遒劲

苍凉，能使台下人不尽低回，今后《红尘》，着时装登场，则摆尽其衣裳架子，台下人侧视横看，有穷态极妍之美。摄影场中人，谓刘琼拍戏时以两肩牵动，疑老刘背上，有白虱觅栖止之所。此病在舞台上亦不免，特以若干眼光视之，则谓刘琼乃效麒麟童先生背上有戏耳。

愚不甚看外国电影，尝苦誉老刘，比之为茀莱特马区，识者以为不类。一日，碧云谓刘琼固不能比马区，而颇类贾莱古柏，盖以顾长似耳。

《海报》1944 年 2 月 8 日，署名：刘郎

春游诗　动春游之兴【郎虎集】

予旧诗云："春寒漠漠散高帘，闻道春游价不廉。名胜湖山原有兴，时间经济两难兼。"此为律句，下四句已忘，作此已二十年矣。当时予已不主张诗用旧名词，故时间经济云者，亦所以示予之独标风格也。后见林庚白为诗，适合予怀，惟庚白工力深，隶事寓词，弥多可取，如云："惯与白俄为主客，最怜青鸟有沉浮。"真神来之笔矣！

迩时弥动春游之兴，咏云间白蕉："渐见桃花泛绿湖，豆花眼大杏花娇。先生策杖来何许？两面垂杨认小桥"之诗。为神往不尽，然一念春游，真不知何所适从。近年来曾坐过火车，故不想坐。当年家居，处春郊如画中，不以为乐，今日日浊处尘万斛里，欲一到春郊，为势亦艰，念之真爽然若失矣。

《东方日报》1944 年 4 月 5 日，署名：郎虎

香奁诗【定依阁随笔】

旧尝见周鍊霞女士作，有赠一诗云："雷声车走晚晴天，何意相逢画里仙。螺黛翠描眉十样，云鬟香拥玉双肩。墨华衣称文心细，荷粉装成笑靥圆。最爱乌丝绒半臂，娇红一线著边缘。"今日搦管为文之士，谁更惊才绝艳，似鍊霞其人者？愚尝读昔人作游仙诗，最爱一律云："烟淡香浓×霭间，若非魂梦到应难。窗前人静偏宜夜，户内春浓不识寒。×指递觞纤似玉，含词忍笑腻于檀。锦书若要书名字，满县花开不姓潘。"惟不可尽忆其字，然讽诵一过，犹觉齿颊之芬芳也。蓬矢居故都时，于冷摊购《衮光香影集》贻愚，凡四册，此中所载，皆近代人之艳体诗，然无妙构，求似上述之二章者，亦渺不可寻。

《海报》1944 年 4 月 26 日，署名：刘郎

吴祖光【高唐散记】

陈小蝶兄，在他报作《文天祥检讨》一文，于宋代衣冠尤多论述，然洋洋洒洒数千言，毕竟忽略了"戏"而不谈也。其毛病正同于过宜兄之论剧，亦不谈"戏"而考究"史"耳。小蝶更有一错误者，篇末认《文天祥》之剧本，出周贻白手笔。《正气歌》作者，为吴祖光氏，尽人皆知，而小蝶独不知。最近"苦干"在巴黎上演之《林冲》，亦为祖光所作。祖光在重庆，其写剧本之盛名已骎骎然夺曹禺之席，周贻白亦编剧名家，但精到犹不足与吴氏敌焉。愚对于中国电影与话剧之编导人，向不留心，《文天祥》之剧作人，亦为最近所知，而《林冲》之剧作人为吴祖光，亦以顷间得苦干请简始知之。往年

愚在影片公司为宣传部长，该公司之出品，有人问我为何人导演，何人编剧，愚皆茫然不知所对。或曰：然则你吃的什么饭邪！愚曰：何曾是吃他们的饭，我是吃他们的"俸禄"耳。今不料小蝶之错，适在有人为我讲起吴祖光之后，于是乐得魁一魁，只好让定山居士，疑我为存心吹求矣。

《社会日报》1944 年 5 月 14 日，未署名

记李健吾【定侬阁随笔】

　　愚不识李健吾先生，今年看《青春》与《金小玉》后，则为之欢喜赞叹不复去口。以健吾写作之善也。问之人言，健吾能写剧本，亦能导演，更能现身说法，登台演出。有人批评其剧本不良，健吾笑而接受之。有人指摘其导演未善，健吾亦乐于承诲。若有人讥其演技勿高，则大怒，与其人哄矣。又闻人言，健吾为人，颇不世故。譬如以近事证之，当《金小玉》上演之后，成绩斐然，以剧本、导演，与石挥、丹尼之演技，并足千秋，健吾故大悦。一日，分投一束与石挥、丹尼，缄中各附纸币二千金，为二人致言曰："我之剧本，赖二君之演技精湛，得有今日成就，我深喜悦，无以酬二君劳苦，戋戋者特欲聊表寸忱耳。"

　　人言健吾此举，在老于世故者必不为，以独诹二人，何以告其他演员？而健吾不顾也。比丹尼见石挥，商曰："李先生之钱，纳之邪？抑返之邪？"石挥遽曰："我这两天正闹着穷，先用了再说。"丹尼故无异议，遂偕访健吾，躬身谢曰：先生之赐我多也。李扬二手拍两人之肩，大笑曰："算了算了。"见者谓健吾毕竟天真。

《海报》1944 年 10 月 15 日，署名：刘郎

伏敔堂诗集【云庵琐语】

周信芳先生,闻天厂居士南归,因设宴于蒲石路寓邸中,邀予与桑弧、梯维、费穆、翼华、笠诗诸兄作陪。予最先到,信芳取其所得之《伏敔堂诗集》,假予阅读,今人第知龚自珍、黄景仁之诗境清奇,而不知有江湜也。信芳言,近人誉敔叔诗最至者,有陈石遗、郑海藏诸人。海藏楼主,于江尤服膺,昔曾数数为信芳言,信芳因觅其诗集,久不可得,昨年始于四马路某书肆中得木版书四册,盖全集矣。大喜,一二月前,愚偶记敔叔诗,于《高唐散记》中,信芳读之,因检其所藏示予,盛意良可感也。信芳为伶官已四十年,其人则笃嗜风雅,旧尝问字于海藏楼,兼摹其字,比岁更浸淫绘事,所作复斐然可观,不图其读诗亦弥勤,不知亦曾耽吟事否?料能者固无所不能也。

《力报》1944 年 11 月 8 日,署名:云郎

见一见张爱玲【定依阁随笔】

苏青与张爱玲两位的作品,一向没有注意过,直到《浣锦集》和《传奇》出版之后,在太太的枕头旁边,我也翻来看了几篇,的确值得人家景仰。现在上海出风头的许多男作家,他们这辈子就休想赶得上她们。

据别人说:二位中间,苏青比较随便一点,张爱玲则有逾分的"矜饰",她深藏着她的金面,老不肯让人家睐一睐的。其实梅兰芳还要出现在稠人广座之前,至多将帽檐覆得特别下一些。电影明星还不怕挤断脚骨,出来让影迷包围,张爱玲何至如此?

两三月以前，在朋友家里，碰着一位李先生，谈起张小姐是他的表妹；我就告诉他，我们曾经想请她吃饭，结果碰了个钉子。李先生当时将胸脯一拍，说我请她，你做陪客，绝对没有问题。李太太也说，我们去请爱玲，她怎么好意思不到呢？我非常喜欢，临别时候，还勉励他们：这一回瞧你两口子的。但到后来消息杳沉，李先生的回答是她姑母病了，她在服侍病人，分不开身。

《倾城之恋》在兰心排戏了，听说张爱玲天天到场，大中剧团为了她特地挂出一块"谢绝参观"的牌子。我从这里明白张爱玲委实不愿意见人，她不愿意见人，人何必一定来见她？我就不想再见一见这位著作等身的女作家了！任是李先生来邀我，我也不要叨扰了。

《海报》1944 年 12 月 2 日，署名：刘郎

1945 年

范雪君【高唐散记】

范雪君初来时，谢葆生先生挈之谒迎秋馆主人于愚园路寓邸中。主人款以酒食，范则挟琵琶往说《杨乃武》一节以娱迎秋夫妇。愚受主人邀，当时乃共杯酒，是为二月前事，嗣后雪君即在仙乐舞厅，登台献艺，生涯大盛。众谓女弹词家之丰于色者，恒拙于艺；娴于艺者，恒啬于腼也。独雪君兼擅之，故声名甚噪。唯以愚观之，谓雪君之艺不弱，自无间言，必欲炫色亦惊人者，则属溢美之词，盖雪君仅中人姿耳。顷闻高士满舞厅将照仙乐法，于茶舞时间前，设

立书场,使与仙乐、沧州,成鼎足而三之局。而高士满以延雪君为号召,商于葆生。初不许,谓两地相间密迩,事必两败耳。其言亦是,惟高士满求之甚切,事若可成,则雪君将唱《秋海棠》,是为陆澹盦先生所著;专为雪君而着笔者也。

《社会日报》1945 年 1 月 12 日,未署名

谢鲁诗【云庵琐语】

光化出版社,为李时雨先生主持,发行日刊一种。第一、二期,为离石编辑。比离石病不能兴,纂务遂废。李乃延谢鲁继其事,第三期在整理稿事中,不久与读者相见矣。今日海上人士,无不震李氏贤明。予之识时雨先生,在孙曜东先生座上,而谢适从李氏同临,予故兼识谢鲁。谢,蜀人,老于报事,历地甚广。为人朴质无华,自吐属中,知其人实崇学问而尚道德者也,心仪久之。时曜东先生诚有谋将来事业上互助之议,但未尝有具体办法,乃数日以后,本刊忽著短文,述予事而兼涉谢鲁者,彼此皆甚诧异,时雨先生,尤认为遗憾。越二日,谢以一诗报予。诗以此而作,呈时雨、曜东两先生,并示予与谢佩蒲君者,流邑清影,委婉可诵,因保存之:

旧赋桃花许胜流,相看折齿怨谢投?
今朝酒熟故侯第,醉倒春风一粲休。

《力报》1945 年 3 月 27 日,署名:云郎

柔肠侠骨【云庵琐语】

大都会开门，韩菁清伴舞其间，生涯之美，声势之盛，乃非红舞女可以攀及。予向时不识菁清，一日，韩与予友叶生，起舞于场中，叶为予介识之，亦不暇闻其吐属也。柳絮先生，屡于楮墨间张菁清美事，亦知二人颇笃于交谊。洎乎最近，始从他人口中，为述菁清自具热肠。末世风漓，求热肠人渺不可寻，稍稍于脂粉团中，得一二人者，自足爽人心目。因知柳絮之力扬菁清，自有其最大理由。柳絮为人，羞涩类处子，而温柔敦厚，其文事亦似之。大凡性情中人，无不恶人情嚣薄，柳絮之所以永契菁清，正以菁清之生就一副义肝侠胆耳。今菁清为舞女于大都会，舞券所得，分若干以赈其故人。故人今在产褥中，贫不暇蔽其一家。菁清悯其荒寒，纾弱腕以匡扶之，真使闻者感动也！

《力报》1945 年 5 月 16 日，署名：云郎

病起

病时自是无言说，病起真成百感萦。
将奉羸躯期老日，欲为明月数归程。
伊人湖上清愁远，处士坟前秋草生。
舅氏当年成佛去，空含涕泪待河清！

舅父自上海沦陷后，自署曰待复庐，后三年，谢宾客于沪上。

《光化日报》1945 年 9 月 12 日，署名：唐人

1946 年

雪园晤言慧珠【高唐散记】

胜利以后,北平梨园界中,最轰动的事件,是言慧珠的突然自杀。上海报纸上,登得非常详情。

忽然她到了上海。上海人大都没有晓得这个消息,前两天的晚上,记者在雪园吃饭,仆欧来告诉我,说有一位孙先生请我下楼谈谈。到了楼下的一间里坐着三个人,是老友孙兰亭、马治中,还有一位就是言慧珠。她也是熟人,我们握手叙过契阔以后,我问她你干吗要自杀,年纪轻轻,怎么也活得不耐烦起来? 她说:我有千言万语,一时也无从说起。近来生着病,精神萎靡得不能支持。过一天我要同你详细谈一谈,希望你把我的话,介绍在报纸上,好让上海人知道关于我的一些真相。

丢开大事不谈,问问她最近的事,知道她这一次来,除了家里人晓得之外,北平的朋友大都没有告诉他们。乘飞机到了上海,也没有拜望过熟人。因为病不能兴,想住医院,而一时找不到适当病房,暂时住在亲戚家里。今天因为孙先生替我洗尘,却不过盛情,所以支持到这里,坐一坐就想走的。

她说话里,带着许多文艺气味,也谈到政治与文化。她虽然精神不好,音调依然那么清脆,不像以往看见的那样浓妆,反而觉得婉媚可喜。据孙兰亭先生说:梅兰芳博士对于这一位门徒,并没有存着歧视之心(如某报所述者),还愿意出全力来栽培她,因为言慧珠的确其材可造。

《铁报》1946 年 1 月 19 日,署名:高唐

叔范诗文【定依阁随笔】

十余年来，友人之工为韵语者，愚独拜倒施叔范一人。叔范之作，或郁沉哀，或纡至性，而无不回肠荡气，所以为夐绝千古，沈禹钟谓"不敢以声音视之"，真至言也。往岁，叔范恒留沪上，愚不欲以诗才自炫。及其他徙，始目无余子。其实吾诗本不足数，特顾海上之咿哑学唱者，皆不类诗，而不如我者又远甚，我遂不自禁其骄罔矣。及叔范重返海壖，我复噤不敢嚣。八载以还，叔范行役良苦，形神交瘁，冶之于诗，乃为奇气，先后得《流亡诗草》一卷。顷自杭州邮递粪翁，粪翁则授与愚曰：试以此布汝报，要足为《海风》风格高也。愚欢喜无量，拜而受之，将次第以飨读者，而培林厚意，又为愚驰简叔范，丐其为《海风》供《酒襟清泻录》，是即往年刊于《社会日报》者，万人争诵，誉为近人小品文之极则。知叔范当不弃我，奋笔在即，愚又乌可勿以此好消息，预为读《海风》诸君告哉？

《海风》1946 年 2 月 2 日第 12 期，署名：刘郎

初识张慧剑【唐人短札】

张慧剑先生，自抗战以后，即西往巴中，上海报纸，乃不获刊其文，此旷世轻灵之笔，终且为读者所淡忘矣。近顷，《新民报》在沪将发行晚刊，陈铭德、邓季惺二先生，来主其事，而以副刊纂务，委之慧剑，故慧剑将久住春江。其抵沪后三日，愚以祖光之介，晤于新雅酒家，二十年海内相闻乃始识面，真快逾平生矣。

慧剑今年四十一岁，愚少日嗜其文，因举《赤帻人》一传告之，谓结构之善，运笔之美，使愚乃不能忘。慧剑言，是亦二十岁以前

所为,时方浸淫于林琴翁笔法,然不久亦敝屣之矣。慧剑殊健谈,第耳患重听,而精神不减,于海上文士,颇念秋虫。

"《新民报》三张",并驰盛誉,张友鸾绝无认识,恨水于十年前见之钱芥尘先生处,当时所得印象,为北方之掌柜味道太重,其人著作等身,所为小说,愚未尝寓目,有时亦为诗,平庸不可读,惟以慧剑为夙所钦迟耳。

《七日谈》1946 年 4 月 17 日第 18 期,署名:刘郎

女作家的"派"【定依阁随笔】

与潘柳黛谈,有口没遮拦之快,为愚纵论今日之女作家,谓她们各有一派,派非画派之派,而为派头之派,若盛琴仙,纯为良家妇女派,丁芝如未入流派,此意甚奥。问柳黛,柳黛曰:心领矣,神会之可耳,而愚终不获领会也。又言兰儿介乎丁、盛之间,其言更恍惚迷离,使人不可想象。愚又问苏青为哪一派? 笑而不答,旋曰:有人詈苏青做三姑六婆,公亦以为恰当邪? 愚曰:是咒之者必以苏青好财货耳。若是,愚反对其说,文人心血,虽斤斤于阿堵物,亦非文人之耻,特视所争之利,实心血之代价耳。愚故谓与其状苏青为三姑六婆,又何如状其人为娘姨大姐,一只金牙齿,一口宁波话,其人常置身于嚣嚣一市之菜场中焉。因又问錬霞为哪一派? 柳黛曰:是不易形容,惟老凤先生尝言其大妹子为"白糖梅子"。锡此嘉名者,亦不自凤公,而出之晚蘋先生齿颊。晚蘋视錬霞切,测錬霞深,意必言之成理也。

《七日谈》1946 年 5 月 15 日第 22 期,署名:刘郎

孤儿之语【定依阁随笔】

先严于五月二十六日谢宾客。吾家世代书香,吾父犹青一衿,及不肖始斩,书香为物,在旧诚为门第之光,今则为穷苦之困。不肖非儒人,而命不通,不能致多金,此所以仰天长怅,泣血锥心者也。

不肖天性凉薄,幼年,即与吾父有责善之言。责善则离,圣人之语殊无欺。坐是三十年来,父子殆无温存相对之日。自父老至死,不肖更未尝饰貌矜情,博孝养之名,罪深戾重,虽百世不可赎。吾父身体本健,近岁始老态日增。十年前,父既谢浚浦事,所积不多,子又不能养,以与乡人吴蕴初有世谊,故入天厨味精厂。年老佣书,境况正复可怜。今年猝病,病时,禁毒之令严颁,吾父忧之,又天厨以吾父久假,将止其薪,其实天厨之薪,第足供吾父三五日之需,有等于无耳,而父亦萦心。既殁,家人颇怨天厨,不念旧谊。不肖独无恚,以吴蕴初为当世红人,红人便不足言情感。矧吾父有儿,儿且不孝,更乌可以道义人情,责闲人哉?

《海风》1946 年 6 月 1 日第 29 期,署名:刘郎

与田汉初见之夜【高唐散记】

胡梯维、郭筠峰两连襟,与素琴、素雯姊妹,设宴款田汉先生,招至友作陪,席上欢洽无间,田先生且轰饮至于薄醉焉。愚未识田先生,当世之戏剧家,惟洪深、予倩二先生,论交甚厚,席间愚以欧阳与洪深之近况为询,端钧言:洪先生归来有日,素琴亦谓,予倩亦有书来报归期,良晤殆匪遥矣。酒后放歌,田先生首唱《卖马》,嗓

音甚宽，亦醰然有神韵。继之为素雯吊《宝莲灯》，乃有高唱入云之概，以一男一女轮流吊，众人遂嬲愚为歌。之方止我，谓我歌不成腔，真不愿我在广座间，罄丑态于人前焉。愚初不欲歌，特以之方之阻，必一试，遂唱《打嵩》，调高至六字，而并不力竭，亦异数矣。继之素琴唱《春秋配》，嘹亮而韵味弥厚。人言女人在养过小囝以后，恒有补于嗓音，此言勿虚。兰芳投老，桂秋频年多病，声腔皆迥不如前，今之青衫，乃欲与吾老大抗衡者，实难其选。愚以此誉之，而素琴逊谢。素琴之意，不甘以少奶奶久蛰深闺，将复露色相，告愚曰：来沪四月，而无人来请我，我其不可为欤？其实素琴归时，巨腹隆然，纵使有人来请，亦不能登台。及其既育，在休养时期，人家亦不敢来请。孙兰亭兄，尝就愚商谈，谓中国拟邀大姐，亦可能否？愚踌躇不能竟答，今觇素琴意，则受聘殆非不可能，缓当与兰亭言之。田汉先生健笔，书法尤雄劲，是夜，金氏姊妹，出素笺，丐先生墨宝，写旧作绝句，亦有当时构成者，才思之捷，真不可及也。

《铁报》1946 年 6 月 12 日，署名：高唐

老金归来【高唐散记】

金焰归沪，刘琼伴之来存老友，相见欢然。次日，愚与之方为老金洗尘，邀永刚、祖光、小丁、桑弧、也白、兰儿诸兄作陪，老金负醉来，知其好饮犹不减当年也。席上谈笑甚豪，愚问老金，谓上海报纸，谓汝在抗战期间，营商颇能富，亦可信乎？则曰：不可信。曩在他乡，微特海上报纸，传我广聚，即内地诸报，亦竞载一时，谣诼之来，不知所自，其实一贫如昔。今告老友，我自来沪，见沪上百物奇昂，我以不能长居，不久，且遁归香港矣。我乃效新闻记者口吻，

问老金曰：汝回到上海，亦有感想否？老金大笑，曰：别无感想，第觉一事甚奇，我返上海，乃犹及见吾老友大郎也。我居内地，时时以大郎为念，以为此人羸瘠，抗战八年，归去将不获重见，不图大郎健旺逾于当时。言已复大笑。老金亦老豆腐矣。此人不比刘琼之可以惹得他昏天黑地也。老金犹壮硕，面目无减，而豪气英才，亦如往昔。是日，祖光着一汗衫赴宴，睹者大奇，祖光曰：我特以顽童姿态出现耳。

《铁报》1946 年 6 月 27 日，署名：高唐

送桑弧上七里泷【唐人短札】

桑弧为了要看外景，于昨天动身，上杭州去。预备在杭州过一夜，到富阳。从富阳溯江而上，到桐庐。更从桐庐，一直到严滩。记得民国二十六年，我是从杭州坐汽车到桐庐，在桐庐雇了轮船，直到严子陵的钓台折回的。富桐道上，那一派路转峰回的景象，已足够流连的了。但据说富春江的水程，还要幽美。桑弧说：他到过严州，揽括苍之胜，而不曾到过桐庐。

与桑弧同行的，有陆洁与黄绍芬二兄，都是胜侣。其实我也应该同他们跑这一趟的，只为天热，想象不出那地方会得风凉，于是没有勇气了。又听说富春江上，情形还太平，一过桐庐，到了七里泷，便不甚安谧，时有盗匪出入。在抗战期间，这一区胜景，永远罩在火药气之下，我时常想念这地方。

桑弧要我到十月里一同去，那是肃肃霜飞的时期，怕草木不像现在好看了。风景也像女人，带一点病容，便教人不得兴奋，与其看入冬后的风景，还不如在上海多看几个穿上黄狼皮坎肩大衣，多

少有几分暖意的女人。

《沪报》1946 年 9 月 14 日，署名：刘郎

朱尔贞初习皮黄【唐人短札】

海上女书画家之健歌者，昔闻有庞左玉，今后则将见朱尔贞之献唱于氍毹矣。朱北平人，居沪甚久，未尝习剧，近顷始动登台之兴，首排《洪羊洞》，取其身段之勿多也。尝问愚曰：当世伶人之歌《洪羊洞》者，以孰为最胜？愚举杨宝森。宝森在舞台上，动作勿火，故以《洪羊洞》《奇冤报》一类戏为宜。尔贞无小嗓，不然宜习青衫，窈妙女儿，奚为挂髯口而作男子音者？海内闺彦，浸淫于谭调余腔，为数綦众，偶然兴到，反串青衣，观其扮相，华美无伦，使人乃叹楚材晋用之为可惜也！

江南小阳春日，尔贞将登台，为胡桂庚先生献寿。桂庚今年四十晋九，生日当肃肃秋深时也。其友好谋尽一日之欢，设堂戏以娱桂庚，兼所以博海上周郎，轩眉一笑耳。

《沪报》1946 年 10 月 2 日，署名：刘郎

佐临的心愿【高唐散记】

一星期以前，佐临先生到南京去教书，临走的前一天，约几个平时相知之友，在他家里，吃一顿饭，以为话别。我因为被朋友绊住了要我凑一局沙蟹，所以不及赴约，中心惘惘，无时可已。听说

佐临先生也因为我没有去，害他张望多时，真使我更加歉疚！

他们席间谈起了我，佐临先生每天看我在报上的东涂西抹，他说：非常歆羡大郎这两年来的生活。他有一个心愿，拟待曹禺先生从美国回来之后，专诚介绍他与我相识，相识后就让曹禺同了我过那种所谓"游宴生涯"。不必有什么计划的，也用不着刻意经营的，就这么随随便便混一个时期。曹禺自有会心，让他触类旁通的观摩过来，相信对他往后著作上，一定有不少收获。

因此我记起姚笠诗先生的话来，他曾经挖苦过同道的某君，他说："这位先生的日常生活，就等于迭更司、大仲马、小仲马的日常生活，但他的成就，为什么及不到这几位西洋小说家呢？"其实他挖苦别人，就是在挖苦我。自己因为拙于才力，对于名山绝业，根本不作此想。假如佐临先生的心愿能偿的话，我倒也情愿帮助曹禺先生，使他多得几个著作的方面，佐临、曹禺，他们在戏剧史上，总是千古的人物。

《铁报》1946 年 12 月 3 日，署名：高唐

朝阳依旧郭门前！【高唐散记】

回到嘉定故乡去的第一二两天，下着雨，不便出门，第三天才放晴，就带了孩子同太太去凭吊故居的残址。我从前的家，不过陋屋数椽，但论环境之美，城中第一，门前都是田野，一直望到城墙，疏林茅舍，是天生的一幅图画。

但今天来时，我的家都毁了，只剩一座孤楼，是我的"血地"，也是我第一次结婚的洞房，没有了田园，没有了一带疏篱，也没有了高梧翠竹。只是一片泥地，有一队兵士驻扎在这里，旁边是一排马

厩。我家是世代书香,从前这里弦歌一堂,而现在则变了演武之场。但前面的旷野,依然当年风景,我想起了于右任先生《省外家》的几首诗来,我默诵了他最好的一首:"朝阳依旧郭门前,似我儿时放学天。难慰白发诸舅母,几番垂泪话凶年?"真有说不出的凄酸之感!这一次我写过几首诗的,吊故居有两句是:"却看万瓦垂霜露,难遣当时幼主怀!"我太太有时候不失为解人,当时她对我说:"我们有钱,何必到这里来盖房子?你是在都市里混惯了的,我也是从都市生长起来的,乡居生活,毕竟不大习惯。"

《铁报》1946 年 12 月 31 日,署名:高唐

1947 年

张大千画赠看巷人【唐人短札】

若干年前,张大千、善孖兄弟来沪上,恒居于平和里。平和里在爱文义路派克路间,距本报馆盖近在咫尺也。时平和里看弄堂者,震张氏弟兄名,照护甚勤,大千兄弟,亦深感其意之厚。

善孖既作古人,大千于昨岁返沪上。在开画展之日,忽有老者来访,大千且不识其人。其人曰:我为平和里之司阍人,当年曾侍翁者也。大千悟曰:我犹忆之,然则今日之来,有所言乎?曰:震翁高名,特以空白扇头五事,求翁法绘。大千笑而受之,曰:留此,更三日再来。老者于三日复往,则扇页五事,皆实书画,更附以小立轴一,付之,老者欣然去。既归,出诸件以示吾友魏绍昌兄,魏亦

卜居平和里,识为真品。绍昌故庆老者所得之丰,而谓大千先生毕竟性情中人,故能念旧情深耳。

《沪报》1947 年 1 月 8 日,署名:刘郎

彩色的鸭子【高唐散记】

去年把张爱玲的《流言》翻覆看了几遍,最近又把她的《传奇(增订本)》,也翻覆看了几遍,她的著作,是传世之作,我本人对她则是倾倒万分。

《传奇(增订本)》里的十几篇小说,只有一两篇比较松懈一点,而十九都是经心结撰的。我尤其喜欢她头一篇《留情》,有许多小地方都是所谓信手拈来,都成妙谛的。例如,她写一张挂着的结婚证书的上角,有一对彩色的鸭子,我第一次读,就知道她是故意这样写错了的,并没有诧异她怎么会把鸳鸯误作了鸭子。

但毕竟有人在说了,张爱玲不认得鸳鸯,把鸳鸯唤作了彩色的鸭子。我又不好替张爱玲辩护,她明明把鸳鸯写了彩色的鸭子,我假如说她是存心写得俏皮一点的,那么也许人家再问我,为什么要俏皮? 我不是没有话回答人家了吗? 我只好说:张爱玲的想象力固然别致,说的人的欣赏力尤其"别致"。

《铁报》1947 年 2 月 17 日,署名:高唐

彭朋【高唐散记】

佐临、丹尼夫妇先后育三女,长者小名胖胖,有时看之,其貌似

佐临；然有时看之，则其貌又酷似丹尼也。论其性格，则近佐临。以胖胖沉默，亦不常有愉容，非如丹尼之先以笑靥向人。桑弧既导演《不了情》，欲物色一童角，商于佐临，拟使胖胖登银幕；试之，成绩大佳。或曰：有母如丹尼，其女宁有不会做戏者？行见有小明星漾于海上银波，而终为熠熠之光者，是即黄氏夫妇之女公子矣。

胖胖本就读有学名，愚已忘佚。既登银坛，丹尼拟遂用学名，旋佐临忽不可，遂题其名曰：彭朋。以彭朋二字，实与胖胖之音相谐。惟彭朋之为名，京戏中有之，是为带大白胡须之老头子。若今日之彭朋，则为依依于爷娘襟袖间之小女儿耳。

《铁报》1947 年 3 月 19 日，署名：高唐

西出阳关有故人【高唐散记】

易君左先生，应张治中将军之邀，日内就要飞往兰州。君左在文学上的造就，我这里不去说它。我们相交不到一年，我觉得这是一个不能再好的好人。近年来所常会的，认识了两位朋友，一位即是易先生，一位是郎静山先生，他与君左有着相似的地方。我同他们平时，见面的机会很多，但从来没有深谈过一次，原因是静山一向沉默的，而君左的一口湖南话，说起来急得叫人听不清楚，我怕费事，索性少讲几句，不过相知于心，却是彼此俱然的。

上月三十日，胡桂庚替君左饯行，邀约《和平日报》"海天文会"的作者乃至读者以及上海的艺苑胜流，一共坐拾四桌。虽然说人生离聚，是无所谓，大丈夫尤不当以此置意，但毕竟因为君左的为人太好，这天的来宾，都不免有攀条折柳，弥不胜情之意。君左还立起来致词，说了许多英爽动听的话，龚翁对我说：这位先生，真有

些游侠的气息。吴子深先生,也起来致词,他用一口滴糯滴糯的苏州话来讲的,说到苏州的五人墓,是值得表扬的一宗史迹。而要求易先生到苏州去住一时,将来好写一本《闲话苏州》,这个我也赞成,因为即使出了岔子,被苏州人骂起山门来,到底比扬子江北岸的朋友,要好受得多。

君左即席写过一首惜别的诗,一时和者甚众,终以叔范的两首五律,成了压卷之作,席上人都向君左敬酒。我在默念着"劝君更尽一杯酒,西出阳关无故人",不禁有些黯然之致,再一看君左的诗,第一句就是"西出阳关有故人"。因为他这一次是负着开辟西北文化的使命去的,那里正有许多熟人等候他去发动。

《铁报》1947 年 4 月 2 日,署名:高唐

《不了情》先睹记　山深四月始闻莺【西风人语】

《不了情》开映有期,清明前一夜,乃借大光明之试映间,由桑弧邀至友同观,剧作人张爱玲偕炎樱来,余则约妇同至,此外有梯维夫妇、之方、陈燕燕、陆洁、忠豪诸兄而已。中国影片之够得上水准与否? 在座诸人,莫不能辨,欲问此片之是否能卖钱,则当求意见于吾妇。映已,余问余妇曰:片子好邪? 曰:好得很。余因告桑弧,《不了情》殆能诱致大量观众也。而其他诸人,则又莫不嗟赏全片之清丽绝俗,余故谓桑弧之处理影片,一如其平日行文,宽柔处绝对宽柔,而尖刻处又十分尖刻也。

文华之第二部片子,为佐临之《假凤虚凰》,片名曩为梯维所取,虽一度改为"鸳鸯蝴蝶",惟有主张"假凤虚凰"之名,似舶来影

片之喜剧,故或仍将用"鸳鸯蝴蝶"也。第三部戏,则由桑弧改编沈从文之《边城》,片名为《江村儿女》,此四字极通俗。《江村儿女》取外景于七里滩头,更一二月,即将开拍,余与之方必同行,陆放翁所谓"山深四月始闻莺"之光景,正赶得上好辰光也。

《罗宾汉》1947 年 4 月 7 日,署名:刘郎

曹禺加入"文华"【高唐散记】

剧作家曹禺从美国回来后,一直住在上海,住在佐临家里。佐临现在为文华公司导演《假凤虚凰》,这是桑弧的剧本,原来的名字叫《鸳鸯蝴蝶》,佐临怕用了这四个字要受人攻讦,所以改了前面的名字。其实也不大好。我一向喜欢佐临的我行我素的精神,譬如许多人以为没有"意识",就不足以成戏剧的;佐临从来没有这种见解。不知为什么这一次为了戏名,又顾惜起"舆论"来了。

文华公司不是一家大张旗鼓的公司,他们采取人才主义,到现在为止,编导只有三人:佐临、桑弧,再一个就是曹禺。曹禺的加入文华公司,是佐临所推荐,亦是佐临所怂恿的。不单是编剧,亦兼任导演,他将在桑弧的《江村儿女》完竣之后,接上去工作。文华公司的老板,是以从前罗致程砚秋、谭富英合作的手笔,来造成这一张如钢如铁的编导阵容,他就想过这一点瘾。

《铁报》1947 年 4 月 29 日,署名:高唐

符铁年之挽词【高唐散记】

符铁年先生之丧,距今既逾月矣。其遗体已于四月二十八日,举行火葬于静安公墓。六月九日,为设奠之期,以讣告亲友,诔词搜集甚夥,张大千为书眉于遗像,首页则为叶遐庵书"脱屣尘凡"四字,笔力雄拔,最为珍贵。定山之挽诗,已见吾报,故不录。可录者有白蕉律句云:"千载原传米老笔,百年重见此完人。艰难昔日闻薪火,决绝当时作席珍。和我好诗犹挂耳,看渠衰病已伤神。扶持国学今谁在?地下应同涕泪新。"

其门人朱尔贞女士,从符老习书,符谢宾客,尔贞哭之甚哀,作诗云:"铁划银钩大米姿,春残遽痛哲人萎。临池赏沐三年教,侍坐曾观六法垂。市隐时怀尚友志,宦游难博买山资。千秋风义诗书画,艺苑儒林海内师。"吴湖帆集元好问句,挽曰:"只道江山如画,争教天地无情。"词赅意遥,更可诵也。

《铁报》1947 年 6 月 9 日,署名:高唐

朱符双拜大千翁【高唐散记】

唐云画展开幕的第二天,我去参观。唐云的画,我是一向爱赏的。我对于书画从来不懂研究什么字什么派,我以为好就是好了。假使有人问我,近代中国的画家,哪一位最好?我就立刻说出唐云。我从他的结构、设色乃至意境上看来,觉得都是艺术的上乘,因此徘徊嗟赏,不忍遽去。

在会场上碰着唐云的女弟子朱尔贞小姐,朱小姐又为我介见符季立先生。符先生是已故铁年先生的次公子,能书善画,大有父

‖ 诗文选

风。前两年,朱小姐执贽于符公门下,便与季立先生从切磋艺事而结为情侣,近来他们附为姻媾的传说,更甚嚣尘上。朱小姐是聪慧多姿,季立先生又是温文博学,当是理想的一门亲事。据朱小姐告诉我:就是这一天上午,季立列入张大千门墙,她也趁这一炉香,同他双拜。胡桂赓先生便凑趣着说:这叫做双拜师,将在中国的画坛上,留为一桩佳话。

《铁报》1947 年 6 月 16 日,署名:高唐

张慧剑【云庵缀语】

近来上海有两张小型报,登张慧剑先生的文章,都是用文言写的,像他在抗战时期所作的《辰子说林》一样。张先生的诗文能得纤丽二字。二年前,他是写林琴南一派文笔的,我到今朝还爱好他那一篇《赤帻人》的小说,一二千字,比琴南翁、何诹写得更美丽。

去年他到上海来,我请他吃过一趟饭,谈起他从前的文章,他好像很不屑重提旧事的样子。其实不必的,我近来看看张先生的作品,不一定比以往更为洗练,尤其是他的"议论"是迂旧的,叫人不大痛快,明明是一枝纤丽的笔,要一定写得它坚实,终是有点画虎不成的。我不好意思当面劝他,要他自己明白。我就是好在明白自己,假使说我的诗将来可以传世的话,一定可留的都是投兰赠芍之作。韩冬郎以这一类诗传世了,传到民国,他还碰着一个刘半农,索性把他香奁诗辑在一起,而废他其余诸作。张先生明白这一点,就应该还我真面目,不必矫枉过正了!

《飞报》1947 年 7 月 31 日,署名:云郎

寿惠明夫人三十【高唐散记】

> 岂谅而夫短点铜？今朝此礼欠丰隆。
> 六旬闹猛原输杜，卅七称觞不及龚。
> 待到凉秋同做做，况因临褥力憊憊。
> 来归八载知卿德，未把乌龟挑老公。

太太生日的那天，我没有出门，家里简单地招待了几位近亲。看看报纸上杜寿的闹猛，真觉得对太太抱歉。杜先生固然物望所归，但我太太的丈夫（不要兜圈子了，就是指我），也是以文章道德彪炳当世者，为什么就相差这么多远？我总怪太太的过分俭约是多余的。她是说：自己有气力，等到秋凉后同我做七十双寿。这一天我闲着无事，替她烧了好几炉檀香，祝祷她长寿。在烧香时，我又写出了上面的这一首打油诗，博她一笑。

《铁报》1947 年 8 月 29 日，署名：高唐

八月廿八日得一子【高唐散记】

> 片刻开心属祸灾，怜儿苦命竟投胎。
> 似烦至圣先师送，却乘初秋小雨来。
> 呵骂将添而母累，猖狂莫学阿爷才。
> 生男那有乌龟做？算我终非戴甲材。

孔诞后一日，我第四子入世，时为民国三十六年八月二十八日上午七时五十分，时斜风辅细雨同来，而我子亦呱呱堕地矣。余夫

妇无女,妇思女甚殷,余亦愿得一女,待其出风头之日余已三尺银髯,老乌龟之腔调十足矣。

《铁报》1947 年 8 月 30 日,署名:高唐

四十岁生日作

一炉香要谢青天,把我留牢四十年。
强盗乌龟皆恨我,好人尽道大郎贤。

文名早已震江南,其实文章百不堪。
老想做官成一梦,做官钞票便能贪。

吾母年高已白头,痴儿愈老愈风流。
养儿防老终何用? 似我常贻阿母忧!

也曾挥手散黄金,便把开心到处寻。
谁信唐生谁不信,可怜此"棍"几曾"淫"?

近与友人书曰:"我真正欢喜的女人,便不作染指之想。"友人返书曰:"像你这样白相不够格,我的作风是讲究干了再说的。何必考虑其后果如何者!"

终年陪我眠天明,不讲金钱讲爱情。
时对夫人套滥调:"卿须怜我我怜卿。"

大儿只想着洋装,次子中山也等腔。
最小无知襁褓里,三儿会写马牛羊。

友情于我总微温,我的心偏这样存。
谁有家财归我用,若能如此始殊恩。

白莲嫁后减锋芒,金蝶花间合数王。
老去还撑诗笔写,丈夫此是好收场。

《铁报》1947 年 10 月 10 日,署名:大郎

张爱玲写香港【高唐散记】

在停云主人的花园里,我同四贞她们去游览一周。花园的前面是一沟浊水,我仔细看看,水在流动,但上面像有一层浮蛆,其实并不臭,但看了它的脏,叫人不敢呼吸。这花园是好的,就是水不好。后来我回到草坪上,看见张爱玲小姐,我同她谈起了这里的风景,我说:我怀念九龙的青山道上,一所犹太的别墅,前面是高山,后面是万顷波涛。其实这别墅也筑在山岩上的,岩石上牵藤附蔓,夹杂一丛丛的花朵,在临风招展,这一块地方,真耐人久坐。游香港的人,喜欢浅水湾,我是讲究清旷之美,要以青山湾一带为最。

张小姐在香港耽了两年,这地方似乎没有见过,我又对她说:我今年一定要到一趟香港,是受了张小姐笔下的影响。我时常在想象红土崖,冬天夜里的红树花,以及上山下山时伸在汽车窗外的杜鹃花。我在香港固然不是时候,杜鹃已成过去,红树花还没有到来,而一连几天的豪雨,什么都不让我看见。难得一天晴了,我已

预备回来，在皇后道上的店铺里，一家一家东张西望，在上海不屑做的事，却在客里这样销磨了半天。张小姐是把香港写活了的，要我写起来，还是夜里跳舞场的市面，什么钱妹妹啦，郑明明啦，上海的那一套老调。

《铁报》1947 年 10 月 24 日，署名：高唐

定依阁近体诗选【高唐散记】

我近来想把三十岁至四十岁所做的诗，整理一次，到今年年底印一本《定依阁近体诗选》。我是向来没有存稿的，幸亏有几个朋友把我十年来的作品，都给剪存下来，方始可以打这里面来选取自己比较满意的东西，大概有一百多首；昨天算命的说我这只甲鱼，要老到七十几岁，那么四十以后的，等六十岁再印了。

这十年来的诗，百分之九十是所谓"投兰赠芍"之作，就诗论诗，当然不怎么珍贵的；但也绝对不是糟粕。我不想夸耀我写的东西，有着新的格调，有新的生命，我只是把它保留到我真正老年的时候，温习一温习"才地当初辟万人"时候的那一副豪情胜概，想来也足够聊以自娱的了。

在这本集子里，我将珍视我赠与三个人的诗，一个是近数月来写的白莲花，一个是三五年来写的管敏莉，还有一个是我的太太。写白莲花是我片面的私意，写敏莉是情深兄弟，写太太则是夫妻之爱。因为感情的不一样，语气同诗境也随之而异。然而真实性是一样的，没有一句敷衍的话。也许有人说我写管敏莉、写白莲花都不免夸张，那是别人的看法，我自问没有作违心之论。

我把我的旧作约略翻读一遍的时候，引起了某一种的苦闷，譬

如其中有一首,题目是"严寒之夜,访××于舞场中"。诗是:"此世何人惜霸才,霜飞月朗是常媒。为邀金屋孤雌笑,忽报欢场烈士来。好句已烦千口诵,嘉花还耐十年栽。浮生得意须臾事,座上眉尖渐豁开。"诗不一定是好诗,但写得非常痛快。我的个性,我的行为,都跃然纸上。问题是所谓××其人者,我起初欢喜她,后来又厌恶她,厌恶到我望见这个人的影子,都会生气。因为我发现她们的素质实在太坏,不能同她们亲近,到了今日,我真不愿意把这一类的诗,采进我的集子里。曾经把这原因告诉过之方,他说:你就这一点不好,一看见就欢喜,一欢喜就忘形,再后来就是讨厌她们。谁叫你的感情,这样的容易冲动,而平落得又是出人意外的快呢?

《铁报》1947 年 10 月 27 日,署名:高唐

看《太太万岁》【高唐散记】

银灯照我泪滂沱,事往回思竟是魔。
却对年青金蝶道,爱河终古有风波。

看《太太万岁》既毕,与金蝶同饭,金蝶谓受戏中之太太感动,为之垂泪。余亦曰:"余良心上之痛苦,虽刀山剑树,无其酷烈,乃知编导者工于揶揄,陷人入无可奈何之境,张爱玲与桑弧真大手笔也。"

明知无望更无求,暂对银灯辟百忧。
我亦三呼万岁后,何人不说蒋天流。

蒋天流在《太太万岁》中,戏最重,此人在舞台上,以演技精湛,

为观众激赏。今登银幕,所造弥高,开麦拉面孔有时不甚美,然飞机场送行一瞥,着白短氅,御太阳镜,含风玉立,仪态万千,睹之,真令人回肠荡气也。

《铁报》1947 年 12 月 13 日,署名:高唐

1948 年

定依阁诗【高唐散记】

一日,晴暖如春,余买飞车,直下贝当路,过龙华寺,而尖于虹桥。

> 微暄天气比春晴,自辟尘沙笑语清。
> 携得斯人休诣佛,儿家今向佛边生。

过龙华寺,车人请下车随喜。余笑曰:"汝犹佛耳,更不必趋拜神橱也。"

> 十年此是相思路,今日真留刻骨恩。
> 更是十年霜露后,也同莱蕨有儿孙。

过贝当路后,车行于田野间。

> 多情樊素恕清狂,只惜香山老更伤。

遥指柴门深掩处,语郎何事不栽桑?

伊人曰:"愿汝得余赀,就此置薄产,牵萝结屋,及我耄年,犹得以见汝为喜也。"

泥人万语过虹桥,不似当时竟细腰。
料得佳人今夜梦,一"啼红"泪总成潮。

过虹桥。

《铁报》1948 年 1 月 1 日,署名:大郎

看梅花【高唐散记】

王尘无先生生前,有"不道先生非税吏,病余来看早梅花"之诗,至今为朋友所传诵。去年腊残的时候,有个朋友对我说:她没有到过苏州、无锡,要我陪她去看梅花,我也有过诗的:"已是娇慵扶不起,如何能看早春梅?"上三轮车还要人当心把她搀了上去,还能捧了她到苏州和无锡去,岂非说着笑话?

听说超山的梅花,已经盛放,桑弧、之方约我同去看梅,昨天我同龚太太吃饭,她对我说:"一样要看梅花,为什么不到玄墓山去?"玄墓山这地方,又似耳熟,又似陌生,后来忽然想着,这是邓尉的别名。去年一年,我忽然偏嗜王仲瞿的诗,在他的《苏台留别》里,有"枫桥河柳桐桥月,玄墓梅花一夜雪"。又如鹤市诗中有"曾在冰天雪窖中,梅花玄墓与君同"诸句。原来玄墓一名邓尉,在吴城西南七十里,满山皆植梅,花时一望如雪,行数十里,香风不绝。

我于是想不去超山，到玄墓去一次。去年游过几次苏州，都没有到邓尉。记得我故世的舅父，他有过一首邓尉的诗："折取繁枝数尺归，琼英添得玉肩肥。避风合用花为障，奔月初裁雪作衣。绣陌有人歌缓缓，青山送汝也依依。一双蝴蝶痴于我，故傍縈巾款款飞。"想象这境界，也是非常美丽的。

《铁报》1948 年 2 月 25 日，署名：高唐

鼋头渚杂诗之二

扬舲一路隔风尘，千顷湖波万斛春。
岸上白桃花在笑，当时艳绝倚舷人。

我们的画舫，在鼋头渚拢岸以后，我第一个下船。岸上有一树白桃，正及花时，白桃的旁边，是一座石桥。同桑弧立在桥上，远远看我们同来的几位小姐，越过船舷，从跳板上登岸，她们除了唐太太以外，都是海上名雌，又都是纤腰妍趾，风神俊丽的女儿。

侵寒花色拟肤黄，有客攀登已断肠！
我看丁香犹问病，伊人孤寂似丁香。

在岩石丛中，有时长出丁香花来，中黄的颜色，瘦小可怜。看见花，譬如望一个爱人的病，蜜色的被面下，覆着她纤瘦的身体，有些憔悴，然而不减幽芳，好像她需要热情，可以使她滋长得茂盛一点。

《铁报》1948 年 3 月 28 日，署名：高唐

石家饭店两家诗【高唐散记】

书家邓粪翁先生,把他的近作《春游草》送给我看,这是同施叔范先生去逛了一次洞庭西山回来后写的。邓先生有一首绝诗,四首律诗,一首古风。施先生则有绝句五章,律诗一首,我在《申报》上先拜读过了。粪翁的那首七绝题为《饮石家饭店作,壁间多朝士题诗》。句云:"菰菜及时鲍肺早,灯前草草尚千厄。酒酣劝客留余沥,要为徐凝洗恶诗。"一到粪翁的笔下,总有一腔抑郁不平之气。叔范就两样了,他是永远温柔敦厚的,他的诗是:"问谁解得此萧疏?醉叱红灯草草书。今古销魂在衰乱,灵岩脂粉石家鱼。"均是在石家饭店写的,粪翁在生气,而叔范却能够一味的洒脱。

《铁报》1948 年 5 月 9 日,署名:高唐

苗子夫妇【高唐散记】

凤子与美国人沙博里结婚,黄苗子先生送她一副贺联:"佳人已属沙博里,凤子今称密昔司。"既风趣,也不轻薄。

苗子同郁风夫妇,在战前我并不认识他们,打去年起,他们从南京来,才得屡次聚晤,所谓:"海内十年谋识面,江干一见即论心。"他们贤伉俪一样的亢爽绝俗。苗子没有官腔(任职财部多年,为俞鸿钧氏秘书),也没有一般艺术家的艺术腔,一向随便得很。

因为郁达夫先生是郁风的叔父,所以苗子夫妇,一直想搜罗达夫的遗作为之付梓,但哪里搜得完全。目下有许多人正为达夫整

理旧诗,他们如果能够联络起来,比较可以完整。

最近,苗子夫妇又来到上海,我在丰泽楼同他们吃饭,苗子要看看我的诗稿,他好像特别欣赏我写的打油诗似的。

《铁报》1948 年 6 月 5 日,署名:高唐

大郎近诗

唐密周岁

> 生儿忽忽一经春,到此居然解喜嗔。
> 时有啼声惊晓梦,尚无伸手索财银。
> 而娘额角头都皱,尔父眼眉毛亦鬈。
> 爷太贪欢穷不已,将来汝莫触千人。

　　唐密之生一年矣,一年来举市嚣嚣,余既不遑喘息,而余妇以抚子辛勤,弥添老态。

七夕怀人二首之一

> 相思早已布天涯,至竟萧郎眠食差。
> 昨夜自倾瓶内酒,当时陡忆脸边霞。
> 双星故事真缥渺,绝世风情是土沙。
> 好笑老来奇事足,凤凰不辨辨乌鸦。

(《铁报》1948 年 8 月 15 日,未署名)

读陈布雷遗书【高唐散记】

> 能忠所主即奇贤,读罢潸然复惘然。
>
> 今日民间诸疾苦,嗟君临死一无言!

昨天,我把《前线日报》上两天连续刊载的陈布雷遗书,一口气都读完了,在临死时候那样好整以暇的写出来,这种精神,应该佩服的。但看来看去,陈先生只在发牢骚,活不下去,故而死了! 其他就是说明自己的忠于国、忠于家而已。他始终没有替人民呼喊过一声,这是缺陷。

今日的中国人民,在水深火热中,彼居高位者,茫无所知,陈先生是高官当中的好官,活着也许不便说,快死了,为什么不吐几句出来。纵然无裨实际,叫我们做老百姓的看了,多少好舒一口气,晓得政府里还有人在悯念民间。

《铁报》1948 年 11 月 22 日,署名:高唐

1949 年

读书记【高唐散记】

小时读《汉书》,最喜欢皇帝的几封诏书,做了皇帝,还能说出蔼然仁者之言,不用说在当时可以使民心翕服,便是叫后世看的人,也恨不能做那时候的平民百姓。

我们从文章上可以看得出那些诏书，都是从心坎里说出来的真话。说真话才是好文章，文章的好恶，决不能在词藻上铺张出来的。近代的人类得成为一例机诈，在报纸上，看到执政诸公的文牍，不是客气用事，便是意气用事，再不然，一味的饰貌矫情，欺骗全世界，欺骗老百姓，自以为大才大智，其实呢，除非是天生的混蛋，才能一辈子相信他们。

但想不到我们还看得着李宗仁先生的一封信，倒是"饶有古风"之作，因为它有许多地方很像孝文给南越王的那封信，孝文说："前闻王发兵于边，为寇突不止，当其时，长沙苦之，南郡尤甚，虽王之国，庸独利乎？必多杀士卒，伤良将吏。寡人之妻，孤人之子，独人父母，得一亡十，朕不忍为焉。"李先生的信，也奉了这一份悲悯之怀，老百姓到现在所希望的，不过是偃息兵革，握手言和，而从头至尾，都是示小祸乱，启圣人与天下更始之意。我们只希望接信的人，从此倾出心肝，予老百姓莫大的哀怜才是。

《铁报》1949 年 2 月 2 日，署名：高唐

闻禁演《连环套》有感

> 黄门后代音容渺，不识流言可信耶？
> 若使"滑稽"真的"硬"，老夫无戏可看家！

听说易手后的北平，对于平剧须加以管制，总计有五六十出戏，将遭禁演，不过还没有正式公告而已。我起初不相信会有这样的事，但再想想，这些东西捏在前进人士们的手里，他们讲究"意识"，而平剧自然是大可挑剔的对象。

又闻将遭禁演的五六十出戏中间,《连环套》是一出,因为它是描写特工的。关于这点,我非常伤感,因为上台十余年,学来学去,就学得了这一出看家戏。惟一的遗憾,我的戏只在上海唱过,没有到北平去漏一漏,现在是去了也漏不成了,真正难过!

《铁报》1949 年 3 月 26 日,署名:大郎

知堂的墨迹【高唐散记】

知堂老人文章之美,足垂千古,是不成问题的了。他不以书法鸣,可是他的书法,也是从恬静中见工力。友人姚笠诗先生,二十年来临池不辍,成就自高,他对于知堂的书法,最最倾倒。有一次我们闲谈,笠诗说他自己生平没有收藏之好,但近年来他渴想得到两位近人的墨迹,一位是已经作古的弘一法师,一位就是知堂老人。

知堂老人的真迹,我只在原稿纸上看见过,但从来没有见过他替人家写作补壁之用的书件,所以他肯写不肯写是一个问题。我也明白笠诗要收藏他的真迹,不一定要正式的书件,一张原稿纸,他也可以过欣赏之瘾,但知堂出狱以后的近况如何?无人晓得,他是否仍在写作?也无从打听,现在就是要得到他一张原稿纸上的墨迹,也颇非容易了。

《铁报》1949 年 4 月 30 日,署名:高唐

黄绍芬险遭毒手【高唐散记】

在解放以前,特务分子等于疯狗一样,杀人如麻,这中间有不

少良民,连累在内。友人中黄绍芬也险遭毒手,我在昨天方始知道,他负着遍体伤痕,来看我们。据他说:他说十八日被捉去,至二十三日释放出来,其间经过非刑拷打,幸亏他身体好,不然打也叫这群疯狗打死了。

绍芬是电影工作者,此外还做些生意,从不参加政治活动。他的叫疯狗带去,因为他有一位常在一起的朋友,是替解放军做策反工作者。他的太太被捉牢,问她平时往来的朋友,而牵连到绍芬,其实绍芬从来不晓得他朋友做这种工作,所以根本不知自己何以吃这一番苦头。在疯狗用刑的时候,绍芬对它们说:"不是不肯说,是不晓得,假使因为不晓得也应该死的,那么你们把我打死好了。"

乱世人命,比狗还贱,譬如说:疯狗把绍芬牺牲了,这番冤枉,向谁去诉呢?

《铁报》1949 年 6 月 1 日,署名:高唐

经年与信宿　刘鸿生 *【西风人语】

秋翁先生代我问知堂老人索得立轴一页,写一首律诗,文云:"古越从吴过,吴疆与越连。有园皆种橘,无水不生莲。夜市桥边火,春风寺外船。此中偏重客,君去必经年。"不知是谁作品?我极喜其末后两句,似我们这一次的信宿而返,真太不懂得领略了。

前两天本市商报上登小朝廷里群丑更动官职的情形,里面提到刘鸿生当了伪经济部长,我看了非常奇怪,当时有人说惟一可能的原因,刘与朱家骅的私交太深,这一回朱任伪副院长,故将刘鸿

生拉出来的。到第二天,商报立刻来个更正,说刘鸿生者实刘航琛之误传,后者热中,出任始为意料中事耳。

《罗宾汉》1949 年 6 月 18 日,署名:刘郎

亡友的故事【高唐散记】

吾道中人,已故的王雪尘兄,为人与为文是不大相称的,他的文章看起来有点须髯戟张,但他的为人真深得风人敦厚之遗。不同他相知的人,不会相信我这句话的。

他待朋友很好,有几个穷朋友,连一家门都靠着他活下去的,但他在生前从来不表扬自己的风义。直到他死了,有个朋友来告诉我,还说:这样一个有赤诚的人,死一个少一个了!

雪尘的待朋友好,却也有几个待他好的朋友,沈炳龙、邵西平、胡澄清都是的。这还不算,他还有个红颜知己。昨天听一蘋来说:西平接着杭州一位小姐的来信,她已经晓得雪尘死了,她非常伤感,她告诉西平:雪尘每次到杭州必去找她,常常在湖上荡船。这一回她得到了雪尘的凶耗,便一个人雇了一只船,凡是她同雪尘从前经过的地方,她都去兜了一兜,算是凭吊,也算是招魂的意思。她更要求西平告诉她雪尘埋骨的地方,等到明年三月,她要赶去为亡友献花。

许久听不见哀感顽艳的故事,一蘋说完了,倒使我心目俱爽了好一会儿。

《亦报》1949 年 8 月 5 日第 2 版,署名:高唐

问袁雪芬项癣兼谈顽癣【高唐散记】

> 寂历风华此一时，眼中剩得几"名雌"？
> 其人进步终非易，我辈追踪或未迟。
> 缠不能清腮下癣，吟还欲断嘴边诗。
> 近年爱听先生曲，一恋山河绝好词。（注）

听说袁雪芬头颈里生了癣，一直不肯好，这是顽癣，原是不容易好的。

到现在还有印象，十八岁那年进银行做事，其时有位同事施治约先生，他生着癣的，可是他爱好修饰，什么医药都施用过了，老不肯好，我心里常常代他痛苦。

之方兄也生癣，在颐项之间，逢春必发，前两年他用过"极刑"来治疗，把有癣的皮层揭掉，连里面的新肉都看见了，也没有好。这两年我看他对于治疗感到灰心，顽癣毕竟顽的，治顽又哪能容易？

我床头人也生过癣，居然好了。好了将近七八年，今年又发。这两天她在请陈铭汀医生用电疗。她的癣生在额上，背上也有，治疗的日期尚短。如果有效，我将介绍给袁先生与之方兄，也去试试。（诗注：属此文前，在马路上听收音机里开袁雪芬与尹桂芳合唱《山河恋》里"你既是个大将军，为何与我缠不清"。）

《亦报》1949 年 8 月 18 日第 3 版，署名：高唐

薄暮花光往往红【高唐散记】

马路的花摊上，现在大都放着一簇一簇的樟榔花，这是野花。

在秋日的郊外，乱草堆中，都长着这种花。小时一直有得看见，不敢摘它，因为它的名字像蟑螂，有些怕，也有些脏的感觉。凉秋的天气，我在乡村时候，也一直看见蓼花，高艳得像个娉婷少女，但上海的花摊上却没有卖的，因为它的枝干都长，而厥花似穗，不宜于瓶供。但我是特别爱赏这样的花，有一天的垂晚经过"克莱门"，一路都是蓼花，最是盛放的当口，因此想着了"清霜浦溆绵绵白，薄暮花光往往红"的前人诗境来，就在花前徘徊嗟赏，不忍离去。

从前人写蓼花的诗，还有元好问的："檐溜滴残山院静，碧花红穗媚凉秋。"碧花是什么，我想象不出，红穗也许不一定是蓼花，但既媚凉秋，大概不会离开蓼花过远。现在又当芦白蓼红了，不由得不想着秋日横塘，来不及摘蓼花，而摘了几枝芦花归去。

《亦报》1949 年 9 月 12 日第 3 版，署名：高唐

过华业大楼怀李健吾先生【高唐散记】

> 早看小玉弄牙签，又看先生笔似橼。
> 法眼文章应记得，大楼华业故巍然。
> 人都如报新还旧，报亦犹人进且前。
> 今日我同公作比，公能讲话我能编。

在上海沦陷时期，看过一个《金小玉》的话剧，李先生于剧中演出，在一根牙签上做戏，而博得演技精湛之誉。后来惨胜了，李先生忽然置身"仕版"，又不久，从"仕版"上下来。有一时期，做过我们的同行，在一张小报上用法眼的笔名，写"旁敲侧击"

的短文,传诵一时。有时更替戏剧版写写,则用李健吾的真名姓了。那时候,他住在上海最豪华的一所公寓里,就是陕西路上的华业大楼。李先生毕竟不算吃小报上写稿子饭的人,所以辟得起这样的精舍。

前两天,《剧影日报》招待过一次写作人,李先生到了,还讲了话,讲的都是关于小报,内容我不详细,料想他在依恋于"法眼"时代的"旁敲侧击"生涯吧?

昨天到华业大楼去看个朋友,下电梯时想着李先生,拟去望望他,但又一想,李先生打去年起已不住在这里了,他的房子,已顶给金山,现在则不谂鸾栖何所?

《亦报》1949 年 10 月 2 日第 3 版,署名:高唐

报俞振飞夫妇北京【高唐散记】

小简开封字字欢,江南俞五到"长安"。

他时经励科轮我,不送方为"王八弹"。

振飞夫妇抵京后,各人写了一封信给我。蔓耘夫人(俞太太)吃我豆腐,她信里说:"她们上车的时候,什么人什么人都去送行了,只有你(指我)当我们起码人……"阿啊俞太太,你这该原谅我的。我一生一世,从没有送过朋友上飞机、上火车的嗜好的,而且也讨厌这一套俗礼。不瞒你说,这一次桑弧北上,他在电话里跟我辞行,我只说了一声顺风,也没有去送他。不过话要说回来,万一我将来弄不落,做了您老板的经励科,我要还是不送,我才是王八旦呢!此诗王八弹之弹,即旦字,用了旦或者蛋,这笋头就装不

到十四寒上去了。

> "守节"刘郎要算勤，博君一笑必然真。
> 任它"首席"堂堂挂，座上从无着鄙人。

前一时，振飞在中国大戏院下来，叶盛兰接上去，"中国"的悬牌，称之为"首席小生"，这事使俞氏夫妇，非常不痛快，俞太太尤其悻悻然有不能已于言者。自从他们北上，我在这里，到现在还没有看过"首席小生"的戏，这一点报告振飞夫妇，料想俞太太看了，定会笑出声来也。

（《亦报》1949 年 10 月 19 日第 3 版，署名：高唐）

菊花须插满头归【高唐散记】

前人写重阳的诗，我欢喜陈后山的："九日清尊欺白发，十年为客负黄花。"更喜欢杜樊川的："尘世难逢开口笑，菊花须插满头归。"我一生拜倒的是杜樊川，少时读《樊川集》，到这两句，往往拍案叫绝。唐代的诗人，只有他能够写得这样灵空绰约。

今年的重阳，真的到了可开笑口的日子，而大家都可以去登一登高，回来时，帽檐上都戴了菊花，妖氛已远，而且消灭在即，我们怎么不该乐一乐呢？

因此提出"菊花须插满头归"七个字来，又请雪丹写了一幅图，以点缀这个令节。

《亦报》1949 年 10 月 30 日第 3 版，署名：高唐

想起罗宾汉【高唐散记】

　　小报中的《罗宾汉》，在我是不能忘情的一张，我说的《罗宾汉》，倒不在王雪尘接办之后，好是好在朱瘦竹做编辑时期。没有色情，没有恶意讦人，浅显简单，老老实实报道消息，一篇文章，题目比文字还大，文字里常常夹着"恕秘"二字，署名常有"壶中长生""袖里乾坤"。这些这些，都十年不见了，现在想想，还是非常有趣。我现在来摹仿一段它们当年的文字：

黄宗英担任保镖　唐大郎指点迷途

　　昨天下午一时半，唐大郎坐了三轮车，经过善钟路转入葛罗希路，碰着黄宗英，骑了脚踏车，黄宗英跟在三轮车后面说，我做你保镖。

　　黄宗英要到兰心打腰鼓，忽然迷失去路，唐大郎叫她跟到蒲石路，向东一指叫她一直去，不要转弯就到了。

　　上面这一段写我自己的实事，假如把题目装大号方体字，文字排五号老宋，那形貌就出来了。后来小报上的影剧版，欢喜琐琐屑屑登载新闻报道（连现在本报第四版在内），其实还是当初《罗宾汉》的遗风。

　　　　　　　　　《亦报》1949 年 12 月 7 日第 3 版，署名：高唐

1950 年

谢梯维【高唐散记】

写就身边事一堆,自家看看意须灰。
书来读者封封骂,头碰梯公日日催。
人自心雄惟力拙,诗难气荡更肠回。
只教收拾狂奴态,遂使尊眉豁不开。

在我们征求读者意见的许多来信中,对于我的文字,骂多于不骂,骂我的也分着两种,一种骂我不够进步,还是写些身边文字。一种则骂我写得不比从前那样的泼剌、风趣。总之,我是两头脱节。惟一办法,只好少写一点。但我是天天同梯维、一淘吃饭的,他不看见我的稿子,他就要催:"怎么今天又没有了?"甚至说:"再不写,我要不看《亦报》了。"其实梯维并不对我的文字有所特嗜,因为看二十年老友的写述,别有一番亲切之感而已。然我却难了。

《亦报》1950 年 1 月 6 日第 3 版,署名:高唐

寄齐甘北京【高唐散记】

昔梦春明淡若烟,多劳吹到眼门前。
裹中絮履夫人托,肚内篆章居士镌。(注一)
已爱寻声来市侧,最怜觅静坐茗边。(注二)
自从邀得申公写,人谓高唐未白编。(注三)

注一：前二日，齐甘夫人托寄棉鞋一双，我把山人居士刻的图章放在鞋肚里，一同付邮。

注二：近来我欢喜两篇"亦文章"，一为《闹市寻声记》，一为《有茶可吃记》。

注三：有人说，《亦报》得申寿先生文章，终大郎之世，算他不曾白做编辑也。以告齐甘当为颔首。

《亦报》1950 年 1 月 9 日第 3 版，署名：高唐

两张速写【高唐散记】

三月前，胡考先回来，小丁后回来，他们没有忘记我同之方，三日两头，要来望望我们。他们都是有成就的人。我倒也并不肯自馁落后，同他们谈谈笑笑，还是像从前一样。他们都说，倒真希望大郎早点搞通思想，但又不希望他搞通之后，却减少了他一份固有的豪情。

胡考在工作上，不常以画笔来歆动世人了，小丁则还在这方面苦修，将来的造就，当然无法估量的。他们都曾替我速写过人像，那是我生平最宝贵的两张。胡考写的，远在十多年前，在小丁家里，不到五分钟，用浓墨泼成功的，挺大一幅，放在眼前逼视，只几笔粗粗的墨杠而已，把它粘在墙上，远几步看，真是神情毕肖。这幅画，我至今保藏着没有弃去。小丁写的是在大前年，他在台下看我演戏，一面就替我白描，那就是后来配合了吴祖光的文章，在《大众》月刊上发表的一张黄天霸的戏装了。他强调我面孔之似西字形，没有用护领，头颈露在外面，头又是弯的，正在抖袖，他用柔和的线条，写出我身上的"羊毛"。不要说别人看了会拍案叫绝，我自

己也真赏爱它。前两天还翻出来同之方研究,我觉得我真嗲。但除小丁,谁有本事,再能够写得这样传神阿堵呢?

现在他们又上北京去,走了的前夜,我同之方送他,临别,他们希望《亦报》渐渐地进步,大郎也跟着进步。

《亦报》1950 年 2 月 13 日第 3 版,署名:高唐

万峰青与刘郎【高唐散记】

万峰青先生的著述,在本报招致了广大读者,真是连载文字中的第一佳作,昨天行云先生写信给我说:"外埠的报纸,也有记载匪帮特务的事,署名也是'万峰青',奇了! 这位万峰青,名相如实不相如,绝对不是《亦报》的万峰青,他要用这个名字,只好由他。以前有个拆字算命的,打着'太炎氏'招牌,那时章太炎健在,我去问它为什么要用这个名字,他说,一向崇拜章先生,所以用这名字。我回来告诉太炎,一笑置之。或许另一万峰青,也是《亦报》万峰青的崇拜者。"

万峰青虽是《亦报》的作者,但我才同他见过一次面。他告诉我以前他替报纸副刊写文章,笔名一直用刘郎二字,后来看见上海的小报上,也有个刘郎(那是我另外的一个笔名),及至《亦报》要求他撰述《三凶传》,他就不用刘郎了。有一次,他路过南京西路一家茶叶店,里面挂着一副对联,他非常欣赏那十个字的联语,一直记在心里,因为那下联的五个字是"山拥万峰青",他就将万峰青三字,作为自己的笔名了。

《亦报》1950 年 4 月 12 日第 3 版,署名:高唐

《推背图》【高唐散记】

我前两天提起过的陈灏一,正不知这位先生萍踪何许?昨天有人告诉我,他现在台湾,曾经闹了一桩笑话。原来灏一得有一本《推背图》,据他自己说这本书出自清宫所藏,因此他加以详赡的注解,自费印刷,交台湾商务印书馆寄售。其时包天笑尚在台湾,便告诉陈灏一,这种东西,应该托报摊分销,陈灏一却没有肯听他的话,结果竟然无人问津。陈灏一焦急之余,又托银行方面,向台湾的客家推销。到得台湾人手里,看来看去,他们看不懂什么叫做《推背图》,忽然有的人恍然大悟起来说:"是不是洗澡时候擦背用的一种技术讲义?"这话给陈灏一听见了,弄得哭笑不得。

陈灏一同林庚白是老朋友,他们有几点相似的地方,一样会写很好的文言文,一样以会写字来自矜名贵,一样欢喜排八字,替人看相算命,但林庚白有一份横逸的诗才,陈灏一却没有,连一句都做不来的。

《亦报》1950 年 5 月 5 日第 3 版,署名:高唐

青菜还是卷心菜【高唐散记】

第五章之十四的《十八春》里,有一段:"曼桢忽然很秘密地低声问道:喂你是青菜还是卷心菜?然后她走了,急急地走去揿铃。"读者看了"青菜还是卷心菜",不懂是什么意思,写信来问。我把信送与梁京,梁京有下面的一封回信:

　　读者来信问起的那一段对白,世钧说他自己像一棵菜,曼桢就问他是什么菜,是青菜还是卷心菜。不过是一句戏言,没

有什么意义。他说过那句话之后,隔了好久,她忽然又提出来说,这是表示他随便说什么,她都很注意,所以隔了这许多时候还在那里咀嚼着。

我不知道应当用什么方式答复,能不能请您随便写两句,作为编者或梁京的口气都行。

我把最早来信的几位读者,都将梁京的话抄给他们看的,后来来信更多,我只好偷个懒,抄在这里,以当公覆了。

《亦报》1950 年 6 月 19 日第 3 版,署名:高唐

投稿出身【高唐散记】

我在小报上投稿的时候,还不满二十岁。后来一直替冯梦云办的《大晶报》写,写了几年,也没有拿到过稿费。但冯梦云是捧我的,我写的文字、打油诗,乃至屁都不如的小说,他都会替我登上去,常常写信来叫我不要写作中断,连续的写,就可以成名。

那时我一早起身,就到外滩去买所有的小报,一面看一面走,走到宁波路如意里口的牛肉面摊头上吃面,一面吃一面还是看小报。这样过了几年,忽然成了一个小报专门职业的人了。

因为我是投稿出身,所以当我每次做一张小报编辑的时候,总是特别注意投来的稿子。《亦报》特约写作的人算得多了,但我还是尽可能录用外稿。二、三版的编者,他与我意见相同,很希望《亦报》的读者都成为《亦报》的作者。读者诸君,你们何不来试试看呢?

《亦报》1950 年 7 月 5 日第 3 版,署名:高唐

抄儿子的诗

柳絮说儿子为父亲写扇面,是"史无前例"的事,这话恐怕不一定正确。我记得看见过一把扇子,是清宫里流落出来的,只记得下款是"臣儿"什么,大概那就是儿子给父亲写的扇子了。还有父亲写扇子,写他儿子的诗,这事实却就出自我家。先父在逝世的前几年,给人写扇,很多是抄我的诗,所抄又都是香香艳艳的句子。曾经在别人手里,看见过父亲写我一首寄给一位住在杭州朋友的诗云:"归期见说或非遥,待看钱塘八月潮。锦字瘦于词客面,蓼花红过女儿腰。任教烦郁罨天地,愿有温馨遣暮朝。别后报君惟一事,诗无敌手我成豪。"父亲还写了一段跋语。说:大郎这首诗的末脚两句,原是"粉墨江湖支不易,渠虽困踬亦人豪"。后来却改了现在的两句,并不比原文改得更坏云云。

连这样狂罔的口气,父亲都会谅解我的。我一生忤逆不孝,惟有在这一件事上,倒有些合乎"养志娱亲"的古人遗教了。

《亦报》1950 年 8 月 7 日第 3 版,署名:高唐

"街头杂写"

《亦报》第一版新辟"街头杂写"一栏,编者号召报馆的人,供给材料,有的口头报告,有的笔录下来。

我也是被派为执笔者之一,就在上公墓去的那天,临行时向编者夸下海口,说此去来回路上,要费两个钟头,一定有大批"街头杂写"奉献。不料回来之后,竟是一眼晄啥啥好写的,可笑我坐在三轮车上,坐在公共汽车上,只把脑袋一歇不停地在左右狼顾,像发

神经病的一样。

我于是明白，"街头杂写"倒真是从脚步上跑出来的，所以索性发了个狠，第二天到马路上兜圈子去，回来写了两条，交与编者，编者说我写得蛮好。

我们现在请《亦报》的读者和《亦报》的朋友，都来参加"街头杂写"，记事实的，批评性的，我们一概欢迎。我还写了一封信给张爱玲先生，要求她也为"街头杂写"经常执笔，你记得吗？她写的那本《流言》里，有许多地方，都是现在《亦报》"街头杂写"中的极构。

《亦报》1950 年 9 月 15 日第 3 版，署名：高唐

路上打油诗

> 苏州来去太匆匆，未到双林访拔弓。
> 未到东吴望儿子，想来唐艺更颐丰。

到苏州常熟去白相，因为是临时提议的，事先所以没有请住在苏州双林巷的闻郁（《亦报》特约撰述人拔弓）参加，也来不及到东吴去看看唐艺。

> 各就车门地一弓，林杨端木与胡冯。
> 居然高兴棋盘托，彼要抽车此炮轰。

赴苏时火车上别说没有座位，连站的地方也很少了，但是我们几位同行的（见第二句）都聚在火车门口，席地而坐，摊了一张棋

盘,居然对弈起来。此非意兴之豪,简直胃口太好。

《亦报》1950 年 10 月 9 日第 3 版,署名:高唐

1951 年

闻散木归来

十余年来,我们时常在一起吃酒的几个朋友,有散木、叔范、桑弧、空我、之方和我。其实我不吃酒,但却也扯在一起,那是因为都能谈得投契罢了。解放以后,叔范老早就到杭州,跟了农村干部学习,思想急变,难得给《亦报》写几首诗,已然换了一番面目。散木则从书刻生涯中,分出一点时间,致力于小工业。稍后,又听说在搞里弄工作,搞得很有成绩。又稍后,到去年的初冬,他决心下乡参加土改。前三天,已经工作完毕,回到上海了。我听得这个消息,非常感奋,立刻想到早在抗战时期,叔范有如下一首送给散木的诗:"闻说孤儒入海深,龙天消息尚沉沉。三年勒石留奇气,算是东南末了心。"一个人的志业,局促于所谓勒石三年,叔范也明明知道他是不够的,现今果然伸展开去了。

《亦报》1951 年 1 月 23 日第 3 版,署名:高唐

访梁京

《十八春》终篇之后，读者来信，问起梁京先生有没有新作继续在《亦报》刊布？这问题，其实《亦报》编辑部同人比读者更加着急，早在一个月前，已经同梁京商量过了，我对她说：你写这么好的小说，别说读者不放松你不写下去，就是《亦报》同人，也不放松你不发这个稿子呀！她说：写是要写的，就是写得太慢，要等《十八春》杀青后，再结构下一篇小说的故事。

前天是《十八春》登完了的第二天，我特地去看梁京，重申前请，她是答应我的，不过这几天正在补《十八春》的漏洞，她说：《十八春》在报上一边登，一边写，写到后来，明明发现前面有了漏洞，而无法修补，心上老是有个疙瘩。所以再要给《亦报》写的小说，非待全文完毕后，不拿出来了。我希望她的新作接着《人迹板桥霜》上去，她答应我尽可能这样的做。

《十八春》，《亦报》要把它印单行本的，等梁京补好了漏洞，就可以发排，这些消息，大概都是读者所乐闻的吧。

《亦报》1951 年 2 月 15 日第 3 版，署名：高唐

梦云痛事

我第一个认得办小报的朋友是冯梦云。此人写当时的小报稿子，也是一枝健笔，而他比一般写小报稿子的人更胜一筹的，则是政治水平比较为高。我同他交了十多年朋友之后，他死了，他是受日兽兵的酷刑和屠杀而死的！

抗日战争发动以后，梦云在报纸上写了不少抗战论文。及至

日寇侵入上海市区，有一天，忽然将他逮捕，在他写字间里，抄出他剪贴好了自己写述的社评，经日寇证明他不是"良民"，从此锢禁起来，与外间隔绝消息。好久以后，他叫人拿他的衬衫裤出来更换，每次换下的衣裳，总有许多血斑。我们曾听得与他同囚的人出来说，兽兵常在酷寒的天气里，将他剥光了衣履，在雪地用鞭子乱抽。又经过许多日子，他家里人说出来，梦云已移禁在虹口日寇的海军司令部里，天天押着他做苦工。他有个兄弟，曾经设法取出他在禁时的一张照片，很大的块头，已经消瘦得脱了形了！但这样兽兵还是不肯全他一命，外间人只晓得他已经被害，骸骨也没送还冯家。直到现在，我们关于梦云的死事，未得详知。而岁月匆匆，他的死又快近十年了。

《亦报》1951 年 3 月 1 日第 3 版，署名：高唐

访恨老

那一天是星期日，我同黄苗子、吴祖光、曹仲英到中央医院去望罢了郁风的病，他们又要我一道去望望恨老；恨老者，《亦报》刚刊完了的《人迹板桥霜》的作者张恨水先生也。

恨老一家住一个院子，因为那房屋很幽旧，特别富有北京住家的情调，屋里摆的，墙上挂的，也都是些粗粗草草的东西，从这上头可以看出屋主人近年来伤于衰病，没有心思再润饰他的居处了。我们见到恨老的时候，他刚刚午饭完毕，从后面的院子里进来，走路很轻快，面庞比我十多年前看见时瘦了一些，头发也有点斑白。

他们三个人东一言西一语的同他攀谈，我则作了如下的问答：

我说："张先生的病完全好了没有？"他告诉我："好是好啦，就

是右边这一条腿,还有些蹩扭。"我看了看他那只腿,又说:"怎么有点浮肿?"他说:"不是的,我这只脚上穿了四只袜子。"我说:"你干吗穿那么多,是不是怕冷?"他说:"怕冷啊!"说着又把裤脚管捋起来给我看,他说:"我还穿着这个啦。"原来垫在四只袜子里面的是一条挺厚的卫生裤。我说:"那你还写不写啦?"他说:"不行啰。"三个字他说得沉着而宏亮。我说:"慧剑(上海《新民报》)那里你不天天写?"他说:"也不天天写,一个星期大概给他寄一回吧。"

因为我们自己想着要吃饭,在恨老家里耽了二十分钟,便辞退出来,他还把我们送到门口。

《亦报》1951 年 4 月 15 日第 3 版,署名:高唐

谒十山翁

来到此地一星期光景,我去拜望过十山先生,是齐甘陪我去的,大约坐了半个钟头,我们就告辞出来了。走出那条胡同,齐甘将我埋怨起来,说:你这个人我倒第一次晓得你这样老实。我问他什么意思?他说:你怎么见了十山先生,连一句客气的话儿也没有。你应该谢谢他,《亦报》出到现在,承他帮忙到现在。这一点礼数,你还用做人家吗?我想了想,我真是没有向老先生道谢过一句话,的确不大好。我向来不擅辞令,是一个原因,还有一个原因,我常常以不多说话来对某一个人表示由衷的感谢的。

十山先生很健康,看不出七十来岁的人。我同他握手,我这小伙子的手是冷冰冰的,他的手是暖的,就可以知道老先生的精神了。齐甘邀他出去吃饭,他谢绝了。据说老先生简直不出门,难得上街,那是特地去选购毛笔,一年中至多一二回罢了。

（自北京寄）

《亦报》1951 年 4 月 24 日第 3 版，署名：高唐

1952 年

新学生【西苑杂记之一】

在北京耽了九个多月，其中八个月住在西苑，因为我在西苑的华北人民革命大学里当学生。记得一九五一上半年的某一期《新观察》上，登过萧乾先生的一篇文章，写的都是新北京的气象，其中有一段说："西苑一所原来是军阀的营盘，现在有川流不息的知识分子，背着沉重的思想包袱进去，换得了一腔爱国的热忱出来。"就是指的这一家革命学府。

我到的迟了，学校里已经上课了两个半月，拉了很多要紧的课程，真是太可惜的事。入学的当天，对早到的同学来说，我是新学生，照例要向组上介绍自己的"三历"，首先报告我的学历说："我九岁离开私塾，十六岁小学毕业，没有进过中学，一直搁了二十八年，再进大学，就是现在来的革命大学，我今年四十四岁了。"

四十四岁的人了，还要进学校，能说不是新中国的"奇迹"吗？其实"奇迹"正多，四十四岁还是一般的年龄，高年的有六十五岁的，女同学五十多岁的很多，也有六十岁的。一个六十岁的女同学，要求改造，大概有人曾经劝阻过她吧，她不听，把头发都推光了，表示决心。这里有夫妻同学的，有父子或母女同学的，我想一

定还有祖父和孙儿同学的，不过我没有发现罢了。一位六十来岁的云南大学老教授，在云南时曾经教过艾思奇同志读书，现在艾思奇经常在我们学校里讲课，这位老教授同我们一样坐在讲台下面的小矮凳上，一边听一边手不停挥的写笔记。这些都是佳话，都是韵事，除了在这一个时代，我们几曾听见过看见过呢！

第一次过集体生活，十几个人睡一间屋子，两个人睡一张床，同学怕我不习惯，常要问问我：睡得熟吗？过得惯吗？我总说过的很好。我是不说假话，这里的起居都很讲卫生，饮食也很讲营养，有什么不好。在没有入学以前，耳朵里不知听多少人给我提了："你受不住那里的苦，进去了还是要逃出来的！"到了校里，证明这些都是胡话。记得过了两三天，学校给我包干费，我才知道受了这里的教育，学校负担我的衣、食、住之外，还给我几万块钱作为剃头、洗澡用的。开头我心里只在想：共产党真有许多上海人打话"寿头"做出来的事，开了一只学校，叫人家来受教育，你不收学费，已经大公无私的了，为什么每年还要花这么多的钱，放在要求改造思想的人身上。直到我明白了共产党治病救人的道理，它们希望我们这破破烂烂的一堆，都改造成功，为未来国家的财富。明白了这个道理，你就不应该不努力，否则就是你的罪恶，因为你白白糟蹋了人民的小米！

《亦报》1952年1月19日第3版，署名：高唐

中国人最大的面子【西苑杂记之十二】

我们的校长刘澜涛先生，是个丛万事于一身的忙人，学校里不大到，所以负学校实际责任的是教育长。

我听过几次校长的讲话,只有一次是对政治研究院同学讲的,那是在我们的毕业典礼上。他上来就说:同学们,我很对不起同学们。因为我太忙,你们开学的时候我说过一次话,现在你们毕业了,我又来说一次。虽然如此,我对同学们的学习是关心的,学校也经常同我有得联系,知道绝大多数同学的成绩都很好的,我很安慰。

刘校长的讲话,永远像上面那样的闲话家常,而在他响亮的声音中,自然地流露出一种肫挚的情感。刘校长的文章也是好的,我们学习"忠诚老实"的参考文件,是校长自己写的。那文件的名称就叫"忠诚老实"。他用非常轻松的语句,而包含的政治意义,却是那么庄严。后来北京城里的政府机关,进行"忠诚老实"学习时,也是大都把这个文件作为经典文章读的。

可惜我手边没有这个文件,不敢断章取义的向读者介绍,怕失了刘校长文章原来的精神。我只说刘校长管思想改造也叫作"换脑袋",他叫人家把旧的脑袋换掉,搬个新脑袋上来。他又分析知识分子的爱面子问题,有这样一句名言:"我们的代表在联合国里手指指在帝国主义的鼻子上,骂他们强盗,这是中国人的面子。"他的意思,知识分子爱的许多"面子",都是不必要的,而且是反动的,中国人现在可爱的面子很多,上面举的是一个最大的例子。

刘校长说得对,新中国的人,可爱的面子很多。我来说:努力学习,决心改造是应该爱的面子;争取做英雄、模范,也是应该爱的面子;鼓励子女参军参干,也是应该爱的面子;还有彻底坦白,承认错误,也是应该爱的面子。小资产阶级一向欢喜的"面子",旧知识分子一向欢喜的"面子",现在都可以丢掉它。丢得快,进步得也快。

有些上海人把面子唤作"台型",是很不正派的一个语汇,因此上海人碰碰要"扎台型",就可想而知扎来的"面子"更是要不得了。

我从前在上海时，把认得的"名"女人多，作为自己的"面子"；每夜在饭馆里进进出出，作为"面子"；还有不肯坐电车和公共汽车，怕坐在上面时，被坐在三轮车上的"名"女人一眼望见了，心里会想："迭档码子桂花了"，而"下"了我的"台型"。现在想想，这些当初所力争的"面子"，都是隔夜饭要呕得出的面子！

但是对于面子问题，认识不清的人，实在太多了。不要提一般的知识分子，连已经投身在改造熔炉里的革大同学，经过一个时期的学习，对思想改造，还存在一种荒唐的看法。在思想总结时，一位原来当大学教授的同学，暴露他的"爱面子"思想，他说："在入学以后，当每星期进城去时，一出校门，就把校徽摘下来，放在衣袋里，不让朋友和亲戚知道他在革大改造。自己当了好几年的教授，现在共产党的政府里，还要改造思想，不是很'失面子'的事吗！"在学校里，这个虽是极其个别的例子，也可见旧知识分子受旧社会"面子"的毒害之深且大了。

《亦报》1952 年 2 月 3 日第 3 版，署名：高唐

我的思想总结【西苑杂记之十五】

历史问题交代完了，接着进行思想总结。我们这一期的思想总结，比上两期的变更了一些办法，上两期的都要从每个人得知人事那年做起，一直做到现在，有点像《故事编年》。因此年纪愈老，写得愈多。黄苗子告诉我，他在二期的政治研究院，一下就做了七万字的思想总结，而据他记得，最多的做到十二万字。

我们这一期，就因为历史问题，已经另外交代，所以不需要再叙述在思想总结里，只把主要的历史部分，提出来作为重点批判，

领导上也不希望我们写成"著作等身"的那样繁琐。这一来,这一工作比较轻简的多了。

给我们做动员报告和启发报告的是武副院长,在第二次的启发报告里,把政治研究院全体同学分为三种思想类型:一,文教工作者的思想类型;二,反动派官吏、军人的思想类型;三,"民航局"的思想类型。因为这一期的同学,以百分比来说,上面三种人,占的数目都相当平均。挨到我,却又都非其伦,因此在小组酝酿根据武院长所别的类型,分头进行时,同学要我自己选择一派,我就选择了"民航局"。因为听武院长分析"民航局"的思想类型,一般都是今朝有酒今朝醉的享乐主义者;欢喜吃,也欢喜打架,像阿飞一样,一切都是美国的好;人与人的关系,都是建筑在金钱上的,是资本主义社会最标准的个人主义。还有,我记不全了,反正与我近似的很多很多,所以我就选择了"民航局"这一类型。

当我初次把思想总结的提纲,向组上报告后,同学们就帮我一道寻找这一连串历史的一个主导思想,所得的是:"一贯的、不择手段的追求糜烂生活的延续;是罪恶的享乐主义者。"这样的认识,应该是不错的。二十年来,我一贯的贪取享乐,因此也就不择手段的榨取金钱,利用了我的事业,去结交上海每一个时代、每一个社会上有财势的人。这种有财势的朋友多了,榨取金钱的目的更容易达到,而金钱的来源愈广,我的糜烂生活,就在这种情况之下,延续下来。

全篇的思想总结,我是分六个部分写成功的,前面四个都是批判历史的部分,后面两个,说我解放以后入学以前的思想情况,和入学以后的学习检查。在历史部分里,批判了"江南第一枝笔"时代所犯的种种罪恶;批判了如何叫别人的钞票放在我袋袋里让我挥霍;又批判了与流氓、汉奸、国民党官吏、特务的结交,而实际上,都是为一切的反动势力服务;也批判了我的荒淫生活,主要是男女关系的不严肃。

我的思想总结做得不好，根据同学的意见，说我批判得不够深刻，而对于旧时所犯的有些罪恶，仇恨还嫌不高，还要我继续改造。他们还分析我的毛病，说我暴露是足够了，但暴露了罪恶，不等于改变了罪恶，一定要痛恨这个罪恶，然后能改变这个罪恶；如果暴露了以后，不去理它，为暴露而暴露，甚或欣赏自己的暴露，这样的态度，都是非常危险的，至少经不起考验，有一天离开学校，到了一个可以犯罪的环境里，不由得不重蹈覆辙的！

我想：在思想改造中，这样的情形，也是一个很重要的环节，特地提出来，贡献与《亦报》的读者，作为参考。

《亦报》1952 年 2 月 6 日第 3 版，署名：高唐

黄大雷

苗子同郁风养过两个孩子，上海解放那年，他们夫妇都从香港到了北京，却把孩子放在香港，寄养在苗子的哥哥家里。

去年有人从香港到北京，把一个孩子送回到他父母身边。这孩子才八九岁，叫黄大雷。一到北京，苗子就把他送进学校。不多时，这个孩子的一口广东话变了一口北京话。

这孩子的爷是忙爷，娘是忙娘，在家的时候很少，让黄大雷常常一个人耽在屋里。有一天，我到他家去，他在作画，看见我进去，叫了我一声唐伯伯，还是作画。画得真不错，他父亲是画家，母亲是画家，这孩子看来也是画家。但我总觉得不舒服，这么大一幢房子，让一个孩子独自耽着，也没有个人照顾着他。

直到苗子去土改，郁风也去土改，他们才把郁老太太从上海请

到北京去住，陪伴黄大雷。外婆是疼爱外孙的，我回南时去看过郁老太太，看见她对外孙正在嘘寒问暖。郁老太太对我说："我问过黄大雷，还想回香港吗？他说不去了。又问他，等你妈回来后，你跟我到上海去住好吗？他也不肯去。我对他说，不到香港去是对的，为什么连上海也不肯去呢？他说：我不要离开北京，因为毛主席在北京，所以我也要住在北京。"郁老太太又说："孩子真好，香港到北京不到半年，已经懂得热爱祖国，热爱毛主席了。"

我一直有这样一个感觉，新中国的孩子，能够住在北京是格外幸福的。你若问我什么理由，倒也说不出一个所以然来，只是有这样一个感觉而已。前两天我在读第二十八期的《人民文学》里张天翼写的《两篇童话》，看了两遍，还是这个感觉。童话里的孩子，他们都是住在北京，如果张天翼不把地方写在北京，我会怕他的文章不能写得那么好似的。

《亦报》1952 年 3 月 24 日第 3 版，署名：高唐

封好的诗

一年以前，把我十年来所录存的一本诗稿把桑皮纸密密加封，放在抽斗内。在这个本子里，大概有一百首左右的诗吧，自然都是我当初所欢喜的。昨天翻抽斗，看见了这个纸封，我就想：从前做的东西，现在都应该否定的，但我还想在否定的当中寻寻看，有没有还值得保留的呢？经过一番检查，只发现了一首，那是在敌伪时期，老婆在旅途上，我在上海想念她时，这样写下来的："灯光幻作朔云看，料有霜风起袖端。经夕夫妻成阻隔，十年士子陷荒寒。渐从殊地亲风俗，曾以何颜悦税官？细算行程明日到，归来所盼更平

安。"这一首诗虽然没有什么积极的意义,但多少也反映了那时的民生疾苦和反动势力的恶虐!

因为除了这几句,其余都不堪入目了,迷信的、颓废的、色情的。这些东西,都在旧小报上登过。有人曾说过:"旧上海的小报是宣传资产阶级最堕落、最腐朽、最下流的思想意识的工具,它比其它报纸宣传得更有力和露骨。"假如说,旧小报是毒害人民的细菌培养所,那么我这本册子的那些诗,正是散布各式各样细菌的器具了。

二十五年来,作过几千首诗登在报上,能有几首是不带着细菌而送与读者的?该死就在这里,作了许许多多的罪恶,自己想把它统计一下,都无从统计的。

《亦报》1952 年 4 月 13 日第 3 版,署名:高唐

《秋明室杂诗》的作者

黄苗子兄从北京来,抽空去望望沈尹默先生。沈先生送他一册《秋明室杂诗》。这里面都是沈先生作的诗和词,好大的开本,装印也非常精致,从头到底的字,也都是沈先生写的,写的是端楷,大小相等于衣服上装的每一粒纽扣,都匀净得叫人喜爱。

这些诗词是一九四六年秋到一九四九年春前所写的,这里不想介绍他的作品,不过底页有一节跋语,值得抄下来的。因为在这跋语里,可以看出解放以后,沈先生对自己的写作,也正确地建立了新的看法。那跋语是这样写的:

有长短句若干首,大抵曩时析酲解愠之所为,以其犹贤于

饱食终日，无所用心，亦既吟成，遂复录而存之，备省览焉；由今观之，言差近而少讽，悲欢不出于一己忧乐，无关于天下，正如爱伦堡氏所讽小熊无力得食，自啮其掌，掌尽而生命亦随之而尽者是，可愧也夫！一九五一年十月沈尹默题记。

沈先生今年是七十正寿，这本《秋明室杂诗》的印行，是许多朋友化的钱替这位一代宏儒作善遣遐龄之用。苗子说：沈先生患了多年的目疾，现在已然痊愈。平常一直写字，最近抄完了两本《实践论》，接着还要抄两本《矛盾论》，从这里也可以想见沈先生精神的高贵了。

《亦报》1952 年 8 月 7 日第 3 版，署名：高唐

1954 年

代序一首【唱江南】

> 知君久已别江南，积得乡思日就酣。
> 我唱江南君自记，江南近事我经谙。

本报这个新副刊要我写些打油诗之类的东西，我就想了一个《唱江南》的题目，用小诗的形式，来写江南的小事；"江南何事长相思"，即使是江南的小事，也往往是耐人相思的。

因为动笔前没有什么计划，因此这个《唱江南》，也不是有什么

系统的记录,只是拉拉杂杂地唱出来。我是唱到哪里是哪里,读者诸君,你们就"听"到哪里是哪里吧!

香港《大公报》1954 年 1 月 1 日,署名:刘郎

见了一次齐白石【高唐散记】

齐白石九十一岁的那年,我在北京。那时北京正传说着关于白石老人的一段佳话:白石老人有一位亲旧,住在湖南本乡,此人写了一封要寄给齐白石的信,可是不知他北京的地址,因此把那封信寄给毛主席,他恳求毛主席把信转给齐白石。毛主席果然把那封信加封转送与白石老人。使这位老年人感动得不知如何是好!

因为黄苗子、吴祖光他们都与老人相熟,有一次祖光带我上老人家里去求他作画。那天真不巧,因为他的护士有些事做得不够周到,他在闹着情绪,连我们送去的润笔,也不交给护士收纳,他自己点了数目,亲手藏在钱柜里,上了锁,然后再跟我们谈话。我看看觉得很有趣,他真像一个孩子在发脾气一样。祖光本来想约他一同出去上湖南馆子,因为他不高兴,也就没有开口,祖光对我说:他高兴的日子,也许当场画给你了。

过了一时,郁风又去看他了,但郁风没有约我去。这一天,老头儿是高兴的,郁风给他画了一个像,老头儿提起笔来,就在像的旁边写了两行字:"郁风女士为予作像,甚肖。但非白石所有也。"他的意思是说那张画郁风没有送给他,画好了由郁风自己带走的。白石老人的题句,往往这样朴质得叫人可爱。

那年,白石老人两尺的画,才收八万元。前年九十三岁寿辰以

后,索画的人,踵接门下,有人给他算算,齐白石画到一百岁,也画不完那些索件的。

香港《大公报》1954 年 1 月 27 日,署名:高唐

春宴记事【唱江南】

璇姑鸾吹记当年,今日相逢各辗然。
犹欠石麟留岛上,未逢芳信列樽前。
儿郎跳荡年相若,夫婿痴顽语妙连。
自别国门三月后,肠尤柔绕志尤坚!

上月,我们曾经举行过一个迎春宴,列席的人有王熙春和她的先生,金素雯和她的先生,桑弧、吴邦藩诸兄,还有熙春同素雯的孩子,他们今年一样十二岁了。大家随意纵谈,因为熙春同素雯都从朝鲜回来不久,她们谈的都是在朝鲜看到的情形,谈到朝鲜老百姓的受难深重,不免愤激到发指眦裂!

在她们出国期间,她们的丈夫都留在上海,当时她们中的一位先生指着另一位先生说:"我们做了三个月的'军属'。"大家听得都笑了起来。

我忽然想起周信芳先生组织移风社的全盛时期来,当时《文素臣》一剧,熙春的朱鸾吹,素雯的刘璇姑,都曾为观众歆动。这一夜信芳没来,写《文素臣》剧本的朱石麟先生,也远居香岛,但他夫人却作了座上客的。

香港《大公报》1954 年 3 月 9 日,署名:刘郎

我说苏青【高唐散记】

三年前,我去看苏青,她在家里读俄文,她说,把俄文学好了做翻译工作。我请她在我编的报纸上写些小品或者小说之类的文章,她说:"我不写,写得不好,伤害了读者,也伤害了报纸。一定要等我学好了再写。"又说:"我的《结婚十年》《浣锦集》这些作品,都曾一纸风行过的,到了现在,我也不妄自菲薄,因为这些东西,终究是自己的心血,在那时候我只能出产这样的货色,以后当然不能再错下去了。"我觉得她的话,倒也说得爽脆。

过了一年,在一个关于越剧的座谈会上遇到她,她那时已不叫苏青,也不叫冯和仪,她改了名字叫冯允庄,正在尹桂芳领导的那个芳华剧团里担任编剧。去年卖座卖得很长久的《卖油郎》那个剧本,就是她的手笔。

到了目下,她对这个工作,已经乐此不疲地成了她的专业了。有一次,我去看"芳华"的《西厢记》,在散场时出门,人丛中瞧见一个矮矮胖胖的女人,因为胖得有点叫人辨认不出,但看来看去像是苏青,正想同她招呼,忽然她在人丛里又看见一个熟人。是一个老太太,她就张口喊起"×家姆妈"来了,十分道地的宁波口音,她正是苏青。据说,那个老太太是尹桂芳在十年前认的义母,苏青跟着尹桂芳称呼,所以也喊起"姆妈"来了。我说,苏青这个人,就是这样的入俗与随和。

香港《大公报》1954 年 3 月 29 日,署名:高唐

送新凤霞北归【唱江南】

蓦地动歌尘,赢来万口称。

刘郎未倒屣，"老妹"已抽身。（注）

祖国尊才技，艺人是宝珍。

却嗟前一辈，几个不沉沦？

新凤霞到上海来，只演了十来场戏，因有要事，又把她请回北京去了。因为她去也匆匆，上海人是非常抱憾的。戏那样好，上座又那样挤，只听过一二次的人，认为不够畅快，向隅的观众，自然更加失望了。

当凤霞演出期间，上海市的行政首长，差不多都去看她的戏了；不但看了她的戏，对她在上海的生活起居，也备加关注。在新中国，劳动人民翻身了的今天，从每一个艺人的际遇上，可以体会得最最明显。我们的国家，都把艺人视为珍宝。新凤霞是有福气的，她碰上了这一个时代；比她早一辈就倒霉，白玉霜是怎样死的？朱宝霞也终世沉沦？还有一个喜彩莲。若不是新中国成立的快，不由她不流转沟壑，到现在哪里还见得到她的影子呢？

注：凤霞与吴祖光结婚后，我不再呼她为新凤霞，而呼她为"老妹子"。

香港《大公报》1954 年 9 月 17 日，署名：刘郎

送乐小英兄游七里陇①【唱江南】

满觉陇头万树金，西湖迟桂发秋深。

知君画笔添香后，直把严滩着意临。

————————

① 编者注：七里陇，当为七里泷。

一日扬帆过富春，情深祖国赐闲身。

中年方识东南美，七里陇前着画人。

乐小英兄是上海著名的漫画家之一。近年来他是一家报纸的美术组的负责人。因为工作好，学习好，对自己的业务又是钻研不息，在他的工作单位里，成了楷模人物。

十月初，他接受了国家给他的公休待遇，前后十天的假期。他就约了太太先从上海到杭州，去看一看满觉陇的桂花，然后再从杭州到富阳，自富阳而桐庐、而七里泷。

他从来就向往着富春江风物之美，直到如今，总算了其宿愿。

他来和我道别的时候，对我说："我这个宿愿还是现在我们的政府，给我轻轻了却的。"言下真有乐不可支的样子。

香港《大公报》1954 年 11 月 1 日，署名：刘郎

光宇、乐平、桑弧游绍兴【唱江南】

花气烟香互郁蒸，新冬连夜聚良朋。

抽身无计从三士，涌绿成潮看六陵。

香岭虽高峰可跻，施髻若遇醉堪乘。

今朝送去双奇笔，画本张张写绍兴。

张光宇兄从北京来，再从上海到杭州、到绍兴去写生。到了上海，张乐平和桑弧二兄，愿附光宇偕行，他们几次都邀我同去，因为要有一个月的时间，我实在无法脱身。然而想起了香炉峰，想起了山阴道上，想起了东湖，想起了宋六陵，又想起了鲁迅故乡的百草

堂,而我不能与胜侣同探,失去这样的机会是可惜的。

桑弧说,他到了绍兴,要去找给"新野"写《听潮夜话》的施叔范先生。叔范近在余姚乡下,农事之暇,犹不能忘情于杯中物,乐平与桑弧,此去都可以陪他一醉的。

宋六陵是绍兴最好的风景区。叔范先生写六陵的松林,用"涌绿成潮"四个字来形容它,真是白描圣手。

香港《大公报》1954 年 11 月 24 日,署名:刘郎

谢石挥赠照【唱江南】

> 石挥内蒙归,向我作报告:"者回草原游,遇见山西宝。山西之宝水上漂,一身杰艺真倾倒。年龄五十余,丝毫未见耄。手眼脚和腰,何一弗精到?其戏绝古今,相见恨欠早。其人温温然,不矜亦不躁。万里结良朋,此行直堪傲。我友刘郎若不信,立此共影为存照。"

石挥从内蒙古拍外景回来后,兴奋地告诉我他在内蒙遇见了山西梆子名艺人水上漂先生。石挥认为他从来没有见过这样好的演员。看了水上漂的戏,令人解渴、过瘾而心花怒放。

我一向听说山西人把水上漂当作瑰宝看待的。因此对石挥说:"你有福气,能够跑那么多路看见了水上漂,我就看不着了。"

石挥说:"你愁什么?说不定明年他就会来上海,现在的事儿,难道还怕天涯人远吗?"他说完了,从身上掏出一张他们同水上漂拍的照片送给我说:"伙计,先拿着这个瞧瞧吧。"

附图说明:(中)水上漂。(左)石挥。(右)崔巍(新片《宋景诗》

中饰演宋景诗者）。

香港《大公报》1954 年 12 月 18 日，署名：刘郎

1955 年

答桑弧自三味书屋来书【唱江南】

> 猱升曾上第三枝，想见先生少日痴。
> 汝是江东佳子弟，豪灵若在定低眉。
> 老树权丫殆百年，寒香流散游人肩。
> 知渠不受斤和斧，故主相随万世传。

　　1954 年冬，影片《梁山伯与祝英台》导演桑弧游湖上，居半月，又往谒绍兴的鲁迅故家，便下榻于三味书屋，是为鲁迅少日读书处，今则已经改为鲁迅纪念馆了。

　　桑弧在三味书屋居住将近两星期的时间里，曾经写信给我，谈及三味书屋后院的一株蜡梅，已是百年老树，鲁迅先生的文章里，曾经写到过这株树，说他小时候常就此树爬上爬下。

　　桑弧到的时候，正值蜡梅盛放，不仅白天，时有一径寒香，沁人鼻观，即在晚上，芬芳亦常流客枕。

　　读他的信，不单是使我羡慕老友此行之乐，也使我向往三味书屋这段光景之美，因作二绝句，报桑弧，专为蜡梅咏也。

香港《大公报》1955 年 2 月 7 日，署名：刘郎

闻振飞返北京,喜极奉寄【唱江南】

清音久绝故人闻,我念江南愈加勤。

至竟深情怀祖国,归来宿将亦新军。

一身合傍梅花老,三字宁同曲史分?

知否旧居楼外事,红星永日耀高云。

一星期前,上海传说俞振飞同鬘云夫人都从香港回到了北京。不久我就证实了这个传说,我是以无限欢欣,迎接老友之从瀛海归来的。

这两天我又去打听振飞几时会到上海来。料想他一到上海,踏进旧住的楼房(蓬莱大楼),便看见楼窗外面一片几百亩的平地上,已经新起了一座隆隆巨厦;巨厦的顶上,直立着光芒四射的镏金塔;塔之尖,日夜照耀着一颗红星,那就是三月初落成的中苏友好大厦。

必然会有一个晚上,我陪着振飞聊天。振飞捧了一壶酒,一边谈,一边喝他的酒。酒半酣时,红星的光耀,射到振飞的脸上。振飞虽未醉,而他的脸,却已变成醉人颜的。

香港《大公报》1955 年 4 月 13 日,署名:刘郎

贺振飞既卜新居复将上演【唱江南】

新秋忽报卜新居,既返江南二月余。

行看铺排都入画,还留暇暴快《传书》。

五原路接黄河路,听曲车催度曲车。

待过月圆歌事歇,奉烦贤嫂觇佳厨。

俞振飞先生返沪后二月,由招待所迁入新宅。这是在五原路上的一家公寓,凡四大间,俞夫人费了很多时日的工夫,才把它布置完成的。

最近,振飞将在上海登台,演十天或半个月的昆剧,场子是黄河路上的长江剧院。这里不先给他估计上演时的盛况,将来自另有报道,我的诗,只为老友的两桩喜事,聊申祝贺之忱罢了。

香港《大公报》1955 年 9 月 28 日,署名:刘郎

祖光南来同为小饮【唱江南】

暂抛辛苦别梅边,相对吴郎更少年。
樽畔温清来表妹,江南晴暖似春天。
游踪明日湖山好,投箸当时鱼肺鲜。
携手向阳大道去,菊花直欲透冬妍。

吴祖光费了一年又三个月的时间,把梅兰芳舞台艺术纪录的影片导演完成了。于十二月中旬,同了那部影片摄影和录音的两位苏联专家(这两位专家是苏联巨片《彼得大帝》的工作者),从北京到杭州去游览。

祖光过上海的那天,找了我,也找了桑弧和祖光的表妹孙景路。我们在老正兴馆吃了一餐中饭,这几天正是江南淡水鱼最丰产的时期,在老正兴吃了大盆的"炒秃肺",祖光认为好多年没尝过的极味。

吃完了饭,四个人相扶着在晴暖的阳光下,去走一遍人民广场

大道,这条路祖光还是第一次看见。大道两旁花光四袭,这是菊花,它们还在鲜妍地开放着,已快入腊的季节了,而菊花都没枯萎,使这一条修洁的大道,平添许多丰采。

香港《大公报》1955 年 12 月 23 日,署名:刘郎

1956 年

歌呼并押,寄香港,祝《大公报》复刊八周年纪念

高呼响彻云山海,岂止声华一岛敷?
要使人知正义在,遂教日聚友朋多。
文章说理宜亲切,小品抒情更足娱。
我自江南遥作客,常陪末座唱山歌。

香港《大公报》1956 年 3 月 16 日,署名:刘郎

题周鍊霞春郊跃马图【唱江南】

常时濡笔弄丹铅,揽辔风姿竟不凡。
自以年来筋骨健,不须下马要人搀。
定知此往马如飞,人自丰华马自肥。
要得丹青亲手画,画成再遣刘郎题。

国画家周鍊霞女士给我寄来了一张照片。

她说,这是三月初在上海西郊骑马时拍的,希望我给她题两首诗。

我因为这不是她的画,所以不肯题,要她替自己画一张《春郊跃马图》,再替她题句。

等了她半个月,画还没有来,只得就照片来写了。写好,一看是"唱江南"的材料,因此,索性连照片都往香港寄了。

香港《大公报》1956 年 3 月 29 日,署名:刘郎

冒鹤亭及其家人【高唐散记】

大约在一九四二、三年间,我认识了疚斋老人冒鹤亭先生。他的准确年龄,我已经记不清楚,但现在至少八十以上的高年了,而冒公犹老健人间。

我认识他不久以后,老人就送了我一首词(见铸版),那时正在日寇侵占上海市区的日子里,所以这首词的前半阕,谆谆的民族气节,互为砥砺;后半阕则谈到了金素雯姊妹(京剧女演员),也谈到了周信芳,因为其时信芳正在上演一出如皋冒氏的家庭历史戏——《董小宛》,所以冒老与信芳也过从甚密。

老人的家,依旧在上海延安中路的模范村,近年来他很少出门。去年冬季,有人给周鍊霞女士做生日,这一天冒老也到了,还有江庸、瞿兑之诸先生也到了。他们几个人合拍了一张照片(见图)记此胜会。

冒家的人我最早认识的是舒湮,远在抗战以前,舒湮在上海是进步的影评人。一九五一年春天,我在北京遇到他一次,跟他在东单"小市"吃了德国大菜。他在人民银行总行工作。

在认识疚斋老人的同时,也和孝鲁论交甚契。孝鲁是老人的长公子,擅诗古文辞,曾游学莫斯科,故尤精俄文。那时我还不知他有这一项专长,只看作他是一个落拓的旧文人而已。近年孝鲁任职于上海复旦大学,为俄文教学研究室主任。

孝鲁、舒湮有个最小的妹妹,我曾经见过,但他们家里的六小姐,因为死得早,没见到,真是可惜。这位小姐才清如水,在婚姻上走了弯路,以致仰药而死。生前作的诗词甚富,遗稿录诗一百余首。其中有几首写她生前受侮于男人的,如《蜜蜂》一首云:"嫩蕊殷勤就,何曾傍落英? 知渠心在蜜,莫误是多情。"又如《眼波》一首云:"已残绛蜡靳成灰,无限闲情付酒杯。端恐柔情难解脱,几回强避眼波来。"《书近况》一首云:"多分今年铁是肝,悲酸事作喜欢看。七年前语成诗谶,忍泪窥人任自干。"都是断肠人语,读之酸鼻。只要她迟生二十年,就不会有演此悲剧的可能了。(自上海寄)

香港《大公报》1956 年 5 月 1 日,署名:高唐

寄桑弧莫斯科【唱江南】

> 秧老江南盼尔回,忽传冬至始归来。
> 不知文债何时了,客枕绍兴写腊梅?
> 酬对深谙礼不疏,苏京人亦看桑弧。
> 豪情原有干杯量,一握多虞手欠粗。

桑弧在北京拍完了《祝福》,就到苏联去了。

半年前,当他从上海北上的那天,告诉我说,回来时将是"秋尽

江南"了。他没有想到还要往苏京一走。

昨天他的太太说,李先生(桑弧姓李)怕要冬天回到上海。

第一首的"文债"云云,因为桑弧答应给我们报纸写一篇"三味书屋"那株腊梅树的文章,作为纪念鲁迅逝世二十周年。现在他匆匆走了,连文章也写不成了。第二首,因为桑弧瘦小,他常说与外国朋友交接,在握手的时候,常常使他不好意思:为什么人家的手,都是那样粗壮,而自己的手,却是那样小巧。

香港《大公报》1956 年 10 月 17 日,署名:刘郎

1957 年

在北京见夏梦【行路草】

> 人生何处不相逢,北国来乘南海风。
> 今岁独怜花落早,当时转喜眼前红。(注)
> 微回长舞多娴巧,一搦纤腰易竟功。
> 知否故乡人盼煞,负他江岸接惊鸿。
> 注:予到京,牡丹花时已过。

到北京的第一个晚上,就遇见了夏梦。

她是上海人,在香港作电影演员,而我碰着她却是在北京。

这时,她天天跟李少春夫人侯玉兰学京戏里的身段和水袖等表演方法。不到五六天,她就从北京直返香港去了。她没有

回上海。

香港《大公报》1957 年 7 月 24 日，署名：高唐

小红念旧【唱江南】

又闻佳唱满城传，绝此清声近十年。
末世无情凌彩凤，故人都念病周璇。
绕梁犹自惊三匝，把笔居然递一笺。
多喜小红怀旧切，丁家重倒酒如泉。

周璇病起的消息，已传遍国内外了。她的病是在从前那个世界里扎的根，而是我们这个社会里把她救活的。

现在，周璇的歌声，从早到夜，在上海的空间荡漾着，这些且不在话下。

昨天，老画家丁悚先生打电话给我，说小红（周璇的乳名）写给他一封信，信上说她有了空，要到他家拜望丁先生和丁师母，她还要丁师母留她吃饭。

老丁高兴得不得了，对我说，她来的那天，你一定要来，我们要像二十年前一样，闹他一个通宵。

二十四年前，我认得周璇，地点便在丁府上。那时候小红还留着童式的头发，唱着"砰砰嘭嘭，砰砰嘭嘭，啊，谁在敲门？"和"吹泡泡泡泡向天升……"的黎派歌曲哩。丁府上，她是常客，现在她特地写信到丁家，一定想起了丁家老夫妻俩当年待她的恩义。

香港《大公报》1957 年 8 月 12 日，署名：刘郎

悼周璇【唱江南】

忆我识小红，问年才十六。明姿复跳荡，亲在亦殊独。

幸赖长者抚，从此成名速。旋归严氏子，夫也欺之酷。

后此十余年，备受诸荼毒。不但伐精神，侵凌及皮肉。

待从海外归，病已长期伏。百孔千疮身，政府遇之笃。

殷勤觅良医，不使伤寂寞。病深医亦深，今岁居然复。

闻者喜若狂，欢声腾市屋。岂图秋乍至，病又成翻覆。

新发脑炎症，终将其命夺！我自怜小红，汝生何福薄。

才走光明路，命已不能赎。汝今含恨去，剩有万家哭！

我常常说周璇是红了一生，苦了一世。她从小就苦，被假父假母，看作钱树子；后来在婚姻问题上，更受到百般污辱。于是精神失常的病，在她身上，牵缠了这么许多年。

新中国关心她，爱护她，七八年来给她治病，治好了，又病了，终至不可挽救。本来明明可以苦出头的，但是她死了。不能以健康之身，再过几年幸福生涯，此所以说她竟是苦了一世也！

香港《大公报》1957 年 10 月 9 日，署名：刘郎

瞿蜕园与《长生殿》【高唐散记】

瞿蜕园先生近年卜居上海，他是我国治掌故的有数人才。

说瞿蜕园，也许有人不知道，说瞿宣颖、说瞿兑之那么知道的人一定多了。但瞿先生现在却只用蜕园的名字。这两年我因为工作上的关系，跟他有时有接近的机会。他在上海报纸上写了许多

考证性的短文，我几乎每篇必读。我常常觉得有些人写的考证文章，总是"东手批来西手卖"；瞿先生却是消化了再吐出来的，他谈了许多"古"，却看不出有一点乱翻旧籍的痕迹，真是高手。

今年五月，上海一家出版社刊印了瞿先生编写的一本《长生殿》。他在序言里说，这个故事的编写，意在叙述长生殿的本事，因此不能按传奇那样一折一折写出来，只能紧握内容重点，加一番剪裁熔铸。瞿先生的意思，洪昇的《长生殿》是写的真人真事，然而不免有违反史实的地方，所以他在编写过程中，一定要求得切实近理。于是他采用了新、旧《唐书》和《通鉴》的记载外，还采用了唐人小说、笔记、诗歌之类作为参考资料，才完成了这本六万言的册子。

在这本册子里，还有周鍊霞的插图。她的每幅图都是根据古今传诵的唐人诗句，然后调成画笔。例如，杜牧之的"一骑红尘妃子笑，无人知是荔枝来"；张祜的"雨霖铃夜却归秦，犹见张徽一曲新。长说上皇和泪教，月明南内更无人"；温庭筠题马嵬驿的"返魂无验青烟灭，埋血空生碧草愁"。都被鍊霞采为画意，画得是那么细腻而又典雅。

瞿先生虽然不以诗词著称，但偶有所作，总是非常净美。现在把他最近写的两首词，刊在下面，你看看，这是庸手所能办得到的吗。

蝶恋花　蜕园

今年闰中秋，月色圆明倍于平昔。又值苏联人造卫星初次成功，举世争仰，星月交辉。真所谓开拓万古之心胸者也。连夕眺赏，记以小词。

玉宇无尘云卷尽。分外清光，难得中秋闰。桂树香风凉满鬓，高楼延赏暗霄嫩。　　见说飞星天外运。九万抟扶，只似门前近。从此云车风马阵，广寒须许人间问。

今夜长空新挂镜，秋色无边，一倍增秋兴。万里十洲人共

庆,升天不用云梯等。　　古月还教新月映。月斧修成,天定
输人定。扰扰尘寰须梦醒,人间实有华胥境。

瞿先生今年六十开外了,因为他天生得那样神韵清疏,看起来
一些没有老年的景象。我每次遇见他,看他的皮鞋老是擦得闪亮,
衣服穿得又挺括,加上一件淡灰色的大衣,真的翩翩得很。

（自上海寄）

香港《大公报》1957 年 11 月 23 日,署名:高唐

1961 年

周信芳【交游集】

> 卅年最爱看苍头,仍此须髯仍此喉。
> 更是十年容有继,若论并世暂无俦。
> 广华(山名)走雪如波袖,丞相登城似炬眸。
> 岁暮招游同笑乐,香江盛事话西楼。

一九六〇年岁末,信芳先生在上海演了四天戏。我看了《别
窑》和《跑城》。而除夕的前一天,又在他家里跟他闲聊。我把上海
越剧团在香港演出的盛况,一一地告诉周先生,为了越剧演员替祖
国争得很大的光彩,周先生感到非常高兴。

我听说上海电影厂又要记录几个麒派折子戏了。像《打严嵩》

《别窑》《跑城》都在考虑之列。这天，我对周先生说，能不能记录一出《南天门》呢？因为在我看过周先生的名作中，我是特别喜爱《南天门》走雪山的水袖工夫的。

去年，周先生患过目疾，现在虽未全愈，却无损于他台上的眼眸。不是吗？我明明看见城楼上的徐老丞相，目光熠熠地注射着城下南山发来的人马呢！

香港《大公报》1961 年 2 月 28 日，署名：高唐

蒋月泉【交游集】

> 歌声雄似潮喷岸，弦子清如泉泻岩。
> 唐某魔深方少日，尊师名重欲苍髯。
> 玉蜻蜓爱听元宰，草料场仇杀陆谦。
> 雪袖青袍台上见，春来台下故人添。

蒋月泉是一位二十多年来盛名不替的弹词家。到现在，你要问上海人最欢迎的弹词家是哪一位？人们会毫不考虑的告诉你，蒋月泉。

今年连我也成了书场常客。蒋月泉还在说玉蜻蜓，他的关子书如《厅堂夺子》《庵堂认母》，我都听过了；新书《林冲》也听过了。《火烧草料场》，口齿是斩钉截铁，声腔是浑厚沉雄，没有什么说的，好！真妙！

常常有这样的情形，我在台下遇见月泉时，因为他是人民评弹团的干部，穿的是制服，但一到台上，他就改了装：白纺绸的衬衫，藏青毛葛的长袍，依然当年风度。据说，评弹艺人献艺时，还是习

惯于穿长袍,因为长袍能够帮助台上的表情。

　　蒋月泉的师父是周玉泉,我在二十年来岁的时候听过周先生的书,那时我是个书迷。

香港《大公报》1961 年 5 月 3 日,署名:高唐

盖叫天【交游集】

　　　　腰身挺拔拟苍松,举箸还惊饭量洪。

　　　　极构许推三出好(注),登场更逞十年雄。

　　　　肝肠到老能如火,意气翻腾尚似童。

　　　　多少初苗争秀发,公为春雨复春风。

　　注:一箭仇、恶虎村、洗浮山。

　　盖叫天,七十几岁了,健得很。有天,跟他同桌用饭,他吃六片面包,我只能吃三片。看样子,寿还长哩;戏,最少还有十年好唱。

　　您不会相信,这几年来,他真喜欢看戏,到处找戏看,什么戏都看。您说他爱看戏是为了消遣吗? 不是的。现在我们才知道他的看戏是对青年一代戏曲演员的关怀和爱护。举一个例,那个广西歌剧《刘三姐》在上海上演的时候,盖老先生也去看了。看完戏,他就下后台,找一位小青年,请他把刚才出场的身段,重演一遍给他看,等他看过,就提出他的意见,并且指导小青年,要他的两条腿应该怎么搬动,两只眼睛应该往哪个方向瞧,这样,不但更合情理,而且使台下人也更加爱看……这样的佳话多得很,我是讲不了那么许多的。

香港《大公报》1961 年 6 月 22 日,署名:高唐

姚慕双【交游集】

千家餐桌时喷饭，一队儿童逐浪呼。
赤黑晒成双膝盖，生青剃就络腮胡。
泥他笑话专栏说，许我杭州谢客涂。
近看《小山东》妙绝，阿流嘴硬骨头酥。

　　上海人家，多少年来总在吃夜饭的同时，打开收音机听一档滑稽节目，用为佐餐。这就是姚慕双和周柏春的"说说唱唱"了。

　　夏天以来，我却经常同姚慕双见面。一张长长的脸，胡子刮得干干净净；分挑头发，梳得又光又亮；白衬衫，深色短裤，白长统袜，黄色镂空皮鞋。风神俊爽，一副挺括的模样。因为在太阳头里游泳，皮肤是黑的，两条膀弯更黑，因而也添上一些雄健的气概。

　　他们的剧团打算上演《小山东》这个传统剧目，有一天晚上我去参观彩排，姚慕双扮一个流氓，他把旧上海流氓色厉内荏的本性，刻划得入木三分，真是令人绝倒。

　　九月份，他们要到杭州去公演，演毕回来，他答应给我编的副刊上写一个专栏，叫作"滑稽家说笑话"。他说，其实他要说的都是生活中的真实事例，不过把它夸张成为笑话罢了。

香港《大公报》1961 年 9 月 19 日，署名：高唐

1962 年

吴祖光【交游集】

几年熔铸化新钢，闻道丁香可逾墙。
橐笔忽然过海上，论心先自觅高唐。
清樽不减当时暖，妙语仍推一技长。
武后雄才传曲女，吴郎自有好词章。

去年十二月，祖光从北京来沪，住了将近一个月，方始回去。

我们已经有四五年不见了。记得那一次我在北京，他刚刚搬家，在庭院里他种了一株海棠、一株杨树和一树丁香，那时这些树还都是幼树，如今听说杨树成荫，丁香也高过墙头矣。

令人高兴的是他同十六年前我们初相识时一样：体貌丰硕，健谈善笑。祖光的健谈不仅在于口才便给，还在于他的语汇丰富，一开口就是妙语如环。他现在有三个孩子，看见每一个老友，就从身上掏出两张照片，一张是夫人新凤霞的近照，一张是孩子们合摄的。所以当他每次将掏照片时，我总要向预告说，祖光要向你作"生产汇报"了。

这一次，中国实验剧团的青年们到上海来公演，剧目中有一出《武则天》。这是由祖光根据郭沫若先生话剧剧本改写的。上演之日，凡是文艺界的朋友都给祖光邀去观赏。饰演武则天的是一位二十三岁的演员，姓曲名素英，演得非常成功。我看了两次，准备写一首《素英曲》的长诗，来赞美这出戏，也赞美这位天才演员。

香港《大公报》1962 年 1 月 12 日，署名：高唐

黄宗英【交游集】

听歌每共阿丹临,各以襟怀惜后生。

"黄线"已殊曩日细,银丝偶染一头青(宗英已有白发)。

展颜犹泌如饴味(向有"甜姐儿"之称),下笔还多似沸情。

真是文章推快手,云梯百尺顷完成。

去年岁末,北京中国实验京剧团来沪公演的时候,座上常客中有赵丹与黄宗英夫妇。他们都以很大的热情,来喜爱这群青年演员的精湛艺事。

宗英的身材一向又细又长,所以她自称为"黄线女"。但近来看她,体貌都比以前丰腴,故我对她说,您这根"线"已经粗了,至少像绳子一样粗了。

今年元旦的晚上,她打电话给我,说,赵丹在除夕夜间,为周信芳先生登台六十年纪念画了一幅祝画,题为"百尺云梯",现在她要替这幅画配一篇文章,写好了要我看一看。又说,文章当夜就好动手,叫我明天派人去取。第二天一早,果然就读到了她的文章,好一篇热情满纸的散文;不由得使我惊叹,宗英真是才女!

香港《大公报》1962 年 2 月 16 日,署名:高唐

打猎迷【人物】

黄永玉是当代第一流的版画家。但你若是当了他的面,称他为好猎手,那么会比称他为美术家或版画家更乐于接受。因为他实在太喜爱打猎,在他的业余生活中,几乎大部分都放在打猎上。

在北京，一遇到假期，便集会二三猎友，带了营帐，到离京城百十里的郊外去打猎。回来的时候，网着许多飞禽走兽，如野兔、大雁、野鸽以及獾、狐等，好在他的夫人张梅溪女士，善于烹调野味，永玉于是呼朋唤友，大嚼一场。

去年他夫妇二人一同到西双版纳去，在茂密的森林里，永玉几乎每天都在大显身手。有一回为了追捕一只九百多斤的马鹿，费了十几个钟头的时间，第二天就把当时既紧张又惊险的过程，写了一封几千字的长信，报告在京的朋友，就可知道他对打猎的意兴之高了。

如果你跟他谈话，三句两句就会把话题转到打猎上去，他的打猎故事也的确精彩，即使你对打猎不感兴趣，但听了他的津津乐道，也不由你不为之出神，同时也替他兴奋。

他已经有十五年不到上海了，今年上春，他在上海住了二十来天，因为工作而来，没有随带猎具，可是一遇到熟人，就要打听谁肯出让猎枪。他肯定上海地方，一定有人藏着名牌的猎枪，他将不吝重价以求之。因此接触频繁的，最是几个向来欢喜打猎的朋友，如刘琼、舒适诸人。有一回，阿舒告诉他杭州有一枝好枪，讲讲交情，可能割爱。他听了，逼着阿舒马上随他到杭州，但阿舒太忙，哪里腾得出身来？他因而一直不甘心，临走的那天，还关照阿舒，明年再来，务必去一趟，哪怕人家不肯出让，看看也是好的。

在永玉回去一个月以后，给了我一封航空信，信上絮絮而谈者，依然是打猎的事。他说："春假期间，到西集庄河套露营三日，难得的是猎得七斤重大雁一头。此雁得来不易，虽多至数千，满布河滩，但近身极不方便，它们一呼百应，立刻化为乌有。我只有穷一生计算，拼半老之命，匍匐爬行二千余米。在相距百余米处，双管齐放，果然命中一头。不料此公负伤以后，居然跳水落荒而逃。我乘四顾无人之际，急脱去下半部全副装备，下水追击。正伸手擒拿时，此公忽失所在。当我狼狈徘徊间，只见它的头又从水中露了出来。说时迟，那时快，我赶奔岸上，举枪瞄准，枪声响处，而我得手矣。"

上面的信上看来，可见永玉还是打猎的双枪将咧。他最后又说："沪上如有名牌猎枪，烦兄随时留意，任何口径，均所欢迎，积极自在阁下，若有所得，弟当乘快车来沪洽取。"然则黄永玉不仅是个打猎迷，还是一个猎枪迷也。

香港《大公报》1962 年 6 月 3 日，署名：高唐

1963 年

王孙二咏【唱江南】

> 春江眷属说神仙，见说离维第一年。
> 无奈痴儿耽尽寝，慈帷依旧护清眠。

去年，孙道临和王文娟结婚的消息，本报曾以专电报道。孙在未结婚前是和母亲住在一起的，结婚了，就另筑洞房。但在上海却传说着这样一件事：孙道临虽然离开母亲居住了，每天的中饭，还是赶到母亲那边吃的，吃完中饭，他有午睡的习惯，也就睡在母亲身边。此人纯笃，所以悯老人甚至，闻者无不动容。

> 喜讯群传入夏初，又传新事岁将晡。
> 长街车马喧闻咽，争看王孙第一图。

去年岁暮，上海淮海中路一家照相馆里，挂出一张王文娟和孙道临的俪影，于是从早到夜，橱窗外涌塞着人群。因为他们从夏天结婚以后，无论在书报上，照相馆里，都没有见过他们合拍的照片，这是第一张，难怪来来往往的人，要争瞻风采了。

香港《大公报》1963 年 1 月 17 日，署名：刘郎

小时同学，老年诗友

上月二十九日本报"文采"上，刊了葛传槼先生一篇《漫谈自学英语》的文章。葛先生是我国英文语法的权威，在实用英语上，尤有精深的研究；他的著作等身，这些都不待我来介绍了。我要讲的，是我和他"小时同学，老年诗友"的关系。

葛先生是上海嘉定人，我们是同乡，在十多岁时，还是高小同学（四十多年前的学制，小学三年，高小三年，到了中学，则循初中高中之分）。在这家小学里的同学，目前都在上海，而犹互通声气的，还有一位便是干电影工作的瞿白音先生了。

葛先生在少年时候，生得风神秀朗。在同班学生中，他长得最高，清瘦的面孔上，有两个酒涡，这印象，一直留在我的心目中。小学毕业后，我们就分散了。过了几年，又都在上海，可是从不往来，也从没有一个偶然的机会，在路上或者公共地方见过面。这样就一隔隔了四十春秋，直到今年的三月中旬，我才到江湾复旦大学，去拜访了这位童年学长。

原来我在今年先认得了喻蘅先生，喻先生诗文清绝，还刻得一手好金石。他任事于复旦大学校长办公室。有一回我们谈起了葛先生。喻先生却说：你们应该碰碰头了，葛先生也时常谈到你的，

他这几十年来，不但在报纸上经常读你写的诗，也能回忆你的儿时形貌。听了喻先生的话，我正想给葛先生写个信，约个日期去访候他，不料葛先生的信先到了，他渴望着我们能得到一次良晤。我自然劳不得他的驾，趁一个风和日丽的春晨，来到了复旦大学的第一宿舍。

这第一宿舍是复旦的一级教授所住，每人一幢红楼，院落深沉，浓荫如幄。因为地处郊外，所以宿舍的高墙以外俱是田畴，空气便显得异常新鲜。

葛先生像等待远客那样，早已在客厅里等候我了。从彼此都还没有发育的孩子时候分手，到再相逢时，却彼此又都已儿孙绕膝了。这样会见的心情，大概是很少有人体会过的，我也说不出这是什么美好的滋味。葛先生作了几十年的教授，又一年到头，常在外面讲学，吃惯了"开口饭"，故而比我健谈，古今上下，谈得无休无歇。也有大部分时间，跟我谈了旧诗。去年秋天，我到过故乡，写了几首《嘉定绝诗》，其中有一首是："昔时门径几曾谙，惟有高天似旧蓝。安得雕鞍重坐稳，扬鞭一路出城南。"葛先生记得这首诗，他说，我们过一时两个人一道回乡，指点指点儿时的游钓之地，该也是暮年乐事。

这次会见以后，我们就时常通信了。葛先生每次来信，总要附几首近作给我看看，而谦虚地说，他不善做诗，不过爱好罢了。四月中旬，他到安徽大学去讲学，从合肥一回来，就寄给我一首七律：

安大英语教研组杨主任（云史先生之侄）留为夜饮，座上有王、孔、冒三先生，冒号效鲁，亦以诗名，如皋冒广生先生长子也。我诗因记其事。

千里来偕万里游，杨郎才调凤称道。

清樽细雨三春夜，满座良朋一角楼。

摩诘温文寡言笑,稚珪蕴藉是风流。

巢民后代多闻见,宫女闲谈未白头。

香港《大公报》1963 年 6 月 17 日,署名:高唐

1964 年

送杜宣赴巴基斯坦【海上拾句】

> 江干不遇遇机场,犹似翩翩年少郎。
> 诗句每闻出手快,先生常为入云忙。
> 我从豆苋盘中乐,君在丝绸路上航。
> 万里行程方毕事,读书灯尚照高唐。

　　四月二十九日,中国和巴基斯坦通航的第一天,在机场上遇见杜宣,我们这是第一次见面。从巴基斯坦来的飞机,在路上花了三小时又一刻钟,于下午四时半降落机场。到六时,飞机又要返航,杜宣是随机赴巴,作为期一周的旅行。

　　杜宣是作家,也是诗人,他的旧体诗很有风采,我一向佩服,他为我编的报纸上写过许多诗文。苏东坡有"海内十年谋识面,江干一见即论心"①之句,那天,我正是以这种心情来认得这位朋友的。

---

　　① 　编者注:唐大郎误记,此诗句为陆游所作,原句为:"海内十年求识面,江边一见即论心。"(《寄邓公寿》)

那天,我又计算了一下:当我回家以后,在晚餐桌上,杜宣已经在中巴的航道上了;当九、十点钟我还在灯下读书之时,杜宣已经结束了一万二千里的航程,到达了巴基斯坦。

诗中的"丝绸路上"是因为在公元前一百多年,从中国的新疆通往西亚和欧洲的一条国际贸易的"丝绸之路",就经过巴基斯坦的北部。

香港《大公报》1964 年 5 月 18 日,署名:高唐

1965 年

月份牌画家【沪滨短札】

初冬的一个晚上,在上海的一家咖啡馆里,碰着谢之光先生。他今年六十五岁,精神比之壮年更为旺盛,不过头发有些花白罢了。他是老画师,现在还在上海国画院工作。在十五年以前,谢先生是以专画月份牌出名的。当我还是少年的时候,就知道上海几个画月份牌的名家,如郑曼陀、丁云先、杭稚英、谢之光、金梅生等等。那时候的月份牌都是画的时装女人,后来还发展到画时装女人而画无装女人,有的画出浴图,有的画半裸着的、站在镜子前面或蜷伏在绣榻之上的荡妇图,时人目为"香艳",都欢喜买一张回去挂在卧室里,作为眼皮供养,这样的画,对青年人着实起了一些戕害身心的作用。

明明是一张二十多吋高、十多吋阔的画片,上面没印什么月

历,而名之为月份牌,其理甚不可解。这种画片,大抵为某些商家所印行,它们在画片的下端,为自己的产品作些宣传文字而已,所以应该称作广告画。据说当时的月份牌画家,承接到一宗画件,就足够几个月的开支,像有一时期的杭稚英,一年要接受好几宗生意,一个人忙不过来时,就叫他的学生们来帮忙,他自己只是勾勒线条,学生们替他加背景,做设色的工作,这样才能应付客户。

月份牌画家出了名以后,不怕生意不找上门来,于是这些人大多与世隔绝,他们关在自己的房门里面,终日沉湎烟霞,画的人物和服装,都以那时电影明星的照片为蓝本。记得当时还传说过这样一件事:郑曼陀画的女人,一千个都是一样的面孔,这只面孔正是郑夫人年轻时候的容貌。其实月份牌画家的"开相",都有这种固定不变的情况,因此后来上海人对面貌端正,眉眼不够灵活的女人称之为"月份牌面孔",正是这个道理。

现在这批月份牌老画家作古的已很多了,郑曼陀、丁云先、杭稚英几位在解放以前都已下世,健在的似乎只有谢之光一个人了。十五年来,谢先生逐渐地改造成为新中国画家,在他的笔下,不再出现时装女人,而都是反映社会主义社会的新人新事。去年,上海一家晚报上刊登一个十岁的红领巾在南京路上拾到外宾掉下来的一张十元钞票,赶去交还失主的事,谢之光读后当夜就把这件事作了一幅册页,在第二天的报纸上刊登出来,读的人都赞美说,难得这位六十多岁的老翁,有此激情。我还在一家俱乐部里看过谢先生一幅三四公尺高的壁画,画的也是一个女人,她是人民公社的广播员,斜倚广播台前向社员们报告当天报纸上的时事。这幅画,扫尽了旧时月份牌上的所谓旖旎风光,但画笔是活泼的,它给人以一种真实的美,从这里可见得画家对新事物的热爱和观察的周详了。

香港《大公报》1965 年 1 月 7 日,署名:高唐

闻张光宇噩耗

清樽初共画楼前(三十年前,与光宇缔交于丁悚寓楼),贱子与公皆少年(山谷句)。绝笔群称大圣恼(光宇最后作品,为上海美影厂设计《大闹天宫》的人物形象,此片曾在港公映),数条能勒玉容烟(曾为余作抽烟时的速写)。人传病笃终休信,我以腰轻未虑颠。旧日青鞋今入抱,槐花如雪泪如泉。

五月五日收到苗子从北京寄来的航空信,告诉我张光宇兄在五月四日早晨二时半谢世。光宇患高血压症,因为养息得好,夫人又照顾得周全,一直拖了好多年。

八年前的五月三日,我到北京,同他在全聚德吃饭。饭后,他拉我到前门外内联升去,指定一种便鞋叫我买一双,他说:"我已望六之年,你也五十岁了。不要再穿皮鞋,还是穿穿这种布鞋,最为舒适。"也是从那一年起,我就改穿布鞋。想不到八年后的五月三日,竟是这位有名画家的生命的最后一天。

香港《大公报》1965 年 5 月 14 日,署名:高唐

悼天韵【唱江南】

常是茗边弦外亲,廿年对巷作乡邻。
适从平嫂逢尊嫂,忽自新闻见讣闻。
对镜每觉长久病,好书初听《十三斤》。
继承莫患无人在,何况明珠作远人。

弹词家刘天韵先生，于九月二十三日在沪病故。天韵患的是高血压症，多年了，这两年来，就不大登台，在竞说新书的年代里，我好像只听他说过一个中篇《如此亲家》(又名《十三斤油》)。

今年，病发得很凶，一直住在医院里。大约在十天前，我遇见刘夫人时，问起天韵的病，她告诉我很不稳定，言下之意，似乎很难好转。不料今天读报，看到了他的讣告。

著名女弹词家刘韵若是天韵的侄女，天韵夫妇珍如掌上明珠。当天韵病重的时候，韵若随了上海的新疆慰问团遨游在天山南北，因此来不及为叔叔奔丧。

香港《大公报》1965 年 10 月 7 日，署名：刘郎

1978 年

自寿一首【闲居集】

> 任经浪浪复波波，天趣横才两不磨。
> 时向性灵搜好语，偶于沉醉放狂歌。
> 风华欲净声华堕，俊士所贤迂士呵。
> 七十还淘童子气，自言来日正多多。

去年七十虚岁，今年七十实岁。两年内写成《七十岁诗》一百首，中有怀人、悼友、即事、论诗、忆往，而写当年花花绿绿事迹的亦有十来章。内容多样，体裁只有一个，即均是七言绝句。

前面这首《自寿》诗，是在今年生日那天写的，将作这些诗的《题记》。我的东西称不起名山事业，本人也从无这个志愿。自己写，自己看，正像蛮夷大长老夫说的"聊以自娱"而已。

香港《大公报》1978 年 10 月 6 日，署名：刘郎

读《贝姨》【闲居集】

> 蓬门初识绮罗香，无尽名都发宝藏。
> 世上俄惊雷绝响，椟间长使玉生光。
> 苦修命妇终成"佛"，极唱瑶姬合署王。
> 欲问倾城争塑得？以姜为骨桂为肠。

近几年来，读了三十多种十九世纪欧美名家小说。其中最喜爱的有两部：一是雨果的《悲惨世界》，二是巴尔扎克的《贝姨》。

《贝姨》的译者是傅雷。但在三十年代也有人翻过这一部书，书名叫《从妹贝德》。论译笔，比之《贝姨》差得实在太远。傅雷的是圣手，他翻了那么多巴尔扎克的小说，可以说无愧名著也对得起这位一代文豪。

在这部书中，作者写得最出色的人物，我认为倒不是主人公贝姨，而是另外两个女人：一个叫阿特丽纳，她是男爵夫人，一个叫玉才华，她是巴黎歌剧院的首席歌女。男爵投奔玉才华，阿特丽纳走访玉才华，是全书的两个高潮，叫人百读不厌。我这首诗，就是为这两个善良的妇人写的。

香港《大公报》1978 年 12 月 17 日，署名：刘郎

1979 年

访黄裳　访林放【闲居集】

> 吾诗顽犷倘休嫌,每读君文自澹恬。
> 应与黄裳同一快,帮风帮气略无沾。

　　"四人帮"的帮风帮气,当年也曾渗透于文艺作品、新闻报道中,这就是人们说的"帮八股"。它使我们的文艺事业、新闻事业陷于僵化,像得了癌症一样,濒于危殆!

> 才浣征衣蘸墨新,文章出手若通神。
> 衍为剔透玲珑体,五十年间第一人。

　　林放是赵超构的笔名,著名的短文作家。解放后在上海的《晚报》上每天写一篇五百字或五百字不到的杂文,为读者喜爱。《晚报》停刊,他罢笔十年,但到现在只要有人谈起《晚报》,还念念林放不置。

　　近年他重操笔政。不久前去西北旅行,从游记中知道他又到过延安,也看了秦始皇墓和武则天墓。

　　回来后我见到他一次,我和他是《晚报》同事,二十多年相处甚善。如今我已退居林下,绝不作出山之想,所以这首诗只对老友的才调表示钦迟,绝无拍马屁之嫌。

香港《大公报》1979 年 1 月 27 日,署名:刘郎

席上与许姬传、吴祖光、谢蔚明诸兄作【闲居集】

> 江南昨夜息春寒,互浣征尘共一餐。
> 似我未嫌诗路窄,诸君犹放酒肠宽。
> 谢公劫后霜盈鬓,"琐记""梅边"债若山(注)。
> 歌袖重波髯重拂,座中俊彦欲争看。

题目上的三位仁兄,都是不久前从北京来上海小住的。一天,我们在一起吃饭,就中以姬传为最长,他已经八十岁了,但耳聪目明,健谈如昔。而且同吴、谢二兄一样,都能饮白酒几盅。姬传告诉我,梅兰芳先生故世以后,为了整理有关文稿,他的笔墨生涯曾无小辍。十载以来,他又制作了不少对联,他为我背诵了好多得意之作,确是精心杰构,我为故人叹服不已。

这一天座上有张文涓女士和王唯、正昌诸兄,文涓将于四月上旬在沪演出。姬传、祖光都因适逢盛会而非常高兴,说一定要看了这位十六年没有登台、目前仅存的余派老生的精湛演唱,再作归计。

注:《梅边琐记》是许姬传先生在解放初期为上海一张报纸写的一个专栏小品,为读者争诵。

香港《大公报》1979 年 4 月 12 日,署名:刘郎

东南失却一诗人【闲居集】

> 衰髯霜鬓总成尘⊖,无泪无言只怆神。
> 明日为君传讣告,东南失却一诗人!

诗人施叔范,于五月六日病逝于浙江余姚朗霞乡下。他的子女和女婿,函电交驰,遍告诗人在上海的生前友好。

　　二十多年前,本园曾经发表过施叔范写的游记,连刊了二三年,他的散文和诗一样,简净流丽,耐人欣赏。但此后不久,就传说他在乡下作古,果然,我和其他朋友,再也得不到他的来信,大家以为他真的死了。前年,在我写《七十岁诗》中,有这么一首:"伤心良友会无期,端木严周石邓施。马角乌头虚一诺,怕翻弹指附边词。"举了六位亡友,即端木文琳、严凤英、周信芳、石挥、邓散木和施叔范。

　　直到去年秋天,我在唐云家里,杨达邦忽然说,他接到邓散木女儿国治由北京来信,告诉他叔范未死,还在乡下居住。我当即要求达邦把他的地址找来。三天不到,达邦打听出了叔范住处,我便试投一信,叔范的回信居然来了。我又通知了所有的朋友,因知故人健在,都为之欢呼不已。我又把朗霞来信的话,概括为二十八字,写了一首绝诗:"宝山生死有人问,坐使衰髯一奋张。谁意锄边终此老,但看禾熟任诗荒。"

　　此后我和他往还了好多封信,到一九七九年年初,他来信说他的政治历史问题已全部得到解决。我们更为他庆幸,并和达邦、唐云商议,打算在他健康情况许可之时,接他来上海走一趟,再过一段三十年前那样的文酒生涯。不料数月以后,接到的竟是他儿女寄来的讣告。龚定庵说:"人生才命相妨",在朋友中,叔范该是最突出一个。涉笔至此,凄怆万状。呜呼叔范!

　　㊀ 叔范长着连腮胡子,他自号施髯,亦称老髯,真的老了,则又自号衰髯。

　　　　　　　　　香港《大公报》1979 年 5 月 24 日,署名:刘郎

答宁可佳先生【闲居集】

> 检点萧疏劫后身，天涯终竟众相亲。
> 我原气荡肠回客，君是矜平躁释人。
> 绝业今生纵莫望，歪诗数首今当陈。
> 从知明镜无情物，不返吾曹已逝春。

宁可佳先生，是今年结交的一个朋友。他原是我们这一行的一员健将，过去在北方工作。好长一段时间，他也是蒙冤受难。终算盼到河清有日，今年已宣布他为无罪之人。他于春间来上海，我有许多朋友，都是他的故交。据这些朋友们说，他依然热情如火，但毕竟久受折磨，已看不见旧诗的那一份意气飞扬。

我也觉得宁先生是好朋友。为人正直，待人诚挚。我们几次同过席。每次相见，他总是督促我多写一点，我听他的话，见到他总要告诉他，近来又写过了一些。上面这一首，正是为他的一片至诚而报答他的。

香港《大公报》1979 年 6 月 16 日，署名：刘郎

寄董鼎山纽约【闲居集】

> 年年相望亦相闻，每抱深情读至文。
> 讶我老儿还在世，怜渠健笔尚凌云。
> 归来旧燕何曾认，记得歪诗定要焚。
> 何日江干重聚晤，莫教终世叹离群。

董鼎山兄离开他的出生地——上海已经三十多年了,他到美国读书,后来就在美国做新闻工作。我们从此就不见面,也不通信息。今年他回国过一次,写了许多描述祖国美好景象的文章,读之使人感奋。

不久前,他给上海一位朋友写来一封信,谈起他在国外读到我在这里写的诗稿。他为了我这个老风流还活在世上而感到欢欣。他的信写得热情洋溢,他说:"故人一别三十余年,至今还能忆起他的一二绝句。今天远隔重洋之外,知道老人意气犹仍风发,风流倜傥,一如往昔,可喜可慰,除了勾起我的乡思之外,禁不住要向他遥祝保重。"保重一定保重,敬以律句还敬。

香港《大公报》1979 年 9 月 20 日,署名:刘郎

寄董乐山北京【闲居集】

> 知君翻译已成家,常为清才念麦芽〇。
> 愧我终非梁羽老〇,误他空梦笔生花〇。
> 皇亭子畔勤埋首〇,八面槽头驻别车〇。
> 安得约齐沈与李〇,蜗居煮酒复煎茶。

乐山是董鼎山的弟弟。兄弟二人不但淹通西文,中文也写得极其漂亮。凡是(我忽然也用起"凡是"来了)清才绝调,颇难不遭时忌,乐山在一九五七年那个日子里也是倒足大霉的一个。

近年来他和我通过信,也知道彼此一些情况。他是前两年一本畅销书《第三帝国兴亡史》的主要译者。他译笔流爽,不由读者不拍案叫绝。日前写了《寄鼎山》一诗,自然地想起了他的弟弟,今

天故亦寄一首。

　　㈠ 三十年前，乐山为上海报刊写作，署名麦芽，我们现在见面，还是叫他麦芽，犹之人家叫我大郎一样。

　　㈡ 前两年，乐山约我写一本关于旧上海青帮人物活动情况的武打小说，由他翻成英文，准备在国外发行。因为我没有这个才能，此事终未能照办。梁羽老指梁羽生先生，他是近代写武侠小说的圣手。这个，香港人比我还要清楚。

　　㈢ 用"笔生花"对"梁羽老"有点勉强，但《笔生花》是一部弹词小说，这样，也就勉强可以对付了。

　　㈣ 乐山住在北京复兴门外皇亭子一带。

　　㈤ 我们不相见者也将近三十年。记得最后一次和他分手是一九五一年在北京八面槽街头，那时我即将登车返上海矣。

　　㈥ 沈毓刚、李君维与董氏兄弟都是同时期的朋友。如今沈在上海译文出版社，李在北京从事电影翻译工作。

香港《大公报》1979 年 9 月 28 日，署名：刘郎

戏呈小洛【闲居集】

　　　出窠兄弟计双双㈠，说说玩玩不结"邦"。
　　　到老故人还动笔，可怜小报尚拖腔㈡。

　　好多年不通音问的老友陆小洛，前两天从美国旧金山寄来一信，他说在外国经常读《大公园》，所以知道我一些近况。我除了给他写回信外，另呈歪诗四句，以博远人一笑。

　　㈠ 距今将近五十年了，当时我们有四个人经常聚在一起：陆

戏呈小洛 ‖ 507

小洛、唐瑜、龚之方和我。所以用上海话来说,我们是"出褎兄弟"。巧得很,四个人到现在,一个也不死,只是各处一方而已。

〇 在旧上海我是搞小报的。有人说,那时小报有小报腔,这大概是指多方面而讲的,当然也包括内容与文风。比如说,出言吐语,油腔滑调,一也;自作多情,嗲勿清爽,二也;把身边琐事,絮絮叨叨,诉向读者,三也;等等。本人,大概是小报腔很严重的一个。不说别的,即以今天这小小的一篇,就是标准的小报腔,而在诗里却用了"拖腔"二字,说成是带一点小报腔,岂非有文饰之嫌。

香港《大公报》1979 年 11 月 30 日,署名:刘郎

1980 年

读舒谔近诗,因怀故人【闲居集】

> 才自清灵意自华,虽称公子不花花。
> 冒郎仍吃银行饭,唐某强为老太爷〇。
> 佳句能经三遍读,吾诗气更一团邪。
> 重修水绘园中事〇,当世君推第一家。

不久前在报纸上读了舒谔的几首旧诗,此后吴承惠兄从北京回来,告诉我在京去访过舒谔,说他还在人民银行工作。

我初识舒谔是在四十年代。那天晚上他在演话剧《葛嫩娘》的郑之龙一角。剧终时,阿英先生把我拉到后台,给我介绍舒谔和唐

若青等人,此后,我还结识了舒诨的哥哥孝鲁。

上海解放一年后,我在北京,一天中午去逛东单的小市,在这里遇到了舒诨。我们一同去吃了馆子。这时他已经进人民银行。此后就从未再见,也未一通音讯。

㊀ 强,上声。

㊁ 舒诨姓冒,江苏如皋人,父亲是词家冒广生(鹤亭)先生。应该说他是冒辟疆的"云孙"。承惠在京,为上海的一本畅销刊物《艺术世界》向舒诨征稿,舒诨答应他写一篇《冒辟疆与董小宛》的文章。当年冒辟疆在如皋,署其所居曰:"水绘园"。

香港《大公报》1980 年 1 月 18 日,署名:刘郎

柳絮来访【闲居集】

> 故人神韵更疏清,动止还怜体态轻。
> 意气如尘忘出处㊀,文章似绣慰平生。
> 纵教大勇输陈胜,小试惊才拟九成。
> 惟我闲居萧索甚,笔枯墨烂悼倾城㊁。

不见老友柳絮至少已有十五年以上。春节期间,忽然过访,倾谈甚欢。他以所作《辍耕新录》见示,凡若干篇,每篇只三五百字,疏畅清新,情文并茂,乃知柳生才调,不减当年。所谓《辍耕新录》,当是师明人陶宗仪(号九成)著《辍耕录》之意,柳絮笔致灵空,视前人实无多让,因作此诗,以表钦服。

㊀ 三十年前,柳絮在一篇短文中提到两句前人的诗:"婵娟嫁作谁家妾,意气都成一聚尘。"

〇 谓我近六年来为亡友端木所作悼词。

香港《大公报》1980 年 3 月 31 日,署名:刘郎

陈巨来遭逢大劫之后,忽与相遇【闲居集】

> 天下闻刀法,重逢百劫人。
> 玩金弄玉手,坏木槁枝身。
> 历历交游数,般般记忆真。
> 舒心存一事,争宝在东瀛。

我是不懂金石的,但听内行人说,在上海,肯定他是第一把刀。

就是这样一位杰出的人才,也遭受了二十多年的残酷迫害,到近年才得平反,也是一场冤狱。

四月中旬的一天下午,我在书场听书,忽然后台派个人来对我说,陈巨来先生知道你也在听书,他高兴极了,要我散场以后,到后台去同他会见。

看到的是一个矮矮瘦瘦的、七十六岁的老头子。面上已经有点红润,知道他健康正在恢复中。三十多年不见,据巨来回忆,我们最后一次会见是在一家舞场里。

如今,他每天都在操刀,日本朋友要求他作品的接踵而来。他谈到这些,看得出他脸上的自豪之色。

香港《大公报》1980 年 5 月 3 日,署名:刘郎

副刊与火腿【闲居集】

上方大块爝精肥,食到腰峰味略稀。

耐咀嚼还供下酒,火筒脚爪最相宜。

上海有一张报纸准备复刊,朋友来问我副刊怎么办? 我把老经验告诉他:"还是分三个部分,上身思想性,中间知识性,下身趣味性。"因以火腿为喻,当场写了一首火腿诗给他看,此人大笑而去。

其实环顾所有报纸的副刊,有几张逃得出这个框框来哉?

香港《大公报》1980 年 6 月 26 日,署名:刘郎

他在时间里留下了些什么？

——《唐大郎纪念集》跋

张　伟

　　我对唐大郎钦佩已久。早年在徐家汇藏书楼工作，有机会浏览民国报刊，就陆续读过一些他在各家小报上写的专栏文字，印象深刻，还专门做过一些摘记。1996年到上海图书馆新馆后，断断续续仍然看了他的不少作品，从30年代的小报扩展到战后的方型周刊。东西看得越多，对这位"小报状元"的兴趣也越浓，逐渐有了一些"野心"——是否能为这位素有"江南第一枝笔"雅号的唐大郎先生出版一本选集呢？我知道，唐大郎虽然写有大量作品，但生前却从未出过一本集子。1980年他病逝以后，香港广宇出版社出过一本署名"刘郎"的《闲居集》，也就十万字光景，薄薄的一本小册子，主要是他70年代在香港《大公报》上的专栏文字汇集。

　　存此信念以后，我开始有意识地收集唐大郎的文字，并进行一些整理研究工作。记得有一次在什么地方开国际研讨会，我的参会论文就是《战后上海方型周刊的滥觞——〈海风〉的创刊及其编、撰阵营》。《海风》是抗战胜利后，唐大郎和龚之方携手创办的第一份方型周刊，唐大郎主管编辑，龚之方负责发行。两人开风气之先的创意和天衣无缝的合作，让《海风》办得风生水起，反响强烈，从而引来了一批跟风者，短时间内有约百种方型周刊在上海问世，鱼龙混杂，形成了一股出版热潮，并因此而造就了新闻史上的一个专门名词：方型周刊。

　　从2014年开始，我的同事——年轻的祝淳翔加入到我的计划中。由我负责甄选借阅报刊，淳翔则主要拍摄并过录文字。我们配合默契，进程也由此而大大加快。到大约2017年末，文字的整理工作基本告一段落，共录得唐大郎作品400余万字，这个数字是我们以前所未敢想象的。经过几次反复，并屡得贵人出手相助，最后整理排序，往返商讨，《唐大郎文集》确定编辑12卷，皇皇300余万字，大约能在今年底正式出版。在《唐大郎文集》出版之前，先出版《唐大郎纪念集》，也是我们的计划之一，毕竟，在目前的情况下，知道唐大郎的人并不多，能买得起、读得完文集的人也可能不会很多，那么，这本《唐大郎纪念集》就是一个很好的桥梁。

《唐大郎纪念集》分两部分。第一部分为"纪念文选"，共选文38篇，有关纪念评述唐大郎的重要文章可说基本都选录其中，应该不会有大的遗漏。文章发表时间从1934年一直到2016年，其中1948到1979年的三十余年时间完全空白，这也符合当时社会的正常形态。作者包括唐大郎的朋友、同事、亲属和研究者，大家从不同角度写了各自心目中的唐大郎，由于身份有异，故所叙长短不一，互有侧重，文章风格也各不相同，但读者也因此能看到一个立体多彩的唐大郎，而非干瘪苍白的木偶。我想，这才是真正的纪念，也是唐大郎自己愿意看到的。第二部分为"诗文选"，也即唐大郎的作品选录，写作时间从1929年一直到1980年，以年月排序，以便读者能从中大致了解作者的思想和文风的演变轨迹。为了让大家尽可能多地了解唐大郎，编者反复删选，最后在这部分选录了大约十四万字，也是一本完整的书的规模了。

所收"纪念文章"及"诗文选"，在整理原则上有以下几点需要特别说明：一、纪念文章皆以撰者当时发表时的署名并按时间先后为序排列，不特别加注其本名，如其佩、方晓蓝俱为沈毓刚笔名之类；二、由于种种原因，个别人名如"张文娟""张文涓"、"舒湮""舒堙"当时是并用的，本次遵从各篇，不作硬性统一；三、唐大郎的部分诗文是专栏文章,比如"高唐散记""怀素楼缀语"等,编者另拟新题,于标题后用星号＊标识,以与唐大郎自拟题相区别;四、个别字词与今天的语言规范有异的,如"那""哪"等略作统一处理;五、"诗文选"部分,个别文字因报纸漫漶,辨识不清,即以缺字符□代之。

　　大家如仔细阅读,可以发现,唐大郎所写文字虽然涉及广泛,非常丰富,但主要内容还是集中在文化界,包括戏曲、话剧、电影、美术、文学、新闻等各个领域。唐大郎身处社会中层,交游广阔,热衷结识各色人物,熟知民间甜酸苦辣,且文化底蕴深厚,写得一手好文章。他以小报报人的眼睛观察周围世界,体验社会生活,从中吸取素材养分,每天要为几家报纸写稿,巅峰时甚至一天同时为七份报纸写专栏。他荣膺的"小报状元""江南才子"和"江南第一枝笔"等称号,绝非浪得虚名。小报提倡写"身边事",唐大郎在文化界有很多朋友,且各负盛名,他们彼此称兄道弟,交往热络,一言一行均是作文题材。这就又显示了他所写诗文的另一种特色,即他所叙所写都是亲历亲闻,可以说是日记体式的记录,真实性不容置疑。我甚至认为:唐大郎是在用诗和文章来作新闻报导,他的诗文就是另类的"本报讯",就是当时的编年体文化史——当然,这只限于他熟悉交往的领域。我相信,大家看了这本《唐大郎纪念集》,一定会对其人其作产生浓厚兴趣。如果再进一步阅读他的其他作品,对当年社会,尤其是文化领域的了解,会有更深刻的认识。在此基础上,因此而出现大量研究论文,也是完全可以预料的,这也是我们作为编者的初衷。我乐观其成。此外,这本纪念集还汇集了不少和唐大郎有关的图片,很多都是首次公布,这样,读者可以从图像到文字,对这位"小报状元"有一个具象、立体的认识。

　　这本书的出版,得到了太多人的帮助和关切,我一直铭记在心,未敢有丝毫忘却。

　　我要感谢我的合作伙伴,还算年轻的淳翔承担了拍摄、过录的大部分工作，这让我的视网膜今天还能够工作——看过民国小报的人都有体会，在发黄破碎的各种小报上，先是寻找辨析，然后再拍摄并过录几百万字是何等的不容易，这是一项既检验智慧，又考验体力的艰巨工作。

我要感谢周立民先生，在 2018 年夏这个特殊季节，他主动邀稿，在巴金故居主办刊物《点滴》上刊出"唐大郎 110 周年诞辰纪念特辑"——《唐大郎文选》，并且将特辑内容以"抽印本"的形式另行推出，这本小巧玲珑的漂亮小书意外走红，供不应求，让很多人因此而知道了唐大郎。

还有方汉奇、张林岚、吴承惠、沈芸、王草倩、陈子善、舒明、陆灏、黄晓彦、刘钢、王曼隽、陈静、王瑜明、殷健灵、陶继明、周嘉、徐征伟等等很多朋友，恕我无法一一写出所有人的名字，但他们对唐大郎著作出版事宜的始终关心和帮助，是我坚持下去的动力。

我要特别感谢黄永玉先生，他是唐大郎的朋友，尊称唐大郎为"小爷叔"——上海人都能体会这一声称呼里所蕴涵的亲密关系。黄老对唐大郎怀有深厚纯真的感情，他在帮助唐大郎著作出版上所起的重要作用，是别人无法替代的，我应该深深感怀。

我还要感谢唐大郎的子女，他们是唐艺、唐密、唐都、唐历，是他们的宽怀大度和全力支持，才能使唐大郎的著作顺利问世；尤其是唐艺，他是唐家长子，在兄弟姐妹中有着很高的权威，可以说一言九鼎。我还记得，2017 年春节期间，我和家住南京的唐艺先生通了电话，我们谈得很投缘，电话一直通了有一个多小时，他那爽朗的笑声和明确的表态，让《唐大郎文集》的出版事宜一锤定音，也让我紧张的心情一下子松弛了下来。于我而言，这笑声犹如江面的一缕清风，天上的一轮朗月；这表态，更是对我这个未曾谋面的陌生人的坚定信任和无私允诺。可惜的是一年之后的 2018 年 1 月，唐艺先生就因病去世了，没能等来父亲著作的出版，这是我深感遗憾的。

　　我要感谢新闻出版博物馆和中华书局，是他们的睿智和专业，成就了《唐大郎纪念集》的最终出版——事实上，这本纪念集的后半部分收录了唐大郎的十几万字作品，这也是他的著作在大陆地区的首次正式出版。这似乎有点积极的象征意义，也是真正的具有纪念性的事。对此，我要对这两家国家机构深表心中的敬意和感谢！

　　法国作家普鲁斯特在其名著《追忆逝水年华》里说："人们在时间中占有的地位，比他们在空间中占有的位置要重要得多。"人在时代里消磨，而其所作所为，则由时间来保存。唐大郎保存下来的，就是他写的这些文字以及人们至今对他的怀念。让我们打开这本纪念集，来看看当年的"江南第一枝笔"留下了些什么吧。

　　　　　　　　　　　　　　2019 年 6 月 25 日晨于上海花园